# LE RÔLE DE L'ASSESSEUR CITOYEN DEVANT LA COMMISSION DE DISCIPLINE EN PRISON

# BIBLIOTHÈQUES DE DROIT

*COLLECTION FONDÉE ET DIRIGÉE PAR JEAN-PAUL CÉRÉ*

Cette collection a pour vocation d'assurer la diffusion d'ouvrages scientifiques sur des thèmes d'actualité ou sur des sujets peu explorés dans le domaine des sciences juridiques. Elle se destine notamment à la publication de travaux de jeunes chercheurs.

**Dernières parutions :**

G . DELI, *Juste vivre. Vers une théorie juridique éthique*, 2023.
E. GINDRE (dir.), *La dignité des personnes détenues dans les prisons des Outre-Mer,* 2023.
M. Dos Santos, *La gravité en droit international pénal. Une notion insaisissable et instrumentalisée*, 2023.
C. MENABE et J. LEONHARD (dir.), *Réinsérer les femmes et les mineurs face au soupçon de danger terroriste.*

P. KEUBOU, *La procédure pénale au Cameroun.*

C. MENABE et J. LEONHARD (dir.), *Femmes, mineurs et terrorisme.*

J. FALXA (dir.), *Coopération judiciaire internationale en matière pénale. France, Brésil, Suriname*

N. JOUENNE-PEYRAT, *L'encadrement pénal de la prostitution des mineurs.*

J-P. CERE, *Droit disciplinaire pénitentiaire, 2e édition*, 2020.

A. CHARRUAU, *L'avenir du juge unique.*

M. MANET, *Le devenir juridique de la dignité. Une étude de la Charte africaine des droits de l'homme et des peuples.*

M. GALIMMARD, *L'incrimination de la zoophilie.*

M. PELTIER-HENRY, *Le droit pénal à l'épreuve des neurosciences.*

T. TOUZEAU, *Recel et blanchiment. Nouvelles sources de cumul de qualifications.*

H. CAPPADORO, *Les sens de la peine.*

M. BONNARD, *Le statut juridique de l'assistance médicale à la procréation.*

C. LE ROUX, *L'infraction politique.*

Sous la direction de
Muriel GIACOPELLI et Jean-Paul CÉRÉ

# LE RÔLE DE L'ASSESSEUR CITOYEN DEVANT LA COMMISSION DE DISCIPLINE EN PRISON

L'Harmattan

Recherche réalisée avec le soutien
de la Mission de recherche Droit et Justice


5-7, rue de l'École-Polytechnique – 75005 Paris
www.editions-harmattan.fr
ISBN : 978-2-336-48115-9
EAN : 9782336481159

# INTRODUCTION

## Prolégomènes

En février 2020, l'équipe constituée sous la direction de deux chefs de projet Muriel GIACOPELLI (Pr Aix-en-Provence) et Jean-Paul CÉRÉ (Pr Pau) déposait une candidature spontanée auprès du GIP Mission de recherche Droit et Justice à la suite d'un appel à projets soutenu conjointement par la Direction de l'Administration Pénitentiaire (DAP) et l'Association nationale des assesseurs extérieurs en commission de discipline des établissements pénitentiaires (ANAEC) sur « le rôle citoyen de l'assesseur extérieur ».

Une recherche était d'autant plus nécessaire que nonobstant une abondante littérature sur le fonctionnement de la commission de discipline pénitentiaire[1], la doctrine s'est relativement peu intéressée à la place et au rôle de cet assesseur introduit en son sein à la faveur de la loi n°2009-1436 du 24 novembre 2009, dite loi pénitentiaire. L'article 91 de la loi n° 2009-1436 du 24 novembre 2009 a en effet profondément réformé la composition de la commission de discipline, en prévoyant « qu'elle doit comprendre au moins un membre extérieur à l'administration pénitentiaire » (art. 726 C. proc. pén. issu de la loi pénitentiaire devenu art. L. 231-1 C. Pénit.). Jusqu'à l'entrée en vigueur de la loi, la commission de discipline était composée du chef d'établissement ou son délégataire la présidant, ainsi que de deux membres du personnel de surveillance, dont l'un appartenant au grade de surveillant, désignés par le chef d'établissement. Alors que cette modification a été présentée comme une mesure phare de la loi, il est difficile de trouver dans l'étude des différents travaux qui ont précédé l'adoption de la loi pénitentiaire, qu'il s'agisse des travaux du Comité d'orientation stratégique (COS) ou du Comité d'orientation restreint (COR) qui, pour ces derniers ont servi de support à la discussion de la loi, les traces de son inspiration. Bien au contraire, le COR, au titre de ses préconisations en lien avec le régime disciplinaire, évoquait

[1] J-P Céré, *Droit disciplinaire pénitentiaire*, L'Harmattan, BibliothèqueS de droit, 2ème éd. 2020, 207 pp.

nullement la nécessité de modifier la composition de la commission de discipline, en « *estim(ant) opportun de maintenir l'exercice du pouvoir disciplinaire entre les mains du chef d'établissement, es- qualité de président de la commission de discipline, mais à assurer l'effectivité des voies de recours, en réduisant les délais d'examen par l'instance hiérarchique ou juridictionnelle saisie »*[2]. Cette nouveauté a été introduite par la commission des lois du Sénat, qui a proposé par voie d'amendement *« que la composition de la commission de discipline (...), soit modifiée afin d'inclure au moins un membre extérieur à l'administration pénitentiaire. Il pourrait s'agir par exemple d'un membre du conseil d'évaluation de l'établissement – structure appelée à se substituer à la commission de surveillance »*[3].

Quelques dix années après la loi du 24 novembre 2009 et alors même qu'un Code pénitentiaire est entré en vigueur le 1er mai 2022 et qu'une nouvelle circulaire de janvier 2022 a harmonisé le processus d'habilitation, il était nécessaire d'interroger le rôle de l'assesseur extérieur en commission de discipline notamment à l'aune de sa « légitimité et sa crédibilité »[4]. Dès lors, l'objet de la recherche est de questionner le rôle citoyen de ce membre extérieur au fonctionnement de la commission de discipline. Comment la citoyenneté projetée par les textes s'incarne-t-elle sur le terrain à travers les représentations des différents acteurs de la commission de discipline pénitentiaire, dont l'assesseur lui-même ? Qu'est-ce qui fait la singularité de cet assesseur parmi les autres formes d'assessorat ? Comment est perçue cette citoyenneté ? Comment est-elle vécue ?

L'ensemble de ces questions méritent d'être posées et ce d'autant plus que les textes n'apportent qu'une réponse de surface malgré les évolutions que le droit pénitentiaire a connues sur ces dix dernières années. L'ouverture de la prison sur l'extérieur et son décloisonnement[5] ont nécessairement eu des répercussions sur la place et le rôle de l'assesseur extérieur en commission de discipline. Aux termes d'un peu plus de deux ans de travail, l'équipe livre le bilan de cette recherche accompagné d'un

---

[2] COR, Orientations et préconisations, Nov. 2007, Ministère de la Justice.

[3] Rapport n°143 (2008-2009), J-R. Lecerf fait au nom de la commission des lois.

[4] *Le processus disciplinaire dans les établissements pénitentiaires depuis la mise en œuvre de la loi du 24 novembre 2009*, Rapport ANAEC 2020.

[5] J-Ch. Froment, *La république des surveillants de prison (1958-1998)*, éd. L.G.D.J coll. Droit et société, 1998, p. 356.

certain nombre de préconisations visant à faire évoluer le statut de l'assesseur extérieur en commission de discipline pénitentiaire.

Afin de comprendre la portée des propositions formulées dans leur dimension prospective, il convient de préciser la contextualisation de la recherche (§ 1), le domaine de la recherche (§ 2), ses ambitions (§ 3) et sa méthodologie (§ 4).

§1. La contextualisation de la recherche : la représentation citoyenne

**Ancrage de la participation citoyenne.** L'émergence de nouvelles formes de participation citoyenne – convention citoyenne pour le climat, consultations sur internet, ateliers collaboratifs (...) – témoigne d'un renouveau de la « citoyenneté » dans notre société contemporaine. Si l'on peut y voir le signe d'une bonne santé démocratique, *a contrario*, les études récentes y voient davantage l'expression d'un essoufflement de la démocratie du XXIème siècle et la remise en cause de la conception historique de la citoyenneté[6]. L'idée de citoyenneté a en effet traversé les âges depuis la Grèce antique jusqu'à nos jours[7]. Mais c'est lors de la période révolutionnaire qu'elle a pris ancrage au sein de la Société française en tant que pilier de la démocratie. La conception de la citoyenneté y est transcendantale, fédérée autour des valeurs républicaines de « liberté, fraternité et égalité ».

**Diversification des formes de participation citoyenne.** La citoyenneté désigne en premier lieu et classiquement la reconnaissance de droits et de devoirs garantis aux citoyens formant un statut. En second lieu, la citoyenneté désignerait la participation au corps politique, dont l'exercice reposerait sur l'engagement collectif[8]. Ses manifestations sont de plus en plus diversifiées malgré une crise du civisme allant de pair avec

---

[6] Étude annuelle 2018, *La citoyenneté être (un) citoyen aujourd'hui*. Les rapports du Conseil d'État, ancienne collection études et documents du Conseil d'État.

[7] A. Le Pors, *La citoyenneté*, PUF, 2011, p. 3.

[8] J-F Bickel, « Significations, histoire et renouvellement de la citoyenneté », *Gérontologie et société*, 30/120, Fédération nationale de gérontologie, 2007, p. 13 ; Pitsey John, « Démocratique et citoyenneté » Dossiers du *CRISP*, 88, 2017, p. 28. Le Conseil d'Etat y rajouterait un 3e caractère en ce que la citoyenneté serait intimement liée à la liberté. Cf. Étude annuelle 2018 du Conseil d'État.

celle des institutions[9]. Toutefois, « c'est nier l'impressionnante vitalité contemporaine des invocations et expressions de la citoyenneté. De fait, l'engagement « citoyen » devient la marque de fabrique d'une époque qui entend replacer l'engagement en faveur de causes collectives ou de valeurs civiques au premier rang des valeurs sociales. Le terme « citoyen » ne désigne plus seulement un homme ou une femme sujet et acteur d'un système institutionnel ; il exprime d'abord un comportement qui qualifie les valeurs de la vie sociale. Cette vitalité de la citoyenneté, entendue comme une pratique positive, est peut-être l'expression de ce que la supposée « crise de la citoyenneté » n'est finalement qu'un renouveau »[10]. Il résulte de cette transformation, une diversification des formes de participation citoyenne de l'action publique. La plus récente concerne l'essor des « civic techs » qui associent les citoyens à travers de nouveaux modes participatifs (consultations, États généraux de la justice…). Ces exemples peuvent être élargis à toute désignation d'un citoyen associé à une décision publique, ou à son contrôle. Comment ne pas penser à l'assesseur en commission de discipline qui, depuis la loi pénitentiaire, est consulté sur la prise de décision disciplinaire, exerçant par ailleurs une forme de contrôle sur la régularité de la procédure ?

**Place et rôle de l'assesseur extérieur en prison.** Pour autant, l'inscription de l'assesseur en commission de discipline n'est pas allée de soi, en raison du caractère hybride du dispositif disciplinaire carcéral, qui oscille entre le pouvoir unilatéral de sanction conféré à un responsable hiérarchique (le chef d'établissement) et les garanties qui s'attachent à la répression disciplinaire[11]. Les textes de droit positif qualifient l'assesseur davantage par rapport à sa place au sein de la commission de discipline, issue de son extériorité que de son rôle citoyen *stricto sensu*. En effet, le Code pénitentiaire désigne toujours l'assesseur, « d'assesseur extérieur », sans changement. Or, sémantiquement, place et rôle se distinguent, même

---

[9] A. Le Pors va même jusqu'à évoquer un désintérêt des jeunes citoyens pour la chose publique. A. Le Pors, *op. cit.* p. 94.

[10] *La citoyenneté être (un) citoyen aujourd'hui*, étude annuelle 2018, Les rapports du Conseil d'État. *Op. cit.*

[11] Cf. sur le régime disciplinaire carcéral : Rapport d'activité 2012 du CGLPL, Paris, Dalloz, fév. 2013, pp. 129 et s.

si l'on a tendance à les confondre. La place renvoie dans le langage commun à l'espace occupé par une personne[12], tandis que le « rôle » renvoie à une fonction, à une influence exercée[13].

**Particularisme de la prison.** Nonobstant l'importante transformation de la prison contemporaine sous l'influence des sources internationales et européennes, – sa normalisation que d'aucun ont qualifié de « banalisation[14] » pénitentiaire –, la prison reste un lieu d'exclusion attesté par un récent rapport d'enquête qui a mis en exergue les liens entre pauvreté et prison[15] et où la surpopulation carcérale ne cesse de croître. La prison demeure, malgré son ouverture vers l'extérieur, une institution « totale »[16], en ce qu'elle a la particularité de prendre en charge intégralement la vie des personnes prévenues ou détenues. Plus encore que partout ailleurs, le détenu se trouve soumis jusque dans ses moindres gestes quotidiens à la « société carcérale » sans pouvoir bénéficier du regard *permanent* de la société civile.

**Contexte d'apparition de l'assesseur extérieur.** Les finalités de prévention de la commission de nouvelles infractions et d'insertion ou de réinsertion auxquelles participent le Service pénitentiaire d'insertion et de probation ont dicté la direction à prendre : celle « de rapprocher autant que possible la vie en prison des conditions de vie à l'extérieur »[17] soit rapprocher « la société carcérale de la société civile ». C'est dans un tel contexte que les travaux parlementaires précédant la promulgation de la loi pénitentiaire ont qualifié l'introduction de l'assesseur en commission

---

12 Robert, Dictionnaire, V° Place.

13 Robert, Dictionnaire, V° Rôle

14 M. Seyler, « La banalisation pénitentiaire ou le vœu d'une réforme impossible » *Déviance et Société*, vol. 4, n°2, 1980, pp. 131-147.

15 *Au dernier barreau de l'échelle sociale : Pauvreté et prison*, rapport publié par Emmaüs France et le Secours catholique, Oct. 2021.

16 E. Goffman, « *Asiles : études sur les conditions sociales des malades mentaux et autres reclus* », Ed. de Minuit, 1990, 452 p.

17 W. Rentzmann, « Pierres angulaires d'une philosophie moderne du traitement : normalisation et responsabilité », Bull. d'informations parlementaires, Conseil de l'Europe, n°16, 1992, p. 5.

de discipline « d'enjeu décisif »[18]. La nouveauté était importante, en ce que l'assesseur extérieur devait apporter au chef d'établissement « le regard de la société civile sur la procédure examinée » [19] et répondre vraisemblablement aux critiques du manque de « neutralité » de la commission de discipline[20]. En effet, la volonté de lever « tout soupçon d'arbitraire ou d'injustice dans l'exercice de la violence légitime »[21] est commune aux autorités en charge de la contrainte, comme l'administration pénitentiaire. Il était attendu de l'introduction de l'assesseur extérieur qu'il permette de modifier le déséquilibre des parties en présence en brisant l'entre-soi carcéro/carcéral. La réalité est autrement plus complexe puisque l'aboutissement du processus disciplinaire, loin d'un simple face à face, est l'engagement de plusieurs acteurs – le chef d'établissement, le surveillant qui a rédigé le compte rendu d'incident, l'officier qui a décidé l'engagement d'une enquête disciplinaire [22], l'assesseur extérieur – et fait l'objet de plusieurs transactions et de contrôles particulièrement sensibles[23].

**Transition.** Lauren B. Edelman a conceptualisé le risque « *d'endogéinité juridique* » qui vise la réappropriation par certaines organisations de la règle juridique, par un investissement de pure forme, qui se trouve incorporée à des logiques managériales [24]. L'adoption de procédures formelles symbolisent plus qu'elles ne permettent la réalisation des attentes du droit[25], comme en atteste le rappel à l'ordre du Conseil d'Etat sur les obligations pesant sur l'administration pénitentiaire quant à la convocation de l'assesseur extérieur et sa présence devant la commission de discipline

---

18 J-R Lecerf, « Loi pénitentiaire : de la loi à la réalité de la vie carcérale », Rapport d'information à la commission des lois, 4 juill. 2012.

19 *Ibid.*

20 P. Poncela, *Rev. Sc. Crim.* 2012, chronique de l'exécution des peines, p. 208.

21 C. Faugeron, « La dérive pénale », *Revue Esprit*, titrée « Prisons à la dérive », oct. 1995, p. 142.

22 Sachant que tous les manquements à la règle ne sont pas punis.

23 C. Durand, *Reconfigurations, relations carcérales*, Thèse 2019, p. 361.

24 Lauren B. Edelman, *Working law: courts, corporations, and symbolic civil rights*, Chicago ; London, The University of Chicago Press, 2016, p. 24-25.

25 *Ibid.*

pénitentiaire nécessaires à la régularité de la procédure[26]. Cette « digestion » de l'assesseur extérieur par l'administration pénitentiaire contredit les représentations de leur mission par les assesseurs qui se présentent comme « la bouche, les yeux et les oreilles de la société civile »[27]. Pour cerner au plus près l'identité de cet assesseur qui se définit dans son rôle citoyen, il paraît opportun de délimiter le domaine de la recherche.

§ 2. Le domaine de la recherche : l'assesseur citoyen

L'amplitude du domaine disciplinaire est à la mesure de la diversification de ses sources. Cette profusion est relayée sémantiquement par les appellations différentes des instances disciplinaires : Commission de discipline, Conseil de discipline, Ordre, etc. Pareillement, le disciplinaire relève d'une multitude d'organes : commissions de disciplines sportives, commissions de disciplines ordinales[28], commission nationale de discipline des conseillers prud'hommes, commissions disciplinaires en milieu scolaire, Section disciplinaire des Universités, commission de discipline pénitentiaire. S'il est acquis que le champ disciplinaire relève de la répression disciplinaire[29], force est de constater l'éclatement de la matière disciplinaire et des contentieux.

Historiquement la répression disciplinaire est née au sein d'institutions au fonctionnement desquelles elle est inhérente comme l'armée, l'école ou la prison – qui sont toutes des institutions totales –, puis s'est diffusée dans le milieu professionnel sous l'effet des formations corporatistes[30]. Bien que ces dernières aient disparu à la Révolution, la répression disciplinaire s'est maintenue selon une classification fondée sur le critère de l'appartenance

---

26 CE 5 fév. 2021 n°434659, E. Pallissé « L'influence de l'assesseur extérieur sur la régularité des procédures disciplinaires au sein des établissements pénitentiaires, réflexions autour de l'arrêt du 5 février 2021 », n°434659, revuedlf.com.

27 ANAEC Rapport 2020, *op. cit.*

28 Conseil National des barreaux, du Notariat ; Ordre des architectes, des vétérinaires, des géomètres experts, des experts comptables, des masseurs-kinésithérapeutes, des Sages-femmes, des pédicures-podologues.

29 J. Pralus-Dupuy, « Les tendances contemporaines de la répression disciplinaire », *Rev. sc. crim.* 2000, p. 545.

30 J. Pralus-Dupuy, « Les principes du procès pénal et leur mise en œuvre dans les procédures disciplinaires », *International Review of Penal Law* (Vol. 74), pp. 890-923.

à des corps non-professionnels d'une part et professionnels d'autre part[31]. Le premier champ historique – école, armée, prison – a été rejoint par d'autres catégories disciplinaires concernant les juges non professionnels – juges consulaires, conseillers prud'homaux, fédérations sportives – formant une première catégorie. Le second, en expansion, comprend le disciplinaire de la fonction publique – étatique, territoriale, hospitalière –, des officiers publics ministériels, des professions libérales. Or, force est de constater que cette évocation du domaine disciplinaire renvoie inéluctablement à un ensemble formé de plusieurs disciplines et subséquemment aux difficultés liées à son aspect définitoire.

**Caractérisation de la discipline.** La discipline peut être définie, comme la soumission des membres d'une collectivité professionnelle ou non à un ensemble de règles exprimant, si ce n'est la morale d'une institution, les règles nécessaires à l'accomplissement de ses finalités. Le droit disciplinaire et le droit pénal ont donc en commun de sanctionner des comportements portant atteinte aux valeurs partagées par une communauté. Malgré la diversité et l'éclatement de la matière disciplinaire, cette dernière a subi, sous l'influence des juridictions suprêmes, une acculturation permettant de caractériser le disciplinaire par référence à quatre éléments structurels : un ensemble de fautes et de sanctions préexistantes, une autorité chargée d'infliger la sanction disciplinaire, une procédure disciplinaire. Si la procédure disciplinaire est irréductible à la transposition des règles du procès pénal *stricto sensu*, force est de constater que le droit disciplinaire peut être associé à l'idée de procès selon Paul Ricoeur en ce qu'il renvoie à l'acte de juger[32]. L'acte de juger appartiendrait à différents acteurs, non réductibles à la seule figure du juge statuant en la forme de décision de nature juridictionnelle ou non juridictionnelle, au sein d'une « instance » privée ou administrative généralement composée d'un Président et d'assesseurs. Or, l'assesseur dans le langage courant est celui qui assiste quelqu'un dans ses fonctions ; qui l'entoure.

Dès lors, dans la perspective de notre recherche portant sur le rôle citoyen de l'assesseur en commission de discipline pénitentiaire, il est utile d'étudier d'une part, la place de l'assesseur dans le champ disciplinaire (A)

---

[31] *Ibid.*

[32] P. Ricoeur, « L'acte de juger », *Esprit*, n° 183 (7), juill. 1992, pp. 20-25.

avant de scruter les manifestations citoyennes, sinon de sa participation, objet de l'étude, mais des formes les plus connues d'une telle participation (B).

A. La place de l'assesseur dans le champ disciplinaire

**Multiplicité d'organes disciplinaires**. Au vu de la multitude d'organes présentés, il n'est pas possible de dresser de manière exhaustive l'ensemble des formes assessorales, sans prendre le risque de dresser un inventaire à la Prévert. Notre comparaison se bornera à quelques illustrations limitées aux commissions disciplinaires sportives, ordinales et en milieu scolaire et de l'enseignement supérieur. Il s'agit moins d'étudier le fonctionnement de chacune des sections disciplinaires que de s'intéresser aux différentes formes d'assessorat.

**Catégorisation des organes disciplinaires.** Malgré des appellations différentes, l'on peut regrouper les organes disciplinaires en deux grandes catégories selon le critère de leur nature. Certains ont conservé leur nature administrative comme la commission de discipline pénitentiaire. Il en est ainsi des commissions disciplinaires sportives, de la section disciplinaire des usagers d'un établissement public de l'enseignement supérieur[33] ou du milieu scolaire, ainsi que de la commission de discipline pénitentiaire[34], qui en tant que telles rendent des décisions n'ayant pas un caractère juridictionnel. Il en va différemment de la section disciplinaire à l'égard des enseignants chercheurs d'un établissement public universitaire et pour la plupart des commissions disciplinaires ordinales formées de conseils régionaux de discipline, à la nature juridictionnelle. Cette dernière a été récemment consolidée pour les officiers ministériels et les avocats par la

[33] D. n° 2020-785 du 26 juin 2020 relatif à la procédure disciplinaire dans les établissements publics d'enseignement supérieur. A l'issue de ce décret la section disciplinaire compétente à l'égard des usagers ne constitue plus une juridiction administrative ais un organe administratif collégial dont les décisions sont susceptibles de recours devant le tribunal administratif. Seule la section disciplinaire compétente à l'égard des enseignants chercheurs conserve la nature de juridiction. L'appel des décisions pouvant être portées devant le CNESER statuant en matière disciplinaire. Cf. DGESIP B1-2 – Guide des procédures disciplinaires à l'égard des usagers mars 2021.

[34] M. Herzog-Evans, « La réforme du régime disciplinaire dans les établissements pénitentiaires, Un plagiat incomplet du droit pénal », *Rev. Pénit.* 1997, p. 9 spéc. p. 39.

réforme sur la confiance en l'autorité judiciaire. Ainsi la circulaire du 9 novembre 2022 de présentation de la réforme de la discipline des avocats[35], inspirée des conclusions du rapport de l'Inspection générale de la justice sur la discipline des professions du droit et du chiffre[36], insiste sur l'avancée notable qui a consisté à élever le conseil régional en véritable juridiction. Comme le soulignait fort à propos un auteur, nonobstant la nouvelle dénomination de « juridiction » à l'article 22-1 modifié de la loi n°71-1130 du 31 décembre 1971 portant réforme de certaines professions judiciaires et juridiques, la modification est de pure forme sans ajout structurel et n'a fait en réalité que confirmer la nature juridictionnelle préexistante des conseils régionaux[37]. Ainsi, pour apprécier si un organisme de renvoi possède la qualité de « juridiction », la Cour de justice de l'Union européenne a dégagé un ensemble d'éléments tenant à l'origine légale de l'organisme, sa permanence, le caractère obligatoire de sa juridiction, la nature contradictoire de sa procédure, l'application par ledit organisme des règles de droit ainsi que son indépendance. Elle a ainsi pu déduire le caractère juridictionnel du Conseil de discipline du barreau de Varsovie[38]. Ce qui importe, ce sont donc les garanties d'indépendance et d'impartialité vérifiables dans le mode de fonctionnement et la désignation de ses membres.

**Désignation des membres.** Or, s'agissant de la désignation des membres des instances disciplinaires, elle varie, à l'instar du domaine disciplinaire envisagé, d'une instance à l'autre. Pour les ordres professionnels, dont font également partie les professions réglementées ou les professionnels ayant la qualité d'officiers publics ministériels, les décisions sont rendues par des formations particulières, lesquelles sont souvent désignées sous l'appellation de « juridictions ordinales ». Il en est ainsi du conseil de discipline des barreaux qui est composé des représentants de l'ordre du ressort de la cour d'appel juridiquement

---

[35] Circ. 9 nov. 2022, JUSC2230652C, de présentation de la réforme de la discipline des avocats

[36] Remis au garde des Sceaux le 15 décembre 2020.

[37] P. Lingibé, « Avocats : la nouvelle procédure disciplinaire en 14 questions-réponses », *Lextenso*, 2/12/2022, AJU335224

[38] CJUE 13 janv. 2022, n° C-55/20.

compétentes, autres que le bâtonnier en exercice et les anciens membres des conseils de l'ordre ayant quitté leur fonction depuis 8 ans siégeant au sein du « conseil de discipline »[39]. Le président et les membres sont désignés *par délibération du conseil de l'ordre.* Toutefois, le conseil de discipline sera présidé par un magistrat du siège de la Cour d'appel lorsque la poursuite disciplinaire fait suite à une réclamation formée par un tiers ou lorsque l'avocat en fait la demande[40]. Afin de mettre fin à un système de compétence dual, la loi pour la confiance en l'institution judiciaire a réformé la discipline des officiers ministériels [41] en instituant des juridictions disciplinaires siégeant dans une forme échevinale. Ainsi, pour les notaires, les juridictions fusionnées sont composées de magistrats et de notaires, dans le ressort de chaque conseil régional, lequel est exclusivement composé de professionnels pour partie membres de droit et sur renouvellement partiel. Enfin dans les domaines scolaire et universitaire, respectivement le conseil de discipline ou la section disciplinaire de l'Université à l'égard des usagers, le président de la section disciplinaire entouré des enseignants et des représentants usagers pour l'Université[42] et de 9 membres de l'établissement, de 5 représentants élus des personnels, de 3 représentants élus des parents d'élèves et 2 représentants élus des élèves pour les établissements scolaires tirent leur légitimité du mandat. Les membres de la section disciplinaire *sont élus par et parmi les représentants du conseil académique selon leur collège respectif.*

**Mandat**. Si l'opposition des systèmes disciplinaires selon leur nature juridictionnelle ou non juridictionnelle reste pertinente, il ressort de cette première analyse que les assesseurs tirent leur légitimité du mandat de représentation donné par leurs pairs à l'exception du fonctionnement des

---

39 Chap. III de la loi n°71-1130 du 31 déc. 1071, titre IV du décret 91-1197 du 27 nov. 1991, loi n°2004-130 du 11 fév. 2004, RIN.

40 Loi confiance modifiant la loi n° 71-1130 du 31 déc. 1971

41 Avocats au Conseil et à la Cour de cassation, greffiers des tribunaux de commerce, commissaires de justice et notaires.

42 Code de l'éducation, art. R511-20 à R. 511-58 ; Code de l'éducation art. D. 511-25 à D. 522-46 ; Circulaire n°2014-059 « Application de la règle, mesures de prévention et sanctions » ; Circulaire n°2011-112 du 1er août 2011 relative au règlement intérieur des établissements d'enseignement ; Circulaire n°2018-098 du 20 août2018 relative à la composition et au fonctionnement des instances de la vie lycéenne.

commissions disciplinaires sportives. S'agissant des commissions disciplinaires sportives, les membres la composant n'appartiennent pas en majorité aux instances dirigeantes et sont choisis notamment « en raison de leur compétence d'ordre juridique ou en matière d'éthique et de déontologie sportives [43]». Il s'agit de membres bénévoles et indépendants. La ressemblance peut être faite avec l'assesseur en commission de discipline pénitentiaire quoique les textes ne les qualifient pas « d'assesseur extérieur ». Paradoxalement, parmi la multitude d'organes présentés, rares sont ceux dont les textes renvoient expressément au terme « assesseur »[44]. Il paraît en conséquence difficile de tirer une quelconque généralité de cette multitude, si ce n'est de constater que l'espace occupé par l'assesseur en commission de discipline pénitentiaire diffère de celui accordé aux membres des autres instances disciplinaires. Le législateur semble avoir inféré du caractère extérieur de l'assesseur en commission de discipline un rôle citoyen (*supra*) que l'on peut tenter d'approcher à travers les manifestations citoyennes les plus abouties relatives au fonctionnement de la justice pénale.

B. Les manifestations citoyennes dans le fonctionnement de la justice pénale

S'il ressort de cette étude qu'il n'existe pas un modèle mais des modèles de participation citoyenne, aux appellations différentes d'assesseurs ou de jurés, le modèle de participation citoyenne le plus abouti et le plus documenté est assurément celui du juré. De leur comparaison, il est possible de mettre en évidence leurs caractéristiques communes et leurs différences. Le rôle citoyen au fonctionnement de la justice pénale est déterminé à la fois par la composition de l'assessorat citoyen (1) et par les attributions, les droits et les obligations des assesseurs citoyens (2), ce qui

---

[43] Annexe 2 des règlements généraux de la fédération française de Football ; règlement disciplinaire édicté par la Ligne Nationale de Rugby ; Art. 43 de la Convention entre la Fédération française de Handball.

[44] Cf. Titre IV du Livre II du code rural et de la pêche maritime, D. n°2017-514 du 10 avril 2017 pour l'ordre national des vétérinaires ; art. L. 4321-1 à L. 4321-22 du Code de la santé publique ; Art. R145-16 du C. Sécurité sociale pour l'ordre des masseurs-kinésithérapeutes.

permet, *in fine*, de mettre en évidence les objectifs différents de ces manifestations de la participation citoyenne à la justice pénale (3).

### 1- La composition de l'assessorat citoyen

La participation citoyenne est assurée par la désignation de citoyens, c'est-à-dire de personnes issues de la société civile, pour siéger dans différentes formations des juridictions pénales, indépendamment du mode de désignation (nomination ou élection). Les textes régissant ces possibilités précisent quelles personnes peuvent être choisies (a), ainsi que les modalités de ce choix (b).

#### a) La notion de citoyen retenue dans les manifestations de la participation citoyenne

De manière générale, les attendus en termes de citoyenneté sont similaires dans toutes les manifestations de la participation citoyenne, bien qu'elles soient appréciées de manière plus ou moins souple selon les cas.

**Un citoyen mature.** S'il n'a pas été fixé d'âge maximum rendant impossible la participation citoyenne[45], un âge minimum est presque toujours requis, assurant une certaine maturité de l'assesseur citoyen. Malgré de nombreux débats[46], c'est l'âge de 23 ans qui a été retenu dans la majorité des cas[47]. Seuls les assesseurs citoyens au tribunal pour enfants

---

[45] En dehors du cas des magistrats exerçant à titre temporaire dont l'âge limite est fixé à 75 ans (art. 40-10 de l'Ordonnance n° 58-1270 du 22 décembre 1958 portant loi organique relative au statut de la magistrature), et la possibilité pour un juré d'assises d'obtenir une dispense passé l'âge de 70 ans (C. proc. pén. Art. 258).

[46] La question de l'âge minimum a été débattue à plusieurs reprises, notamment pour les jurés en matière criminelle dont le seuil avait été abaissé de 30 ans à 23 ans en 1972. Par la suite, plusieurs propositions d'un nouvel abaissement à 18 ans ont été évoquées (en 1996 par le Garde des Sceaux M. J. Toubon à l'occasion du projet de loi portant réforme de la procédure criminelle, et plus récemment en 2011 dans le cadre du projet de loi relative à la participation des citoyens au fonctionnement de la justice pénale et jugement des mineurs), mais n'ont pas abouti : v. Sénat, compte-rendu intégral des débats de la séance du 18 mai, JORF n° 48 S (C. R.) p. 4053.

[47] C. proc. pén. Art. 255 pour les jurés d'assises et les citoyens assesseurs instaurés par la loi du 10 août 2011 par renvoi de l'ancien art. 10-3 du C. Proc. pén., COJ art. L. 512-2 pour les assesseurs auprès du tribunal criminel et auprès du tribunal supérieur d'appel de

doivent avoir au moins 30 ans[48]. Il est à noter qu'aucun âge minimum n'est, en revanche, exigé pour les représentants des associations siégeant à la chambre de l'application des peines.

**Un citoyen de bonne moralité.** Les assesseurs ou les jurés doivent jouir de leurs droits politiques, civils et de famille, selon la formule consacrée[49]. L'article 256 du Code de procédure pénale énumère par ailleurs des incapacités de défiance procédant de diverses hypothèses de condamnations ou de sanctions, ainsi que des incapacités de protection interdisant la fonction de jurés aux personnes qui en sont frappées. Des motifs graves peuvent également permettre d'écarter un citoyen de la liste des jurés[50].

Les textes relatifs aux autres assesseurs ne précisent pas les incapacités faisant obstacle à leur nomination, mais s'agissant de candidatures volontaires, les dossiers doivent logiquement comporter les éléments permettant d'apprécier l'existence de telles incapacités[51]. Les anciens articles 10-5 et R. 2-6 du Code de procédure pénale prévoyaient d'ailleurs, pour le président et les membres magistrats de la commission chargée de dresser la liste annuelle des citoyens assesseurs, la possibilité de consulter

---

Saint-Pierre-et-Miquelon, COJ art. L. 532-8 pour les assesseurs auprès du tribunal correctionnel de Wallis-et-Futuna et COJ art. L. 562-10 pour les assesseurs auprès du tribunal correctionnel et des sections détachées de Nouvelle-Calédonie.

48 COJ art. L. 251-4, et 35 ans pour les magistrats exerçant à titre temporaire (art. 40-10 de l'ordonnance n° 58-1270 précitée).

49 C. proc. pén. art. 255 pour les jurés d'assises et les anciens citoyens assesseurs instaurés par la loi du 10 aout 2011, COJ art. L. 512-2, L. 532-8 et L. 562-10 pour les assesseurs auprès des juridictions des Outre-mer, cf. *supra.*

50 C. Proc. pén. art. 261-1

51 Les candidats aux fonctions d'assesseurs au tribunal pour enfants doivent ainsi fournir un bulletin n°2 du casier judiciaire de l'année en cours et font l'objet d'une enquête de moralité détaillée et étayée selon les indications de la circulaire du garde des Sceaux, relative à l'élaboration de la deuxième liste des assesseurs des tribunaux pour enfants du territoire hexagonal et de la première liste des assesseurs des tribunaux pour enfants des départements et collectivités d'outre-mer, JUSF1910565C , du 26 avril 2019, BOMJ complémentaire n°2019-05 du 13 mai 2019. En revanche, la fiche de candidature aux fonctions d'assesseurs auprès du tribunal correctionnel ou des sections détachées de Nouvelle-Calédonie ou de Wallis-et-Futuna n'exige pas de bulletin du casier judiciaire.

les traitements automatisés de données policières et judiciaires nécessaires à vérifier les antécédents des candidats.

**Un citoyen éduqué, apte et compétent.** Si le juré[52] doit savoir lire et écrire en français, aucune autre aptitude à suivre ou à comprendre les débats n'est exigée[53]. En revanche, les autres assesseurs doivent fournir des garanties de compétence appréciées à des degrés divers.

Les citoyens assesseurs, expérimentés par la loi du 10 août 2011, devaient ainsi remplir un recueil d'information indiquant leurs activités professionnelles ou associatives en lien avec l'institution judiciaire[54] ce qui permettait, lors du choix des candidats, d'apprécier leur aptitude à appréhender et comprendre le milieu judiciaire. Cependant, aucune expertise n'était exigée et une formation sur le fonctionnement de la justice pénale était d'ailleurs prévue[55]. Les garanties de compétences semblent appréciées de manière un peu plus précise chez les assesseurs auprès des juridictions des Outre-mer (Saint-Pierre et Miquelon, Nouvelle-Calédonie et Wallis-et-Futuna), ces derniers devant fournir à l'appui de leur candidature des justificatifs concernant leurs diplômes et titres, les derniers emplois occupés, ainsi qu'une déclaration de candidature motivée et signée.

Des exigences plus spécifiques sont en revanche attendues de la part des assesseurs auprès du tribunal pour enfants. L'article L. 251-4 du code de l'organisation judiciaire exige que les candidats démontrent, outre leur intérêt pour les questions de l'enfance, leurs compétences en la matière. Il en est de même, quoiqu'implicitement, pour les représentants des

---

[52] Il en était de même des citoyens assesseurs expérimentés par la loi du 10 août 2011.
[53] S. Barra, *La participation des citoyens à la justice en France*, thèse sous la direction de T.-S. RENOUX, Aix-Marseille Université, 2017, n° 184 et s.
[54] C. Proc. pén. Ancien art. R. 2-1.
[55] Il faut également signaler que si le législateur avait, au départ, prévu de confier aux tribunaux correctionnels en leur formation citoyenne l'ensemble des infractions prévues au livre IV du Code pénal ainsi que celles prévues au Code de l'environnement, le Conseil constitutionnel a toutefois censuré cette possibilité en considérant que ces infractions « *sont d'une nature telle que leur examen nécessite des compétences juridiques spéciales qui font obstacle à ce que des personnes tirées au sort y participent* », ce qui, a contrario, invite à penser que les qualifications « classiques » ne supposent pas de compétences juridiques particulières.

associations siégeant à la chambre de l'application des peines, leur compétence pouvant se déduire de leurs fonctions associatives.

**Un citoyen indépendant et impartial.** Il s'agit d'une exigence constitutionnelle[56] que viennent garantir des incompatibilités plus ou moins strictement définies.

Les incompatibilités fonctionnelles sont ainsi précisément déterminées pour les jurés d'assises. L'article 257 du Code de procédure pénale en donne la liste[57], complétée le cas échéant pour tenir compte des spécificités institutionnelles des Outre-mer[58]. À cette liste s'ajoute également une incompatibilité spécifique, les articles 258-1 et 258-2 du même code excluant les personnes ayant déjà exercé les fonctions de juré ou de citoyen assesseur au cours des cinq années précédentes, et une incompatibilité

---

[56] Décision du Conseil constitutionnel n° 2004-510 DC du 20 janvier 2005, Loi relative aux compétences du tribunal d'instance, de la juridiction de proximité et du tribunal de grande instance, consid. n°17 « *Considérant, toutefois, que doivent être apportées en pareil cas des garanties appropriées permettant de satisfaire au principe d'indépendance, indissociable de l'exercice de fonctions judiciaires, ainsi qu'aux exigences de capacité, qui découlent de l'article 6 de la Déclaration de 1789 ; que, s'agissant des formations correctionnelles de droit commun, la proportion des juges non professionnels doit rester minoritaire* ».

[57] « Les fonctions de juré sont incompatibles avec celles qui sont énumérées ci-après :
1° Membre du Gouvernement, du Parlement, du Conseil constitutionnel, du Conseil supérieur de la magistrature et du Conseil économique, social et environnemental ;
2° Membre du Conseil d'Etat ou de la Cour des comptes, magistrat de l'ordre judiciaire, membre des tribunaux administratifs, magistrat des tribunaux de commerce, assesseur des tribunaux paritaires de baux ruraux et conseiller prud'homme ;
3° Secrétaire général du Gouvernement ou d'un ministère, directeur de ministère, membre du corps préfectoral ;
4° Fonctionnaire des services de police ou de l'administration pénitentiaire et militaire de la gendarmerie, en activité de service. »

[58] C. proc. pén. art. 829 : « Sans préjudice de l'application de l'article 257, les fonctions de juré sont également incompatibles avec les fonctions suivantes : assesseurs du tribunal du travail ; assesseurs du tribunal mixte de commerce ; assesseurs du tribunal de première instance de Wallis-et-Futuna ; membres du gouvernement de la Polynésie française ; membres des assemblées territoriales ; membres du conseil du territoire des îles Wallis-et-Futuna ; membres des assemblées provinciales de la Nouvelle-Calédonie ; représentants de l'Etat dans les territoires ; secrétaires généraux des territoires ; chefs de circonscription ou de subdivision administratives. »

familiale examinée à chaque ouverture de session d'assises[59]. Enfin, la récusation permet également d'assurer une certaine impartialité du point de vue tant de l'accusé que du Ministère public[60].

S'agissant des autres assesseurs citoyens, les garanties d'impartialité sont exigées de manière générale, et appréciées au regard des documents fournis par les candidats lors de leur manifestation d'intérêt, de manière plus subjective et contextuelle[61].

Remarquons qu'une circulaire du garde des Sceaux du 26 avril 2019 rappelle l'importance d'assurer l'indépendance et l'impartialité de la justice en évitant les conflits d'intérêts et fixe certaines incompatibilités spécifiques aux assesseurs auprès du tribunal pour enfants. Si rien ne s'oppose en droit à ce que certaines professions se cumulent avec l'exercice d'un mandat d'assesseur, certaines précautions doivent être prises pour éviter les conflits d'intérêts ou les doutes sur l'impartialité de l'assesseur[62]. Une fiche technique annexée à la circulaire du 26 avril 2019 précise d'ailleurs expressément qu'un assesseur qui connaîtrait, à quelque titre que

---

59 C. proc. pén. Art 289, al. 3 « Sont également rayés de la liste de session, les noms des jurés qui se révéleraient être conjoints, parents ou alliés jusqu'au degré d'oncle ou de neveu inclusivement d'un membre de la cour ou de l'un des jurés présents inscrits avant lui sur ladite liste. », qui réitère l'incompatibilité familiale applicable aux juridictions judiciaires, énoncée par l'article L. 111-10 du code de l'organisation judiciaire.

60 C. proc. pén. Art. 297 et s.

61 COJ art. R. 512-1 pour les assesseurs du tribunal supérieur d'appel de Saint-Pierre-et-Miquelon, COJ art. R. 532-17, R. 562-17 pour les assesseurs auprès des tribunaux correctionnels de Nouvelle-Calédonie et de Wallis-et-Futuna.

62 V. sur ce point la circulaire du Garde des Sceaux, relative à l'élaboration de la deuxième liste des assesseurs des tribunaux pour enfants du territoire hexagonal et de la première liste des assesseurs des tribunaux pour enfants des départements et collectivités d'outre-mer, JUSF1910565C, du 26 avril 2019. Sont ainsi exclues les candidatures des fonctionnaires et agents publics du secteur public de la protection judiciaire de la jeunesse en exercice dans le ressort de la juridiction (éducateurs, des assistants sociaux, des psychologues, des chefs des services éducatifs de milieu ouvert ou des structures d'hébergement). En revanche, les candidatures des personnels éducatifs des structures relevant du secteur associatif habilité ou les agents du conseil départemental et de manière plus générale de toutes les professions qui ont un lien avec l'activité judiciaire du tribunal pour enfants, au civil comme au pénal sont possibles même si la circulaire précise qu'elles devront être examinées avec circonspection, notamment quant à la capacité du candidat à adopter un nouveau positionnement.

ce soit, un jeune appelé à comparaître devant le tribunal pour enfants « ne saurait, bien évidemment, siéger à cette audience »[63].

Bien que les citoyens appelés à faire œuvre de justice doivent présenter des caractéristiques similaires, il est difficile de donner une définition du citoyen assesseur auprès des différentes juridictions étudiées, ces caractéristiques n'étant pas requises ni examinées avec le même degré d'exigence. Cette absence de modèle unique de participation citoyenne est renforcée par la diversité des modalités de participation des citoyens à la justice.

b) Les modalités de participation des citoyens au fonctionnement de la justice

En dehors du cas des jurés[64], les textes constitutionnels imposent une certaine limite à la participation citoyenne puisque les assesseurs citoyens doivent être minoritaires dans les formations de jugement de droit commun. En effet, si le Conseil constitutionnel[65] a pu admettre qu'aucun texte constitutionnel n'interdit de confier le pouvoir de prononcer des mesures privatives de liberté à une juridiction pénale au sein de laquelle siègent des juges non professionnels, certaines règles tenant à leur nombre doivent être respectées. Le Conseil distingue ainsi deux hypothèses différentes selon la nature de la juridiction. S'il est possible pour une juridiction pénale spécialisée de faire siéger des assesseurs non professionnels en nombre supérieur à celui des magistrats professionnels (ce qui est le cas par exemple au sein du tribunal pour enfants), la proportion de juges non professionnels doit rester minoritaire au sein des formations correctionnelles de droit commun[66]. Pour le reste, les

---

63 Fiche Technique 3, p. 16.

64 Ainsi que du tribunal supérieur d'appel de Saint-Pierre-et-Miquelon.

65 Décision n° 2011-147 QPC du 8 juillet 2011, M. Tarek J. [Composition du tribunal pour enfants]

66 Comme le rappellent *in fine* l'article L. 212-4 du Code de l'organisation judiciaire au sujet du Tribunal judiciaire et l'article L312-3 pour la Cour d'appel. Cette règle était donc respectée s'agissant des tribunaux correctionnels en leur formation citoyenne puisqu'au trois magistrats professionnels s'ajoutaient deux assesseurs citoyens, qui restaient donc minoritaires. En revanche, cette disposition est d'application plus délicate aux territoires ultra-marins.

modalités de participation des citoyens sont aussi variées que les manifestations de la participation citoyenne.

**Une participation volontaire.** En dehors des jurés, les citoyens deviennent assesseurs à leur demande, sous réserve que leur candidature satisfasse les critères légaux. L'assessorat relève alors d'un choix volontaire, d'un engagement citoyen et d'un intérêt pour la Justice qui doit être motivé, tout ceci garantissant le sérieux et la qualité de la participation du citoyen.

**Une participation imposée aux citoyens.** Que la désignation soit aléatoire comme pour le tirage au sort des jurés ou repose sur des candidatures, une fois nommés ou convoqués, les jurés et les assesseurs citoyens doivent remplir leur mission, qui devient un devoir civique. Les dispenses accordées sont strictement encadrées pour les jurés. Ils ne peuvent être dispensés à leur demande qu'au-delà de l'âge de 70 ans, ou s'ils ne résident pas dans le département siège de la cour d'assises, ou encore s'ils justifient d'un motif grave, dont la validité est appréciée par la commission chargée d'établir les listes annuelles[67]. Les assesseurs citoyens auprès du tribunal pour enfants peuvent, de manière plus souple, démissionner[68] tandis que ceux auprès du tribunal supérieur d'appel de Saint-Pierre-et-Miquelon peuvent demander à être relevés de leurs fonctions[69].

En revanche, l'absence non justifiée peut entraîner des sanctions. Les jurés (ainsi que les citoyens assesseurs expérimentés par la loi du 10 août 2011) encourent ainsi une amende de 3750€ s'ils s'abstiennent de déférer à la convocation reçue sans motif légitime[70]. L'obligation civique est donc très forte, contrairement à celle pesant sur les autres assesseurs citoyens,

---

67 C. proc. pén. art. 258.

68 COJ art. R. 251-8 relatif aux assesseurs auprès du tribunal pour enfants.

69 COJ art. L. 512-4 relatif aux assesseurs près du tribunal supérieur d'appel de Saint-Pierre-et-Miquelon.

70 C. Proc. pén. art. 288

qui peuvent être déclarés démissionnaires pour les mêmes raisons, mais n'encourent pas d'amende[71].

**Une participation temporaire.** La participation des citoyens à la justice est temporaire, mais selon des degrés variables. Les jurés ne siègent que pendant la durée d'une session d'assises, *a minima* tous les cinq ans[72]. Les citoyens assesseurs expérimentés par la loi du 10 aout 2011 figuraient quant à eux sur une liste pendant un an et ne pouvaient pas être de nouveau inscrit l'année suivante, ou durant les cinq années suivantes s'ils avaient été appelés à siéger[73].

En revanche, la durée des fonctions des autres assesseurs citoyens peut être de deux ans (renouvelables) s'agissant des assesseurs citoyens dans les Outre-mer [74], de trois ans pour les représentants des associations siégeant à la chambre de l'application des peines[75], voire de quatre ans pour les assesseurs auprès du tribunal pour enfants[76].

**Une présence obligatoire ou facultative pour la juridiction.** Lorsque la présence d'assesseurs ou de jurés citoyens a été prévue par les textes elle est, en principe, obligatoire et la Cour de cassation contrôle le respect de la formation collégiale ainsi composée[77].

Le législateur a cependant prévu le cas d'un défaut de candidats aux fonctions d'assesseur. Il en est ainsi de la participation des citoyens à la formation collégiale des tribunaux correctionnels de Wallis-et-Futuna et de la Nouvelle-Calédonie. Le code de l'organisation judiciaire permet au tribunal correctionnel de siéger sans assesseurs citoyens dans le cas où

---

[71] COJ art. L. 251-6 (assesseurs auprès du tribunal pour enfants), L. 512-4 (assesseurs au tribunal supérieur d'appel), L. 532-14 (assesseurs au tribunal correctionnel de Wallis-et-Futuna) et L. 562-16 (assesseurs au tribunal correctionnel et ses sections détachées en Nouvelle-Calédonie)

[72] C. proc. pén. art. 266.

[73] C. proc. pén. Ancien art. 10-3

[74] COJ art. L. 512-3, L. 532-8 et L. 562-10.

[75] C. proc. Pén. Art. D. 49-9

[76] COJ art. L. 251-4

[77] Cass. crim., 18 Mars 2009 - n° 08-85.870, Bull. crim. n° 59 ; *Dr. pén.* 2010, chron. 2, n° 32, obs. E. Garçon ; *AJ Pénal* 2009, p. 275, obs. M. Herzog-Evans ; *Rev. pén.* 2009, p. 467, obs. J.-P. Céré ; *Procédures*, n° 6, Juin 2009, comm. 211, note J. Buisson.

aucun candidat ne répondrait aux critères exigés pour être recruté[78]. La collégialité n'est pas remise en cause par leur absence, puisqu'ils s'ajoutent aux deux juges assesseurs qui composent la formation avec son président. Une telle disposition rend cependant la participation citoyenne au fonctionnement de la justice subsidiaire, faisant perdre aux assesseurs une certaine part de leur légitimité.

### 2. Les attributions, droits et obligations des citoyens participant à la justice pénale

Si les citoyens participant à la justice pénale ont un statut assez proche avec des droits et des obligations similaires (a), leur fonction juridictionnelle est d'étendue variable (b).

#### a) Des obligations et des droits similaires

**Obligations dans l'exercice de leurs fonctions.** Les jurés comme les assesseurs prêtent serment, s'engageant ainsi à différentes obligations. Le contenu du serment n'est pas toujours indiqué dans les dispositions concernant chacune des juridictions concernées. Pour la plupart, les dispositions du code de l'organisation judiciaire ou du Code de procédure pénale choisissent soit de renvoyer au serment prêté par les magistrats[79] soit d'indiquer simplement que les assesseurs prêtent serment de bien et fidèlement remplir leurs fonctions et de garder le secret des délibérations[80]. Le serment des jurés est, quant à lui, beaucoup plus solennel et détaillé[81]:

---

78 COJ art. R. 532-17, R. 562-17, L. 532-10, L. 562-12

79 Les articles COJ L. 512-3, L. 532-12 et L. 562-14 renvoient à l'article 6 de l'ordonnance n° 58-1270 du 22 décembre 1958 portant loi organique relative au statut de la magistrature.

80 COJ art. L. 251-5, C. proc. pén. Art. D. 49-9.

81 C. proc. pén. art. 304: « Vous jurez et promettez d'examiner avec l'attention la plus scrupuleuse les charges qui seront portées contre X..., de ne trahir ni les intérêts de l'accusé, ni ceux de la société qui l'accuse, ni ceux de la victime ; de ne communiquer avec personne jusqu'après votre déclaration ; de n'écouter ni la haine ou la méchanceté, ni la crainte ou l'affection ; de vous rappeler que l'accusé est présumé innocent et que le doute doit lui profiter ; de vous décider d'après les charges et les moyens de défense, suivant votre conscience et votre intime conviction, avec l'impartialité et la fermeté qui conviennent à un homme probe et libre, et de conserver le secret des délibérations, même après la cessation de vos fonctions ».

les jurés s'engagent à respecter plusieurs obligations et valeurs telles que l'attention scrupuleuse, l'impartialité, la fermeté, la probité, la liberté. Ils doivent également conserver le secret des délibérations, s'abstenir de communiquer et ne doivent pas manifester leur opinion (C. proc. pén. art. 311). Le serment prêté par les citoyens assesseurs expérimentés par la loi du 10 août 2011 était similaire à celui des jurés.

**Sanctions de ces obligations.** Ces obligations sont sanctionnées. En cas de faute grave entachant l'honneur ou la probité, les assesseurs peuvent être déchus de leurs fonctions, après avoir été convoqués et mis en demeure de présenter leurs observations. Ils peuvent également être déclarés démissionnaires s'ils s'abstiennent de déférer à plus de deux convocations sans motifs légitimes[82]. Les jurés encourent, quant à eux, une amende de 3750€ en cas de refus de déférer à une convocation ou en cas de départ prématuré de la session dans laquelle ils siègent[83]. Enfin, la violation du secret des délibérations est sanctionnée pénalement sur le fondement de l'article 226-13 du Code pénal, et ce y compris à l'égard d'un juré[84].

**Formation.** Afin d'exercer correctement leurs fonctions, les assesseurs et jurés reçoivent une formation dont le contenu et la durée sont variables. Ainsi, selon l'ancien article R. 2-12 du Code de procédure pénale, les citoyens assesseurs expérimentés par la loi du 10 août 2011 avaient l'obligation de suivre une formation d'une journée sur le fonctionnement de la justice pénale et les fonctions qu'ils exerceront, formation qui comportait, en outre, la visite d'un établissement pénitentiaire.

De la même façon, une formation initiale et continue est prévue et détaillée par la fiche technique relative à la formation des assesseurs auprès du tribunal pour enfants annexée à la circulaire du garde des Sceaux du 26

---

[82] COJ art. L. 251-6 (assesseurs tribunal pour enfants), L. 512-4 (assesseurs au tribunal supérieur d'appel de Saint-Pierre-et-Miquelon), L. 532-14 (assesseurs correctionnels à Wallis-et-Futuna), art. L. 562-16 (assesseurs correctionnels en Nouvelle-Calédonie)
[83] C. proc. pén. art. 288.
[84] Crim. 25 mai 2016, n°15-84099,

avril 2019[85], qui indique également les documents utiles aux assesseurs, dont un Guide pratique édité par l'ENM et la DPJJ spécialement conçu pour les accompagner[86]. La circulaire encourage également le tutorat par les anciens assesseurs.

Les jurés reçoivent quant à eux une courte formation pendant laquelle le président de la cour d'assises, un avocat général et un avocat fournissent des explications sur le fonctionnement de la cour d'assises. Ils peuvent se voir proposer la visite d'une prison. Un film et un guide pratique sont également diffusés.

**Indemnisation.** Les jurés et assesseurs des juridictions étudiées perçoivent une indemnité pour chaque vacation[87]. Ils peuvent en outre être remboursés de leurs frais de déplacement et percevoir une indemnité de séjour.

**Droits dans la procédure.** Les jurés et les assesseurs citoyens disposent de droits dans la procédure afin d'exercer leurs fonctions juridictionnelles. Ces droits diffèrent selon la procédure concernée. Ainsi, en matière criminelle, les jurés assistent aux débats, posent des questions aux accusés et aux témoins en demandant la parole au président[88], prennent des notes[89] et peuvent voir les pièces à conviction si le juge l'estime nécessaire[90]. Les assesseurs du tribunal criminel de Saint-Pierre-et-Miquelon ont en outre le droit de disposer d'une copie du dossier[91] et

---

[85] En annexe à la circulaire du Garde des Sceaux du 26 avril 2019, n° JUSF1910565C, BOMJ complémentaire n° 2019-05 du 13 mai 2019.

[86] https://www.cours-appel.justice.fr/sites/default/files/2020-12/V11-Janv20-lisse%CC%81-1_1.pdf

[87] COJ art. R. 251-13 (assesseurs auprès du tribunal pour enfants), R. 512-7 (assesseurs au tribunal supérieur d'appel de Saint-Pierre-et-Miquelon), C. proc. pén. art. D49-9 (assesseurs de la chambre de l'application des peines), C. Proc. Pén. art. R. 139 et suivants (jurés).

[88] C. proc. pén. Art. 311

[89] C. proc. pén. Art. 340

[90] C. proc. pén. Art. 341

[91] C. proc. pén. Art. 316-1. Les jurés n'ont accès au dossier que si au cours de la délibération il apparaît nécessaire d'examiner une ou plusieurs pièces de la procédure ; dans ce cas le dossier est rouvert en présence du ministère public et des avocats de l'accusé et de la partie civile, C. proc. pén. Art. 347.

de participer à la rédaction de la motivation de l'arrêt[92], comme les juges assesseurs professionnels des cours d'assises de droit commun.

Les citoyens assesseurs expérimentés par la loi du 10 août 2011 devaient, quant à eux, recevoir toutes informations utiles à leurs fonctions de la part du président de la formation. Conformément à l'art. 461-3, al. 3 du Code de procédure pénale, ce dernier devait « veille[r] à ce que les citoyens assesseurs puissent prendre utilement connaissance de tous les éléments du dossier ». Devaient également être exposées aux assesseurs, avant le délibéré, les règles « classiques » de droit pénal, notamment celles relatives à la constitution de l'infraction, à la complicité, à la tentative, aux circonstances aggravantes ou à la récidive[93].

La circulaire relative aux assesseurs auprès du tribunal pour enfants[94] précise que ces derniers doivent se consacrer à leur fonction d'une façon active « qui ne peut se limiter à la simple participation aux audiences », leur préconisant de prendre connaissance des dossiers avant l'audience.

S'agissant des autres assesseurs, leurs droits dans la procédure ne font pas l'objet de dispositions particulières, il faut en déduire qu'ils disposent donc des mêmes droits que tout magistrat professionnel qui occuperait cette fonction.

b) Une fonction juridictionnelle d'étendue variable

**Une véritable fonction juridictionnelle.** Les jurés et assesseurs au sein des juridictions étudiées exercent tous une véritable fonction juridictionnelle. Ils disposent tous d'une voix délibérative et prêtent serment, ce qui confère en outre un caractère solennel à leur devoir civique. Ils participent au jugement des crimes (pour les jurés, ainsi que pour les assesseurs citoyens du tribunal criminel de Saint-Pierre-et-Miquelon) ou des délits pour les autres assesseurs citoyens institués, c'est-à-dire qu'ils participent à la décision sur la culpabilité et sur la peine[95]. Cependant la fonction juridictionnelle des citoyens, jurés ou assesseurs,

---

92 C. proc. pén. Art. 365-1.
93 Art. 486-3 et 486-4 du Code de procédure pénale
94 *op. cit.*
95 V. not. C. Proc. pén. art. 356 et 362 quant aux décisions associant les jurés criminels.

n'est pas forcément générale. Elle peut être limitée quant à son étendue matérielle par des considérations diverses.

**L'étendue matérielle variable de cette fonction juridictionnelle.** Le jury populaire est ainsi exclu de longue date du jugement de certaines catégories de crimes (militaires, en matière de terrorisme ou de trafic de stupéfiants)[96], dans un double souci d'efficacité de la justice face à des défections tardives bouleversant la tenue des sessions, et de protection de jurés impressionnables. Le jury est également désormais exclu du jugement de tous les crimes les moins graves au regard de la peine encourue et de l'absence de récidive, la loi du 22 décembre 2021 pour la confiance dans l'institution judiciaire[97] ayant finalement choisi de pérenniser et d'étendre les Cour criminelles départementales expérimentées depuis 2019, afin de réduire le coût et les délais en matière criminelle.

La participation des anciens citoyens assesseurs expérimentés par la loi du 10 août 2011 était quant à elle exclue pour les délits « d'une nature telle que leur examen nécessite des compétences juridiques spéciales qui font obstacle à ce que des personnes tirées au sort y participent »[98]. Leurs attributions étaient par ailleurs limitées aux décisions sur la qualification des faits, la culpabilité du prévenu et la peine[99]. C'est d'ailleurs le défaut de compétence juridique face à la technicité de certaines questions qui a en partie motivée la fin prématurée de l'expérimentation des assesseurs correctionnels[100].

Les représentants des associations de réinsertion des condamnés et d'aide aux victimes siégeant à la chambre de l'application des peines disposent également de fonctions juridictionnelles limitées à l'appel de

---

[96] En matière militaire, C. proc. pén. art. 698-6, en matière de terrorisme, C. Proc. pén. art. 706-25 et en matière de trafic de stupéfiants, C. proc. Pén. Art. 706-27.

[97] Articles 380-16 et suivants du Code de procédure pénale relatifs à la Cour criminelle départementale créés par la loi n° 2021-1729 du 22 décembre 2021 pour la confiance dans l'institution judiciaire.

[98] Conseil constitutionnel, décision n° 2011-635 DC du 4 août 2011 ; C. Proc. pén. anciens articles 399-2 et 399-3.

[99] C. proc. Pén. ancien art. 399-4 ; cet article précisait même que « sur toute autre question, les décisions sont prises par les seuls magistrats ».

[100] Spécialement en matière d'application des peines.

certaines décisions du tribunal de l'application des peines[101], ce que la Cour de cassation contrôle strictement [102]. Les décisions auxquelles ils participent sont cependant d'importance puisqu'elles concernent les condamnés à de longues peines.

En revanche, de telles considérations n'ont pas cours au tribunal pour enfants où les assesseurs assistent le juge des enfants pour toutes les affaires qui relèvent de cette juridiction spécialisée. Elles n'ont pas non plus cours dans les Outre-mer où les assesseurs citoyens participent à toutes les formations collégiales du tribunal correctionnel ou du tribunal supérieur d'appel, sans distinction quant aux délits concernés.

Il est enfin une manifestation surprenante de l'étendue variable de la fonction juridictionnelle, qui découle des spécificités mahoraises de la cour d'assises ou celles de son équivalent, le tribunal criminel de Saint-Pierre-et-Miquelon. Si la voix délibérative des jurés n'est pas remise en cause, c'est son poids dans la décision finale qui peut connaître des variations. En effet, dans ces deux collectivités, le jury criminel est composé de trois jurés en premier ressort, six en appel, la cour proprement dite comportant trois magistrats. Les décisions défavorables à l'accusé sont acquises à la majorité de quatre voix en premier ressort et six voix en appel[103]. Dans cette configuration, le jury ne détient pas de minorité de faveur, et pèse donc moins dans les décisions que le jury de droit commun, contrairement au principe renforcé récemment en premier ressort par la loi du 22 décembre 2021 pour la confiance dans l'institution judiciaire.

---

[101] C. proc. pén. Art. 712-13

[102] Cass. crim., 25 Mai 2011 - n° 10-86.996 ; Cass. crim., 11 mai 2017, n° 16-85.158 : Bull. crim. n° 138 et 16-85.159 : Bull. crim. n° 137 ; Dr. pén. 2017, comm. 117, obs. V. Peltier.

[103] Les ratios sont moins élevés que dans les cours d'assises soumises au droit commun, représentant une majorité de 67% en premier ressort contre 77% désormais en droit commun, et donc plus défavorables aux criminels jugés dans ces deux collectivités. Le maintien de ces ratios malgré la réforme du droit commun va à l'encontre de la décision du Conseil constitutionnel du 3 juin 2016 censurant des règles de majorité plus favorables à Mayotte qu'en droit commun et donc contraires au principe d'égalité (Décision n° 2016-544 QPC).

### 3. La diversité des finalités de la participation citoyenne au fonctionnement de la justice pénale

La participation des citoyens au fonctionnement de la justice n'a pas la même finalité selon les juridictions qui accueillent ces citoyens et les modalités de cet accueil.

**Une représentation de l'ensemble de la société civile.** La finalité première d'une participation populaire est celle d'une représentation de la société civile, donnant ainsi tout son sens à la formule selon laquelle la justice est rendue au nom du peuple. Ce qui semble recherché chez les assesseurs c'est une proximité à l'égard des justiciables et une ouverture du tribunal à la société qui trouve ainsi, à travers les assesseurs, un moyen d'être représentée lors de l'audience, au-delà du seul magistrat du Ministère public à qui incombe traditionnellement cette fonction. Le jury criminel en est la meilleure expression. La représentativité populaire est assurée par la désignation par tirage au sort, l'aléa n'étant remis en question qu'à la marge par l'exclusion des personnes ne satisfaisant pas aux critères légaux ou par la récusation. Le défaut d'exigence de compétences juridiques particulières démontre en outre l'accessibilité élargie à cette fonction. Le poids du jury dans la décision de culpabilité est d'ailleurs désormais décisif dès le premier ressort, puisque la réforme des règles de majorité opérée par la loi du 22 décembre 2021 lui octroie une minorité de faveur. Et si ce texte, en généralisant les cours criminelles départementales, restreint quelque peu la place du jury dans la justice criminelle, il maintient le jury pour le jugement des crimes les plus graves lui assurant donc toujours une place symbolique en matière criminelle (exception faite du terrorisme et du trafic de stupéfiants).

**Une représentation d'une partie de la population.** La participation citoyenne peut aussi prendre le sens d'une représentation d'une partie de la société comme on peut l'observer dans les tribunaux correctionnels de Nouvelle-Calédonie et de Wallis-et-Futuna, avec l'objectif, si ce n'est d'une meilleure compréhension mutuelle des systèmes juridiques en conflit (système étatique et coutume), au moins d'une meilleure adhésion de la population autochtone à la justice étatique. À l'inverse, le régime dérogatoire applicable à la Cour d'assises de Mayotte tire les conclusions de la difficulté de représenter la population locale en respectant les critères d'aptitude définis au niveau métropolitain. Face à l'illettrisme d'une grande partie de la population et son défaut d'inscription sur les listes électorales, le Code de procédure pénale a fait le choix de limiter le nombre de jurés (restreignant donc son poids dans la décision de culpabilité) et de permettre leur sélection par les autorités locales (avec le risque de ne pas représenter fidèlement la société mahoraise).

**La nécessité d'un regard « particulier ».** Mais le rôle citoyen peut également avoir pour but de fournir un éclairage particulier, lorsque les assesseurs doivent justifier d'une compétence ou d'un intérêt spécifique pour certains aspects de la justice pénale, comme en matière de justice des mineurs ou d'application des peines. Cependant, même dans ce cas, le choix d'assesseurs « spécialisés » n'exclut pas toute considération relative à leur représentativité. Les assesseurs auprès du tribunal pour enfants en sont un bon exemple puisque leur présence est justifiée par une double finalité, apporter une expertise extérieure et un regard pédagogique sur l'enfance délinquante, mais également représenter la société civile et rapprocher la justice du citoyen comme l'indique la circulaire relative au recrutement de ces assesseurs selon laquelle il s'agit d'apporter « une ouverture et un réel enrichissement au fonctionnement des tribunaux pour enfants »[104]. L'équilibre entre spécialisation et ouverture à la société civile est pourtant parfois complexe[105] comme en atteste l'ambiguïté de la circulaire précitée du 26 avril 2019 qui oscille entre ces deux objectifs, sans réellement en faire prévaloir un[106].

---

[104] Circulaire du garde des Sceaux précitée du 26 avril 2019, n° JUSF1910565C, BOMJ complémentaire n°2019-05 du 13 mai 2019.

[105] Une des raisons de l'échec de l'expérimentation des citoyens assesseurs en matière d'application des peines résulte du caractère très technique de cette matière qui suppose, sinon des spécialistes, en tout cas des personnes formées à ce contentieux. C'est la conclusion qui ressort du rapport d'audit portant sur l'expérimentation des citoyens assesseurs : « *la confusion de certains [assesseurs] était à son comble dans les cas où ils ont été conduits à participer à une audience du tribunal de l'application des peines ou de la chambre de l'application des peines, à l'exception notable du TAP de Toulouse, où il a été possible de conserver pendant une année entière les mêmes citoyens assesseurs, d'un haut niveau d'instruction, pour siéger à dix reprises* », *L'expérimentation des citoyens assesseurs dans les ressorts des cours d'appel de Dijon et Toulouse*, Rapport à Madame la garde des sceaux, ministre de la justice, févr. 2013

[106] « Si les qualités personnelles, le parcours professionnel et l'intérêt pour les questions touchant à l'enfance doivent guider prioritairement les avis des magistrats sur les candidatures, il convient néanmoins de rechercher la plus grande diversification possible

**Un soutien à la justice.** Enfin, le rôle citoyen peut apparaître sous l'angle du soutien à une justice en manque de moyens, même si l'objectif affiché en priorité est celui de rapprocher la justice des citoyens en les faisant participer directement à la fonction judiciaire. En témoignent de manière assez pressante la recherche d'assesseurs citoyens dans les Outre-mer, notamment à Saint-Pierre-et-Miquelon, où les garanties de compétences de ces assesseurs sont appréciées plus souplement que pour les magistrats exerçant à titre temporaire. Cette exigence de souplesse semble renforcée par le fait que les textes régissant le tribunal supérieur d'appel ou le tribunal criminel n'ont pas prévu la possibilité de siéger sans assesseurs citoyens, dans l'hypothèse où les candidatures remplissant les critères légaux requis (ou toute candidature d'ailleurs) feraient défaut.

**Des variétés de modèles et de finalités plutôt qu'un modèle unique.** La variété et le caractère assez hétérogène de toutes ces hypothèses rend impossible la constitution d'un modèle unique traduisant la place et le rôle du citoyen assesseur. Faute d'un modèle unique, ce sont peut-être plutôt des modèles variés de participation qui émergent du droit positif, rendant difficile la transposition d'une dichotomie proposée par un auteur qui oppose le citoyen juge au juge citoyen[107], même s'il peut s'agir d'un point de départ intéressant pour tenter de situer le statut de l'assesseur extérieur au sein de la commission de discipline pénitentiaire. Une telle situation reflète finalement la diversité des modèles que l'on peut retrouver à l'étranger.

---

des profils afin de garantir une représentativité équilibrée de la société civile. (...) Il convient donc de veiller à une répartition équilibrée des sexes, des tranches d'âge et des catégories socioprofessionnelles des assesseurs des tribunaux pour enfants. Pour autant, ces considérations notamment liées au sexe ne sauraient prévaloir dans votre choix sur celles relatives aux compétences, aptitudes, capacités, qualifications ou à l'utilité commune », Circulaire précitée, p.14.

107 S. Barra, *La participation des citoyens à la justice en France*, Thèse sous la direction de T.-S. Renoux, Aix-en-Provence, 2017.

### 4. Eléments de droit comparé

La participation citoyenne au fonctionnement de la justice pénale existe dans de nombreux pays[108]. Elle découle même parfois de la constitution (par ex. en Argentine ou au Brésil[109]). Dans l'affirmative, la présence citoyenne est généralement prévue pour la répression des crimes, tout au moins pour certains d'entre eux. Dans ce cas, il s'agit, à de rares exception près[110], des crimes les plus lourdement sanctionnés, soit en raison du quantum encouru (ex. dans la province de Buenos Aires, le jury intervient pour les crimes passibles de 15 ans ou plus de prison)[111], soit d'infractions limitativement énumérées[112]. La présence du jury en matière pénale n'est cependant pas universelle. Quelques pays sont en effet rétifs à toute participation citoyenne au sein des juridictions pénales (ex. Albanie).

---

108 Ces réflexions sont le résultat d'un questionnaire envoyé auprès de professeurs d'universités spécialistes de droit pénal, dans 15 pays différents, pour lequel nous avons eu 8 retours exploitables.

109 Art. 5o, XXXVIII

110 Par ex. Angleterre et Pays de Galles, pratiquement tous les procès pénaux impliquent des profanes : des jurys pour les crimes graves, des magistrats non professionnels pour les crimes moins graves.

111 Art. 22 bis du Code de procédure pénale de la Province de Buenos Aires. Il convient de préciser que L'Argentine est divisée en 23 provinces et un district fédéral (Ville autonome de Buenos Aires). Chaque province, et même la Ville autonome, a son propre Code de procédure pénale et son propre système de participation citoyenne.

112 Par ex. en Argentine, dans la province de Córdoba, le jury intervient dans les affaires de délits économiques, de corruption administrative, d'homicides aggravés, de délits sexuels suivis de la mort, séquestre suivi de mort, torture suivie de mort et d'homicide qualifié, art. 2, Loi PC 9182/2004. Au Brésil, il est compétent pour les atteintes volontaires à la vie, notamment, le meurtre, l'aide au suicide et l'avortement, CR, art. 5o, XXXVIII, d. Au Japon il est compétent pour la peine de mort ou la réclusion criminelle à perpétuité not., art.2 al.1 1° de la loi du 28 mai 2004. En Russie, il est compétent par exemple meurtre avec circonstances aggravantes, viol contre un mineur commis par un récidiviste, le trafic de stupéfiants aggravé, art. 31, al. 1 (1) du Code de procédure pénale. En Espagne la compétence est prévue par la constitution (art. 125) et une Loi organique 5/1995 du 22 mai. En Pologne sa présence est prévue pour les crimes puni d'une peine d'emprisonnement à perpétuité (art. 28 § 4 du Code de procédure pénale) ou de manière facultative en raison de la complexité ou de l'importance particulière de l'affaire (art. 28 § 3 du Code de procédure pénale).

La sélection des jurés s'effectue souvent à partir des listes électorales[113]. Plus rarement la présélection découle d'une liste préétablie (par le président du tribunalaprès sollicitations auprès des autorités locales, des administrations et des groupes communautaires au Brésil[114] ou par les présidents des tribunaux compétents, les associations, des organisations sociales et professionnelles enregistrées conformément à la loi, à l'exception des partis politiques, et au moins cinquante citoyens ayant le droit de vote, résidant en permanence dans la commune procédant à l'élection en Pologne)[115].

La participation citoyenne en matière pénale est en principe le fruit d'un échevinage ; la juridiction est composée de juges citoyens et de magistrats professionnels[116]. Au-delà de leur présence, leur rôle peut varier. Des systèmes, à l'instar des Etats-Unis, abandonnent la direction du procès à un magistrat professionnel qui n'intervient pas dans la délibération. D'autres, à l'aune du système français, prévoient que les jurés participent à la délibération de concert avec les magistrats, à l'exception des questions de procédure et d'interprétations juridiques qui relève de la compétence des juges professionnels[117]. Toutefois, les citoyens peuvent ne décider que de la culpabilité ou de la non-culpabilité de l'accusé. Dans ce cas, les juges professionnels sont ceux qui décident de la qualification juridique de l'acte et de la peine à infliger[118].

---

113 En Argentine (Art. 338 ter du Code de procédure pénale PBA ; art. 11 Loi PC 9182/2004), au Japon (art.20 et 21 de la loi du 28 mai 2004), en Russie (art. 326 – 328 du CPP), en Espagne (art. 13 et s. Loi organique 5/1995 du 22 mai) ou encore en Angleterre et au Pays de Galles.

114 Art. 425 Code Procédure Pénale

115 Ustawa z dnia 27 lipca 2001 r. Prawo o ustroju sądów powszechnych], art. 162 § 1.

116 Par ex. dans la province de Córdoba (Argentine), les juridictions se composent de 8 jurés plus 4 suppléants et 3 magistrats professionnels, arts. 4 et 29, Loi PC 9182/2004 ; art, 405 du Code de procédure pénale PC. Au Japon les juridictions sont composées de 6 jurés et 3 magistrats professionnels (art.2 al.2, L. 28 mai 2004). En Espagne la juridiction est composée de 9 jurés et d'un magistrat de l'Audience nationale

117 Ex. au Japon (art. 6 Loi du 28 mai 2004).

118 C'est le cas en argentine (arts. 371quater et 372 du Code de procédure pénale PBA ; arts. 37, 41 et 44, Loi PC 9182/2004), au Brésil où les citoyens assesseurs statuent uniquement sur la culpabilité et les circonstances atténuantes en Russie (CR, Art. 5o, XXXVIII) ou encore en Angleterre et au Pays de Galles.

Au stade du procès disciplinaire en prison, un point de convergence notable existe ; il concerne la compétence disciplinaire, confiée généralement au directeur de l'établissement pénitentiaire[119]. Seulement, dans les pays où des données ont été obtenues, la participation citoyenne au sein de l'organe en charge de prononcer les sanctions disciplinaires n'a jamais été envisagée[120]. Elle semble donc bien relever d'une exception française. Reste toutefois une situation atypique. En Angleterre et au Pays de Galles, jusqu'en 1992, le *Board of Visitors* (organe totalement laïque) était, entre autres, chargé de statuer sur les affaires de discipline pénitentiaire. De ce fait, de nombreux détenus les considéraient comme faisant partie de l'administration pénitentiaire et non comme des gardiens impartiaux contre les mauvais traitements (ce qui était pourtant toujours leur tâche principale)[121]. Leur participation au jugement des sanctions disciplinaire et l'absence de garanties adéquates en termes de respect des droits de la défense a conduit la Cour européenne des droits de l'homme à rendre un arrêt de condamnation pour violation de l'article 6 de la Conv. EDH[122]. Depuis cette condamnation les infractions mineures à la discipline pénitentiaire sont traitées uniquement par les directeurs de prison. S'il s'agit d'une affaire grave qui risque d'entraîner un surcroît de jours de peine, c'est un juge extérieur qui est saisi (un juge de district) ou, dans de nombreux cas graves, le détenu fera l'objet de nouvelles poursuites devant les tribunaux pénaux. En 2003, les *board of visitors* ont été rebaptisés « Conseils de Surveillance Indépendants » et ils demeurent un organe important : des bénévoles non rémunérés du public, qui sont les yeux et les oreilles du public en prison. Tout membre du Conseil a le droit d'entrer à tout moment dans l'établissement pénitentiaire et d'accéder librement à toutes les parties de celui-ci et à tout détenu[123].

---

119 C'est le cas, par exemple, au Brésil (Art. 47 Loi 7.210 de 11 de juillet de 1984), au Japon (art. 155 al.1 de la loi du 25 mai 2006 relative aux établissements pénitentiaires et aux conditions de détention des détenus).

120 Albanie, Argentine, Angleterre et Pays de Galles, Brésil, Russie, Espagne, Italie, Japon.

121 Sur ce système, V. not. J. Falxa, *Le droit disciplinaire pénitentiaire : une approche européenne*, Mare et Martin, 2016, not. p. 77 et s.

122 CEDH 9 oct. 2003, Ezeh et Connors, n° 39665/98, *AJ Pénal* 2004, p. 36, obs. J.P. Céré ; *Dr. Pénal* 2004, p. 6, obs. E. Vergès ; *JDI* 2004, p. 665, obs. O. Bachelet.

123 Art. 6 de la loi de 1952 sur les prisons, modifiée.

Au stade de l'aménagement de la peine, de nombreux pays ne prévoient pas non plus de présence citoyenne dans le processus décisionnel. Seule, parfois, l'intervention de la victime est envisagée[124] ou encore la présence de personnes qualifiées[125]. En Angleterre et au Pays de Galles, la Commission des libérations conditionnelles – l'équivalent du tribunal d'application des peines – s'occupe de la libération des condamnés à perpétuité, de ceux qui purgent des peines prolongées et du nombre croissant de personnes rappelées en prison (pendant la deuxième partie de leur peine dans la collectivité). Les Commission des libérations conditionnelles sont composées de juges (pour la plupart à la retraite) et d'avocats, mais la grande majorité des membres n'ont aucune qualification juridique. Leur rôle principal consiste à déterminer si les détenus qui purgent des peines de durée indéterminée et ceux qui purgent des peines d'une durée déterminée pour des infractions graves continuent de représenter un risque important pour la population. Les principales affaires qu'ils supervisent concernent les détenus et sont les suivantes : les peines d'emprisonnement à perpétuité et les peines d'emprisonnement pour protection publique[126], l'extension des peines d'une durée déterminée en vertu de la loi de 2003 sur la justice pénale[127], les peines prononcées contre les délinquants particulièrement préoccupants, y compris les terroristes et les délinquants sexuels impliquant des enfants[128], la remise en liberté des détenus qui ont été rappelés en prison pour avoir enfreint les conditions de leur permis de conduire[129].

---

124 Ainsi en Argentine, la victime a le droit d'être informée et de donner son avis devant le juge de l'application pour certaines décisions (semi-liberté, libération conditionnelle, emprisonnement à domicile, semi-détention, liberté assistée ou régime préparatoire à la libération), art. 11bis, Loi National 24.660. V. Aussi pour l'Espagne, Loi 4/2015., 27 avril du Statut de la Victime du délit.

125 Ainsi au Brésil, le conseil pénitentiaire, composé de professeurs de droit et de professionnels du métier, donne son avis au juge d'application des peines pour le pardon présidentiel, art. 70 Loi 7.210 de 11 de juillet de 1984.

126 Crime (sentences) Act 1997, as amended.

127 Criminal Justice Act 2003 as amended by the Legal Aid, Sentencing and Punishment of Offenders Act 2012.

128 Criminal Justice Act 2015.

129 Criminal Justice Act 2003.

§ 3. Les ambitions de la recherche

Nul doute que l'introduction de l'assesseur extérieur en commission de discipline a participé au processus de judiciarisation croissante de la prison[130]. Or, si le pouvoir disciplinaire appartient toujours au chef d'établissement en ce qu'il dispose d'un pouvoir délibératif, la commission de discipline est médiée par la présence de plusieurs acteurs, dont celle de l'assesseur extérieur. Aussi, l'ensemble de l'équipe s'est-elle attachée au cours de l'étude à saisir le processus disciplinaire carcéral en action dans son fonctionnement concret. Institutionnellement l'introduction de l'assesseur extérieur en commission de discipline s'est inscrite dans l'ère du temps d'un rapprochement avec le procès pénal[131], dans lequel la société civile s'invite de plus en plus fréquemment[132]. Individuellement et partant du rôle citoyen de l'assesseur extérieur, il s'est agi pour l'ensemble de l'équipe de saisir l'action véritable de l'assesseur extérieur et vérifier son influence supposée ou réelle sur le fonctionnement de la commission de discipline pénitentiaire.

La recherche a donc été conçue afin de permettre de vérifier comme hypothèse la contextualisation du rôle dévolu par la loi aux assesseurs citoyens par rapport à leur propre représentation d'eux-mêmes à tous les stades du processus (habilitation, composition et fonctionnement de la commission de discipline) élargie à la représentation qu'ont l'ensemble des acteurs des assesseurs en commission de discipline. La question de la représentation de l'assesseur est une question persistante depuis son introduction au sein de la composition de discipline, en raison de la faiblesse des textes législatifs qui en traitent. Cette lacune a abouti à des pratiques disparates que les membres de l'équipe ont pu observer sur le terrain.

Or, la représentation peut s'entendre de l'opération de replacer quelque chose ou quelqu'un devant les yeux afin de le rendre présent aux yeux d'autrui. Lorsque l'on parle de la représentation de l'assesseur

---

130 C. Rostaing, « Processus de judiciarisation carcérale : le droit en prison, une ressource pour les acteurs ? », *Droit et Société*, 67, 2008, p. 58.

131 A. Bouquet, « Droit disciplinaire et loi pénitentiaire : le rendez-vous manqué », *APC* 2012/1 pp. 303 à 330.

132 *Supra* les manifestations de la participation citoyenne.

extérieur, il convient d'entendre de quelle manière cet assesseur est perçu par lui-même, les autres membres de la commission de discipline et les autres acteurs au fonctionnement de la commission de discipline comme l'avocat. Il aurait été intéressant d'étendre le champ de la recherche à la perception par le détenu, de l'assesseur extérieur. L'entreprise bien qu'essentielle aurait été trop ambitieuse et l'équipe a préféré un champ plus modeste mais plus cohérent. Que représente ou incarne l'assesseur pour les autres acteurs ? Que doit-il représenter au sein de la commission de discipline ? L'ensemble de ces problématiques interrogent la légitimité de l'assesseur extérieur au sein de la commission de discipline, de son poids dans la prise de décision malgré un simple rôle consultatif que la loi lui a dévolu renvoyant à la distinction légalité/ légitimité.

§. 4 la méthodologie de la recherche

La recherche a reposé sur des analyses théoriques d'une part et de terrain d'autre part.

**La recherche fondamentale**. La recherche fondamentale a reposé sur la technique classique de recherche en droit. Le travail a eu comme point de départ la recherche et sélection des textes pertinents -les sources. Cette première étape a permis d'identifier plus précisément les sujets d'étude ainsi que les angles d'approche les plus efficaces. Ces mêmes textes, ensemble avec la doctrine et la jurisprudence pertinentes ont été mis en relation dans le cadre d'une analyse critique. Ce procédé a permis non seulement l'analyse du cadre existant (légalité), mais aussi les réflexions sur les évolutions potentielles souhaitables.

**La recherche empirique**. La recherche de terrain a reposé sur l'élaboration d'outils d'analyse à la fois quantitatifs (un questionnaire) et qualitatifs (mise en place d'entretiens semi-directifs) élaborés avec l'aide précieuse des sociologues.

Concernant tout d'abord le questionnaire, un soin particulier a été apporté à son élaboration qui a pu faire l'objet d'une phase test auprès des participants au colloque organisé par l'ANAEC le 12 juin 2021 pour les dix ans d'existence de l'assesseur extérieur en commission de discipline pénitentiaire[133]. A l'issue de cette phase le questionnaire a été remanié. Cependant, il a été décidé par l'équipe de conserver un nombre important de questions au nombre de 67 à destination des assesseurs citoyens. Le questionnaire mêle questions ouvertes et fermées selon la structure suivante :

I. Informations personnelles
II. Rencontre avec la prison et la fonction d'assesseur
III. Activité d'assesseur civil en commission de discipline
IV. Candidature et habilitation
V. Convocation et préparation des commissions de discipline
VI. Comparution des personnes détenues
VII. Délibéré
VIII. Opinions sur les commissions de discipline et l'institution pénitentiaire
IX. Comparaison avec l'expérience d'autres instances
X. Autres

Une diffusion à l'échelle nationale a été rendue possible grâce à différents canaux (ANAEC et DAP) et formats (papier, envoi de fichiers et questionnaire en ligne). Après un nettoyage permettant de supprimer d'éventuels doublons, l'équipe de recherche a décidé de clôturer le questionnaire lorsque le nombre de répondants s'est élevé à 181, ce qui constitue un échantillon tendant vers la représentativité de la population étudiée (estimée entre 800 et 900 personnes selon l'ANAEC). Cette représentativité est également appuyée par la répartition géographique des répondants. En effet, les assesseurs interrogés exercent dans l'ensemble des directions interrégionales de la France métropolitaine et de la mission Outre-Mer (La Réunion, Guadeloupe et Nouvelle-Calédonie), à l'exception de la DISP Grand-Centre Dijon (voir carte en annexe), auprès de 76 établissements pénitentiaires identifiés.

Après avoir récolté ces données, celles-ci ont été codées et consolidées dans un tableur. Des tris à plat ont été réalisés grâce au logiciel Google Forms et ont fait apparaître les premiers résultats quantitatifs. Sur la base de ces derniers, l'équipe de recherche a sélectionné des données à croiser entre elles pour approfondir l'analyse. Grâce au logiciel Ethnos, des tris

133 « Assesseur extérieur, 10 ans, légitimité et crédibilité », Colloque 12 juin 2021.

croisés et des tris multiples ont été exécutés et présentés sous forme graphique, constituant la seconde salve de données quantitatives.

Concernant ensuite la grille d'entretien, parallèlement au travail quantitatif de recherche, un guide d'entretien semi-directif a été élaboré à destination des assesseurs, puis adapté à l'ensemble des acteurs de la commission de discipline (avocats, président de la commission, assesseur pénitentiaire) selon une trame pré-établie. Il s'agissait de s'assurer que les membres de l'équipe répartis sur deux directions interrégionales des services pénitentiaires (DISP) procèderaient de façon identique au recueil des données. La trame répondait aux critères suivants :

I. Présentation de la recherche
II. Parcours personnel
III. Conditions de la rencontre avec l'Univers carcéral
IV. Choix de devenir assesseur
V. Formation et premières expériences
VI. Activité pendant les commissions de discipline
VII. Rôle de l'assesseur
VIII. Éléments socio-démographiques

Les interrogés ont été contactés grâce aux établissements pénitentiaires de deux directions interrégionales. Ainsi, 13 assesseurs ont pu être interrogés, 5 présidents de commission ainsi qu'un avocat. Les entretiens semi-directifs ont eu lieu dans la mesure du possible au sein des salles de réunion des différents instituts facultaires, et dans une moindre mesure, au sein des établissements pénitentiaires. La quasi-totalité des entretiens ont été enregistrés avec l'aide de microphones après signature d'un formulaire d'autorisation d'enregistrement de la voix, et lorsque cela n'était pas possible, ont fait l'objet d'une prise de notes.

L'ensemble des enregistrements ont alors été retranscrits manuellement sur des logiciels de traitement de texte, puis ont fait l'objet d'une anonymisation (des individus, lieux et établissements pénitentiaires évoqués). L'équipe de recherche s'est ensuite réunie pour identifier au sein des entretiens certaines thématiques récurrentes qui ont été répertoriées. Les entretiens ont alors subi un classement thématique sur le logiciel

Taguette, basé sur les thèmes identifiés au préalable, permettant d'établir 71 thématiques, regroupant les *verbatim* de la totalité des entretiens.

Cette étude sur l'assesseur extérieur a donc consisté à la fois dans une recherche fondamentale ***et*** une recherche empirique. Dès lors, l'équipe a émis un point de vigilance lors de l'analyse des résultats, à ce que la recherche fondamentale soit nourrie des résultats de terrain et réciproquement. Pour répondre à l'ensemble des problématiques posées en lien avec le rôle « citoyen », réel ou supposé, de l'assesseur extérieur, l'équipe a souhaité confronter théorie et pratique au plus près du processus disciplinaire selon un plan évoquant :

I. La légalité du rôle citoyen de l'assesseur
II. La légitimité du rôle citoyen de l'assesseur
III. La légitimation du rôle citoyen de l'assesseur

# 1ère PARTIE. LA LÉGALITÉ DU RÔLE CITOYEN

La loi pénitentiaire du 24 novembre 2009 ayant fait le choix d'introduire un assesseur extérieur afin d'assurer un nouveau regard sur une commission de discipline souvent décriée à raison d'un fonctionnement perverti par une représentation de justice secrète, que l'arrivée de l'avocat quelques années auparavant n'avait sans doute pas permis de renverser. Cette consécration (chap. 1) devait être assortie d'un cadre normatif propice à conférer à la commission de discipline un gage d'impartialité nouveau (chap. 2).

## Chapitre 1. La consécration d'un regard extérieur

L'intégration d'un membre extérieur à l'administration pénitentiaire au processus disciplinaire suppose de concilier des objectifs qui peuvent sembler dichotomiques. L'ouverture au monde citoyen ne doit pas rompre avec les nécessaires contraintes d'ordre et de sécurité internes aux établissements pénitentiaires. Quand bien même l'exigence de la présence de l'assesseur est devenue juridiquement incontournable (section 2), la réalité est plus mitigée (section 1).

### Section 1. L'existence de l'assesseur en commission de discipline

La présence d'un assesseur extérieur vient rompre avec une histoire pénitentiaire qui a toujours commandé un pouvoir fort confié au chef d'établissement. La genèse de la commission de discipline en témoigne (§ 1) ainsi que son fonctionnement actuel, à la recherche d'une impartialité prônée par le droit positif (§ 2).

#### § 1. La genèse de la commission de discipline

« Au cœur de tous les systèmes disciplinaires, fonctionne un petit mécanisme pénal »[134]. Alors qu'elle a longtemps fonctionné en marge de la légalité, la répression disciplinaire s'est progressivement accolée aux forces inspirantes du droit pénal, en reprenant à son compte le principe de légalité dans son sens le plus achevé : *nullum crimen, nulla poena, nullum*

134 M. Foucault, *Surveiller et punir*, Ed. Gallimard, 1975, p. 180.

*judicium sine lege* tout en intégrant des garanties de défense pour le détenu poursuivi lors du procès disciplinaire[135].

**L'arbitraire de la discipline pénitentiaire.** Au XVIII^ème^ et XIX^ème^ siècles, la prison est ordonnancée autour d'un modèle disciplinaire dont la fondation essentielle est le redressement des détenus. La construction de nombreuses prisons sous le modèle panoptique glorifié par Jeremy BENTHAM marque cette époque. Le quotidien du détenu ne lui laissait pas la moindre once d'autonomie[136].

On estime à cette époque que le prisonnier doit être réformé moralement. Son amendement doit passer par le respect préalable de règles strictes au sein de la prison, afin qu'il intègre une discipline qu'il continuera naturellement d'appliquer après sa libération. En imposant des horaires stricts, une marge d'initiative réduite, la discipline carcérale participait à cette idée de régénération morale de l'individu[137]. Pour autant à compter du règlement général du 25 décembre 1819, il est commandé à la loi de ne pas s'arrêter à la porte des prisons. Les nouveaux textes, dans le domaine disciplinaire, affirment la nécessité de ne plus tolérer les pratiques arbitraires et discriminatoires. Toutes les formes de répression corporelles doivent prendre fin, les habitudes dévoyées (jeux de hasard, beuveries, ventes, échanges ou prêts sur gage entre prisonniers) interdites[138]. Le règlement, par la sévérité ou la durée des punitions qu'il autorise, doit permettre la répression appropriée de toute faute et, par le jeu de récompenses graduées, encourager les actions de bonne conduite des prisonniers.

---

135 V. not. J. Pradel, *Droit pénal général*, Cujas, 22^e^ éd., 2019, p. 118 et s. ; Ph. Bonfils et M. Giacopelli, *Droit pénal général*, Cujas 2^e^ éd. 2019, p. 39 et s. ; J.-P. Delmas Saint-Hilaire, Les principes de la légalité des délits et des peines, réflexions sur la notion de légalité en droit pénal, *Mélanges P. Bouzat*, Ed. Pédone, 1980 p. 149 et s.
136 J. Humbert, *Sous la cagoule à Fresnes, prison modèle*, Ed. De lutèce, 1934, cité *in* C. Lesselier, *op. cit*, p. 303 ; V. aussi P. Cuche, *Traité de science et de législation pénitentiaires*, L.G.D.J., 1903, p. 271 et s.
137 P. O'Brien, *op. cit.*, p. 56 ; *Adde* H. Hedhili-Azéma, *Sciences et pratiques pénitentiaires en France au XIXe-XXe siècle*, L'Harmattan, 2016, p. 93 et s.
138 Pour plus de détails sur les moyens de lutte contre les attitudes proscrites par le règlement. V. M. Perrot, *op. cit.*, p. 78 et s.

Il faut attendre l'ordonnance du 10 mai 1839 pour les maisons centrales et le règlement général du 30 octobre 1841 pour trouver des textes régissant avec minutie la discipline sur l'ensemble du territoire. Ils constituent les éléments réglementaires de référence durant tout le XXème siècle, malgré les quelques efforts de réglementation antérieure[139].

**L'ancêtre de la commission de discipline.** L'arrêté du 8 juin 1842 marque une étape majeure en étant à l'origine de la création du prétoire de justice disciplinaire, censé mettre un terme à l'arbitraire de la répression en retenant des principes novateurs de publicité de l'audience disciplinaire et en renforçant « l'idée de contrôler l'appareil administratif »[140]. Plusieurs règles venaient renforcer ce nouvel équilibre. La promptitude de la répression est recherchée. L'ordre est ainsi donné de faire comparaître les condamnés signalés par les rapports de la veille comme méritant punition (art. 10), En parallèle l'arrêté autorise les prisonniers à formuler des plaintes. Mais la faculté fut largement atténuée par une circulaire du 20 mars 1874 en n'autorisant leurs réclamations verbales qu'un jour par semaine, le samedi.

Cet arrêté de 1842 prévoyait une procédure formaliste qui insistait tout particulièrement sur la solennité de l'audience exclusivement confiée au directeur de la prison. Le passage devant le prétoire, la configuration du local furent régis minutieusement. Les places que devaient occuper les assesseurs et le directeur étaient précisées. Le bureau recouvert d'un tapis de serge verte devait être assez grand pour que le directeur et ses assistants s'y placent commodément. Une barre à hauteur d'appui séparera le bureau de l'auditoire (art. 3).

Le prétoire fonctionne alors avec des débats oraux public (présence des assesseurs et d'autres détenus) tout en laissant place à une procédure écrite. L'audience se matérialise par le rôle dévolu à un « bureau » ; c'est-à-dire un collège de personnes nommées par le directeur avec pour mission de déterminer si une sanction disciplinaire doit être prononcée. Le bureau est composé du sous-directeur, de l'instituteur, de l'aumônier,

---

139 V. pour une grille de lecture des infractions à la discipline, H. Hedhili-Azéma, *Droit disciplinaire pénitentiaire de la Belle Époque*, L'Harmattan, 2020, p. 44 et s.
140 H. Hedhili-Azéma, *ibid*, p. 32.

parfois du médecin, des pharmaciens ou des greffiers. Les garanties offertes aux détenus sont faibles en l'absence de tout débat contradictoire. C'est le bureau, sous l'autorité du directeur, qui décide de la sanction[141].

**La recherche vaine d'une légalité disciplinaire.** La pluralité et le souci du détail des textes ne permettent cependant pas de définir la faute disciplinaire. Elle recouvre un domaine si vaste que « toutes les infractions aux règles intérieures de la prison » peuvent engendrer une mesure de répression [142]. Les divers règlements ne servent pas véritablement d'élément de référence quant au degré de gravité intrinsèque des actes répréhensibles commis par les prisonniers et rendent délicate la mesure de la sévérité de la punition appropriée.

Quelques textes amorcent cependant une timide esquisse de légalité disciplinaire. Tout d'abord, la circulaire du 22 avril 1841 réservait le cachot pour les atteintes aux mœurs, aux vols et aux actes de dévastation, violence et rébellion. Ensuite, un décret du 18 juin 1880, applicable aux relégués, avait dressé une liste d'infractions punissables « réparties d'après leur gravité matérielle ou absolue en trois classes » (fautes légères, fautes graves, fautes très graves) ; à chacune desquelles était attachée une pénalité spéciale, variable dans les limites d'une durée maximale et susceptible d'aggravation, par exemple, si le détenu était en état de récidive dans les trois mois. Enfin, le règlement général du 11 novembre 1885, sur les prisons de courtes peines, prévoyait certaines punitions pour un temps et dans des cas déterminés ; la privation de lecture ne pouvait intervenir, par exemple, qu'en cas de lacération, détérioration, emploi illicite de livre et pour une semaine au plus[143].

Imprécis quant à la définition des infractions disciplinaires, les textes apportent cependant quelques informations sur les sanctions disciplinaires autorisées[144]. Dès 1808, l'article 8 du code d'instruction criminelle reprend des dispositions des codes antérieurs (art. 579 du code des délits et des peines et art. 2§20 du titre XIII du décret du 16.29 septembre 1791) et

---

141 H. Hedhili-Azéma, *ibid*, p. 102 et s.

142 M. Fize, *La répression disciplinaire dans les prisons françaises métropolitaines du XIXe siècle*, CNERP, 1982, p. 12.

143 M. Fize, *ibid.*, p. 33.

144 M. Fize, *ibid.*, p. 32 et s.

réaffirme le principe d'une utilisation du cachot pour toute infraction à la discipline. L'ordonnance du 10 mai 1839 vise l'interdiction de communiquer, le règlement de 1841 la privation de visite, de correspondance ou de secours du dehors ou même la privation de l'école. Les détenus pouvaient également se voir interdire de promenade à titre de punition (ordonnance de 1839 et règlement de 1841). Les gardiens-chefs pouvaient encore recourir à la privation de cantine, de vivres chauds ou, mesure très dure à supporter, à la mise au pain et à l'eau[145]. C'est qu'à cette époque l'amorce très timorée de légalité des sanctions est contrecarrée par les textes mêmes. L'instruction du 8 juin 1842, précise que la liste des punitions de l'ordonnance de 1839 n'est pas limitative. Elle revient à blanchir les velléités répressives de certains gardiens-chefs[146].

**L'absence de contrôle.** Le contrôle du pouvoir disciplinaire fut constamment défaillant, malgré plusieurs dispositions textuelles qui auraient dû permettre, en théorie, de pallier les éventuels abus d'autorité dans l'exercice du pouvoir disciplinaire (le règlement général de 1841 impose, par exemple, que toutes les punitions soient visées par le maire). Mais leur désintéressement patent rend le contrôle inopérant, « tantôt les maires refusent de signer et tantôt au contraire ils signent sans même jeter un coup d'œil sur le registre qu'on leur présente »[147]. Plusieurs autres réformes seront nécessaires pour que l'arbitraire régresse progressivement et que le pouvoir disciplinaire pénitentiaire se mue en véritable droit disciplinaire.

**L'humanisation de la règlementation disciplinaire pénitentiaire.** C'est avec la réforme AMOR mettant en œuvre quatorze principes fondamentaux destinés à la révision d'ensemble du système pénitentiaire français dans les années 1945, que de profonds bouleversements de la discipline carcérale voient le jour.

En 1947, la punition de la salle de discipline et le face au mur disparaissent ; la punition avec sursis fait son apparition. En 1948, c'est au

---

145 V. J.-G. Petit, Ces peines obscures, la prison pénale en France (1780-1875), *op. cit.*, p. 489 ; M. Seyler, *La consommation dans les établissements pénitentiaires*, CESDIP, coll. Déviance et contrôle social, n° 41, 1985, p. 107 et s.

146 Code des prisons, T. II, p. 274, cité in M. Fize, *op. cit.*, p. 34.

147 M. Fize, *op. cit.*, p. 24.

tour de la punition de privation de visite et de correspondance de s'effacer. En 1954, sont interdits, pour les condamnés, la tonte systématique des cheveux et le port obligatoire des sabots. La volonté de rompre avec l'institution des prévôts est manifeste mais cette pratique ancestrale perdurera plusieurs années durant, jusqu'à la fin de la décennie. Enfin, toujours en 1954, le port de fers de nuit sera aussi supprimé. Le Code de procédure pénale spécifie que l'amende ne pourra désormais être perçue qu'au titre de réparation.

Depuis les années soixante, l'action disciplinaire a subi de profondes transformations. La circulaire du 14 avril 1969 entérine un processus de remodelage du régime disciplinaire. Les punitions se délestèrent progressivement de toute portée vexatoire et abrutissante. La punition de cellule fut ramenée de 90 jours à 45 jours, les aggravations supprimées (retrait de fournitures de couchage pour la nuit, coupe à ras des cheveux, occlusion de la fenêtre par un volet plein).

Le Décret n° 72-852 du 12 septembre 1972 et ses circulaires d'application entraînent la disparition de la soumission obligatoire au silence et la suppression des restrictions alimentaires qui consistaient à imposer trois jours par semaine de nourriture au pain, à la soupe et à l'eau durant les quinze premiers jours de punition de cellule, un jour par semaine ensuite. Le décret établit parallèlement le principe d'une interdiction des punitions collectives. La procédure disciplinaire va dans le sens d'une meilleure information des détenus.

L'évolution est poursuivie par le décret n° 75-402 du 23 mai 1975 qui affine la terminologie des textes en rapport avec la discipline. « Les punitions disciplinaires » deviennent des « sanctions disciplinaires » et les « récompenses » préalablement accordées pour bonne conduite, des « mesures visant à encourager les détenus ». Le processus de disparition des sanctions accessoires sans lien avec l'infraction est accentué (par exemple, la privation de lecture).

Le décret n° 83-48 du 26 janvier 1983 autorise les détenus punis à fumer et met fin à toute restriction à la correspondance familiale. Il assouplit la règle de l'interdiction des visites familiales lorsque le détenu placé en cellule de punition n'a pu avertir à temps les personnes titulaires d'un permis de visite de la sanction dont il est l'objet. L'astreinte au port du costume pénal fourni par l'administration disparaît. Le décret renforce la connaissance des sanctions disciplinaires par le juge d'application des peines (JAP). Il offre la possibilité au détenu de lui faire parvenir soit directement, soit par l'intermédiaire de son conseil, toutes observations utiles en ce qui concerne la décision prise à son égard.

**L'ouverture juridictionnelle de la discipline pénitentiaire.** Malgré ces retouches favorables, au droit des détenus, l'action disciplinaire en prison ne s'est ouverte à la vie juridique qu'à la fin du XXe siècle. Jusqu'alors les diverses réformes ne concernaient que le droit disciplinaire de fond. Il faut attendre le célèbre arrêt *Marie* du 17 février 1995 pour que la procédure disciplinaire soit affectée, en considérant que la punition de cellule est une mesure faisant grief susceptible d'un recours contentieux. Le juge est alors amené à connaître pour la première fois d'une telle sanction disciplinaire [148].

Dans le prolongement de cet incontestable progrès, le décret n° 96-287 du 2 avril 1996 a apporté une modification sans précédent de la matière, confirmant ainsi l'évolution de la discipline pénitentiaire et son inscription dans une logique juridictionnelle. Ce décret adopte une énumération précise des fautes et des sanctions disciplinaires, en les assortissant d'une corrélation entre la faute disciplinaire et la (ou les) sanction(s) applicable(s). En parallèle, la procédure disciplinaire se trouve précisément encadrée et le détenu bénéficie de garanties et d'une amorce de respect des droits de la défense [149]. Une étape supplémentaire est

---

[148] Concl. P. Frydman, *RFD adm.*, 1995, p. 353 et s. ; Notes N. Belloubet-Frier, *D.*, 1995, p. 381 et s. ; M. Lascombe et F. Bernard, *JCP.*, 1995, p. 173 et s. ; P. Couvrat, *Rev. sc. crim.*, 1995, p. 381 et s. ; L. Touvet et J.-H Stahl, *AJDA* 1995, p. 379 et s. ; G. Vlachos, *Petites affiches*, 1995, n° 51, p. 11 et s ; O. Gohin, *RD publ.*, 1995, p. 1338 et s. ; F. Moderne et J.-P. Céré, *RFD adm.* 1995, p. 822 et s.

[149] V. P. Couvrat, « Le régime disciplinaire des détenus depuis le décret du 2 avril 1996 », *Rev. sc. crim.*, 1996, p. 709 et s. ; J.-M. Larralde, « La réforme du régime disciplinaire des détenus », *AJDA*, 1996, p. 780 et s. ; J. PRADEL, « Le nouveau régime disciplinaire des détenus depuis le décret n° 96-287 du 2 avril 1996. Une révolution en droit pénitentiaire », *D.*, 1996, p. 319 et s. ; B. Bouloc, Chron. *Rev. sc. crim.*, 1997, p. 163 et s. ; J.-P. Céré, « Le décret du 2 avril 1996 et le nouveau régime disciplinaire applicable aux détenus », *RFD adm.*, 1997, p. 614 et s. ; M. Herzog-Evans, « La réforme du régime disciplinaire dans les

franchie avec l'arrivée de l'avocat lors du procès disciplinaire et une reconnaissance subséquente du principe du contradictoire [150]. La compétence du chef d'établissement reste exclusive.

Le décret n° 2007-814 du 11 mai 2007 (JO 12 mai 2007, p. 8713) a créé, quant à lui, un droit disciplinaire pénitentiaire spécifique pour les mineurs. Il apporte de profondes modifications procédurales et retouche l'ensemble des sanctions applicables afin de renforcer les garanties du mineur et l'individualisation du prononcé de la sanction.

**L'arrivée de l'assesseur extérieur.** Les réformes pénitentiaires consécutives s'inscrivent dans la continuité [151]. La loi pénitentiaire n° 2009-1436 du 24 novembre 2009 [152] offre enfin un socle législatif au régime disciplinaire des personnes détenues, imposant plusieurs contraintes inédites (art. 726 C. pr. pén.)[153]. Le décret d'application n°

---

établissements pénitentiaires. Un plagiat incomplet du droit pénal », *Rev. pénit.*, 1997, p. 9 et s. ; V. aussi F. Février, « Le droit répressif pénitentiaire », *Rev. pénit.* 2009, p. 383.

150 V. M. Herzog-Evans et E. Péchillon, « L'entrée des avocats en prison et autres conséquences induites par la loi n° 2000-321 du 12 avril 2000 », *D.* Chron. p. 481.

151 Sur les effets de cette transformation, C. Rostaing, « Processus de judiciarisation carcérale : le droit en prison, une ressource pour les acteurs ? », *Droit et société*, 2007, n° 67, p. 577.

152 J.P. Céré, « Virage ou mirage pénitentiaire ? A propos de la loi du 24 novembre 2009 », *JCP G* 2009, n° 50, p. 47 ; J.P. Céré, « Le nouveau droit pénitentiaire et le respect du droit européen. Esquisse de comparaison », *AJ Pénal* 2009, p. 476 ; M. Danti-Juan, « Analyse critique du contenu de la loi dite « pénitentiaire » », *Rev. Pénit.* 2010, p. 79 ; J.Ch. Froment, « La loi pénitentiaire du 24 novembre 2009 : une amélioration modérée… », *RD publ.*, 2010, p. 687 ; M. Herzog-Evans, « La loi pénitentiaire n° 2009-1436 du 24 novembre 2009. Changement de paradigme pénologique et de toute puissance administrative », *D.* 2010, p. 31 ; P. Lamothe, « Loi pénitentiaire et santé des détenus », *Gaz. Pal.* 28 janv. 2010, n° 28, p. 23 ; P. Poncela, « Droits des détenus et mesures de détention », *Gaz. Pal.* 28 janv. 2010, n° 28, p. 20 ; E. Péchillon, « Regard d'un administrativiste sur la loi pénitentiaire », *AJ Pénal* 2009, p. 473 ; F. Saint-Pierre et S. Cormier, « L'avocat face à la nouvelle loi pénitentiaire », *Rev. Pénit.* 2010, p. 103 ; J.O. Viout, « Vue d'ensemble sur la loi pénitentiaire », *Gaz. Pal.* 28 janv. 2010, n° 28, p. 15 ; M. Giacopelli, « Le contenu de la loi pénitentiaire : des avancées encore insuffisantes », *RFD adm.* 2010, p. 25.

153 Désormais L. 231-1 à L. 231-3 C. pénit.

2010-1634 du 23 décembre 2010 pris en Conseil d'Etat devait en conséquence s'accorder d'un certain nombre de précisions [154].

Le terrain disciplinaire délaissé au pouvoir réglementaire est donc aujourd'hui balisé. Le Conseil constitutionnel le place, de surcroît, sous une liberté normative « surveillée » [155]. En effet, il appartient au décret d'application de la loi pénitentiaire « de ne pas définir des sanctions portant atteinte aux droits et libertés dont [les personnes détenues] bénéficient dans les limites inhérentes aux contraintes de la détention ». Ce n'est que sous ces réserves que « le renvoi au décret en Conseil d'Etat pour définir les sanctions encourues autres que le placement en cellule disciplinaire et le confinement en cellule ordinaire ne méconnaît pas la compétence du législateur »[156].

Depuis la loi pénitentiaire, la discipline pénitentiaire est véritablement inscrite dans un processus de mutation irréversible qui la conduit sur la voie du respect du droit à un procès équitable et la jurisprudence œuvre d'ailleurs dans cette direction [157]. La dernière réforme en date du droit disciplinaire cherche à l'adapter aux nouveaux défis de gestion des établissements pénitentiaires en apportant un durcissement de la répression, ne serait-ce que par l'inflation des infractions du premier degré de gravité[158], sans remettre en cause la composition de la commission de discipline.

---

[154] Il est complété par la circulaire du 8 avril 2019 relative au régime disciplinaire. V. J.P. Céré, « Le droit pénitentiaire rénové. A propos des décrets des 23 et 30 décembre 2010 », *JCP G*, 2011, p. 146.

[155] Cons. Const., déc. n° 2009-593 DC du 19 nov. 2009. *AJDA* 2009, p. 2425, obs. P. Wachsmann ; D. 2009. 2797, obs. S. Lavric ; *Rev. sc. Crim.* 2010, p. 217, obs. B. De Lamy ; *RFD adm.* 2010, p. 34 ; *Rev. pénit.* 2009, obs. E. Péchillon.

[156] En ce sens encore, Cons. const. QPC 25 avr. 2014, req. n° 2014.393, *D.* 2014, p. 1235, obs. E. Péchillon ; *RFD adm.* 2015, p. 148, obs. J. Schmitz.

[157] Par ex. Les dispositions de la loi pénitentiaire relatives à la réduction de la durée du placement en cellule disciplinaire pénitentiaire sont ainsi d'application immédiate, V. TA Grenoble, ord. 16 déc. 2009, *AJ Pénal* 2010, p. 93, obs. E. Péchillon ; *D.* 2010, p. 1380, obs. J.P. Céré.

[158] Décret n° 2019-98 du 13 février 2019 modifiant les dispositions réglementaires du Code de procédure pénale relatives au régime disciplinaire des personnes détenues (JO 15 févr.) 16 fautes appartenant au premier degré (10 antérieurement), 16 au deuxième

### § 2. La composition de la commission de discipline

**Une procédure contradictoire.** Depuis 1996, les règles régissant l'audience devant la commission de discipline ont été aménagées autour du directeur qui demeure toujours l'autorité disciplinaire par excellence. Elles s'inscrivent dans le cadre d'une procédure de type contradictoire permettant à la personne détenue d'être informée suffisamment tôt de l'existence d'une procédure diligentée à son encontre ainsi que des faits qui lui sont reprochés. Elle lui permet d'accéder à son dossier et de bénéficier de l'assistance d'un avocat. Le détenu est convoqué devant la commission de discipline du lieu où l'infraction disciplinaire a été commise. Toutefois il n'est pas exclu que, dans certaines circonstances - un transfert imposé par exemple pour des raisons de sécurité, le détenu puisse être jugé pour des faits commis dans un autre établissement [159]. En effet, pour un transfert effectué entre deux établissements pénitentiaires, le chef d'établissement de destination est seul compétent pour prononcer une sanction en cas de faute commise lors du transfert. Dans les autres cas, notamment en cas d'évasion, c'est le chef d'établissement de l'établissement d'origine qui fait procéder à l'élaboration du compte rendu d'incident et de l'enquête, dans l'attente d'une réintégration de l'individu. Les poursuites disciplinaires ne pourront toutefois pas être exercées plus de six mois après la découverte des faits [160].

**Modification de la composition de la commission de discipline.** Jusqu'en 2011, la commission de discipline était présidée par le chef d'établissement et comprenait deux membres du personnel de surveillance, dont un appartenait au grade de surveillant. Aucune disposition n'imposait de désigner par écrit les membres du personnel appelés à siéger[161]. Depuis, la commission de discipline comprend toujours deux assesseurs, désignés par le président de la commission de discipline.

---

degré (16 antérieurement), 8 au troisième degré (11 antérieurement). V. en ce sens, M. H. Evans, Décret du 13 février 2019 sur la discipline pénitentiaire : un raidissement institutionnel et une occasion manquée, *AJ Pénal 2019*, p. 139.

159 TA Bordeaux, 10 oct. 2000, *D.* 2002, chron. p. 116, obs. J.P. Céré.

160 Art. R. 234-14 C. pénit.et circ. 8 avril 2019, préc. n° 1.4.3.

161 Ce qui ne doit pas empêcher le juge de s'assurer de l'identification possible des deux membres du personnel de surveillance qui y siègent, TA Nantes 21 déc. 2006, req. n° 043023 ; TA Nantes 29 déc. 2006, req. n° 041817.

Le premier est choisi parmi « les membres du corps d'encadrement et d'application du personnel de surveillance » de l'établissement. Il doit posséder le grade de surveillant, de surveillant principal ou de surveillant brigadier. Le second est choisi sur une liste de « personnes extérieures à l'administration pénitentiaire » (art. L. 231-1 C. pénit.).

**Origine de l'assesseur extérieur.** L'arrivée de l'assesseur extérieur est le fruit d'un amendement déposé par la commission des lois du Sénat lors de la discussion du projet de loi pénitentiaire. Observant que les garanties relatives à la procédure disciplinaire avaient été renforcées au cours des années précédentes (organisation d'un débat contradictoire, assistance par l'avocat, exercice des recours devant la juridiction administrative), et qu'il existait une confusion entre l'autorité de poursuite et l'autorité de jugement, la commission a proposé que la composition de la commission de discipline soit réformée. C'est ainsi qu'il a été proposé d'inclure au moins un membre extérieur à l'administration pénitentiaire, en précisant alors qu'il pourrait s'agir d'un membre du conseil d'évaluation de l'établissement[162]. Le principe de la présence d'un membre extérieur ayant été acté, il revenait au décret d'application de la loi pénitentiaire de préciser les conditions de nomination de ce membre extérieur. C'est ainsi que le décret 2010-634 du 23 décembre 2010 indiqua que le membre extérieur sera habilité par le président du tribunaljudiciaire[163].

**Renforcement de l'impartialité.** L'arrivée de l'assesseur extérieur a été conçue comme une garantie nouvelle de nature à renforcer l'impartialité de la commission de discipline. Le processus de nomination y participe. La finalité de sa présence, pour le Sénat, était de faire entrer un regard extérieur. Un agrément par l'administration pénitentiaire aurait laissé planer un doute sur sa neutralité[164]. Chaque membre de la commission de discipline est tenu d'exercer ses fonctions avec intégrité, dignité et impartialité et respecter le secret des délibérations (art. R. 234-4 C. pénit.). En outre, le président de la commission requiert, selon sa

[162] Rapport n° 143 (2008-2009) de M. Jean-René Lecerf fait au nom de la commission des lois du Sénat, déposé le 17 déc. 2008.

[163] V. J.P Céré, « Le droit pénitentiaire rénové. À propos des décrets des 23 et 30 décembre 2010 portant application de la loi pénitentiaire », JCP G, 2011, p. 146.

[164] Assemblée nationale, Rapport n° 1899 enregistré le 8 sept. 2099.

volonté, un secrétaire chargé de retranscrire les débats et de veiller au bon déroulement de l'audience ; ce dernier accomplit alors les formalités relatives à la procédure (convocation du détenu et des assesseurs, transcription du compte-rendu d'incident et de l'enquête). En aucun cas, le secrétaire est associé aux débats sur la décision[165].

**Délégation de compétence.** Le chef d'établissement dispose, en vertu de l'article R. 234-1 C. pénit., de la faculté de déléguer la présidence de la commission de discipline (adjoint, directeur des services pénitentiaires ou membre du corps de commandement du personnel de surveillance placé sous son autorité). Des considérations fort compréhensibles ont toujours conduit à adopter un système de délégation temporaire (absence du directeur), voire de délégation totale (dans les établissements importants un directeur se voit confier la responsabilité d'un secteur déterminé ; à ce titre il gère les incidents qui s'y déroulent). La procédure de délégation est entourée d'un formalisme incontournable. Le chef d'établissement délègue ses pouvoirs en matière disciplinaire, sous visa de l'article R. 234-1 du Code pénitentiaire, par écrit, nominativement, pour un temps donné. La personne qui assure l'intérim du chef d'établissement ne peut se prévaloir de cette seule circonstance pour prétendre valablement présider la commission de discipline[166]. Une copie de l'autorisation d'assurer l'intérim du chef d'établissement ne remplace pas non plus la délégation écrite de présider la commission de discipline[167].

La publicité des actes de délégation doit être entreprise auprès de la population pénale, préalablement à la réunion de la commission de discipline. A défaut, la procédure disciplinaire serait entachée d'illégalité[168].

**Rôle prépondérant du président.** La composition collégiale de la commission de discipline, avec en son sein, un assesseur extérieur, ne rompt pas avec l'importance historique du rôle attribué au chef d'établissement (ou son représentant), qu'il s'agisse du choix de l'assesseur pénitentiaire qui lui appartient ou du déroulement des débats. En effet, le président de la commission de discipline peut prévoir la présence de

---

165 Circ. 8 avril 2019, préc. n° 2.6.2.1.1.
166 TA Strasbourg 20 janv. 1998, req. n° 953005.
167 TA Pau 5 oct. 2000, *D.* 2002, chron. p. 116, obs. J.P. Céré.
168 Circ. 8 avril 2019, préc. n° 2.2.

personnel supplémentaires pour assurer la sécurité de l'audience, il dirige les débats et assure la police de l'audience, il dispose d'un pouvoir d'opportunité de faire entendre des témoins et c'est lui qui pose les questions nécessaires à la compréhension des faits. On relèvera qu'il « peut » céder la parole à ses assesseurs afin qu'ils puissent interroger la personne détenue[169]. L'assesseur extérieur (de même que l'assesseur pénitentiaire) qui désirerait poser des questions pourrait donc tout à fait essuyer un refus sans que cela n'entache le processus décisionnel. Il ressort d'ailleurs en pratique que 4 % des assesseurs ne posent jamais de questions aux personnes détenues.

Fréquence des questions posées par l'assesseur aux personnes détenues pendant les commissions

[169] Circ. 8 avril 2019, préc. n° 2.6.3.1

Et, lorsque l'assesseur pose des questions, il faut relever que très majoritairement c'est à l'initiative du président de la commission de discipline.

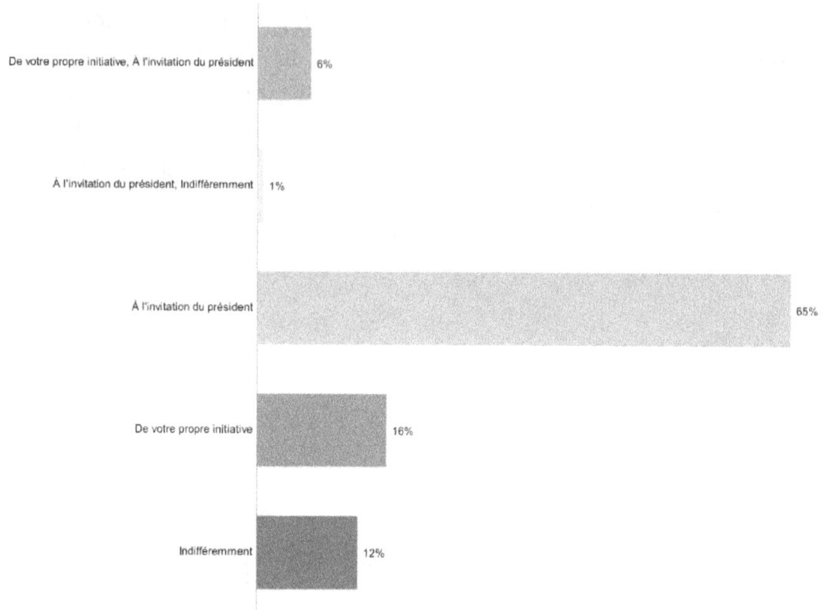


Initiative des questions adressées
aux personnes détenues

Enfin, et surtout, le président seul dispose d'une voix délibérative, ce qui n'interdit pas qu'ils puissent formuler une préconisation de décision. Et il se dégage un fort sentiment pour les assesseurs, au stade du délibéré, que leur avis est, d'une manière générale, suffisamment pris en compte (96 %). En revanche, ce n'est que très minoritairement que le président de la commission de discipline va consulter l'assesseur sur l'opportunité d'une demande de retrait de crédits de réduction de peine à la suite du prononcé de la sanction disciplinaire (14 %)

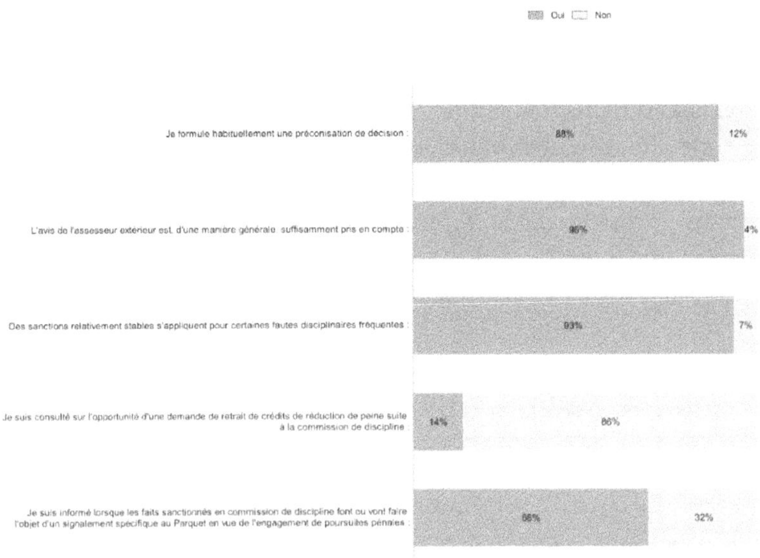


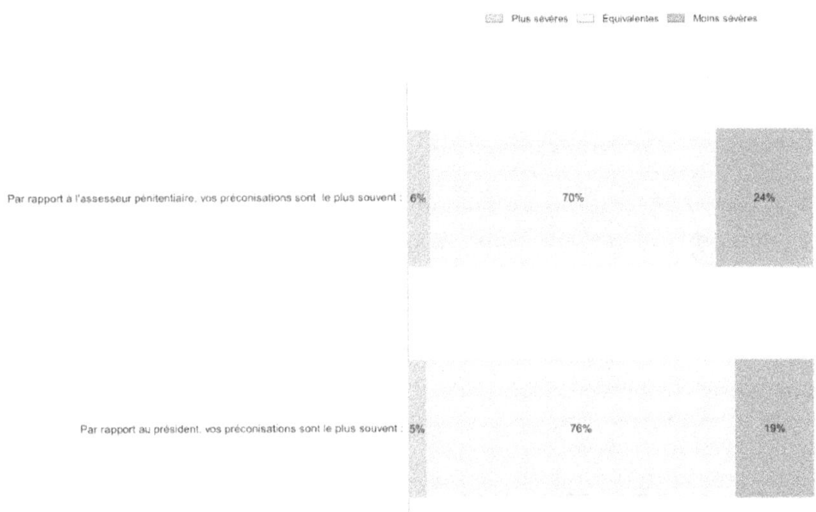


Ce rôle prépondérant du président de la commission pose naturellement la question du positionnement de l'assesseur extérieur durant l'audience disciplinaire et de l'importance même de la présence de l'assesseur.

## Section 2 : L'exigence de l'assesseur en commission de discipline

**Présence de l'assesseur extérieur.** Si la loi pénitentiaire du 24 novembre 2009, précisée par le décret du 23 décembre 2010[170], a consacré la présence d'un membre extérieur au sein de la commission de discipline, les conséquences de l'absence de ce membre sont longtemps restées incertaines. Désormais, le Conseil d'État a clairement affirmé qu'il s'agissait d'une condition de régularité de la sanction prononcée (§ 1), laquelle se heurte à des contraintes qui nuisent à sa présence effective (§ 2).

### § 1. La sécurisation de la composition de la commission de discipline

**Condition de régularité.** Le Conseil d'État a affirmé que la présence de l'assesseur extérieur en commission de discipline constitue une garantie dont la privation « est de nature à vicier la procédure »[171]. Mais si, en principe, la présence de l'assesseur est une condition de régularité de la procédure et de la sanction disciplinaire ensuite prononcée (A), le juge administratif a aménagé une exception permettant de justifier son absence sans entacher d'irrégularité la procédure (B).

#### A. L'affirmation du principe : exigence de la présence de l'assesseur extérieur

**Fin de l'incertitude.** Il a fallu attendre presque dix ans après l'entrée en vigueur du décret imposant la présence de l'assesseur extérieur en commission de discipline[172] pour que le Conseil d'État précise les conséquences de l'absence de celui-ci. À l'incertitude initiale (1) a succédé une affirmation inévitable : l'absence de l'assesseur extérieur constitue une irrégularité (2).

---

[170] Décret n° 2010-1634, art. 1er, codifié à l'art. R. 57-7-8 du Code de procédure pénale, désormais à l'art. R. 234-2 du Code pénitentiaire.

[171] CE 5 févr. 2021, n° 434659, AJDA 2021, 307 ; *AJ pénal* 2021, 221, obs. J.-P. Céré ; *Dr. Adm.* 2021, comm. 30, obs. L. Seurot.

[172] L'alinéa 3 de l'ancien art. R. 57-7-8, qui a prévu la présence d'un assesseur extérieur, est entré en vigueur le 1er juin 2011, conformément à l'art. 3, I, du décret n° 2010-1634 précité.

1. L'incertitude initiale des conséquences de l'absence de l'assesseur extérieur

**Jurisprudence initiale incertaine.** La mise en œuvre de la nouvelle composition de la commission de discipline a pris du temps : les établissements pénitentiaires ne disposant pas d'un vivier d'assesseurs habilités par le président du tribunalde grande instance (devenu président du tribunaljudiciaire), de nombreuses commissions de discipline siégeaient en l'absence de l'assesseur extérieur[173]. Le fait que les assesseurs n'aient qu'une voix consultative n'a peut-être pas aidé dans l'affirmation de l'exigence, pour la régularité de la sanction disciplinaire prononcée, de leur présence. C'est ainsi que les cours administratives d'appel avaient des positions divergentes en la matière. Pour certaines, l'absence de l'assesseur extérieur n'avait aucune incidence sur la régularité de la procédure, dès lors qu'il avait été régulièrement convoqué[174]. Il suffisait par exemple que la convocation ait été envoyée à un ou plusieurs assesseurs n'ayant pas tous fait part de leur indisponibilité. Il était parfois plus simplement considéré que la seule mention de l'absence de l'assesseur dûment convoqué n'entachait pas d'irrégularité la procédure[175]. Au contraire, d'autres arrêts, plus nombreux, affirmaient que la seule convocation ne suffisait pas, la présence de l'assesseur extérieur constituant une garantie. La procédure était irrégulière sauf à démontrer une impossibilité matérielle de convoquer un autre assesseur[176] ou, plus largement, à « justifier des diligences faites en temps utile [...] afin d'assurer la réunion régulière de la commission de discipline »[177]. La réunion était considérée comme irrégulière lorsque, par exemple, les deux assesseurs convoqués avaient apporté une réponse négative, dès lors que d'autres assesseurs habilités par le président du tribunalde grande instance n'avaient pas été convoqués[178].

---

173 Sur ce sujet, v. P. Poncela, Discipline pénitentiaire, *Rev. Sc. Crim.* 2012, 208.

174 CAA Nancy, 13 févr. 2014, n° 13NC01290 ; CAA Nancy, 12 mars 2015, n° 14NC00691 ; CAA Nancy, 7 mars 2019, n° 18NC00417 ; CAA Lyon, 11 avr. 2019, n° 18LY04039.

175 CAA Paris, 12 mai 2016, n° 14PA02356.

176 CAA Douai, 22 juill. 2014, n° 13DA01416 ; CAA Douai, 23 mars 2017, n° 15DA01044 ; CAA Nantes, 22 déc. 2017, n° 15NT03223 ;

177 CAA Nantes, 27 janv. 2017, n° 15NT00964.

178 CAA Lyon, 2 avr. 2015, n° 14LY02178.

La grande majorité de la jurisprudence des cours administratives d'appel affirmaient ainsi que la seule convocation était insuffisante et qu'il appartenait à l'administration d'accomplir toutes les diligences nécessaires pour assurer la présence effective d'un assesseur.

**Pratiques variables.** Si l'incertitude jurisprudentielle était toute relative et qu'il apparaissait fortement probable que le Conseil d'État conclut à l'irrégularité de la procédure en l'absence de l'assesseur extérieur [179], les pratiques étaient et restent variables en la matière. Pourtant, la circulaire du 9 juin 2011 a précisé que « lorsqu'un assesseur extérieur, bien que dûment avisé de la date de la tenue de la commission de discipline, ne se présente pas sans en informer préalablement le chef d'établissement, le renvoi des procédures à une audience ultérieure doit être envisagé, sauf nécessité particulière de statuer rapidement »[180]. Plus clairement encore, la circulaire du 8 avril 2019 [181] constatant ces jurisprudences divergentes a affirmé que « lorsqu'un assesseur extérieur, bien que dûment avisé de la date de la tenue de la commission de discipline ne se présente pas, il apparaît préférable d'envisager le renvoi à une date ultérieure ». Elle a par ailleurs précisé que la difficulté doit être anticipée en désignant des suppléants en cas d'impossibilité du titulaire de siéger. Certains établissements vont même au-delà en prévoyant, pour chaque semaine, en plus des assesseurs prévus chaque jour, un assesseur de permanence, qui peut entre autres siéger dans les commissions de disciplines non programmées à l'avance et des assesseurs suppléants en cas d'indisponibilité de l'assesseur de permanence.

*« Question : D'accord. Vous n'avez pas connaissance de commission de discipline sans assesseur (parce qu'il ne s'est pas présenté par ex.). Vous, il y a toujours eu un assesseur ?*

*Alors euh….. Le souci c'est que quand on est convoqué en tant qu'assesseur discipline, on est convoqué soi même. Donc je sais que, personnellement comme je suis toujours venu, les commissions se sont toujours déroulées, en tout cas, je veux dire*

[179] V. par ex. J.-P. Céré, Le procès disciplinaire pénitentiaire sous le prisme de la Convention européenne des droits de l'homme : un respect en trompe-l'œil, *D.* 2017, p. 1720.

[180] NOR : JUSK1140024C

[181] Circulaire du 8 avril 2019 relative au régime disciplinaire des personnes détenues.

*avec la présence d'un assesseur. Mais euh… est-ce que j'ai eu des échos ? J'ai pas eu d'écho »*

Assesseur 7

*« Question : Donc à votre connaissance il n'y a pas eu de commission qui se soit tenue en votre absence ?*

*Pas à ma connaissance en tout cas. Je ne pense pas. Vu la fréquence qu'on m'avait indiqué au départ, je ne pense pas qu'il y en ait eu en mon absence. C'est cette fréquence là qu'on m'avait indiqué au départ. C'est à cette fréquence-là que se tiennent les commissions de discipline.*

Assesseur B

D'autres assesseurs, en revanche, confirment la tenue de commissions de discipline en l'absence de l'assesseur extérieur, mais uniquement après s'être assuré par écrit de l'indisponibilité des différents assesseurs habilités.

*« Oui c'est arrivé s'ils font faux bon au dernier moment, la veille on peut s'organiser autrement mais parfois s'il n'y a pas d'autres assesseurs disponibles, parce que on est peu nombreux, proportionnellement on est 5 habilités dont une qui ne peut pas venir à [Nom d'établissement] car elle a un conflit d'intérêt et une qui ne vient quasiment plus, en réalité on tourne à 3 pour [nom d'établissement]. A ce moment-là si aucun assesseur ne peut en général ils nous envoient un mail pour laisser par écrit qu'on ne peut pas y aller, comme ça ils ont une trace qu'ils nous ont bien convoqué et que ce n'était pas possible »*

Assesseur D

Face à des pratiques très disparates et à une jurisprudence contrastée, le Conseil d'État y a apporté une réponse claire.

2. L'affirmation inévitable de l'irrégularité de la procédure en l'absence de l'assesseur extérieur

**La présence de l'assesseur extérieur, une garantie.** Par un arrêt du 5 février 2021, le Conseil d'État a qualifié la présence de l'assesseur extérieur de « garantie reconnue au détenu, dont la privation est de nature à vicier la procédure » et ce, même s'il n'a qu'une voix consultative[182]. La haute juridiction administrative ne s'explique pas sur cette qualification de garantie, mais elle est rattachée à la jurisprudence Danthony[183]. Celle-ci a affirmé que lorsqu'un organe consultatif doit se prononcer avant qu'une décision administrative ne soit prise, le vice affectant le déroulement de la procédure n'entache la décision d'illégalité que s'il a été susceptible d'exercer une influence sur la sens de la décision prise ou s'il a privé les intéressés d'une garantie. Si la commission de discipline n'est pas un organe consultatif, le Conseil d'État y assimile l'assesseur extérieur, qui n'a qu'une voix consultative. Au-delà, cette jurisprudence est également présentée [184] comme se situant dans le prolongement des exigences relatives au respect du principe général du droit d'impartialité en commission de discipline[185]. Bien que le Conseil d'État garde le silence sur la nature de la garantie assurée par la présence de l'assesseur extérieur, on peut la rattacher à l'impartialité, l'assesseur extérieur étant le seul membre de la commission de discipline dont l'impartialité peut être affirmée. Pour autant, le Conseil d'État a également ajouté plus récemment que la présence de l'assesseur pénitentiaire, qui ne doit pas être l'auteur du compte rendu d'incident établi à la suite du manquement disciplinaire[186], constitue également une garantie dont la privation est de nature à vicier la procédure[187]. La présence de l'assesseur extérieur constitue ainsi une obligation de résultat, et pas seulement une obligation de moyens[188] : il ne

---

182 CE, 5 févr. 2021, n° 434659, préc.

183 CE 23 déc. 2011, n° 335033, *RFD adm.* 2012, 284, concl. G. Dumortier, note P. Cassia ; *AJDA* 2012, 195, chron. X. Domino et A. Bretonneau ; *Dr. Adm.* 2012, comm. 22, obs/. F. Melleray ; *JCP G* 2012, 558, note D. Connil ; *JCP A* 2011, 2089, note C. Broyelle. Sur la jurisprudence en matière disciplinaire, v. L. de Fournoux, Procédure disciplinaire et privation de garantie, *AJDA* 2021, p. 2605.

184 V. sur la jurisprudence en la matière, L. Seurot, note sous CE 5 févr. 2021, *Dr. adm.* 2021, comm. 30.

185 V. CE 11 juill. 2012, n° 347146

186 C. pénit., art. R. 234-12.

187 CE 23 nov. 2022, n° 457621, AJDA 2022, 2325 ; *Dalloz actu.*, 5 déc. 2022, obs. M. Dominati ; *JCP A* 2022, act. 730, obs. C. Friedrich.

En l'espèce cependant, la procédure n'est pas irrégulière, l'assesseur pénitentiaire étant présent.

188 En ce sens, v. J.-P. Céré, obs. sous CE 5 févr. 2021, préc.

suffit pas de convoquer l'assesseur, mais il faut s'assurer de sa présence. Ces arrêts du Conseil d'État permettent ainsi de mettre fin aux incertitudes jurisprudentielles et aux pratiques divergentes quant aux conséquences de l'absence de l'assesseur extérieur.

**Les conséquences de l'absence de l'assesseur extérieur.** Le Conseil d'État précise clairement que l'absence de l'assesseur extérieur est de nature à vicier la procédure et à conduire à l'annulation de la sanction disciplinaire prononcée. Bien que le juge administratif soit saisi de la décision du directeur interrégional des services pénitentiaires, devant qui un recours administratif préalable obligatoire doit être exercé[189], celle-ci ne couvre pas le vice affectant la procédure préalable à la décision initiale, conformément à une jurisprudence bien établie du Conseil d'État[190]. L'absence de l'assesseur extérieur doit donc conduire en principe à l'annulation de la sanction disciplinaire prononcée. Cependant, la seule annulation de la sanction n'a en pratique qu'une faible portée dès lors qu'en dehors des référés, le recours n'a pas d'effet suspensif et que la sanction a déjà été exécutée. Au-delà de cette annulation, le détenu peut exercer un recours en indemnisation, en justifiant d'un préjudice subi du fait de l'illégalité, pour un vice de procédure, de la décision lui infligeant une sanction. Il appartient alors au juge, pour décider de l'indemnisation, « de rechercher, en forgeant sa conviction au vu de l'ensemble des éléments produits par les parties, si, compte tenu de la nature et de la gravité de cette irrégularité procédurale, la même décision aurait pu être légalement prise, s'agissant tant du principe même de la sanction que de son quantum, dans le cadre d'une procédure régulière »[191]. Si l'assesseur n'a qu'une voix consultative, son avis est de nature à exercer une influence sur la nature de la sanction et sur son quantum, de sorte qu'une indemnisation pourrait être octroyée.

**Application de la nouvelle jurisprudence.** A la suite de l'arrêt du Conseil d'État, les tribunaux administratifs et cours administratives d'appel ont toutes appliqué la nouvelle jurisprudence, en annulant la

189 C. pénit., art. R. 234-13.
190 CE 18 nov. 2005, n° 270075.
191 CE 18 nov. 2015, n° 380461, *AJDA* 2015, 2236.

sanction disciplinaire prononcée en l'absence de l'assesseur extérieur. Il en va ainsi lorsqu'aucun élément ne permet d'établir sa présence, faute de mention dans la décision et faute de tout autre élément établissant la présence des deux assesseurs [192]. Il en va de même des sanctions prononcées par les commissions de discipline lors du premier confinement [193]. Certains tribunaux administratifs ont relevé que les assesseurs extérieurs avaient la faculté, durant le premier confinement, de se déplacer dans les établissements pénitentiaires, de sorte qu'en l'absence de toute autre justification, l'absence de l'assesseur extérieur constitue une irrégularité entachant d'illégalité la sanction prononcée[194]. Le confinement ne constituait pas à lui seul une justification de l'absence de l'assesseur extérieur. De surcroît, la jurisprudence administrative a affirmé que l'accord du détenu à la tenue de la séance en l'absence de l'assesseur extérieur ne couvre pas l'irrégularité : ce faisant, le détenu est privé d'une garantie que l'administration doit faire respecter[195]. Il appartient alors à celle-ci de reporter la commission de discipline en l'absence d'un assesseur extérieur. Mais, à des conditions strictes, il est possible de justifier l'absence de l'assesseur extérieur : le Conseil d'État, érigeant en principe le caractère irrégulier de la procédure en l'absence de l'assesseur extérieur, a aménagé une exception.

B. L'aménagement d'une exception : la justification de l'absence de l'assesseur extérieur

**Réunion de deux conditions.** L'absence de l'assesseur extérieur peut être justifiée et ne pas constituer une irrégularité à deux conditions cumulatives énoncées par le Conseil d'État[196] : l'administration a mis en œuvre toutes les diligences nécessaires pour assurer la présence d'un assesseur extérieur (1) et un report de la commission de discipline est de nature à compromettre manifestement le bon exercice du pouvoir disciplinaire (2).

---

192 TA Marseille, 27 janv. 2023, n° 2101380 ; TA Châlons-en-Champagne, 22 nov. 2022, n° 2100607 ; TA Clermont-Ferrand, 6 oct. 2022, n° 2001296

193 V. *infra*, § 2.

194 TA Marseille, 8 juill. 2022, n° 2005028.

195 CAA Lyon, 17 févr. 2022, n° 20LY02931.

196 CE 5 févr. 2021, préc.

1. Première condition : les diligences accomplies

**Diligences prévues par le code : tableau de roulement.** La première condition pour justifier l'absence de l'assesseur extérieur est l'accomplissement de toutes les diligences nécessaires pour assurer la présence d'un assesseur extérieur. Il revient en effet au chef d'établissement de désigner les membres assesseurs de la commission de discipline[197]. Les textes prévoient en la matière une diligence minimale : le chef d'établissement doit dresser un tableau de roulement afin de désigner pour une période déterminée les assesseurs appelés à siéger[198]. Cette seule exigence semble poser des difficultés, tant il apparaît qu'elle n'est pas toujours respectée. La circulaire du 8 avril 2019 apporte certaines précisions : le tableau de roulement doit désigner les assesseurs extérieurs appelés à siéger, pour une période déterminée, par exemple à la semaine, au mois ou au trimestre. En la matière, les pratiques sont très variables. Parfois, les plannings sont établis à courte échéance.

> *« Question : Vous l'avez combien de temps avant le planning ?*
>
> *Assesseur : Bah, peut-être une semaine ou 15 jours avant…et c'est sur le mois d'après, voilà.*
>
> *Question : Ça vous laisse le temps ?*
>
> *Assesseur : Oui, tout à fait. Donc, du coup, là-bas, chacun donne ses disponibilités, puis après ils font leur planning ».*
>
> Assesseur A

197 C. pénit., art. R. 234-6.
198 C. pénit., art. R. 234-8

D'autres fois, ils sont établis à plus longue échéance.

> *« Oui, c'est par trimestre. Et, par exemple, le dernier trimestre, on le reçoit fin août-début*
>
> *septembre, un mois avant d'attaquer le trimestre quoi ».*
>
> Assesseur F

Ce tableau de roulement doit bien évidemment être adressé aux assesseurs concernés et peut être affiché en zone administrative. La circulaire ajoute par ailleurs qu'une convocation doit être adressée à l'assesseur concerné à chaque fois qu'une commission de discipline nouvelle est programmée, comme cela peut être le cas en cas de mise en prévention[199]. Mais le respect de cette seule diligence ne suffit pas. A minima, la circulaire du 8 avril 2019 ajoute que pour parer à l'indisponibilité de l'assesseur prévu, le chef d'établissement doit désigner sur le tableau de roulement des suppléants, afin de remplacer au plus vite un assesseur absent ou qui fait part tardivement de son indisponibilité[200].

**Autres diligences : s'assurer de la présence effective de l'assesseur.** Pour autant, la nouvelle jurisprudence suppose, pour justifier la tenue de la commission de discipline sans l'assesseur, des diligences allant bien au-delà de ces seules exigences. Pour le Conseil d'État, au-delà de la seule convocation, « il appartient à l'administration pénitentiaire de mettre tous les moyens à sa disposition pour s'assurer de la présence effective de cet assesseur, en vérifiant notamment en temps utile la disponibilité des personnes figurant sur le tableau de roulement »[201]. Dans cette espèce, les onze assesseurs habilités avaient tous été convoqués et aucun d'eux n'avait fait part de son indisponibilité. Il aurait alors été nécessaire de les contacter par tout autre moyen pour s'assurer de la disponibilité effective de l'un d'eux, ce qui n'avait pas été fait. Les décisions des juridictions administratives qui ont suivi l'arrêt du Conseil d'État permettent d'illustrer la teneur de ces diligences. Le fait de ne pas s'assurer

199 Circulaire du 8 avril 2019 relative au régime disciplinaire, p. 40.
200 *Ibid.*, p. 42.
201 CE 5 févr. 2021, préc.

de la présence effective de l'assesseur et de son suppléant convoqués conformément au planning établi pour le trimestre constitue un manquement aux diligences requises [202]. De même, le seul fait de convoquer l'assesseur par courriel est insuffisant, à défaut de notification de remise et faute de contact pris avec l'assesseur pour s'assurer de sa disponibilité et de convocation à défaut d'un autre assesseur[203]. Certains établissements cherchent à obtenir cette confirmation de présence à la fois par téléphone puis par mail, pour disposer d'une trace écrite.

> *« Question : Comment recevez-vous les convocations ?*
>
> *Par téléphone et on nous demande une confirmation de présence par mail ».*
>
> Assesseur 3

Il appartient, pour chaque commission de discipline, de s'assurer suffisamment tôt de la présence effective des assesseurs convoqués. Par exemple, lorsque l'administration pénitentiaire est informée le 27 février du décès de l'assesseur convoqué pour la réunion du 3 mars, elle dispose d'un temps suffisant pour convoquer un autre assesseur et s'assurer de sa présence effective[204].

**Autres diligences : réagir en cas d'information tardive de l'absence de l'assesseur.** Mais cela ne suffit pas. Ainsi, même si un assesseur s'est déclaré disponible puis fait part tardivement de son indisponibilité, par exemple à 7h30 pour une commission de discipline prévue le même jour à 10h, il appartient à l'administration d'accomplir toutes les diligences nécessaires pour trouver un autre assesseur disponible pour le remplacer[205]. Certains établissements réagissent très rapidement en pareil cas pour trouver un assesseur disponible.

---

202 CAA Lyon, 17 févr. 2022, n° 20LY01570 ; CAA Lyon, 17 févr. 2022, n° 20LY02931.
203 CAA Versailles, 11 mai 2021, n° 20VE00012.
204 CAA Marseille, 7 avr. 2021, n° 19MA02976.
205 CAA Marseille, 19 sept. 2022, n° 20MA03349.

> *« L'assesseur que je convoque rarement elle m'a dit oui pour aujourd'hui hier soir alors que je finis à 16h, à 16h19, elle m'a envoyé un mail comme quoi elle pouvait pas venir mais je l'ai vu que ce matin oui bien sûr donc j'ai appelé la dame qui est venu aujourd'hui elle était en pyjama comme c'est une de celles qui me rend service à chaque fois qu'elle vient tout le temps et Ben elle s'est vite préparée »*
>
> Gradé A

Cependant, d'autres cours administratives d'appel ont estimé que lorsque trois assesseurs ont été convoqués à 9 heures pour une commission de discipline à 14h et qu'ils ont fait part de leur indisponibilité respectivement à 9h55, 10h09 et 13h39, l'administration a accompli toutes les diligences requises pour s'assurer de la présence d'un assesseur[206]. La solution est très critiquable, malgré la particularité de la situation : il s'agissait d'une mise en prévention intervenue le samedi, la commission de discipline devant alors statuer dans le délai de deux jours qui tombait un lundi[207]. Les assesseurs avaient été contactés le lundi matin, ce qui apparaît tardif, puisque l'administration savait déjà dès le samedi qu'une commission de discipline devait se tenir. De plus, il n'est pas précisé si tous les assesseurs habilités avaient été contactés. En pareil cas, il convient de s'assurer dès le samedi de la disponibilité d'un assesseur extérieur pour le lundi par des appels téléphoniques. Cette diligence est toutefois nécessaire : lors d'une mise en prévention, le délai de deux jours commence à courir le jour suivant pour la tenue de la commission de discipline. Il ne faut pas attendre pour convoquer des assesseurs et prendre contact avec eux pour s'assurer de leur présence effective, ce que des établissements cherchent à faire au plus tôt.

> *« Question : Combien de temps à l'avance ont lieu ces convocations ?*
>
> *Au moins deux jours. Ça arrive que ce soit la veille mais très rarement. Pour les mises en prévention évidemment. Mais même pour les mises en prévention c'est souvent deux jours »*
>
> Assesseur 3

---

206 CAA Versailles, 6 juill. 2021, n° 20VE00830.
207 C. pénit., art. R. 234-20.

**Transition.** En revanche, lorsque tous les assesseurs habilités ont été convoqués et personnellement contactés et que chacun d'eux a fait part de son indisponibilité, toutes les diligences requises ont été accomplies[208], encore que la question de savoir s'il existe suffisamment d'assesseurs habilités peut se poser. Mais cette première condition ne suffit pas. Encore faut-il que le report soit impossible.

2. Seconde condition : le report impossible

**Report de nature à compromettre le pouvoir disciplinaire.** Dans son arrêt du 5 février 2021, le Conseil d'État affirme que lorsque les diligences ont été accomplies mais qu'aucun assesseur n'est présent, la commission de discipline ne peut valablement se tenir, sauf si un tel report compromet « manifestement le bon exercice du pouvoir disciplinaire ». Le report doit donc être envisagé en premier lieu si aucun assesseur n'est disponible. Dans la pratique, il semble rarement pratiqué[209]. Cependant, si un tel report est de nature à compromettre le bon exercice du pouvoir disciplinaire, la commission de discipline pourra valablement se tenir en l'absence de l'assesseur extérieur. Le Conseil d'État décide ainsi d'aménager une exception qui tient compte des contraintes particulières empêchant parfois la présence effective de l'assesseur.

**Mise en prévention.** Cette exception a vocation à s'appliquer dans une situation particulière : lorsque le chef d'établissement décide à titre préventif du confinement en cellule disciplinaire[210]. En pareil cas, la durée du confinement ne peut excéder deux jours[211]. Le maintien en cellule disciplinaire suppose alors le prononcé d'une sanction disciplinaire par la commission au plus tard le deuxième jour qui suit la mise en prévention. Si aucun assesseur ne se présente ce jour, il peut s'agir d'une situation de

208 CAA Douai, 12 avr. 2022, n° 21DA01963.

209 V. *infra*, § 2.

210 V. L. Seuriot, note sous CE 5 févr. 2021, préc.

211 C. pénit., art. R. 234-20. Plus précisément, l'alinéa 2 prévoit que le délai court à compter du lendemain du jour du placement en prévention et expire le deuxième jour ouvrable suivant, à vingt-quatre heures. Cependant, si le délai expire un samedi, un dimanche ou un jour férié, le délai est prorogé jusqu'au premier jour ouvrable suivant.

nature à « compromettre manifestement le bon exercice du pouvoir disciplinaire ». En pareil cas, la commission pourra valablement siéger sans l'assesseur extérieur, pour autant bien entendu que toutes les diligences ont été entreprises mais sont restées vaines pour assurer sa présence.

**Circonstances particulières.** Mais cela ne semble pas suffire : le seul fait que le détenu ait été mis en prévention n'est pas nécessairement de nature à compromettre le bon déroulement du pouvoir disciplinaire en cas de report – et donc si le confinement disciplinaire prend fin. Une partie de la jurisprudence qui a suivi l'arrêt du Conseil d'État du 5 février 2021 est en effet allé un peu plus loin, en recherchant si le bon déroulement du pouvoir disciplinaire, compte tenu des circonstances particulières, pouvait être effectivement compromis en cas de report. Dans un cas, il s'agit assez vaguement de faire état « des antécédents disciplinaires de l'intéressé et de son caractère provocateur »[212]. Dans un autre, les juges sont plus précis, faisant référence aux « antécédents disciplinaires relatifs notamment à une prise d'otage de personnel pénitentiaire »[213]. Mais d'un autre côté, un autre arrêt se contente d'observer que le report est nécessairement de nature à compromettre le bon exercice du pouvoir disciplinaire en cas de mise en prévention, lorsque cela aboutirait à mettre fin au confinement en cellule disciplinaire[214]. Toutes les interrogations n'ont en somme pas été tranchées par le Conseil d'État quant à l'appréciation des situations dans lesquelles le bon exercice du pouvoir disciplinaire est manifestement compromis et on peut regretter que le Code pénitentiaire n'y ait pas répondu[215]

**La sécurisation de la commission de discipline.** En somme, le Conseil d'État a contribué à sécuriser la composition de la commission de discipline, en affirmant que la présence des assesseurs, et notamment de l'assesseur extérieur, est une condition de régularité de la procédure disciplinaire. Cette jurisprudence devrait mettre un terme aux disparités dans les pratiques au sein des établissements pénitentiaires, en poussant l'administration à réaliser toutes les diligences possibles pour s'assurer de

---

212 CAA Douai, 12 avr. 2022, n° 21DA01963.

213 CAA Versailles, 6 juill. 2021, n° 20VE00830.

214 CAA Lyon, 11 mars 2021, n° 19LY01971.

215 V. M. Giacopelli, « Code pénitentiaire. La France s'est dotée d'un Code pénitentiaire », *Procédures* 2022, étude 10 ; J. Falxa, « Le Code pénitentiaire, une codification à « droit inconstant » », *AJ pénal* 2022, 295.

la présence d'un assesseur extérieur. Cependant, en pratique, de nombreuses contraintes existent afin d'assurer la présence effective de l'assesseur.

### § 2. Les contraintes susceptibles de nuire à la présence effective de l'assesseur

**L'écart entre la théorie et la pratique**. Bien que la présence de l'assesseur extérieur en commission de discipline soit obligatoire au regard de l'article R. 234-2 du Code pénitentiaire, cette exigence n'a pas toujours été respectée comme en témoigne la jurisprudence des juridictions administratives analysée *supra*. Aussi, la recherche nous a conduits à nous interroger, d'une part, sur le respect effectif de la présence de l'assesseur extérieur en commission de discipline et, d'autre part, sur l'existence d'éventuels contraintes ou obstacles susceptibles d'affecter leur présence. La pratique a en effet révélé l'existence de contraintes qui sont de différente nature. Ces contraintes, qui sont aussi bien endogènes (A) qu'exogènes à l'institution carcérale (B), constituent des obstacles à sa présence.

#### A. Les contraintes endogènes à l'institution carcérale

**Contraintes endogènes affectant la présence de l'assesseur**. Les règles relatives à la composition et à la tenue de la commission de discipline, si elles doivent impérativement être respectées, n'en sont pas moins source de contraintes pour l'administration pénitentiaire. En effet, le respect de ces règles implique pour l'administration pénitentiaire une certaine rigueur qui, si elle n'est pas suffisante, peut faire obstacle à la présence effective de l'assesseur en commission de discipline. Ces contraintes endogènes à l'institution carcérale sont de deux ordres : les premières sont des contraintes organisationnelles (1) tandis que les secondes sont liées à l'urgence de la tenue de la commission de discipline lorsqu'il y a eu une mise en prévention (2).

##### 1. Les contraintes organisationnelles liées à l'intervention des assesseurs citoyens en commission de discipline

**L'exigence de la fixation d'un tableau de roulement pas toujours respectée en pratique**. L'exigence de la création d'un tableau de roulement désignant les assesseurs par le chef de l'établissement n'est pas toujours respectée en pratique. Bien qu'il ne soit pas explicitement fait mention dans les textes de la possibilité pour le chef d'établissement de déléguer cette tâche à un personnel de l'administration pénitentiaire[216], les données de terrain montrent que, dans certains cas, ce n'est pas le chef d'établissement lui-même qui établit le planning de rotation mais bien un membre de l'administration pénitentiaire.

*« C'était l'assesseur en tout cas pénitentiaire, Mme [Nom] que vous avez vu, qui avait établi le planning en fonction des disponibilités de chacun, à attribuer de manière assez équitable entre les assesseurs, mais aussi, euh…du moins qu'il y ait une sorte de roulement qui s'opère ».*

Assesseur 7

Il est donc possible de constater une première entorse aux dispositions du Code pénitentiaire car la fixation du planning incombe au chef de l'établissement pénitentiaire uniquement et non à un membre de l'administration pénitentiaire. Plus problématiques encore sont les situations où ce sont les assesseurs extérieurs eux-mêmes qui établissent leur propre roulement. Il s'agit là de la seconde entorse aux dispositions textuelles. La pratique a en effet montré que, dans certains cas, la rotation était établie de manière informelle sous forme d'arrangement entre deux assesseurs qui se connaissaient déjà.

216 Toutefois, une analyse extensive de l'article R. 234-1 du Code pénitentiaire pourrait laisser penser que le chef d'établissement puisse déléguer la charge de l'établissement du planning de rotation à son adjoint ou à un fonctionnaire appartenant à un corps de catégorie A ou à un membre du corps commandant du personnel car cet article prévoit expressément cette possibilité de délégation « *pour l'exercice de ses compétences en matière disciplinaire* », la fixation du planning de désignation des assesseurs en commission de discipline pouvant relever de la matière disciplinaire.

> *« Question : Ah d'accord, c'est original, mais du coup vous aviez toutes les deux l'information et vous organisiez vous-même ce roulement là ce n'était pas l'administration pénitentiaire qui venait vous chercher vous qui venait la chercher elle ?*
>
> *Assesseur : le mail nous était adressé à toutes les deux généralement.*
>
> *Question : d'accord*
>
> *Assesseur : et après on se connaît donc on s'arrangeait ».*
>
> Assesseur 1

Tandis que dans d'autres établissements, certains assesseurs extérieurs prennent la responsabilité de l'établissement du tableau de roulement, sans y avoir été invités au préalable par l'administration pénitentiaire, et se chargent eux-mêmes de contacter l'ensemble des assesseurs intervenant sur l'établissement pénitentiaire pour fixer un planning pour tous.

> *« Ça a évolué, je suis adhérent de l'ANAEC donc je suis au courant des formations, j'ai les contacts de tous les assesseurs car la gestion du planning était un bazar j'avais donc demandé un rendez-vous à la direction qui m'avait dit que si je voulais un planning bien propre il fallait que quelqu'un s'en occupe. Ça devrait être le travail de l'administration pénitentiaire mais je l'ai fait, j'ai donc informé les autres assesseurs parce que j'avais leurs contacts ».*
>
> Assesseur D

Ainsi, en ayant la maîtrise du tableau de roulement, les assesseurs extérieurs ont le sentiment d'avoir un planning plus équitable entre eux et plus transparent.

> *« C'était aussi ma demande pour avoir un planning transparent et plus d'équité dans les répartitions, au niveau rémunération ça change aussi ».*
>
> Assesseur D

**Le développement de mauvaises pratiques**. Il apparaît clair que la fixation du planning de rotation par les assesseurs extérieurs s'apparente à ce que l'on pourrait qualifier comme étant une mauvaise pratique. Les données relevées dans le cadre de l'enquête qualitative attestent, en effet, de l'existence d'un écart entre ce qui est prévu par les dispositions du Code pénitentiaire et leur mise en œuvre sur le terrain. Pourtant, le Code pénitentiaire est dépourvu d'ambiguïté sur ce point : l'établissement du tableau de roulement relève de la compétence exclusive du chef de l'établissement. En d'autres termes, les assesseurs extérieurs ne doivent pas empiéter sur cette prérogative qui lui est dévolue. Il est néanmoins intéressant de relever les raisons qui poussent les assesseurs extérieurs à s'emparer de la fixation du planning de rotation. L'étude a mis en évidence plusieurs situations. La première est celle où les assesseurs ne sont pas satisfaits de l'organisation mise en place par l'administration pénitentiaire qu'ils jugent inadéquate. La seconde est celle où ils estiment que le planning n'est pas suffisamment équitable concernant la répartition des commissions. Dans les deux cas de figure, il s'agit d'une défaillance de l'administration pénitentiaire qui a manqué de rigueur et/ou n'a pas tenu compte des souhaits ou préférences émis par ses assesseurs extérieurs. Autrement dit, les assesseurs extérieurs n'empiètent sur la compétence du chef de l'établissement que pour pallier les défaillances de l'administration pénitentiaire. En outre, cette situation regrettable cache un autre problème, celui de la permissivité de l'administration pénitentiaire à l'égard des assesseurs. L'étude a montré que l'administration pénitentiaire ne faisait malheureusement parfois pas grand cas du fait que ce soit les assesseurs extérieurs qui aient la main sur le tableau de roulement. Or, le chef de l'établissement ne devrait pas tolérer ce genre de pratique mais, au contraire, agir conformément aux prescriptions de l'article R. 234-8 du Code pénitentiaire. S'il a été possible de constater des écarts entre les textes et la pratique quant à l'établissement du tableau de roulement des assesseurs, d'autres écarts peuvent être décelés concernant le mode de désignation des assesseurs.

**Des modes diversifiés de convocation des assesseurs**. Bien que l'article R. 234-8 du Code pénitentiaire fasse explicitement référence à un « tableau de roulement », il semble que cette méthode de désignation des assesseurs ne soit pas la seule employée dans la pratique. Les données récoltées lors de l'analyse quantitative le confirment.

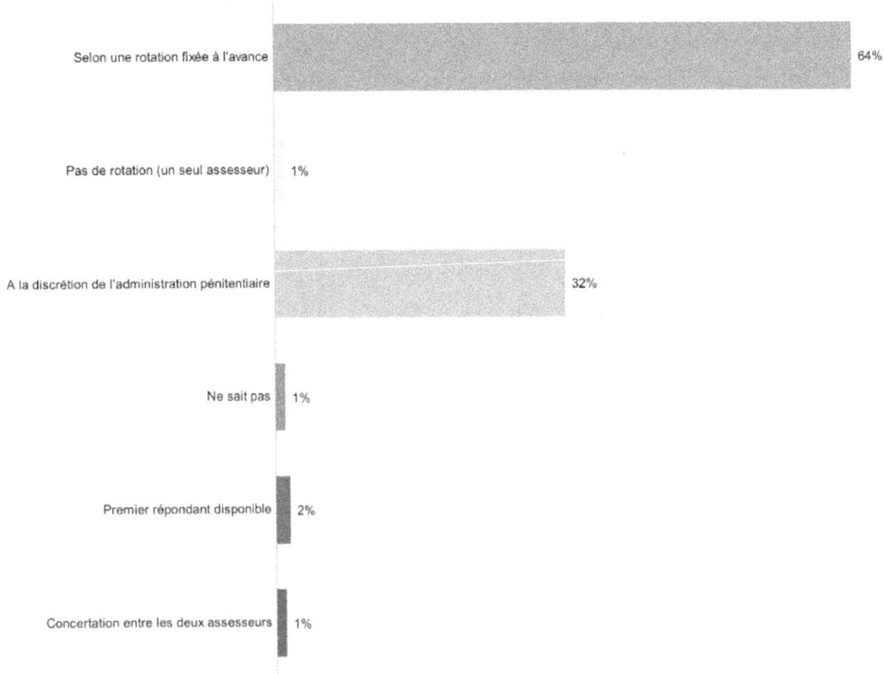


Modalités de convocation
de l'assesseur extérieur

Ce tableau graphique appelle trois remarques. La première est que la méthode de convocation des assesseurs la plus répandue reste celle du planning de rotation établi à l'avance. Cela signifie que, dans plus de la moitié des cas, le système de désignation est conforme aux prescriptions de l'article R. 234-8 du Code pénitentiaire. En outre, ce système se présente non seulement comme plus équitable du point de vue de la répartition des commissions de discipline entre les assesseurs mais aussi plus respectueux de la diversité des profils des assesseurs qui sont censés représenter la société dans son ensemble[217].

[217] V. *infra*, Partie II, Chapitre I, section I.

La seconde remarque porte sur la désignation des assesseurs par l'administration pénitentiaire qui représente une part non négligeable parmi les modalités de désignation des assesseurs. Si cette méthode n'est pas conforme à l'esprit des textes, elle peut toutefois présenter l'avantage, pour l'administration pénitentiaire, d'être moins contraignante car moins formelle. Elle permet sans doute une certaine adaptabilité qui peut être perçue comme un atout pour l'administration pénitentiaire. Ainsi, l'absence d'établissement d'un planning de rotation romprait avec la rigidité des contraintes inhérentes au fonctionnement de l'institution carcérale. L'étude de terrain a pu révéler que l'administration pénitentiaire se chargeait parfois de contacter les assesseurs au gré des besoins lorsque des commissions de discipline se tiennent.

> *« A [Ville], comme il n'y a pas souvent des commissions, ils attendent d'avoir un certain nombre de dossiers et ils téléphonent ».*
>
> Assesseur 6

Le contact est aussi plus informel dans les petits établissements. Dans ce type de structure, la nécessité d'établir un tableau de roulement se fait moins sentir.

> *« Question : Comment sont convoqués les assesseurs ?*
>
> *Réponse : C'est la surveillante qui s'en occupe. On s'appelle, on s'envoie des mails. C'est souple, simple, facile. Ici c'est une petite structure, c'est aussi un petit village ».*
>
> Directeur des services pénitentiaire (DSP) 1

La troisième remarque concerne la marginalité de certains modes de désignation. Cela concerne la désignation par le premier assesseur répondant à la convocation ou par la concertation entre les assesseurs eux-mêmes pour déterminer celui qui siègera en commission. Bien que ces modalités restent rares, elles traduisent un manque d'anticipation de l'administration pénitentiaire quant à l'exigence d'un roulement des assesseurs. Les données de terrain attestent, encore une fois, de l'existence d'un écart entre la théorie et la pratique car les exigences quant au mode de désignation des assesseurs, concernant notamment l'établissement d'un tableau de roulement réalisé par le chef de l'établissement, ne sont pas toujours respectées. Ces différents modes de désignation ne sont toutefois pas de nature à empêcher la survenance de difficultés susceptibles de nuire à la présence de l'assesseur, et ce, même en présence de l'existence d'un planning de rotation.

**Les difficultés susceptibles de survenir lors du refus de répondre à des convocations**. Les données relevées dans le cadre de l'enquête de terrain ont permis de mettre en évidence les circonstances susceptibles de nuire à la présence effective de l'assesseur, comme par exemple le refus de l'assesseur de répondre à une convocation émise par l'administration pénitentiaire. L'analyse des données quantitatives témoigne de leur possibilité de refuser la convocation car les assesseurs ont répondu qu'ils pouvaient la refuser dans 96 % des cas.

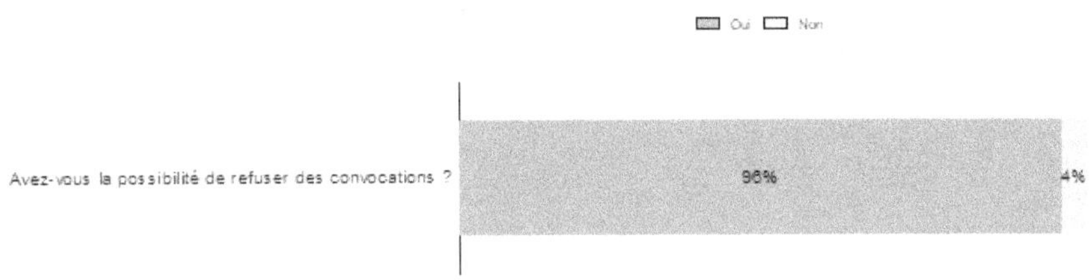


Ces données montrent également que le refus de répondre à une convocation, quel qu'en soit le motif, met parfois l'administration dans une position délicate.

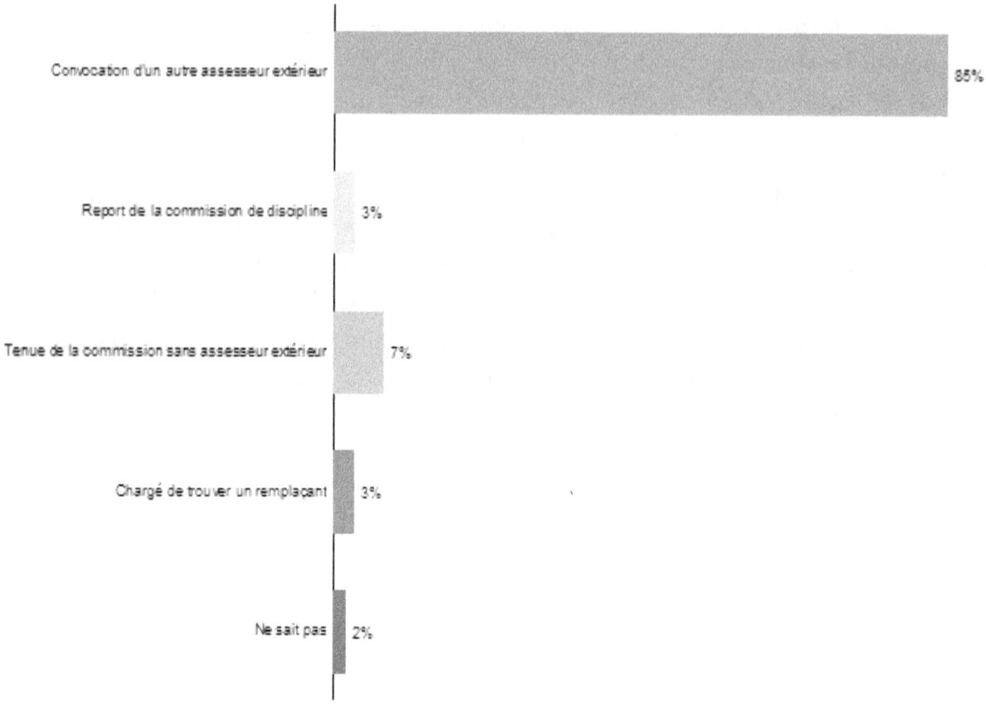


Conséquences du refus de siéger de la part de l'assesseur

Comme le montre le graphique, dans 85% des cas, l'administration pénitentiaire convoque un autre assesseur. Dans ce cas, l'assesseur contacté pourra être le suppléant si celui-ci a été préalablement désigné ou l'assesseur de permanence lorsqu'un tel système a été mis en place.

> *« On a notre planning, on a les 4 jours où se tiennent les commissions avec un nom, et sur la semaine un nom qu'on va appeler l'assesseur de permanence pour assurer les remplacements de l'assesseur programmé qui ne peut pas et assurer les mises en prévention sur les jours non programmés, et un assesseur suppléant si l'assesseur de permanence ne peut pas non plus ».*
>
> Assesseur D

Il est possible d'identifier, au sein de ce témoignage, une bonne pratique. L'élaboration d'un système de permanence doit être encouragée car il diminue les risques de ne pas avoir un assesseur disponible le jour de la tenue de la commission en anticipant les éventuels aléas. De ce fait, il renforce la présence effective de l'assesseur en commission de discipline car l'administration pénitentiaire sait qu'elle pourra compter sur lui en cas d'indisponibilité, même tardive, de l'assesseur principal.

Si aucun système n'est prévu, l'administration pénitentiaire contacte les assesseurs qui figurent sur sa liste et le premier assesseur disponible sera alors celui qui siègera en commission.

> *« Je ne sais pas s'il y en a plus, vu qu'il y a un système de planning où on fait des rotations et lorsqu'ils n'arrivent pas à trouver l'assesseur qui était de garde, ils appellent le suivant, puis le suivant, puis le suivant ».*
>
> Assesseur 2

Par ailleurs, la circulaire du 8 avril 2019 précise que, dans l'hypothèse où l'assesseur a été dûment avisé de la date de la tenue de la commission de discipline et qu'il ne se présente pas sans en informer préalablement le chef de l'établissement, le renvoi des procédures à une date ultérieure doit être envisagé, sauf nécessité particulière de statuer rapidement[218]. Or, le graphique ci-dessus tend à démontrer que la commission de discipline n'est pas toujours reportée. Cela signifie qu'il y a des commissions qui se tiennent sans la présence de l'assesseur[219].

**Le manque de disponibilité de certains assesseurs**. Le manque de disponibilité de certains assesseurs peut s'avérer être un obstacle à la présence effective de l'assesseur en commission de discipline.

---

[218] V. Circulaire du 8 avril 2019 relative au régime disciplinaire des personnes détenues majeures, NOR : JUSR1140024C, art. 2.6.2.1.3, p. 40.
[219] V. *Supra*, partie I, chapitre I, Section II, § 1.

*« On essaie mais les assesseurs le problème c'est la disponibilité et là dernièrement apparemment il y en a un qui s'est plaint que je l'appelais pas souvent. Alors je sais pas, ils en parlent ouais ils ont pas voulu me donner le nom mais à chaque fois que je fais un message groupé à tous les assesseurs, j'en ai que 2 qui me répondent positivement constamment donc au bout de ... en septembre ça a commencé donc en novembre j'en ai eu marre en décembre j'en avais marre donc j'ai demandé les 2 qui viennent souvent je leur donnais seulement là elles 2 en fait les calendriers et elles arrivaient à me remplir toutes les commissions de discipline du mois à part une ou 2 donc après moi j'ai pas envie de me prendre c'est comme on dit toujours on dit l'expression chronophage mais c'est vrai je vais pas courir après tout le monde pour euh est-ce que toi tu peux ce jour ? Toi tu peux ? j'essaye de faire au mieux en fait pour faire que le travail soit carré et qu'il soit disponible au moment venu ».*

Gradé A

L'administration pénitentiaire, prise au dépourvue, est donc placée dans une situation de difficulté pour trouver un assesseur remplaçant. C'est pourquoi il est important que le nombre d'assesseurs qui interviennent dans l'établissement pénitentiaire soit proportionné à sa taille et au nombre de commissions de discipline qui se tiennent.

**Le manque de fiabilité de certains assesseurs**. Au manque de disponibilité des assesseurs, s'ajoute aussi le manque de fiabilité de certains d'entre eux. Là encore, cette situation peut nuire à la présence de l'assesseur en commission de discipline.

*« Mais je les ai écoutés hier et y en a un qui disait "bah ouais elle nous a appelé, y a une des assesseurs ou assesserice qui nous a envoyé un mail à une heure du matin, à minuit, à zéro heure, en disant qu'elle serait pas là le lendemain matin à 9h" ».*

Assesseur C

En outre, le manque de diligence des assesseurs peut contraindre l'administration pénitentiaire à privilégier d'autres personnes jugées plus « fiables » car répondant aux convocations. Cela a pour conséquence, d'une part, de compliquer l'établissement du planning et, d'autre part, de nuire à la mise en place d'un roulement plus équitable entre les assesseurs car ce sont, dans ce cas, les mêmes personnes qui sont contactées pour siéger en commission.

> *« Je l'ai pas là mais j'ai un espèce de calendrier avec les jours de la semaine. Le lundi c'est moi par exemple, le mardi c'est l'autre… On est 5 personnes, 5 assesseurs, et on tourne. Comme je vous l'ai dit, quand y a quelqu'un qui est absent, ils appellent soit Madame [Nom], qui est retraitée, pour remplacer, ou moi. Ils savent que je suis disponible. Je leur ai dit. C'est pour ça que j'ai peut-être des fréquences un petit peu … J'y vais un peu plus que la moyenne, par rapport aux autres ».*
>
> Assesseur F

**Un manque de rigueur de l'administration pénitentiaire dans l'organisation**. Les entretiens menés dans le cadre de la recherche qualitative ont montré que les éventuels obstacles susceptibles de nuire à la présence de l'assesseur citoyen en commission de discipline étaient parfois à rechercher du côté de l'administration pénitentiaire elle-même. Le manque de rigueur dans l'organisation des plannings de rotation des assesseurs extérieurs, voire l'absence de planning, affecte négativement l'organisation préalable nécessaire à la tenue de la commission. Cela est d'autant plus vrai lorsque les assesseurs préviennent l'administration pénitentiaire à la dernière minute. En effet, l'administration pénitentiaire doit mettre en œuvre tous les moyens à sa disposition pour assurer la présence effective de l'assesseur, ce qui implique également de vérifier que l'assesseur désigné pour siéger en commission de discipline pourra effectivement être présent[220]. En cas d'empêchement, soit l'administration parvient à trouver un remplaçant et la commission peut se tenir, soit elle doit la reporter si aucun assesseur n'est disponible, sauf impossibilité. Or, la recherche d'un remplaçant peut se transformer en réelle difficulté si l'administration pénitentiaire s'est mal organisée en amont.

---

220 V. notamment : CE, 5 février 2021, n° 434659, *AJ pénal* 2021, p. 221, obs. Céré J.-P. V. également *supra*, partie 1, chap. 1, section 2, § 1.

*« Ça m'est arrivé des week-ends à passer des coups de fil pendant des heures pour qu'il y en ait un qui décroche et qui finisse par me dire : "oui, je vais venir lundi matin" ».*

DSP 2

**Transition**. D'où l'impérative nécessité, non seulement de respecter les prescriptions du Code pénitentiaire et d'établir un planning de roulement entre les assesseurs, mais aussi de prévoir un système de remplacement ou de permanence afin que l'administration pénitentiaire ait toujours un assesseur suppléant prêt à intervenir en cas d'empêchement de l'assesseur « titulaire » comme cela se fait dans certains établissements. Si, comme nous venons de le voir, les contraintes organisationnelles sont de nature à nuire à la présence effective de l'assesseur extérieur, les contraintes liées à l'urgence de la tenue d'une commission de discipline le sont également.

2. Les contraintes liées à l'urgence de la tenue d'une commission de discipline

**Nécessité d'une organisation rigoureuse**. Dans la mesure où la commission doit se tenir dans les quarante-huit heures suivant la mise en prévention de la personne détenue, une organisation rigoureuse est impérative. En cas d'organisation défaillante, c'est-à-dire lorsqu'il n'y a pas de planning de rotation des assesseurs ou de système de permanence, l'administration dispose d'un temps limité pour trouver un assesseur disponible et se trouve parfois dans l'obligation de devoir contacter tous les assesseurs figurant sur sa liste, ce qui peut être non seulement fastidieux mais également chronophage alors que le temps est compté.

> *« Non, c'est quand j'arrive que je découvre. Quand c'est une mise en prévention, quand je reçois la convocation par internet sur ma boîte mail, "est-ce que tu es disponible pour une mise en prévention mardi ? ", je sais que une mise en prévention c'est un dossier. Mais là j'ai reçu hier par contre "est-ce que t'es dispo demain à 14h pour une commission de discipline ? " Là je sais pas, il peut y avoir 2, 3 dossiers comme 7 ou 8. Je découvre quand j'arrive ».*
>
> Assesseur F

En cas d'impossibilité pour un assesseur de siéger en commission, l'administration pénitentiaire doit la reporter à une date ultérieure, à moins qu'un tel report ne compromette manifestement le bon exercice du pouvoir disciplinaire[221], ce qui pourrait être le cas dans l'hypothèse d'une mise en prévention de la personne détenue. L'urgence peut ainsi constituer un frein à la présence de l'assesseur dans cette hypothèse et lorsque l'administration pénitentiaire n'a pas été assez rigoureuse dans son organisation en amont. Toutefois, les contraintes endogènes à l'institution carcérale ne sont pas les seules contraintes qui pèsent sur la garantie de la présence de l'assesseur.

B. Les contraintes exogènes à l'institution carcérale

**Contraintes exogènes affectant la présence de l'assesseur**. Parallèlement à la présence de contraintes endogènes à l'institution carcérale, existent également des contraintes exogènes, c'est-à-dire des contraintes qui puiseraient leur source dans des évènements ou facteurs extérieurs à l'institution carcérale. Les éléments recueillis lors de l'enquête de terrain ont montré que ces contraintes peuvent être liées non seulement au manque d'attractivité de la fonction d'assesseur (1) mais aussi à celles liées à la pandémie de Covid-19 (2).

1. Les contraintes liées au manque d'attractivité de la fonction d'assesseur

**Un vivier d'assesseurs insuffisant par rapport aux besoins de l'administration pénitentiaire**. L'étude empirique a démontré que le

---

221 V. *Supra*, partie I, chapitre I, Section II, § 1, B.

vivier des assesseurs n'était pas toujours suffisamment important. En effet, dans certaines parties du territoire, les assesseurs extérieurs ne sont pas suffisamment nombreux par rapport aux besoins de l'administration pénitentiaire, ce qui peut nuire à la présence effective de l'assesseur.

> *« Ils ont pas de candidats (rires), ils manquent, ils manquent. Alors là ils prennent des jeunes qui ont envie de gagner un peu de sous ».*
>
> Assesseur C

Cela est particulièrement le cas des structures spécifiques ou des structures isolées géographiquement où le manque d'assesseurs se fait encore plus sentir.

> *« Et pour vous répondre à l'origine je suis le seul assesseur de [lieu], même si y a pas souvent de commission de discipline mais ils m'avaient parlé qu'ils essayaient d'en recruter un autre. Je sais pas où ça en est. Mais pour l'heure je suis seul. C'est pour ça quelque part sur le questionnaire vous demandiez à l'initiative de qui je suis convoqué. J'avais entouré de base, parce que je suis le seul assesseur. Donc forcément oui je suis convoqué si y a une commission de discipline mais je sais pas s'ils en ont pris un autre. C'est à la discrétion de l'établissement pénitentiaire ».*
>
> Assesseur B

**Le manque d'attractivité**. Parmi les différentes raisons du manque d'attractivité de la fonction d'assesseur extérieur, les frais kilométriques, non pris en charge, causés par l'éloignement de l'établissement pénitentiaire où l'assesseur est appelé à siéger, semblent représenter un obstacle sérieux à la disponibilité des assesseurs.

*« Normalement sur la zone on est cinq, mais il y en a très peu qui veulent aller à [centre pénitentiaire] parce que les frais kilométriques ne sont pas pris en charge et tous les assesseurs habitent à [ville de la maison d'arrêt]. Donc on est deux ou trois à s'y déplacer régulièrement ».*

Assesseur 2

Cette circonstance de l'éloignement du lieu d'intervention provoque des répercussions négatives sur l'organisation mise en place par l'administration pénitentiaire, et ce, non seulement parce que le nombre d'assesseurs effectivement disponibles ne répond plus aux besoins de l'administration, car n'étant plus en adéquation avec la capacité de l'établissement pénitentiaire, mais aussi parce qu'il nuit au système de rotation des assesseurs. En d'autres termes, si le nombre des assesseurs est théoriquement suffisant par rapport à la taille de la structure, dans la pratique, le nombre d'assesseurs qui interviennent effectivement est insuffisant, de sorte que les situations où l'assesseur extérieur ne peut être présent sont plus à même de se produire.

*« Oui c'est arrivé s'ils font faux bon au dernier moment, la veille on peut s'organiser autrement mais parfois s'il n'y a pas d'autres assesseurs disponibles, parce que on est peu nombreux, proportionnellement on est 5 habilités dont une qui ne peut pas venir à [Nom d'établissement] car elle a un conflit d'intérêt et une qui ne vient quasiment plus, en réalité on tourne à 3 pour le 1er établissement de la DISP et le 3ème de France ».*

Assesseur D

**Des répercussions sur le système de rotation des assesseurs**. Lorsque les assesseurs sont théoriquement en nombre suffisant, mais qu'ils ne se déplacent pas pour différentes raisons d'ordre pratique, ce sont les autres assesseurs qui assurent les commissions à leur place. Autrement dit, l'absence de certains des assesseurs figurant pourtant sur la liste de l'administration vient affecter le système de rotation dans la mesure où la rotation s'effectue sur un nombre plus restreint d'assesseurs. Les problématiques précédemment identifiées seront donc similaires (moins de représentativité, moins de diversité des profils, etc.). Si le manque d'assesseurs extérieurs sur une structure est susceptible d'entraver la présence de l'assesseur en commission de discipline, les contraintes liées à la pandémie de Covid-19 l'ont été tout autant.

2. Les contraintes liées à la pandémie de Covid-19

**Confinement et commissions sans assesseurs**. Les contraintes sanitaires liées à la pandémie de Covid-19 ont empêché certaines commissions de se tenir dans la composition exigée par l'article R. 234-2 du Code pénitentiaire. Lors du premier confinement, l'administration pénitentiaire n'a pas toujours fait preuve de diligence, notamment en ce qui concernait la convocation des assesseurs. Toutefois, cette circonstance reste exceptionnelle car elle a su réagir différemment lors des confinements qui ont suivi.

> *« [...] A ce moment-là si aucun assesseur ne peut en général ils nous envoient un mail pour laisser par écrit qu'on ne peut pas y aller, comme ça ils ont une trace qu'ils nous ont bien convoqué et que ce n'était pas possible. [...] Le 3ème cas de figure où on a eu des commissions sans assesseurs c'était le 1er confinement. Toutes les commissions avaient été annulées hormis les mises en prévention qui se sont tenues sans assesseur qui n'ont même pas été convoqués, mais 2ème et 3ème confinement on nous envoyait à nouveau les convocations formelles ».*
>
> Assesseur D

**Assesseur dans l'incapacité de se rendre à une commission de discipline**. La crise sanitaire a également constitué un frein à la présence effective de l'assesseur, et ce, dans des hypothèses de suspicion ou de contamination au Covid-19 de l'assesseur qui devait siéger en commission.

> *« En fait, je n'étais pas prévu, je n'avais pas de, j'étais pas prévue pour ce jour-là. Et donc déjà hier… (c'est hier ou avant-hier ?), monsieur [Nom] m'envoie un mail en me disant "bah, voilà, la personne qui était prévue, suspicion de COVID, donc ne peut pas venir …est ce que toi t'es dispo ? ".*
>
> *Bon … et j'ai vu qu'il avait envoyé à plusieurs … "est-ce que vous êtes dispo ? ". Il avait envoyé à plusieurs. Moi j'ai répondu « bah si t'as personne, moi je suis dispo », parce que bon, je savais que moi je pouvais laisser. Et, et ce matin, il m'appelle à 9h moins le quart, il m'a dit "bon ben, t'es prête ? "… "bah non ! ". Parce que la personne qui avait accepté de venir pour remplacer, ne pouvait pas. Du coup, bon, c'est vrai que je n'avais rien de prévu ce matin, donc voilà, aujourd'hui ».*
>
> Assesseur A

Cela est d'autant plus vrai lorsqu'il existe un manque d'organisation de la part de l'administration pénitentiaire qui peut, encore une fois, éprouver des difficultés à trouver une personne remplaçante. Tout comme le manque d'assesseurs est susceptible d'affecter le système de rotation des assesseurs prévus par les textes, la pandémie l'a également affecté.

**Une circonstance pouvant affecter le roulement entre assesseurs**. Certains profils d'assesseurs sont donc écartés pour des raisons sanitaires au profit d'autres, ce qui peut nuire à leur représentativité[222].

> *« Officiellement c'est une rotation, mais je sais que moi, on m'a déjà contacté directement pour des raisons sanitaires au début du confinement vu que j'étais le plus jeune et qu'ils étaient tous à la retraite. Il fallait mieux avoir un jeune qu'un vieux ».*
>
> Assesseur 2

**Propos conclusifs et transition**. Les doutes émis quant à la présence effective de l'assesseur en commission de discipline se sont avérés partiellement fondés. En effet, les pratiques qui se développent dans certains établissements pénitentiaires ne sont pas toujours conformes aux

222 V. sur ce point : *infra*, Partie II, chapitre I, section I.

prescriptions du Code pénitentiaire. Ainsi, bien que l'administration pénitentiaire fasse preuve d'une volonté d'adaptabilité à l'égard des assesseurs afin de garantir leur présence lors de la tenue de la commission de discipline, force est de constater que cette exigence n'est pas toujours respectée. Le non-respect de l'article R. 234-8 du Code pénitentiaire, qui prévoit que le chef de l'établissement pénitentiaire dresse un tableau de roulement, et le manque de rigueur lors de sa création sont de nature à favoriser des situations dans lesquelles l'assesseur extérieur ne pourra pas être effectivement présent. Toutefois, l'analyse des données tant quantitatives que qualitatives doit permettre de relativiser ce constat qui, s'il est réel, ne représente pas la majorité des cas. La recherche empirique semble ainsi abonder davantage dans le sens d'une adaptation de l'administration pénitentiaire à l'exigence de la présence de l'assesseur plutôt que dans le sens d'un écart significatif entre la théorie et la pratique, ce que peut se percevoir aussi à propos du processus d'habilitation de l'assesseur extérieur.

## Chapitre 2. L'encadrement normatif par le processus d'habilitation

La présence d'un assesseur extérieur au sein de la commission de discipline est conditionnée au respect d'un processus d'habilitation contraignant impliquant les autorités judiciaires. Tant les conditions de recrutement (section 1) que l'exercice de ses fonctions (section 2) sont solidement encadrées par le Code pénitentiaire et la circulaire du 11 janvier 2022.

### Section 1. Les conditions de recrutement

Le recrutement des assesseurs extérieurs s'effectue par le biais d'un processus d'habilitation sensiblement variable d'une juridiction à l'autre[223]. Pour remédier aux disparités constatées et uniformiser la procédure d'habilitation, la circulaire du 11 janvier 2022 de *Présentation des conditions et modalités d'habilitation des assesseurs extérieurs en commission de discipline des établissements pénitentiaire*[224], est venue notamment préciser les dispositions régissant le recrutement des assesseurs citoyens. Pour l'heure cependant, l'absence d'homogénéité est manifeste, tant dans la phase d'habilitation *stricto sensu* (§ 1) que dans celle de la formation (§ 2).

#### § 1. L'habilitation

Empruntée du latin *habilitatio* qui évoque l'*« aptitude »*[225] et du verbe *habilitare*, qui signifie *« rendre apte »*[226], l'habilitation implique une action : celle d'habiliter ou, pour le dire autrement, celle de *« rendre quelqu'un habile à faire quelque chose »*[227].

S'agissant plus précisément de l'action de *« rendre habile »* des personnes extérieures à l'administration pénitentiaire à participer à des séances de commission de discipline, elle est confiée aux présidents des tribunaux judiciaires. Une fois la demande de candidature reçue (A), le président du

---

223 Rapport ANAEC 2020, p. 8. C'est également ce qu'a permis de démontrer l'enquête de terrain (Cf. les développements suivants)

224 Circulaire abrogeant la note de la direction de l'administration pénitentiaire du 9 mai 2011 relative aux assesseurs extérieurs en commission de discipline.

225 www.academie-française.fr v° *« habilitation »*

226 www.academie-française.fr v° *« habiliter »*.

227 www.littre.org v° *« habiliter »*.

tribunaljudiciaire compétent a alors la charge d'apprécier l'aptitude ou l'inaptitude du candidat à être assesseur extérieur afin de rendre, à l'issue de l'instruction du dossier, une décision relative à l'habilitation (B).

### A. La candidature

**Un préalable nécessaire.** Les personnes qui souhaitent siéger en commission de discipline en qualité d'assesseur extérieur doivent adresser leur candidature au président du tribunaljudiciaire territorialement compétent ou à un chef d'établissement pénitentiaire qui, *« dans les meilleurs délais »*[228], transmet la demande au magistrat[229]. La candidature prend la forme d'un dossier comprenant plusieurs pièces (1) et par lequel le candidat doit démontrer son intérêt pour l'exercice de la fonction d'assesseur extérieur (2).

#### 1. Le dossier de candidature (la forme)

**La composition du dossier.** La circulaire du 11 janvier 2022, dans un article premier, énonce clairement la liste des documents devant composer le dossier de candidature. Ces informations, ainsi que la fiche de candidature à télécharger, se retrouvent sur le site de l'ANAEC, dans l'onglet *« Documentation publique »* et sur le site du Ministère de la Justice, à partir de l'onglet *« Prison et réinsertion »*.

Ainsi, tout candidat doit joindre à sa demande :

- La fiche de candidature aux fonctions d'assesseur extérieur en commission de discipline d'un établissement pénitentiaire ;
- Une lettre de motivation
- Une copie d'une pièce d'identité ou d'un titre de séjour
- Un *curriculum vitae*

Il faut relever que la circulaire ne mentionne pas si cette liste de documents est limitative, ou si l'envoi de ces documents obligatoires peut

---

228 Circulaire 11 janvier 2022, art. 1 « Modalités de dépôt d'une candidature ».

229 L'exploitation des questionnaires transmis aux assesseurs extérieurs démontre que 69% d'entre eux ont directement transmis leur candidature au tribunal judiciaire, 15% l'ont transmise à l'établissement pénitentiaire et 12% à la fois au tribunal judiciaire et à l'établissement pénitentiaire.

être complété par des demandes spéciales formulées par certains tribunaux judiciaires. Cette absence de précision peut paraître regrettable, car des disparités peuvent naître entre assesseurs dès l'origine de processus d'habilitation.

Comme l'avait d'ailleurs relevé l'ANAEC dans son rapport de 2020, si tous les candidats doivent joindre un CV et une lettre de motivation, certains tribunaux judiciaires – de manière arbitraire – exigent en complément une attestation sur l'honneur des candidats certifiant qu'ils remplissent bien les conditions du décret[230]. D'autres tribunaux vont plus loin encore en demandant aux candidats de démissionner d'autres fonctions exercées dans le champ judiciaire ou pénitentiaire mais, comme le mentionne le rapport, *« ce n'est pas toujours le cas »*[231].

**Piste de réflexion.** Une harmonisation semble indispensable dès le début du processus d'habilitation c'est-à-dire dès la formulation de la candidature qui en représente la première étape.

**La fiche de candidature.** Au-delà de la motivation dont il sera question ultérieurement, le candidat doit renseigner dans la fiche de candidature, un certain nombre d'informations personnelles classiques (nom, prénom, date et lieu de naissance, adresse…) et répondre à plusieurs questions ciblées ayant pour objectif d'identifier sa situation professionnelle – présente ou passée –, et de déterminer les liens éventuels qu'il entretiendrait avec le milieu judiciaire et/ou pénitentiaire. Il est par exemple demandé si le candidat est ou a été personnel de l'administration pénitentiaire ou de la protection judiciaire de la jeunesse, s'il exerce les fonctions de magistrat de l'ordre administratif ou judiciaire ou encore s'il possède un lien avec une personne détenue. La réponse à ces questions est essentielle car elle permet notamment au président du tribunaljudiciaire compétent, lors de l'examen de la candidature, de relever l'existence d'incompatibilités à la fonction d'assesseur extérieur[232].

---

230 Rapport ANAEC 2020, p. 8.

231 *Ibid.*

232 C. pénit., art. R. 234-7, auquel renvoie la circulaire du 11 janvier 2022 en son article 3, « Incompatibilités ». Pour cette question, V. *infra*, partie 1, chap. 2, section 2, § 2, B.

En outre, la fiche de candidature représente la première occasion[233] pour le candidat d'exprimer ses souhaits pour l'exercice de ses éventuelles futures fonctions d'assesseur extérieur en commission de discipline. En effet, il doit mentionner le nom de l'établissement pénitentiaire dans lequel il souhaite intervenir et préciser *« au mieux »* ses disponibilités dans la semaine ou dans le mois.

Cette question relative aux disponibilités du candidat est essentielle car les nombreux entretiens conduits auprès des assesseurs extérieurs et des personnels pénitentiaires ont permis de mettre en lumière des difficultés de planning ou encore l'absence d'assesseurs disponibles dans certains établissements[234].

**Les retours pratiques.** De l'avis unanime, le formalisme lié à la candidature n'est pas contraignant, plutôt *« simple »* d'ailleurs, les conditions requises pour accéder aux fonctions d'assesseur extérieur en commission de discipline étant même parfois qualifiées de *« sommaire »* par ceux qui les exercent.

> *Question. « Et comment s'est passée la procédure pour devenir assesseur ? »*
>
> *Réponse. « Très simplement. Alors, j'ai téléchargé sur le site de justice.fr je crois qu'il s'appelle, le formulaire que j'ai rempli. J'ai joint, y avait deux pièces, je crois carte d'identité et un petit document, je sais pas si c'est un CV. J'ai envoyé, enfin c'était l'été, donc je pense que j'ai adressé ça au président du tribunaljudiciaire de [localité] (…) ».*
>
> Assesseur E

---

233 Première car il pourra ensuite réitérer ses souhaits voire les modifier lors de l'entretien devant le président du tribunal judiciaire ou au cours de l'exercice de ses fonction (modification des jours de disponibilité par exemple).

234 Sur ces questions, V. *infra*, partie 1, chap. 1, section 2, § 2, A sur les difficultés de planning et partie 1, chap. 2, section 1, § 1., B, 1 sur le manque d'attractivité.

*Question. « Est-ce que vous aviez cherché plus d'informations après que l'enseignant vous ait parlé de cette fonction ? Est-ce que vous en avez trouvé ? »*

*Réponse. « Ben parce que oui j'en ai cherché, parce qu'elle m'avait dit renseignez-vous. Mais ça me paraissait bizarre, j'avais confiance en elle donc je cherchais mais je doutais qu'elle avait bien conscience de mon profil, je me disais qu'elle m'en a parlé mais que je ne correspondais peut-être pas aux critères. Et le soir-même je suis tombé sur la page d'information du site du ministère de la justice, j'ai vu que* **les conditions étaient assez sommaires***, en tout cas que je les remplissais. Je n'ai pas postulé tout de suite, mais j'ai postulé rapidement, j'ai dû monter ma candidature entre 2 semaines et 1 mois après notre échange donc ça s'est fait rapidement. Mais à part la page d'informations du ministère et le site de l'association mais qui à l'époque était moins clair (...) y'avait peu d'information donc c'était assez difficile. »*

*(..)*

*Question. « Et du coup cette candidature comporte seulement une lettre de motivation ? Ou y-a-t-il d'autres éléments à joindre ? »*

*Réponse. « Il y avait un formulaire à remplir de coordonnées et disponibilité, un espace pour les motivations mais il était conseillé de faire une lettre donc j'avais fait une lettre à part, il fallait aussi un CV et une copie de la pièce d'identité. »*

*Question. « Vous en pensez quoi de ce dossier c'était assez léger ? Est-ce que ça vous a surpris que ce soit aussi léger ? »*

*Réponse. « Non ça ne m'a pas surpris car je savais qu'il y avait le processus qui allait suivre derrière mais ce qui me surprend c'est quand il n'y a pas d'entretien avec un président de juridiction (...) Après sur les pièces à fournir non, c'est comme ça pour n'importe quelle candidature ou poste. Après l'entretien permet d'approfondir tout comme l'enquête de moralité où là aussi en pratique en fonction des services c'est très différent » (...)*

Assesseur D

Question. « Et vous avez dit vous avez dû faire passer un CV c'est ça ?

Réponse. « Oui j'ai toujours un CV qui traine, j'ai dû envoyer... j'ai fait ça par courrier, j'ai fait ça par courrier postal. Bêtement. »

Assesseur C

**Transition**. De manière générale, c'est la question de la connaissance de la fonction, de la motivation et de la démonstration de l'intérêt lié à la fonction qui cristallise l'attention. Sur cette question, les réponses apportées par les assesseurs lors des entretiens sont particulièrement intéressantes.

2. La motivation de la candidature : la démonstration de l'intérêt lié à la fonction (le fond)

**Généralités.** Les assesseurs extérieurs en commission de discipline d'un établissement pénitentiaire, comme d'autres citoyens participant au fonctionnement de la justice, doivent justifier d'un intérêt spécifique pour prétendre à l'habilitation. Si toutes les formes de participation citoyenne ne sont pas subordonnées à cette exigence, elle est en revanche attendue de la part des assesseurs auprès du tribunal pour enfants[235] ou encore, implicitement, des représentants des associations siégeant à la chambre de l'application des peines, l'intérêt particulier pouvant se déduire de leur compétence, elle-même déduite de leurs fonctions associatives. Concernant les assesseurs extérieurs en commission de discipline, c'est naturellement pour les questions en lien avec le milieu pénitentiaire que le candidat doit démontrer un intérêt particulier.

Dans son dossier de candidature, et avant même l'entretien qui précède la décision relative à l'habilitation, le candidat doit exposer les raisons – les motifs – qui le conduisent à vouloir exercer les fonctions d'assesseur extérieur. Les motivations pour la fonction d'assesseur doivent apparaître dans la fiche de candidature mais également – évidemment – dans la lettre

[235] COJ, art. L. 251-4.

de motivation. Aucun prérequis n'est exigé s'agissant du contenu de la motivation écrite[236], mais puisque l'assesseur est choisi *« parmi des personnes extérieures à l'administration pénitentiaire qui manifestent* ***un intérêt pour les questions relatives au fonctionnement des établissements pénitentiaires*** *»*[237], indubitablement le candidat doit faire montre d'un intérêt certain pour les questions en lien avec l'univers carcéral. Il s'agit là de l'une des conditions indispensables pour être habilité par le président du tribunaljudiciaire. Cette motivation écrite, si elle n'a pas à être formellement structurée, demeure donc d'une importance particulière.

Cependant, rien n'étant précisé par les textes, la question se pose inéluctablement du contenu de cette motivation, de la manière dont les candidats à l'assessorat justifient leur *« intérêt »* en lien avec la fonction. Doivent-ils posséder une compétence particulière pour pouvoir démontrer un *« intérêt pour les questions relatives au fonctionnement des établissements pénitentiaires »* ? Comment, en pratique, les assesseurs extérieurs aujourd'hui en fonction ont-ils motivé leur choix et attesté de cet intérêt particulier ? C'est à ces questions qu'il convient à présent de répondre.

**La représentation de la société civile comme motivation première.** De l'ensemble des questionnaires complétés et des 13 entretiens semi-directifs conduits auprès d'assesseurs extérieurs, il ressort assez logiquement que c'est l'engagement citoyen qui fait office de motivation principale. L'assessorat relève d'un choix, d'une volonté de représenter la société civile qui doit être motivée.

---

236 Alors que, nous le constaterons, la circulaire du 11 janvier 2022 est venue lister un certain nombre de *« qualités attendues de la part de l'assesseur extérieur dans l'exercice de ses fonctions »* devant être appréciées par le président du tribunal judiciaire à l'occasion de l'entretien. Autant de qualités venant, semble-t-il, au soutien de la motivation du candidat *« librement appréciée »* par le magistrat compétent (article 2 de la circulaire, *« Profil du candidat »*). Sur l'intérêt lié à la fonction lors de l'entretien, V. *infra*, partie 1, chap. 2, section 1, § 1, B, 1.

237 C. pénit., art. R. 234-6, expression reprise par la circulaire 11 janvier 2022 à l'article 2 détaillant le *« Profil du candidat »*.

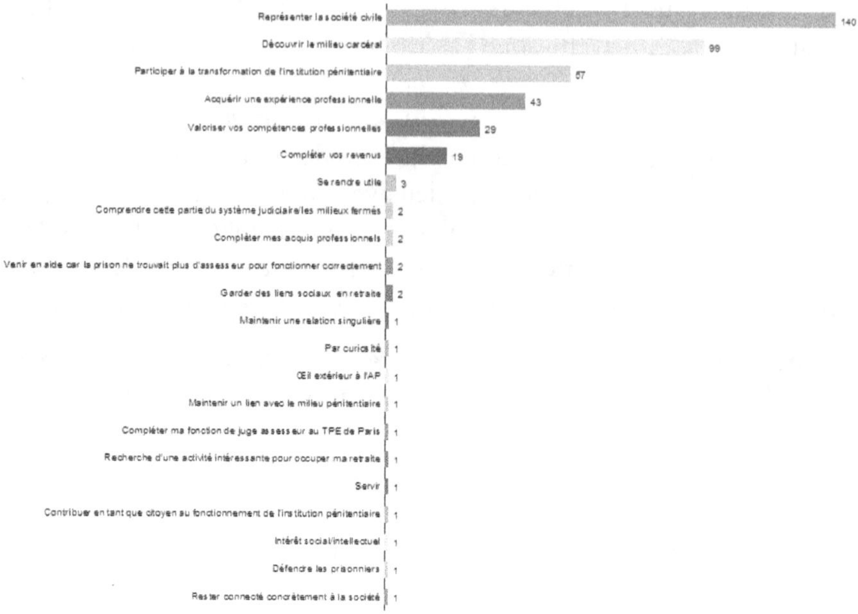


Motivation correspondant le mieux à la démarche de l'assesseur
(plusieurs réponses possibles)

Cependant, et parce que la découverte de l'existence de la fonction d'assesseur extérieur en commission de discipline d'un établissement pénitentiaire est souvent fortuite[238], exprimée par les intéressés demeure particulièrement laconique :

[238] V. infra, partie 2, chap. 1, sect. 2, § 1, A.

*Question. « Et dans les motivations de ce CV qu'est-ce que vous disiez ? »*

*Réponse. « Oh bah je disais du genre "je suis à la retraite, cette activité m'intéresse", voilà, un truc banal quoi » (…)*

*Question. « Vous avez dû présenter vos motivations ? »*

*Réponse. « Ouais, comme ça disons "j'ai envie de faire ça parce que ça m'intéresse, le boulot m'intéresse". Pour découvrir ce monde pénitentiaire. Enfin un truc banal quoi. Enfin de toute façon ils ont pas de candidats (rires), ils manquent, ils manquent. » (…)*

Assesseur C

*Question. « Et si je récapitule, votre choix de devenir assesseur, donc on va dire que c'était pour avoir une vision pratique de la prison, de participer, élaborer ça, mais est-ce qu'il y a vraiment que ça ? »*

*Réponse. « Y a aussi un aspect, je … Je pense aussi que j'avais envie de prêter mon concours dans une… comment… Une institution administra… Une institution de notre pays quoi. D'avoir un rôle citoyen quelque part. Et quand on m'a présenté cette opportunité, comme elle mêlait mon intérêt pour le droit pénal. Bon et bah je me suis dit, ouais, c'est une bonne idée, ça va permettre de... de faire une action citoyenne (rieur). »*

Assesseur E

*Question. « Donc, vos motivations pour devenir assesseur …. qu'est ce qui vous a poussé ? est-ce que vous aviez un intérêt ? »*

*Réponse. « Alors bah au début, j'en avais pas forcément puisque je connaissais pas cette fonction donc bah c'était quelque part d'avoir aussi un lien encore, avoir un lien un peu avec cette prison que je quittais, sans la quitter ».*

Assesseur A

Pour les retraités ou les personnes en pré-retraite[239], l'engagement citoyen se mêle de manière quasi systématique à la volonté d'avoir une occupation ou au désir de rester en lien avec leur ancien milieu professionnel.

> *« Me permettre d'avoir une activité en dehors de mon travail. Je n'avais aucune prétention financière, je voulais acquérir de l'expérience. C'est d'ailleurs ce que j'ai dit au président du tribunalqui m'a reçu pour l'entretien. Puis, je voulais aussi préparer ma retraite, ça me fera une occupation ».*
>
> Assesseur F

> *Question. « Qu'est-ce qui vous a amené à vous intéresser à l'institution pénitentiaire ? »*
>
> *Réponse. « Ça me donnait aussi un prolongement de ma profession pour voir les choses de l'autre côté du miroir si l'on peut dire, par rapport à ma fonction de gendarme. »*
>
> Assesseur 3

> *« C'est le désir de rester en contact avec l'environnement judiciaire…c'est pour la même raison que je fais partie de la commission de surendettement ».*
>
> Assesseur 5

> *Question. « Donc, vos motivations pour devenir assesseur …. qu'est ce qui vous a poussé ? est-ce que vous aviez un intérêt ? »*
>
> *Réponse. « C'était quelque part d'avoir un lien encore, avoir un lien un peu avec cette prison que je quittais, sans la quitter ».*
>
> Assesseur A

---

239 Qui représentent la majorité des assesseurs extérieurs en commission de discipline. Cf. sur ce point infra, 2e partie, chap. 1, section 2.

**La découverte du milieu carcéral comme motivation secondaire.** Le graphique précédent associé aux résultats des entretiens semi-directif, démontre cependant que la participation citoyenne n'est pas la seule motivation et qu'elle se couple régulièrement avec la volonté de découvrir le milieu carcéral (55 %). L'*« intérêt pour les questions relatives au fonctionnement des établissements pénitentiaires »* transparaît donc ici, mais d'une manière singulière puisqu'il n'est aucunement lié à l'existence de prérequis ou d'une compétence particulière de la part du citoyen assesseur. Plus encore, c'est parfois une logique inverse qui est constatée puisque certains assesseurs, les étudiants pour la grande majorité, justifient leur attrait pour cette fonction par la volonté de mieux comprendre l'univers carcéral, ou encore de compléter une formation théorique par une formation pratique. C'est l'acquisition d'une expérience professionnelle qui semble primer. L'attrait vers la fonction d'assesseur extérieur s'inscrit alors dans le parcours de l'étudiant qui souhaite découvrir de l'intérieur le milieu carcéral et acquérir de l'expérience.

> *« Oui. Alors, euh. Je dirai que bon, déjà d'une part la première chose, la spécificité de la prison de [lieu] ça a été une chose d'attirant. Qui m'a donné envie quoi, parce que je trouve que c'est un modèle très particulier. Enfin, je trouve ça très intéressant. D'ailleurs l'Université [lieu] travaille beaucoup là-dessus. Et voilà, ça déjà ça a été attirant. Mais même au-delà de ça de ce modèle de prison ouverte, je trouvais intéressant de. Parce que bon, je suis assez investi dans mon travail de thèse, mais j'avais besoin de trouver ce côté pratique à côté. Et c'était une opportunité, sans non plus de contretemps pour la thèse, d'avoir ça à côté, de découvrir ce côté pratique du droit, quelque part. Parce que bon on étudie comme ça mais la commission de discipline ça se passe d'une façon pratique, et je trouvais ça très intéressant. Et je ne regrette pas du tout. »*
>
> Assesseur B

*Question. « Et le choix de devenir assesseur, au-delà de l'intérêt que vous avez porté. Qu'est-ce qui vous a motivé ? »*

*Réponse. « Alors, c'est à la fois personnel et puis c'est aussi euh... De manière personnelle, c'est parce que quand on prétend faire un métier quel qu'il soit dans un domaine, il faut que, mêler théorie et pratique. Et c'est vrai que rendre une décision de justice, quelle qu'elle soit, puisque finalement c'est une vraie décision de justice qui est rendue. Bah, l'avoir vécu c'est bien pour en parler, ne serait-ce qu'en cours, ne serait-ce que quand on a des débats avec d'autres étudiants. Enfin, c'est quand même quelque chose de dire qu'on va le condamner à ça et puis en réalité, bah quand on a la personne en face, bah dire à quelqu'un qu'il va passer 7 jours dans le quartier disciplinaire qui mesure, qui est toute petite, c'est quand même pas la même chose quand on a l'a vécu. Et je voulais vraiment compléter ma formation en théorique avec une formation pratique. Puis, pour voir le fonctionnement de l'EPM, comment sont les conditions de détention ».*

*Question. « Et comment avez-vous justifié de l'intérêt puisque c'est une des conditions pour être habilité par le président du tribunaljudiciaire ».*

*Réponse. « Alors je pourrais vous… J'avais écrit un petit paragraphe, je pourrais vous le donner si ça vous intéresse. Bon, qui explique que je fais des études en droit, que j'ai un intérêt particulier pour la matière. Mais aussi que j'ai envie d'apporter mon concours citoyen à cette institution ».*

Assesseur E

*« Je l'avais évoqué dans ma lettre de motivation mon engagement c'était d'être intéressé par le milieu carcéral, ma volonté de présenter le concours de l'ENM donc l'intérêt qu'il y avait pour moi de participer au fonctionnement d'un établissement pénitentiaire et de le découvrir de l'intérieur. Ça portait sur ça je pense, je pense qu'on a même commencé l'entretien tout de suite sur ça ».*

Assesseur D

**Transition.** La motivation exprimée par le candidat à l'assessorat est un élément essentiel du dossier de candidature, mais elle représente également le *« support indispensable du déroulement de l'entretien »*[240] précédant l'éventuelle habilitation.

B. La décision relative à l'habilitation

**Des disparités évidentes.** Les conditions entourant la décision relative à l'habilitation sont assez évasives, et en pratique particulièrement disparates d'une juridiction à l'autre. Dans le cadre du processus d'habilitation, la réalisation d'une enquête de moralité semble par exemple aléatoire. Et lorsqu'elle est effectuée, elle peut être plus ou moins poussée, et consister en une convocation du candidat devant les services compétents ou un entretien téléphonique.

> … *« Après l'entretien permet d'approfondir tout comme l'enquête de moralité où là aussi en pratique en fonction des services c'est très différent. Pour être habilité en commission de discipline j'avais eu une enquête de moralité en off complet, je n'avais même pas été convoqué pour, alors que dans d'autres régions certains sont convoqués par les services, d'autres on leur téléphone, d'autres on téléphone à leur entourage etc. Quand j'ai été admissible à l'ENM ce n'était pas la même, j'ai eu une enquête de moralité, j'ai été convoqué par les renseignements territoriaux et on a eu un échange. Bon là ça a été fait sans me contacter mais je sais qu'elle a eu lieu, ça me rassurait aussi, je me disais bon on ne peut pas y aller n'importe comment ».*
>
> Assesseur D

De la même manière, la tenue d'un entretien avec le président du tribunaljudiciaire ou l'un de ses collaborateurs paraît plutôt incertaine, alors pourtant que celui-ci semble décisif pour pouvoir apprécier au mieux les motivations du candidat et, partant, son intérêt lié à la fonction (1). En bout de course enfin, et lorsque l'habilitation a été accordée, les difficultés se cristallisent lors de la notification de la décision (2), difficultés qui, cependant, devraient être levées grâce aux précisions apportées par la circulaire de janvier 2022.

---

240 Expression issue de la circulaire 11 janvier 2022, article 2 détaillant le *« Profil du candidat »*.

### 1. L'appréciation de l'intérêt lié à la fonction

**Un constat en demi-teinte.** Tel que mis en lumière lors des entretiens et dans le cadre des questionnaires, le processus d'habilitation est très largement perfectible. Les faiblesses de terrain (a) sont l'écho d'un cadre normatif insuffisant, et l'appréciation de l'intérêt lié à la fonction demeure particulièrement modérée. Pour autant, la situation constatée est peut-être appelée à évoluer dans un sens favorable, grâce notamment aux correctifs apportés par la circulaire du 11 janvier 2022 (b).

#### *a) Les faiblesses de terrain*

**L'absence d'entretien.** C'est par principe dans le cadre d'un entretien avec le candidat que le président du tribunal judiciaire ou l'un de ses délégataires va pouvoir apprécier effectivement l'intérêt porté à la fonction. Or, les entretiens conduits et les réponses apportées aux questionnaires ont permis de démontrer que cet entretien n'est pas obligatoire, et plus encore que 51 % des répondants n'en ont pas bénéficié. En somme, 1 assesseur sur 2 a déclaré ne pas avoir eu d'entretien avec un professionnel du tribunal judiciaire avant son habilitation.

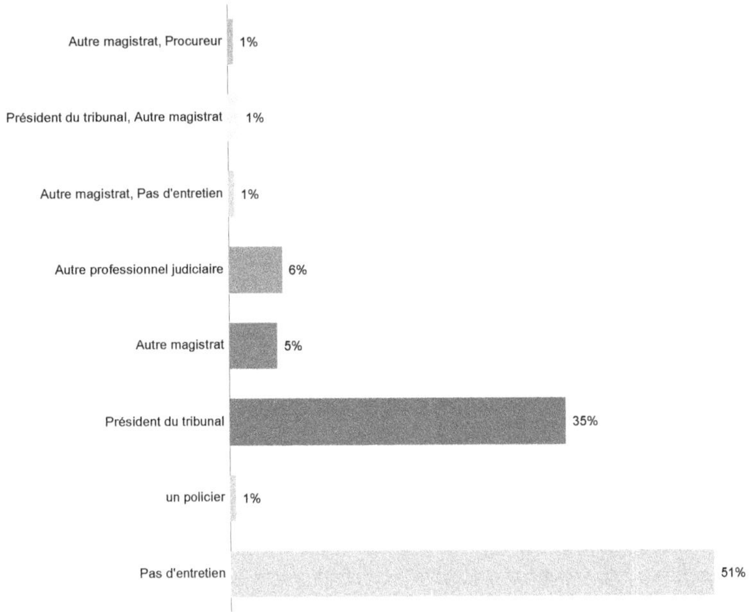


Avez-vous eu un entretien avec un professionnel du tribunal judiciaire avant l'habilitation ?
*NB :* certains assesseurs exercent dans plusieurs établissements et proposent donc des combinaisons de réponses

> *Question. « Et donc, vous n'avez pas passé d'entretien au tribunal ? »*
>
> *Réponse. « Rien du tout ».*
>
> *Question. « Vous avez été habilité tout de suite ? »*
>
> *Réponse. « Ni, au tribunal, ni à l'EPM même (…) Vraiment, je suis rentré le premier jour et j'ai siégé ».*
>
> Assesseur E

*Question. « Donc, du coup donc vous avez su comme ça que vous avez que vous étiez assesseur, mais vous n'avez pas eu de d'entretien ? »*

*Réponse. « Non »*

*Question. « Et vous n'avez même pas eu d'entretien avec le président du tribunaljudiciaire ? »*

*Réponse. « Je pensais, je pensais que j'aurais eu un entretien justement, parce que bon bah c'est important hein… et non ».*

Assesseur A

*« Ce qui me surprend c'est quand il n'y a pas d'entretien avec un président de juridiction. Il y a des assesseurs habilités – parce que oui on échange sur les différentes pratiques en se demande comment s'étaient passées nos habilitations etc. … - donc là où je suis surpris c'est quand il n'y avait pas d'entretien ».*

Assesseur D

Cette absence récurrente d'entretien interroge. Comment les présidents des tribunaux judiciaires – ou leur collaborateurs – peuvent-ils réellement apprécier l'intérêt lié à la fonction, et plus précisément *« l'intérêt pour les questions relatives au fonctionnement des établissements pénitentiaires »* – s'ils ne rencontrent pas le candidat dans le cadre d'un entretien ? Le dossier de candidature et la motivation qui y est exprimée par le candidat, sont-ils suffisants pour réaliser une telle appréciation ?

**Un entretien minimaliste.** Dans l'hypothèse où l'assesseur extérieur a bien été convoqué pour un entretien, celui-ci sera conduit tantôt par un professionnel du tribunal judiciaire (voir le graphique précédent) tantôt par un professionnel de l'établissement pénitentiaire, essentiellement un membre de la direction.

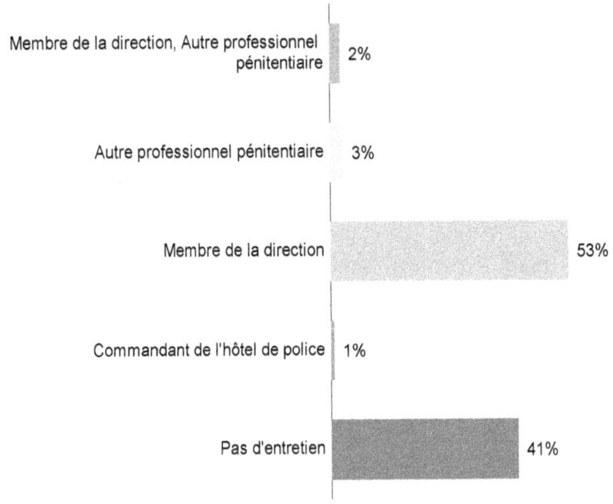


Avez-vous eu un entretien avec un professionnel de l'établissement pénitentiaire avant l'habilitation ?
*NB :* certains assesseurs exercent dans plusieurs établissements et proposent donc des combinaisons de réponses

En toute hypothèse, du sentiment des assesseurs qui ont effectivement pu en bénéficier, l'entretien n'est qu'une formalité. Il est bref et seules des questions très générales – *« classiques »* - sont souvent posées aux candidats. En somme, la décision relative à l'habilitation paraît être prise en amont, au visa du dossier de candidature plus que de l'entretien.

> *« … J'ai eu quand même un appel de… Un magistrat, je ne sais plus. J'ai eu un entretien assez sommaire, il m'a posé quelques questions. C'est à ce moment que j'ai demandé s'il n'y avait pas d'empêchement étant conciliateur de justice ».*
>
> Assesseur 3

*Question. « Et l'entretien vous l'avez eu avec le Directeur de la maison d'arrêt ? »*

*Réponse. « Alors je l'ai eu, mais pas avec le Directeur en chef, je l'ai eu avec la Directrice adjointe de la maison d'arrêt ».*

*Question. « Et on vous a posé quel genre de question ? »*

*Réponse. « C'était des... L'entretien était quand même, ce qui m'a surpris c'est qu'il était relativement court. Heu, c'était euh des questions sur ma motivation, sur mon parcours, sur ma vision de ce qu'était un assesseur en CD, euh... sur ce qu'est le rôle de l'assesseur, si je savais ce qu'était une commission de discipline, les sanctions qu'on pouvait prononcer. Des questions quand même assez classiques ou attendues pour un entretien mais euh, sinon c'est vrai que j'avais quand même été frappé par l'entret..., la durée de l'entretien qui était vraiment très court (...) ça a duré vraiment montre en main 5 minute, 5/6 minutes ! C'est vraiment très très court.*

*(...)*

*J'avais plus l'impression que finalement, une fois que le dossier était préselectionné et que les réponses euh, dans le temps très court étaient celles qui étaient attendues, l'habilitation allait ensuite être attribuée. Juste pour (...) l'effort de s'être déplacé, en tout cas c'est ce que... je sais pas s'il y avait un manque, en tout cas d'assesseur en CD ou si c'était des dossiers qui étaient préselectionnés, mais c'est vrai que c'est... La durée de l'entretien m'avait quand même bien surpris à ce moment-là ! »*

*Question. « Vous avez le sentiment que l'entretien c'était presque une formalité ? Le dossier était sélectionné a priori... »*

*Réponse. « Oui, pour moi c'était juste un, comme vous le dîtes, une étape formelle, vous êtes présent, on voit que vous répondez bien aux questions, que vous êtes lucide, que vous comprenez ce qui se passe ou les ... en tout cas ce à quoi vous vous projetez ou vous demandez. Ensuite, la réponse était validée. Surtout que à la fin de l'entretien, la Directrice m'avait clairement affirmée que j'étais pris, j'étais pris pour cette fonction-là ».*

Assesseur 7

*Question. « Une dernière question peut-être sur la procédure. Bon, vous, ça a été un peu particulier parce que ça a été fait dans le cadre de votre stage, mais est-ce que vous avez eu un entretien notamment au tribunal ? »*

*Réponse. « Oui, je suis allé au Palais de justice rencontrer quelqu'un, mais je ne sais plus qui ».*

*Question. « Une personne du TJ ? »*

*Réponse. « Oui quelqu'un qui m'a posé quelques questions générales et puis après c'est bon, il m'a dit que je pouvais devenir assesseur (…) »*

*Question. « D'accord, donc, on vous a contacté et après il y a eu cet entretien au Tribunal qui n'a pas été très long d'après ce que vous m'en dîtes ? »*

*Réponse. « Oui, c'était des questions très générales et puis peut-être me faire signer quelque chose, mais c'est... »*

*Question. « Quand vous dites des questions très générales, c'était sur l'administration pénitentiaire ou c'était plus large encore ? »*

*Réponse. « Non, non, c'était un peu tout, c'était mon nom, mon prénom, ce que je faisais, est-ce que je suis déjà allé en prison ? Enfin, c'était pas du tout une évaluation, c'était plutôt un échange. Non, je n'avais vraiment rien à faire, hein ? C'était plutôt une formalité je pense ».*

*Question. « Est-ce qu'on vous a demandé un peu vos motivations ? Est-ce que c'était une sorte de candidature ou pas, vraiment ? »*

*Réponse. « Peut-être que oui, mais juste sur le fonctionnement de la prison ».*

Assesseur 1

**Transition**. On le constate, la majorité des réponse apportées font état d'une absence d'entretien ou d'un entretien au contenu insuffisant. Fort heureusement, la circulaire du 11 janvier 2022, par les précisions qu'elle apporte, semble permettre d'espérer que les entretiens préalables à l'habilitation soient plus fréquents.

*b) Les correctifs apportés par la circulaire du 11 janvier 2022*

**La généralisation de l'entretien préalable.** Dans un souci d'homogénéisation de la procédure d'habilitation des assesseurs extérieurs sur tout le territoire, et en s'inspirant du formalisme qui accompagne le recrutement de l'assesseur du Tribunal pour enfants[241], la circulaire du 11 janvier 2022 généralise la tenue d'un entretien préalable avec *« le président du tribunaljudiciaire » ou « son délégataire »*. Cet entretien doit être un temps utile, un temps d'échanges au cours duquel le président du tribunaljudiciaire va pouvoir apprécier concrètement et *« librement »* la motivation du candidat à partir *« du formulaire de candidature dûment complété »* mais également procéder à des vérifications et transmettre toutes informations utiles au candidat. Plusieurs développements y sont consacrés au sein de l'article n° 2 dédié au *« Profil du candidat »*, et appellent deux observations liminaires.

La première concerne les professionnels compétents pour réaliser l'entretien préalable à la décision d'habilitation. La circulaire donne compétence au *« président du tribunaljudiciaire »* ou à *« son délégataire »*, si bien que contrairement à ce qui a pu être constaté jusqu'alors, la réalisation de l'entretien (lorsque celui-ci est bien proposé au candidat) doit être de l'unique compétence d'un professionnel du tribunal judiciaire. Cette précision permet de clarifier les domaines de compétence et cette étape procédurale, l'entretien avec un professionnel de l'établissement pénitentiaire pouvant intervenir après la délivrance de l'habilitation, dans le cadre de la formation du nouvel assesseur[242], voire en amont, si le président du tribunaljudiciaire sollicite le chef d'établissement concerné pour donner son avis sur la candidature réceptionnée[243]. La seconde observation concerne l'absence de caractère obligatoire de l'entretien. Si la circulaire de janvier 2022 contribue effectivement à encadrer normativement le processus d'habilitation, il faut tout de même regretter l'absence de mention du caractère obligatoire de l'entretien, ce qui peut, *in*

241 COJ, art. L. 251-4.

242 C'est en tout cas ce qui semble le plus vraisemblable, à l'aune d'une lecture combinée des articles 2 et 6 de la circulaire du 11 janvier 2022.

243 Circulaire 11 janvier 2022, article 5.

*fine*, contribuer à maintenir des pratiques de sélection disparates d'une juridiction à l'autre.

**Les critères d'appréciation de l'intérêt lié à la fonction.** Afin d'harmoniser les pratiques, la circulaire du 11 janvier 2022 propose une liste de critères devant guider le président du tribunaljudiciaire dans l'appréciation de la motivation du candidat :

« - Sens du service public et dignité ;

- Qualités morales : intégrité, probité, indépendance, altruisme ;

- Qualités humaines : sens de l'écoute, délicatesse, goût des contacts humains, discrétion ;

- Qualités intellectuelles : objectivité, sens de l'analyse et de la synthèse ;

- Disponibilité. »

Ces critères très généraux – *a priori* cumulatifs – doivent être pris en compte par le magistrat compétent pour vérifier si le candidat à l'assessorat présente bien les *« qualités attendues de la part de l'assesseur extérieur dans l'exercice de ses fonctions »*, des qualités humaines, morales intellectuelles. Mais au-delà de l'intérêt lié à la fonction, vont-ils réellement permettre d'apprécier cet *« intérêt pour les questions relatives au fonctionnement des établissements pénitentiaires »*, pourtant requis par les textes ?[244] Aucun critère n'y fait directement référence, et la circulaire précise bien, en outre, qu' *« aucune condition de diplôme ou d'expérience professionnelle n'est formellement requise par les textes »*, mais que ces deux conditions peuvent être prises en compte lors de l'entretien pour apprécier leur adéquation avec les qualités attendues. La question des critères d'appréciation de l'*« intérêt pour les questions relatives au fonctionnement des établissements pénitentiaires »* est donc laissée en suspens alors qu'elle mériterait très certainement d'être encore précisée.

Enfin, l'entretien est également l'occasion pour le président du tribunaljudiciaire de vérifier que cet intérêt pour la fonction ne se heurte

---

[244] C. pénit., art. R. 234-6, al. 3 ; Circulaire 11 janvier 2022, article 2.

pas aux règles d'incompatibilités énoncées par l'article R. 234-7 du Code pénitentiaire et rappelées à l'article 3 de la circulaire.

**Les informations transmises aux candidats.** Si l'entretien préalable est primordial pour que le professionnel du droit puisse *« se faire une idée »* sur le candidat, il est également capital pour ce dernier qui doit recueillir un certain nombre d'informations lui permettant, à terme, d'exercer correctement sa fonction. Ainsi, le président du tribunaljudiciaire va devoir, essentiellement :

- lui rappeler le cadre déontologique dans lequel il est appelé à évoluer, les devoirs d'intégrité, de dignité, d'impartialité et de confidentialité qui vont définir son comportement[245] ;

- lui rappeler la nécessité de porter à la connaissance du tribunal judiciaire tout changement de situation personnelle ou professionnelle susceptible de générer une incompatibilité ;

- lui rappeler la disponibilité attendue de sa part, qu'il exerce ses fonctions au sein d'un seul ou de plusieurs établissements, et la nécessité de répondre aux convocations à participer aux commissions de discipline organisées.

**Piste de réflexion.** Il faudrait envisager d'institutionnaliser l'entretien avec le Président du TJ ou l'un de ses collaborateurs pour que soit véritablement apprécié cet *« intérêt pour les questions relatives au fonctionnement des établissements pénitentiaires »*, au regard des critères énoncés par la circulaire de janvier 2022.

L'entretien est un temps d'échange, de questions et si l'on peut bien noter, dans la rédaction de la circulaire de 2022, qu'il est indispensable, il n'est pourtant toujours pas obligatoire. Une mention devrait être ajoutée dans le texte en ce sens.

Ne faudrait-il pas distinguer l'intérêt lié à la fonction de l'« intérêt pour les questions relatives au fonctionnement des établissements pénitentiaires » ?

---

245 Circulaire janvier 2022, articles 2 et 4.

**Transition.** La circulaire apporte d'utiles précisions quant à la tenue de l'entretien préalable. Son œuvre normative ne s'arrête pas à ce stade de la procédure d'habilitation puisqu'elle vient également encadrer la délivrance de l'habilitation, notamment s'agissant de la notification de la décision.

2. La notification de la décision

**Une décision parfois informelle.** Lorsque le processus d'instruction d'une candidature arrive à son terme, le président du tribunaljudiciaire ou son délégataire peuvent prendre deux types de décisions : une décision de rejet ou une décision d'acceptation. La liste des assesseurs extérieurs habilités est tenue par le greffe du tribunal judiciaire et cette liste est communiquée au chef d'établissement pénitentiaire lors de chaque nouvelle inscription et au moins une fois par an[246]. Il semble par ailleurs logique que l'intéressé, en l'occurrence l'assesseur habilité, soit informé de la décision qui a été prise. Or, vraisemblablement, cette notification de la décision n'est pas automatique, ni écrite, comme en atteste un témoignage recueilli lors des entretiens semi-directifs qui ont été conduits.

> *« Je n'ai pas eu de nouvelle pendant un moment si bien que j'avais fini par contacter le TJ demandant si j'avais été habilité ou pas, on m'avait dit « Ah ben oui l'ordonnance avait été rendue y'a deux mois vous ne saviez pas ? » Non si vous ne me contactez pas je ne peux pas savoir haha ».*
>
> Assesseur D

**Un formalisme escompté.** À bon escient, la circulaire du 11 janvier 2022 précise en son article 5 que lorsque le président du tribunaljudiciaire décide d'accorder l'habilitation sollicitée, *« la décision portant habilitation est notifiée par courrier à l'intéressé »*. Une formulation bienvenue rendant obligatoire la notification écrite de la décision et permettant certainement

---

[246] CPP, art. D. 249 ; C. pénit., art. D. 234-11 ; Circulaire 11 janvier 2022, article 5.

d'éviter que des assesseurs n'apprennent leur habilitation que tardivement, quelques jours seulement avant de siéger.

**Une prestation de serment facultative.** Enfin, s'agissant des suites de la décision d'habilitation par laquelle celle-ci est accordée, aucune prestation de serment n'est exigée[247]. Pour autant, il faut noter que certains assesseurs ont été appelés à prêter serment, ce qui soulève là encore une interrogation quant à l'harmonisation des pratiques.

La nécessité d'harmoniser les pratiques des juridictions sur le territoire national est criante pour la procédure d'habilitation des assesseurs extérieurs. Elle l'est tout autant pour la possibilité de bénéficier d'une formation.

### § 2. La formation

Les assesseurs extérieurs étant issus de la société civile, ils n'ont, pour la majorité d'entre eux, aucune connaissance précise de l'univers carcéral. Afin d'exercer correctement et utilement leurs fonctions, ils doivent bénéficier d'une formation préalable (A) et d'un suivi régulier (B).

#### A. La formation préalable

**Dispositions textuelles – la nécessité d'une « journée de découverte ».** La circulaire du 8 avril 2019 relative au régime disciplinaire des personnes détenues majeurs reprend mot pour mot les dispositions de la circulaire du 9 juin 2011 qu'elle remplace. En son article 2.6.2.1.3, elle précise ainsi qu'*« il est nécessaire d'accompagner l'habilitation de chaque assesseur extérieur par une journée de découverte de l'établissement au cours de laquelle il pourra rencontrer le chef d'établissement et les agents en charge de l'organisation et de la*

---

247 À la différence d'autres modes de participation citoyenne, comme les assesseurs au tribunal pour enfants par exemple (COJ, art. L. 251-5) ou les jurés (CPP, art. 304).

*programmation des commissions de discipline. Cette rencontre sera l'occasion d'expliquer à l'intéressé le fonctionnement d'un établissement pénitentiaire, les règles en matière de sécurité et les modalités d'organisation des commissions de discipline. Les textes applicables en matière disciplinaire ainsi que le règlement intérieur de l'établissement lui seront également remis à cette occasion. Elle pourra être assortie d'une visite de l'établissement* ». La rédaction de ce texte appelle deux observations essentielles. La première concerne le contenu de la *« formation »* devant être dispensée aux assesseurs extérieurs. Il ne doit pas s'agir d'une véritable formation sur l'administration pénitentiaire elle-même et les règles qui entourent son fonctionnement – une formation théorique qui serait pourtant bienvenue pour des assesseurs nouvellement habilités qui ignorent parfois tout de l'univers carcéral – mais d'une *« journée de découverte de l'établissement »* qui peut, à bien des égards, paraître largement insuffisante. Car si cette découverte de l'établissement pénitentiaire doit bien évidemment s'inscrire dans le cadre d'une formation plus globale, elle ne peut en aucun cas se suffire à elle-même. La seconde observation est relative au fait que la circulaire n'impose pas une véritable *« formation »* – le mot est absent – mais cette simple *« journée de découverte »*, cette première *« rencontre »* avec l'univers carcéral n'étant même pas obligatoire. En effet, la *« journée de découverte »*, si elle est *« nécessaire »*, n'est pas pour autant imposée ce qui entraîne, inéluctablement, des disparités entre les pratiques, d'un établissement à l'autre.

**Les disparités des pratiques.** Les réponses aux questionnaires et les entretiens réalisés illustrent parfaitement les difficultés pressenties à la lecture de la circulaire de 2019 et l'insuffisance de la *« formation »*. Dans quelques rares hypothèses, certains assesseurs extérieurs récemment habilités n'ont bénéficié ni d'une visite des locaux pénitentiaires, ni d'une quelconque formation.

*« Non, j'ai demandé mais même le premier jour je savais pas où j'allais, qu'est ce qu'il faut amener ? Des trucs basiques : un carnet, de quoi noter, je sais pas. « Ouais vous inquiétez pas, on vous fournira tout » ! Bah, j'ai été dans le bain dès la première minute. Voilà ».*

*« Non, rien. Rien, je me suis formé au fil des jours, des commissions. Maintenant, je suis, j'ai mon badge, je circule, enfin les gens me reconnaissent donc y a pas de problème. Mais c'est vrai que c'est un peu dommage de pas au moins faire une journée découverte quoi ».*

Assesseur F

*Question. « Alors, est-ce que, manifestement on a déjà la réponse, vous n'avez pas reçu de formation particulière en amont ? »*

*Réponse. « Non, aucune. Et c'est peut-être ce qui manquerait à un non-juriste justement s'il venait à siéger sur ce genre de fonction. Aucune, et j'ai pas eu de visite non plus… ».*

Assesseur E

*Question. « On t'avait fait faire une visite ? »*

*Réponse. « Non »*

Assesseur D

Il faut néanmoins se réjouir que dans l'ensemble, les assesseurs extérieurs ont majoritairement pu bénéficier d'une visite de l'établissement pénitentiaire avant la prise de fonction alors qu'à la lecture de l'article 2.6.2.1.3 de la circulaire du 8 avril 2019, celle-ci n'est que facultative.

En revanche, cette découverte de l'établissement ne s'accompagne pas nécessairement d'une *« formation »* supplémentaire, car si 83 % des répondants ont pu visiter l'établissement, seuls 43 % ont bénéficié d'une formation.

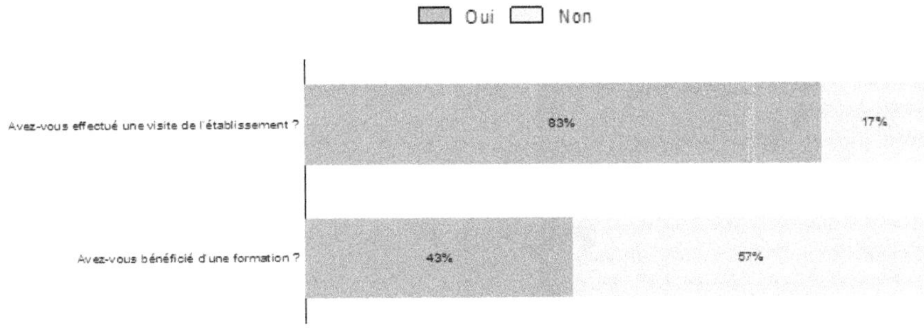


Lorsqu'une formation a effectivement été dispensée, elle a majoritairement et logiquement été organisée par l'administration pénitentiaire.

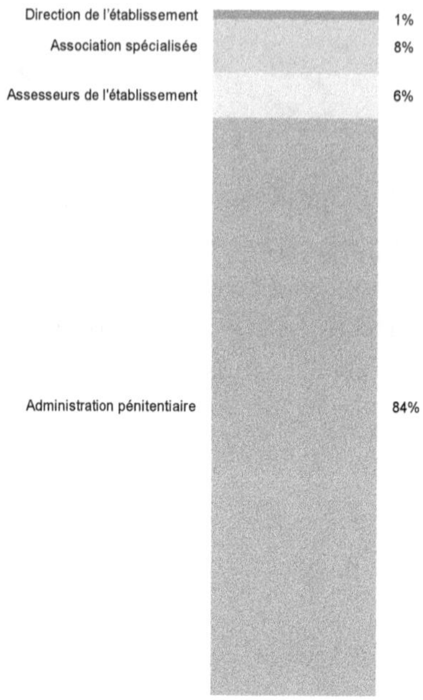


Structure organisatrice de la formation

Il est néanmoins surprenant – mais pas inintéressant – de constater que parfois, ce sont les autres assesseurs de l'établissement qui réalisent cette formation, une formation *a minima,* comme en atteste le témoignage recueilli lors d'un entretien. Mais si cet *« échange »* à propos des pratiques est très certainement nécessaire, il ne doit en rien dispenser d'une véritable formation sur l'univers carcéral en général, sur le fonctionnement de l'établissement pénitentiaire d'exercice en particulier.

*« Parce que l'établissement du coup maintenant, quand y'a un nouvel assesseur, on me donne ses cordonnées pour l'intégrer au planning, donc j'en profite pour l'appeler pour lui demander comment il appréhende les choses etc. et lui expliquer comment ça se passe. Donc je pense qu'ils arrivent aussi perdus mais au moins ils ont eu un premier contact avec un autre assesseur, mais toujours pas de formation. Après si demain je pars, pas sûr que quelqu'un le fasse, et je prétends pas les former c'est juste un échange pour qu'ils arrivent moins perdus, s'ils ont des questions … »*

Assesseur D

*« D'ailleurs je connais maintenant à la limite mieux que... je suis même formateur quasiment du personnel pénitentiaire (rires). Parce que l'autre jour je suis allé à une réunion, dans un service nouveau, ils savaient pas faire. Alors je leur disais "il faut faire comme ça, comme ça". Alors ils me font confiance quoi ! Je veux dire... c'est pas très compliqué hein intellectuellement*

*En outre, lorsqu'une formation est dispensée, elle se déroule en général sur une journée ».*

Assesseur C

La durée de la formation est en moyenne d'une journée, mais les différents témoignages recueillis attestent cependant qu'en pratique, la formation ne peut durer qu'une demi-journée, voire quelques heures.

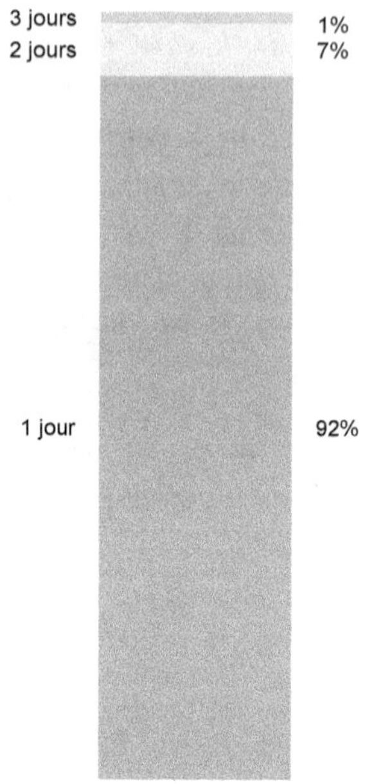


Durée de la formation

> *« Une formation courte d'une journée »*
>
> Assesseur B

> *« …Date de formation qui était sur une demi-journée avec en possibilité de visiter l'après-midi le bâtiment A de, celui sur lequel on avait été… »*
>
> Assesseur 7

*« Oui il y a une petite formation pendant deux heures, enfin une formation y a un powerpoint qui explique un peu la prison »*

Assesseur 1

S'agissant du contenu de la formation, d'un avis largement majoritaire comme deviné précédemment, la formation est insuffisante. Si de nombreux assesseurs ont du mal à identifier des manques dans la formation, il apparaît néanmoins que son contenu demeure aléatoire – comme en attestent différents témoignages – alors pourtant que le cadre général est fixé par l'article 2.6.2.1.3 de la circulaire du 8 avril 2019 qui précise que la *« journée de découverte de l'établissement »* doit être l'occasion pour le personnel de l'administration pénitentiaire d'expliquer « *le fonctionnement d'un établissement pénitentiaire, les règles en matière de sécurité et les modalités d'organisation des commissions de discipline* ». En outre, tout document utile doit être remis au nouvel assesseur, tels *« les textes applicables en matière disciplinaire ainsi que le règlement intérieur de l'établissement »*.

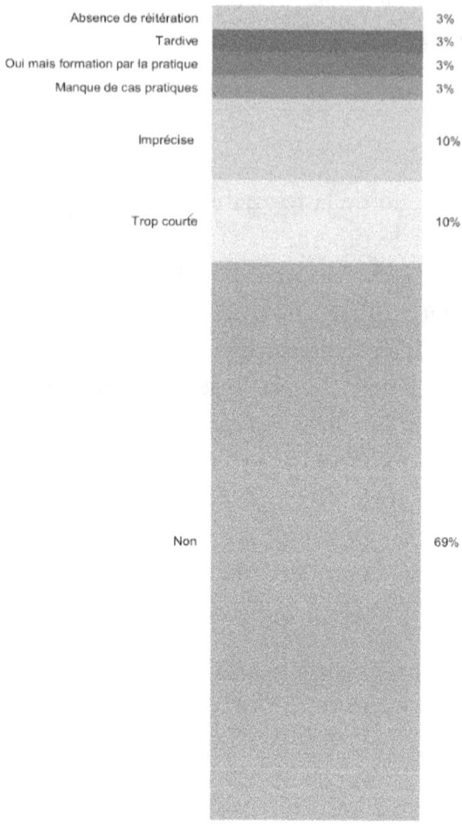


Identification de manques dans la formation

Parfois la formation semble largement incomplète.

> *« Après sur la commission de discipline j'ai pas été tellement formé. Bien sûr ils m'ont donné tous les textes utiles et ils m'ont expliqué toutes les sanctions qui pouvaient être appliquées lors des commissions de discipline. Mais ça a pas été très détaillé non plus ».*
>
> *« Oui, j'ai eu des documents que j'ai pu regarder chez moi et qui m'ont été remis avant la première commission ».*
>
> Assesseur B

*Question. « Et on vous a remis des documents à cette occasion ? »*

*Réponse. « … rien du tout. Tout ça il faut que je me démerde tout seul pour avoir…Les copies que j'ai là il faut que je demande à ce qu'ils m'en fassent des photocopies. Mais c'est que dal, y a deux pages ».*

Assesseur C

*Question. « Vous avez cherché vous-même les informations ? »*

*Réponse. « Oui, j'ai imprimé ça je me suis au bord de ma piscine et je me suis dit je vais apprendre ça pour pas arriver comme une fleur, savoir ce qu'on pouvait mettre comme sanction, ce qui existait etc ».*

*Question. « Donc on ne t'avait pas transmis de document ? »*

*Réponse. « Non ».*

Assesseur D

*« Avec des informations générales et des informations plus précises une espèce de précision sur le rôle de l'assesseur citoyen le code de déontologie enfin des trucs comme ça des présentations générales aussi et après voilà la visite en elle-même ».*

Assesseur 1

Parfois en revanche, elle est beaucoup plus fournie (ce qui devrait, par principe, toujours être le cas).

*Question. « Donc qu'est-ce qui vous a surpris ? »*

*Réponse. « Je n'avais pas d'attente, donc j'ai ouvert grand les yeux en me demandant ce qui allait se passer. Donc je n'ai pas eu le sentiment d'être surpris. Après, je pense que la demi-journée de formation, les quelques heures, on m'a présenté la hiérarchie entre centre de détention, maison d'arrêt, les centrales, comment ça se passe dans la prison, on m'a fait visiter la prison. La plupart des questions ont été réglées là. Après c'est de la gestion humaine. Il n'y aurait pas eu ça, je pense que j'aurais eu des surprises ».*

*Question. « Vous nous avez indiqué avoir reçu une formation. Comment c'est elle déroulée ? Par qui a-t-elle été dispensée ? Qu'avez-vous appris ? Est-ce qu'il y a eu des visites ? »*

*Réponse. « Là, c'était sur site, donc à [centre pénitentiaire]. Je suis allé à [centre pénitentiaire], c'est fait par des agents pénitentiaires qui ne sont plus en détention (mais qui l'ont été) et qui ne s'occupent que de la formation : sécurité, incendie, nouveaux protocoles, ce genre de chose, aux autres agents pénitentiaires. Là, ils se sont occupés de moi. Ils m'ont appris… Je ne m'en souviens toujours pas… La hiérarchie au sein de la prison avec les grades, qui est un peu différente des militaires. La différence entre les différents centres de détention. Que quand on parle de surpopulation carcérale de quoi parle-t-on. Car en général on dit « oui, les prisons sont surpeuplées » ce qui est soit pas vrai et vrai… Bref, ils ont pris le temps de m'expliquer tout ça, de « débunker » toutes mes idées. Quand j'avais des questions je les posais. C'est vraiment eux qui ont répondu à mes questions, qui ont enlevés mes croyances, qui m'ont dit : "ça va se passer comme ça, comme ça, comme ça". Donc au final la formation à quand même répondu à beaucoup de mes questions, quasiment toutes (...) Ils m'ont fait faire une visite pour voir le fonctionnement, voir où les détenus vivent, ce genre de chose. Ils m'ont fait un point important sur le comportement à avoir. Sur réellement ce qu'est une peine de prison. Ils m'ont expliqué qu'une fois que le détenu est en prison il a payé sa dette. Ils m'ont dit : "si vous je vous enferme avec votre conjoint sur un ans, vous allez voir que votre relation va grandement évoluer. " Et bien eux on les oblige à faire ça mais avec en plus des gens qu'ils n'ont eu pas choisi. Et en fait, c'est ça, c'est cette privation de liberté que les gens n'arrivent pas à percevoir (…) ».*

*Question. « Est-ce que à l'occasion de votre formation, il vous a été remis des documents ? »*

*Réponse. « Oui. Ils m'ont remis des documents sur l'éthique, la déontologie. Ça met en place la façon de se comporter. Sur les catégories de fautes car ça c'est des informations à avoir pour la commission, savoir de quel degré est la faute qu'a commise le détenu et un petit papier comme quoi j'y étais passé. De mémoire c'est ça ».*

Assesseur 2

*Question. « Pouvez-vous nous décrire la journée de formation ? Qui l'a dispensé ? Qu'est-ce qui vous a été enseigné, qu'est-ce qui vous a été montré ? »*

*Réponse. « On a eu un accueil d'une dizaine de minute pour nous présenter les gens qui allaient nous recevoir. On a été accompagnés par un surveillant de détention, un major je crois, qui nous a fait visiter l'établissement. Après il y a eu une réunion avec le directeur d'établissement qui nous a donné des informations sur le fonctionnement et les modalités un peu pratique des commissions de discipline. Le déroulement, comment ça se passe, etc. »*

*Question. « Lors de votre visite, avez-vous vu le QD ? »*

*Réponse. « Oui, bien sûr oui. On a visité la cellule classique, la cellule de confinement, le quartier de confinement et la cellule du quartier disciplinaire. La cantine, je gymnase. Je pense une visite assez complète quand même ».*

*Question. « Avez-vous pu échanger avec des agents au cours de cette visite ? »*

*Réponse. « Non. Si, avec le major qui nous a accompagnés dans la visite ».*

Assesseur 3

Certains assesseurs ont pu déplorer de manière plus précise l'absence de formation juridique, susceptible de conduire à *« tout mélanger »* et d'aboutir à des incertitudes sur la manière d'*« appréhender les choses »*, sur ce qu'il est possible de faire ou de ne pas faire.

*« Et la dernière chose que je pourrais dire peut-être, c'est vraiment au niveau de la formation voilà. C'est, est-ce que finalement, la formation est suffisante pour faire ce genre de fonction ? Enfin, souvent je rentre je me dis « mais si j'avais pas fait de droit... ». Bon c'est vrai que j'adore le droit pénal et la procédure en particulier. Donc je suis super intéressé par ça. Mais si j'avais pas pu en faire du tout. Mais est-ce que... Des fois elle pose des questions, est-ce que je resituerais... Je me sentirais peut-être complètement débordé, dépassé par, les infos quoi, révoquer le sursis, confusion. Il faut pas tout mélanger, y a des choses qui relèvent du pénal, des magistrats... Quand ils sont déférés au tribunal pour d'autres affaires pénales, ou est-ce que là ils viennent en commission, enfin. Faut pas tout mélanger. Donc peut-être sur le plan formation qui, à voir ».*

Assesseur E

*« Voilà ça c'est effectivement, je pense, que c'est ce qui peut manquer pour quelqu'un qui arrive en tant qu'assesseur, et qui n'est pas dans le milieu juridique, de savoir un petit peu ce qui est possible de faire, de dire et comment appréhender les choses, voilà.*

*Et je crois que c'est quelque chose qui va peut-être se mettre en place, justement que les assesseurs soient formés à cette fonction, parce que même si c'est en tant qu'observateur et donner un petit peu son avis, je pense que ce n'est pas anodin. On a besoin de savoir certaines choses ».*

Assesseur A

**Les éclairages apportés par l'ANAEC.** Inéluctablement, au regard des développements précédents, l'exigence de formation méritait d'être précisée, s'agissant de son caractère obligatoire, de son contenu ou encore de sa périodicité. Dans son Rapport rendu en décembre 2020, l'ANAEC avait d'ailleurs mis en lumière les carences en la matière, et formulé plusieurs propositions dans une perspective d'amélioration des pratiques. Si les données chiffrées étaient encourageantes, il était également fait état qu'un assesseur sur deux souhaite *« à l'avenir suivre une formation »*[248]. Il faut préciser que l'ANAEC contribue logiquement aussi dans une certaine mesure à la formation des assesseurs extérieurs, mais que certains d'entre eux ne semblent pas au courant de cette pratique.

> *« Et bien je me disais que c'était assez inquiétant, mais rapidement comme j'avais déjà visité le site de l'ANAEC j'ai vu qu'ils proposaient, en octobre je pense, une journée formation à Lyon. Je m'y suis inscris en adhérant à l'association, j'y suis allé, c'était la première formation délocalisée sinon c'est à Paris. Là c'était à Lyon pour fêter les 5 ans de l'asso. J'ai eu une journée de formation avec des textes de différentes pratiques, la formation était animée par le président à l'époque assesseur depuis ses débuts. Des différents assesseurs j'étais le plus jeune et le plus récemment habilité. C'était la première fois que j'échangeais avec des personnes qui faisaient aussi cette mission, euh vraiment ça a été ma seule journée de formation. Donc c'est moi qui ai fait la démarche et c'était dispensé par l'ANAEC. Ça m'a permis de mieux trouver ma place en commission, d'avoir échangé avec d'autres, savoir comment ça se passait dans d'autres établissements, être sûr d'avoir bien compris la procédure disciplinaire, je me sentais aussi plus légitime pour intervenir. J'ai siégé la première fois fin juillet 2018 et la journée de formation devait être début octobre 2018, je n'ai pas dû en faire tant que ça entre les deux. J'en avais fait une deuxième avec l'ANAEC toujours ».*
>
> *« Ça a évolué, je suis adhérent de l'ANAEC donc je suis au courant des formations, j'ai les contacts de tous les assesseurs car la gestion du planning était un bazar j'avais donc demandé un rendez-vous à la direction qui m'avait dit que si je voulais un planning bien propre il fallait que quelqu'un s'en occupe. Ça devrait être le travail de l'administration pénitentiaire mais je l'ai fait, j'ai donc informé les autres assesseurs parce que j'avais leurs contacts donc je leur ai dit 1 : il existe l'ANAEC – 2 : ils font des formations – 3 : si ça vous intéresse saisissez-vous en. Deux l'ont fait, à l'époque on devait être 5, maintenant les 2 ont démissionné, et avec les nouveaux arrivés et les anciens restant personnes d'autres n'ont fait la formation ».*
>
> Assesseur D

248 Les données chiffrées sont encourageantes car le rapport relevait que si 27% des citoyens assesseurs avaient pu bénéficier d'une formation en 2017, ils étaient 38% en 2020. 50% d'entre eux souhaitent à l'avenir suivre une formation. Rapport ANAEC 2020, p. 15.

**Les correctifs apportés par la circulaire du 11 janvier 2022. L'exigence d'une formation utile.** En son article 6, la circulaire de 2022 vient détailler utilement l'exigence d'une formation préalable de l'assesseur extérieur en commission de discipline. Le principe est posé dans les deux premières phrases, concernant le caractère quasi-obligatoire de la formation (il manque tout de même l'impératif) et l'autorité compétente pour la délivrer : *« Tout nouvel assesseur bénéficie d'une formation lui permettant d'exercer utilement ses fonctions. Celle-ci est assurée à titre principale par l'administration pénitentiaire »*. S'en suivent des précisions bienvenues relatives au contenu de la formation, qui doit comprendre une *« journée de découverte de l'établissement »* avec visite des lieux – impératif globalement bien satisfait jusqu'à présent – et rencontre avec le personnel, notamment le personnel en charge de l'organisation et de la programmation des commissions de discipline. Cette rencontre est également l'occasion pour le nouvel assesseur d'obtenir des explications nécessaires sur *« le fonctionnement d'un établissement pénitentiaire, les règles en matière de sécurité et les modalités d'organisation des commissions de discipline »*, et la remise du règlement intérieur de l'établissement et des textes applicables en matière disciplinaire (comme auparavant).

En outre, pour compléter et parfaire cette formation d'une seule journée, la circulaire prévoit l'organisation d'une autre formation – une *« session de formation »* -, à destination des nouveaux assesseurs et de ceux déjà en poste. Cette dernière, qui relève de la compétence de la direction interrégionale des services pénitentiaires (DISP), se veut plus générale puisqu'elle a pour objectif de leur présenter *« le cadre juridique et institutionnel de l'administration pénitentiaire »*. Plus encore, puisqu'elle doit être proposée à des assesseurs déjà en poste, elle a vocation à parfaire le suivi de l'habilitation, particulièrement lacunaire jusqu'alors.

B. Un suivi insuffisant

**L'absence d'obligation textuelle.** Dans son rapport rédigé en 2020, l'ANAEC a pu constater qu'il n'y a aucun impératif textuel s'agissant du suivi des habilitations[249]. En effet, la circulaire du 8 avril 2019 relative au régime disciplinaire des personnes détenues majeurs, pas plus que celle du 9 juin 2011, ne contient de dispositions relatives au suivi de l'habilitation. Ce vide normatif se traduit en pratique par une absence récurrente de suivi, absence de suivi de la part d'un professionnel du tribunal judiciaire, mais également de la part d'un professionnel de l'établissement pénitentiaire. Dans certains établissements cependant, il semble que des réunions régulières avec les membres de la direction soient organisées, comme en témoigne le graphique ci-dessous.

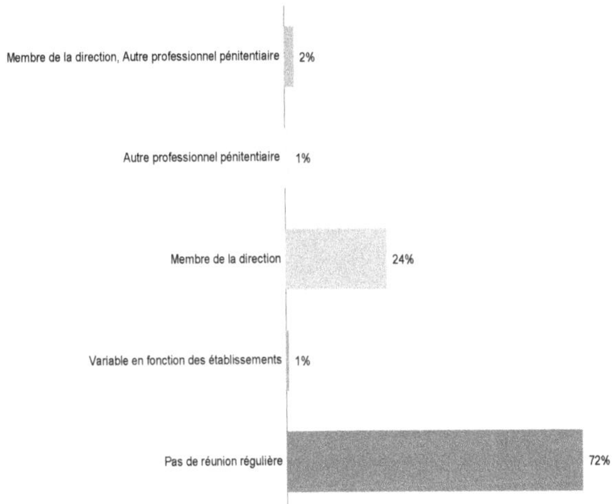


Avez-vous une réunion régulière avec un professionnel de l'établissement
pénitentiaire depuis votre habilitation ?

De plus, il faut noter que les assesseurs extérieurs eux-mêmes peuvent solliciter une rencontre avec le président du tribunaljudiciaire. Ces rencontres sont d'ailleurs souvent très fructueuses car elles représentent une occasion privilégiée d'échanger sur de nombreux points essentiels :

249 Rapport ANAEC 2020, p. 11.

l'habilitation et la formation des assesseurs, le parrainage des nouveaux assesseurs par un assesseur plus ancien, l'exercice des fonctions d'assesseur, la demande de rencontre des assesseurs extérieurs avec les directeurs des établissements pénitentiaires, etc. Elles permettent également au président du tribunaljudiciaire de tenir à jour la liste annuelle des assesseurs extérieurs, en prenant connaissance par exemple de difficultés rencontrées par certains assesseurs pour, éventuellement, leur retirer l'habilitation.

**Les correctifs apportés par la circulaire du 11 janvier 2022. L'exigence d'un suivi continu.** C'est à nouveau l'article 6 de la circulaire de 2022 qui fait œuvre de précisions, en apportant un cadre normatif au suivi de l'habilitation. S'agissant des compétences pour assurer le suivi, elles sont naturellement dévolues au président du tribunaljudiciaire ou son délégataire, ainsi qu'au chef de l'établissement pénitentiaire. Concernant la périodicité du suivi, une réunion doit être organisée *« au moins une fois par an »* par un professionnel du tribunal judiciaire, mais si l'assesseur en ressent le besoin, il peut *« à tout moment »* contacter ses *« interlocuteurs habituels »* (président du tribunaljudiciaire et chef d'établissement) afin de leur faire part d'éventuelles difficultés rencontrées dans l'exercice de ses fonctions. Ces temps d'échanges réguliers – ou du moins plus régulier qu'auparavant – pourront ainsi très certainement permettre aux différents professionnels d'apprécier l'évolution de l'assesseur extérieur dans l'appréhension de ses fonctions, mais également de constater si l'assesseur demeure opérationnel ou si, pour une quelconque raison, il est préférable de lui retirer l'habilitation.

Ce suivi régulier apparaît dès lors indispensable pour permettre à l'assesseur extérieur d'exercer correctement et peut-être plus sereinement ses fonctions.

## Section 2. Les conditions d'exercice

Peu de dispositions règlementaires viennent préciser les conditions d'exercice de la fonction d'assesseur citoyen. Si l'on trouve quelques éléments relatifs aux devoirs ou obligations déontologiques incombant aux membres de la commission de discipline (§1), on doit déplorer le faible encadrement normatif des modalités concrètes d'exercice de la fonction d'assesseur citoyen qui dépendent beaucoup des pratiques de chaque établissement pénitentiaire (§2).

### § 1. Le cadre déontologique des fonctions d'assesseur extérieur en commission de discipline

Le cadre déontologique porté par l'assesseur extérieur est double. Il se trouve soumis à un certain nombre d'obligations de nature déontologiques (A) et affublé d'incompatibilités à l'exercice de sa mission (B).

#### A. Obligations déontologiques

**Cadre réglementaire des obligations déontologiques de l'assesseur extérieur.** En tant que membre de la commission de discipline, l'assesseur extérieur est soumis aux obligations de nature déontologique rappelées par l'actuel article R. 234-4 du Code pénitentiaire[250]. Selon ce texte, l'assesseur doit exercer ses fonctions « *avec intégrité, dignité et impartialité et respecter le secret des délibérations* ». Les assesseurs extérieurs étaient également soumis aux dispositions du Code de déontologie du service public pénitentiaire et notamment son article 30 posant à l'égard de toute personne concourant au service public pénitentiaire les principes de respect, de non-discrimination, d'exemplarité ou d'impartialité. Le Code de déontologie ayant été abrogé par le décret n° 2022-479 du 30 mars 2022 portant création du Code pénitentiaire, ces exigences déontologiques figurent désormais à l'article R. 123-1 du Code pénitentiaire qui rappelle, *in fine*, que les personnes concourant au service public pénitentiaire interviennent dans une stricte impartialité vis-à-vis des personnes placées sous-main de justice et « *dans le respect des règles déontologiques applicables à leur profession* ». Si des textes existent, ils restent donc très généraux et nécessitent d'être précisés et explicités.

**Précisions relatives aux obligations déontologiques de l'assesseur extérieur.** Une circulaire récente est venue préciser le contenu

[250] Qui n'est que la reprise de l'ancien article R. 57-7-9 du Code de procédure pénale.

de ce cadre déontologique. Selon la circulaire du 11 janvier 2022[251], l'intégrité, première valeur évoquée par l'article R. 234-4 du Code pénitentiaire renverrait à l'exigence générale de probité et d'honnêteté qui doit guider l'agent tant dans ses fonctions professionnelles que dans sa vie personnelle[252]. En ce sens, l'intégrité est assez proche de la dignité inhérente à sa fonction d'assesseur qui implique, selon la circulaire précitée, de s'abstenir de porter atteinte à l'image de la justice ou à la crédibilité de l'institution pénitentiaire et judiciaire. A ces exigences générales, mais fondamentales, s'ajoutent des devoirs plus précis et en lien avec la fonction juridictionnelle de la commission de discipline. Un devoir de confidentialité vient ainsi pallier l'absence de texte légal soumettant l'assesseur au secret professionnel ou « missionnel » tel que prévu à l'article 226-13 du Code pénal. Soumis à une exigence de confidentialité[253], l'assesseur ne peut donc pas divulguer un élément dont il aurait eu connaissance à l'occasion de ses fonctions, qu'il s'agisse de l'instruction du dossier, des délibérations ou de la nature de la décision prononcée. Enfin, l'impartialité de l'assesseur semble l'exigence la plus importante dans la mesure où ce dernier est amené à intervenir lors des débats et participe, même si ce n'est qu'à titre consultatif, au processus décisionnel. A ce titre, il doit, comme le rappelle la circulaire, s'abstenir de manifester tout parti-pris dans un dossier. Dans la même logique, il lui est également interdit de siéger au sein d'une commission de discipline au sujet d'une affaire dans laquelle il aurait un intérêt personnel. Fondamentale[254], cette exigence d'impartialité est d'ailleurs commune à l'ensemble des assesseurs

---

[251] Circulaire de présentation des conditions et modalités d'habilitation des assesseurs extérieurs en commission de discipline des établissements pénitentiaires.

[252] Rejoignant ainsi les solutions classiquement applicables en matière déontologique : v. ainsi l'article 7 de l'ordonnance du 13 avril 2022 relative à la déontologie et à la discipline des officiers ministériels selon lequel constitue un manquement disciplinaire « *toute contravention aux lois et règlements, tout fait contraire au code de déontologie commis par un professionnel, même se rapportant à des faits commis en dehors de l'exercice de sa profession* » (nous soulignons).

[253] Qui excède donc la simple « discrétion » évoquée par la circulaire comme une des qualités humaines attendues de la part de l'assesseur extérieur.

[254] Elle est d'ailleurs expressément mentionnée par l'art. l'article R. 123-1 du Code pénitentiaire qui évoque le devoir de « *stricte impartialité* » vis-à-vis des personnes placées sous-main de justice.

extérieurs ou citoyens[255]. Les garanties d'impartialité des assesseurs seront appréciées lors de l'examen de leur candidature, avec une attention particulière portée aux fonctions qu'ils sont susceptibles d'exercer dans leur vie civile[256], et ce afin d'éviter tout conflit d'intérêt. Cette volonté de garantir l'impartialité des assesseurs se traduit d'ailleurs par un encadrement des fonctions exercées par les assesseurs à travers un régime d'incompatibilités.

**Constat d'une méconnaissance de ce cadre déontologique par les assesseurs extérieurs**. Aussi importantes soient-elles, ces exigences déontologiques ne sont pas forcément connues des assesseurs, comme le montrent les données quantitatives recueillis dans le cadre de la partie empirique de cette recherche :

255 V. par exemple pour les assesseurs du tribunal supérieur d'appel de Saint-Pierre-et-Miquelon (art. R. 512-1 du Code de l'organisation judiciaire) ou pour les assesseurs auprès des tribunaux correctionnels de Nouvelle-Calédonie et de Wallis-et- Futuna (art. R. 532-17 et R. 562-17 du Code de l'organisation judiciaire).

256 Une circulaire du Garde des Sceaux du 26 avril 2019 relative à l'élaboration de la deuxième liste des assesseurs des tribunaux pour enfants du territoire hexagonal et de la première liste des assesseurs des tribunaux pour enfants des départements et collectivités d'outre-mer insiste sur l'importance d'assurer l'indépendance et l'impartialité de la justice en évitant les conflits d'intérêts. Cette circulaire fixe certaines incompatibilités spécifiques aux assesseurs auprès du tribunal pour enfants ; ainsi bien que rien ne s'oppose, en droit, à ce que certaines professions se cumulent avec l'exercice d'un mandat d'assesseur, certaines précautions doivent être prises pour éviter les conflits d'intérêts ou les doutes sur l'impartialité de l'assesseur.

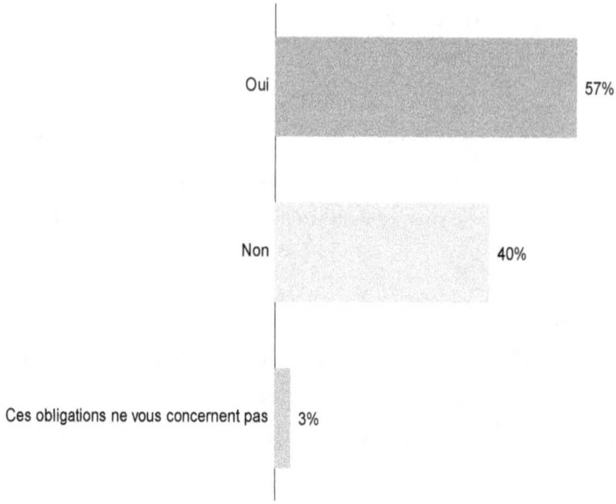


Présentation des obligations du code de déontologie

Selon les données recueillies, un peu plus de la moitié seulement des assesseurs (57%) ont connaissance des obligations déontologiques liées à la fonction. A l'inverse, 40% disent ne pas avoir eu de présentation de ce cadre déontologique[257]. Il est intéressant de croiser ces données avec celles relatives à l'existence ou non d'une formation préalable proposée aux futurs assesseurs extérieurs avant leur « prise de fonctions ». En effet, les données recueilles indiquent que parmi ceux qui disent avoir connaissance des obligations déontologiques, seule la moitié d'entre eux (51%) ont reçu une formation préalable. De plus, 35% des personnes n'ayant pas connaissance de ces obligations ont pourtant suivi une formation.

Formation   Pas de formation

[257] Notons que 3% des assesseurs sondés considèrent que ces obligations ne s'appliquent pas à eux.

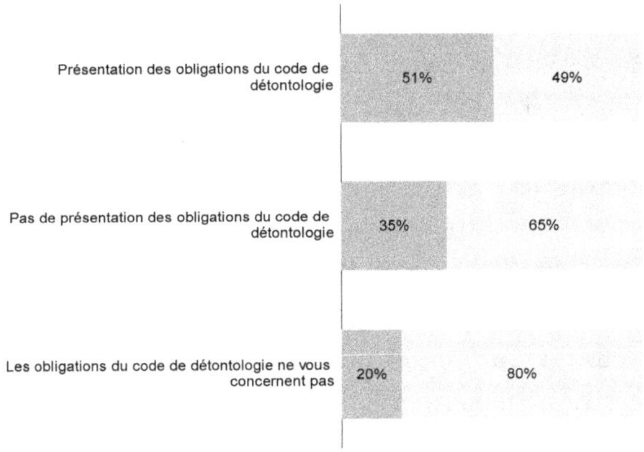


L'ensemble de ces résultats laisse penser que la question de la déontologie qui n'est pas forcément abordée lors de la formation préalable de l'assesseur doit être mieux présentée aux futurs assesseurs. Cela conduit à se demander quand cette présentation pourrait être effectuée.

**Moyens d'améliorer la connaissance du cadre déontologique**. Si la formation, plutôt rapide et rudimentaire[258] ne permet pas toujours d'aborder cette question, celle-ci pourrait être abordée lors de l'entretien préalable à l'habilitation avec le président du tribunaljudiciaire ou son représentant. Cet entretien[259] destiné à apprécier la motivation du candidat apparait comme un moment adapté pour présenter le cadre déontologique de la fonction d'assesseur aux éventuels candidats afin d'apprécier chez eux l'existence des qualités indispensables à l'exercice de cette fonction. La circulaire du 11 janvier 2022[260] le dit d'ailleurs assez clairement puisqu'il

---

[258] V. *supra*, partie 1, chap. 2, section 1, § 2, A.

[259] Dont le caractère parfois très (trop ?) formel a été mentionné à plusieurs reprises lors des entretiens avec les assesseurs : v. ainsi la description de son entretien au Tribunal Judiciaire par un des assesseurs rencontrés : *« c'était des questions très générales et puis peut-être me faire signer quelque chose […]. C'était un peu tout, c'était mon nom, mon prénom, ce que je faisais, est-ce que je suis déjà allé en prison ? Enfin, c'était pas du tout une évaluation, c'était plutôt un échange. Non, je n'avais vraiment rien à faire, hein ? C'était plutôt une formalité je pense »* (Assesseur n°1).

[260] Circulaire du 11 janvier 2022 relative aux conditions et modalités d'habilitation des assesseurs extérieurs en commission de discipline.

y est rappelé que « *l'entretien est par ailleurs l'occasion de vérifier que le candidat respecte les règles d'incompatibilités, de lui rappeler le cadre déontologique lié aux fonctions d'assesseur extérieur* »[261]. La circulaire distingue ainsi parmi les qualités exigées de l'assesseur, d'une part les « *qualités humaines* » telles que le sens de l'écoute, la délicatesse, la discrétion, le goût des contacts humains et d'autre part les « *qualités morales* » telles que l'intégrité, la probité, l'indépendance, l'altruisme ou, plus largement, le sens du service public et la dignité qui apparaissent comme le cœur même des obligations déontologiques de l'assesseur en commission de discipline. A côté de cet entretien préalable, la prestation de serment pourrait également être un moment privilégié pour rappeler les obligations déontologiques de la fonction d'assesseur (spécialement lorsque cela n'a pas été fait auparavant). Pourtant, contrairement aux autres hypothèses d'assessorat ou de participation des citoyens à la justice — ainsi des jurés d'assises[262], des assesseurs auprès du tribunal pour enfants[263] ou des assesseurs représentant le secteur associatif au sein de la chambre de l'application des peines[264], aucune prestation de serment n'est « officiellement » prévue par les textes, ce qui peut favoriser la méconnaissance de ce cadre déontologique. L'enquête a toutefois permis de constater que s'il n'est pas prévu de prestation de serment « officielle », 8% des assesseurs contactés[265] déclarent tout de même avoir prêté serment, ce qui les a peut-être davantage sensibilisés aux obligations déontologiques de cet engagement citoyen. La consécration officielle ou au moins la généralisation d'une prestation de serment pourrait, peut-être, permettre de sensibiliser les futurs assesseurs au cadre déontologique de leurs fonctions. Ce qui est certain c'est que, quelles que soient les raisons de cette méconnaissance des obligations déontologiques, cette ignorance est très certainement renforcée par le flou qui entoure le contenu même de ce cadre déontologique qui reste très évanescent, à l'exception peut-être de la

261 *Idem*, p. 3.

262 Le serment, très solennel et détaillé, des jurés est prévu à l'art. 304 du Code de procédure pénale. Notons que les citoyens assesseurs instaurés à titre expérimental au sein du tribunal correctionnel entre 2011 et 2013 prêtaient le même serment que celui des jurés d'assises.

263 Art. L. 251-5 du Code de l'organisation judiciaire.

264 Art. D. 49-9 du Code de procédure pénale.

265 Soit un peu plus d'une dizaine d'assesseurs.

question des incompatibilités qui, elles, font l'objet de dispositions beaucoup plus précises.

B. Incompatibilités

**Une dualité d'incompatibilités**. Deux types d'incompatibilités doivent être distingués. On trouve tout d'abord des incompatibilités générales qui s'appliquent à l'assesseur comme à tous les membres de la commission de discipline. L'article R. 234-5 du Code pénitentiaire[266] interdit ainsi aux personnes détenues, à leurs conjoints, concubins, partenaires PACS ou parents mais également à toute personne titulaire d'un permis de visite d'une personne détenue dans l'établissement de siéger au sein de la commission de discipline. A ces incompatibilités générales s'ajoutent des incompatibilités spécifiques aux assesseurs extérieurs prévues par l'article R. 234-7 du Code pénitentiaire[267]. Selon ce texte, ne peuvent être assesseurs extérieurs : les mineurs[268], les personnes en situation irrégulière au regard des dispositions relatives à l'entrée et au séjour sur le territoire national, ainsi que les personnes ayant fait l'objet depuis moins de cinq ans d'une condamnation mentionnée au bulletin n° 2 du casier judiciaire[269]. Outre ces incompatibilités liées à l'âge ou à la

---

266 Ancien article R. 57-7-11 du Code de procédure pénale.

267 Ancien article R. 57-7-10 du Code de procédure pénale.

268 Les autres hypothèses d'assesseurs extérieurs ou citoyens retiennent généralement un âge minimum plus élevé : 23 ans pour les jurés d'assises (art. 255 du Code de procédure pénale), les anciens citoyens assesseurs instaurés par la loi du 10 août 2011 (renvoi de l'art. 10-3 du Code de procédure pénale aux dispositions applicables aux jurés d'assises) ou pour les différents types d'assesseurs existants en outremer (assesseurs auprès du tribunal criminel et auprès du tribunal supérieur d'appel de Saint-Pierre-et-Miquelon (art. L. 512-2 du Code de l'organisation judiciaire, art. L. 532-8 du même Code pour les assesseurs auprès du tribunal correctionnel de Wallis-et-Futuna) ou 30 ans pour les assesseurs citoyens au tribunal pour enfants (art. L. 251-4 du Code de l'organisation judiciaire).

269 Ces incompatibilités sont donc beaucoup moins nombreuses (et moins strictes) que celles concernant les jurés d'assises par exemple (comp. avec les art. 256 et 257 du Code de procédure pénale pour les jurés), ce qui s'explique par l'importance moindre du contentieux disciplinaire.

moralité de l'assesseur[270], c'est surtout l'exercice de fonctions judiciaires (en tant que magistrat ou avocat) ou la qualité de personnel de l'Administration pénitentiaire[271], de la protection judiciaire de la jeunesse ou de fonctionnaire des services de police et de gendarmerie qui est un obstacle à l'exercice de la fonction d'assesseur extérieur. Censé représenter la société civile, l'assesseur ne peut donc exercer une des activités listées à l'article R. 234-7. Là encore, on retrouve peu ou prou une exigence classique de l'assessorat citoyen.

**Une incompatibilité limitée à l'exercice actuel de certaines fonctions**. Il est à noter toutefois qu'en visant non pas le fait d'avoir appartenu à ces professions, mais l'exercice de ces fonctions, le texte permet à toute personne qui n'exercerait plus ces fonctions de candidater comme assesseur extérieur. L'analyse du profil socio-démographique des assesseurs à partir de l'enquête de terrain montre en effet une part très importante de personnes retraitées puisque 71% des assesseurs sont retraités ou pré-retraités (graphique ci-dessous, à gauche), ce qui conduit à une sur-représentation des personnes âgées de plus de 60 ans (74% des assesseurs ont plus de 60 ans : graphique de droite).

[270] On retrouve des exigences similaires pour tous les citoyens amenés à siéger dans une juridiction qui doivent tous selon la formule consacrée jouir de leurs droits politiques, civils et de famille (art. 255 du Code de procédure pénale pour les jurés d'assises et les anciens citoyens assesseurs expérimentés par la loi du 10 aout 2011, art. L. 512-2, L. 532-8 et L. 562-10 du Code de l'organisation judiciaire pour les assesseurs auprès des juridictions ultramarines). Les candidats aux fonctions d'assesseurs au tribunal pour enfants doivent ainsi fournir un bulletin n°2 du casier judiciaire de l'année en cours et font l'objet d'une enquête de moralité détaillée et étayée selon les indications de la circulaire du 26 avril 2019 relative à l'élaboration de la deuxième liste des assesseurs des tribunaux pour enfants du territoire hexagonal et de la première liste des assesseurs des tribunaux pour enfants des départements et collectivités d'outre-mer.

[271] Ainsi que son conjoint, concubin ou ses parents ou alliés (jusqu'au degré d'oncle ou de neveu inclus).

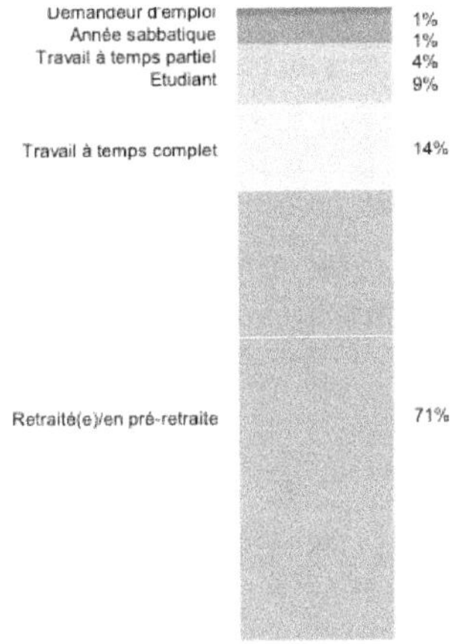


Activité

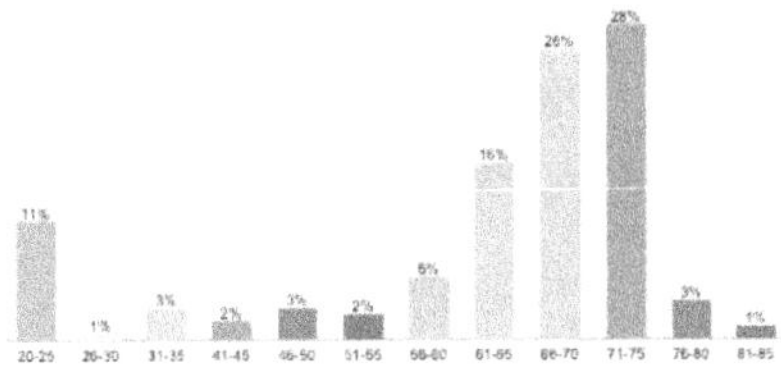


Age

Or, parmi les professions exercées antérieurement par les personnes retraitées, on trouve quelques métiers en lien avec la Justice, notamment les métiers de la sécurité comme la Police ou la Gendarmerie. Cela s'explique bien sûr par le fait que ces professions, en lien plus ou moins direct avec la prison ou le champ pénitentiaire, sont l'occasion d'apprendre l'existence de la fonction d'assesseur en commission de discipline[272]. En limitant l'incompatibilités à l'exercice de certaines fonctions, les textes n'empêchent donc pas de recourir au vivier important que représentent les retraités de la Justice, de la Police, voire de l'Administration pénitentiaire ; l'assessorat apparaissant ainsi comme une activité venant parachever une carrière dans les métiers de la sécurité ou de la Justice.

**Un exemple de l'incompatibilité de certaines fonctions**. La question d'un éventuel conflit d'intérêt est apparue lors des entretiens menés pour cette recherche. L'un des assesseurs interrogés a ainsi indiqué

---

272 17% des personnes interrogées avouent d'ailleurs avoir eu connaissance de cette activité du fait de leur profession, ce qui en fait la seconde « voie d'entrée » dans l'assessorat, bien après la famille, les amis ou les connaissances qui jouent un rôle prépondérant dans la diffusion de l'existence de l'assessorat citoyen (35 %). Sur cette question, v. *infra*, 2e partie, section 2, §1.

avoir été membre de l'aumônerie dans un établissement pénitentiaire avant de postuler pour devenir assesseur. Au regard de l'incompatibilité de ces deux fonctions, cette personne avait pris l'initiative d'en discuter en amont avec son supérieur hiérarchique (le responsable de l'aumônerie) et s'était engagé à stopper cet engagement s'il était habilité par le tribunal :

> *« le président [du tribunal judiciaire lors de l'entretien préalable à l'habilitation] m'avait interrogé sur ça, et m'avait demandé ma position, je lui avais dit que j'en avais parlé avec ma responsable, que j'étais en retrait, et que je démissionnerais si je venais à être habilité ».*
>
> Assesseur D

Cette hypothèse rencontrée sur le terrain pose plus largement la question du changement de situation de l'assesseur.

**Changement de situation de l'assesseur.** La circulaire précitée du 11 janvier 2022 [273] rappelle qu'en cas de changement de situation personnelle ou professionnelle de nature à créer une incompatibilité, l'assesseur doit avertir sans délai le tribunal judiciaire. Si l'enquête de terrain n'a pas mis en évidence une telle situation, elle a toutefois mis en lumière une hypothèse qui mérite d'être évoquée ici. A côté des retraités ou pré-retraités qui constituent, on l'a vu, la majorité de l'assessorat extérieur, on trouve une deuxième catégorie d'assesseurs, ceux âgés de 20 à 25 ans, qui représentent 11% des assesseurs ayant répondu à notre questionnaire (cf graphique de droite, ci-dessus). Ces « jeunes assesseurs » sont souvent des étudiants, bien souvent des étudiants en droit, qui envisagent généralement de passer des concours pour exercer une profession juridique ou judiciaire ou pour intégrer l'Administration pénitentiaire ou la Police[274]. Si cette première expérience dans le champ pénitentiaire est souvent conçue comme un moyen de développer leur CV afin d'augmenter leur chance de réussite aux concours qu'ils envisagent de passer, il reste que la fonction d'assesseur sera généralement incompatible avec leur (nouvelle) profession, ce qui les obligera, à terme, à renoncer à

---

[273] Circulaire du 11 janvier 2022 relative aux conditions et modalités d'habilitation des assesseurs extérieurs en commission de discipline.

[274] Sur le profil socio-démographique et les motivations de ces jeunes assesseurs, V. *infra* Partie 2, chap. 1, section 1.

cette fonction. Loin de ne concerner que les assesseurs eux-mêmes, cette donnée doit être prise en compte par l'Administration pénitentiaire qui ne doit pas oublier qu'une part non négligeable de ces assesseurs n'exercera cette fonction qu'à titre temporaire, le temps d'intégrer le milieu professionnel envisagé. Des recrutements réguliers devront donc être prévus, notamment en fonction des dates des résultats des concours que sont susceptibles de passer ces « jeunes assesseurs ».

**Sanction des manquements aux obligations déontologiques de l'assesseur.** Même si cette hypothèse ne s'est pas présentée dans le cadre de cette recherche, pouvant laisser penser que cette situation est assez rare, il faut rappeler qu'en cas de manquement par un des assesseurs à ses obligations déontologiques, le chef d'établissement peut décider d'écarter la personne concernée afin qu'il ne siège plus dans les futures commissions de discipline de son établissement. Toutefois, comme le rappelle la circulaire 9 juin 2011 relative au régime disciplinaire des personnes détenues majeures[275], le chef d'établissement n'a pas la possibilité de procéder lui-même au retrait de l'habilitation de cet assesseur. Il devra donc solliciter le président du TJ à cette fin. L'article D 250 qui règlemente la procédure de retrait de l'habilitation permet en effet au président du tribunaljudiciaire, d'office ou à la demande du chef d'établissement ou du procureur de la République, retirer l'habilitation soit lorsque le titulaire s'est abstenu, sans motif légitime, de déférer à plusieurs convocations successives, soit lorsqu'il a adopté un comportement ou des propos incompatibles avec les obligations prévues à l'article R. 234-4 du Code pénitentiaire.

**Conclusion et propositions**. Objet d'assez peu de dispositions réglementaires, le cadre déontologique de la fonction d'assesseur extérieur en commission de discipline reste un peu flou et pâtit surtout d'une méconnaissance de celui-ci par les assesseurs, ce qui conduit à formuler quelques propositions :

Développer la connaissance des assesseurs en matière de déontologie :

---

275 Circulaire du 9 juin 2011 relative au régime disciplinaire des personnes détenues majeures (NOR : JUSK1140024C), p. 21

- soit lors de l'entretien par la Président du tribunalJudiciaire (conformément à la circulaire du 11 janvier 2022).

- soit en consacrant une prestation de serment analogue aux autres formes d'assessorat citoyen.

- soit lors de la formation dispensée aux assesseurs après leur habilitation.

Dans tous les cas, cette sensibilisation pourrait prendre la forme d'une présentation générale des obligations déontologiques (vidéo ou diaporama diffusés lors de l'entretien, de la prestation de serment ou lors de la formation) qui pourrait, le cas échéant, être accompagnée de la remise d'un document écrit reprenant certains textes réglementaires (not. les art. 123-1, art. R234-4 du Code pénitentiaire) et/ou d'un guide des bonnes pratiques déontologiques[276] évoquant certaines situations problématiques que pourraient rencontrer les assesseurs (ex. : « *Puis-je parler des situations vus en CDD ?* » ; « *Que faire si je connais un des détenus passant en CDD ?* », etc.).

## §2. Les modalités d'exercice de la fonction d'assesseur

Très peu de textes encadrent avec précision les modalités concrètes d'exercice de la fonction d'assesseur, à l'exception de la désignation de l'assesseur et de la fréquence des commissions de discipline (A) ou de l'indemnisation forfaitaire qui est prévue à l'art. D. 234-9 du Code pénitentiaire (B). Même si aucune limite temporelle n'a été fixée par le législateur ou le pouvoir règlementaire, il faudra évoquer les modalités permettant de mettre fin aux fonctions d'assesseur extérieur (C)

### A. Désignation de l'assesseur extérieur et fréquence des commissions de discipline

**Désignation de l'assesseur par le chef d'établissement.** Conformément à l'article R 234-6, c'est au chef d'établissement, en tant que président de la commission de discipline que revient la mission de

276 Il faut noter que l'ANAEC a rédigé en décembre 2020 un guide des bonnes pratiques à destination des assesseurs. Toutefois, aucune des huit préconisations ne concerne les obligations déontologiques de l'assesseur.

désigner les membres assesseurs, dont l'assesseur extérieur. Rappelons que ce dernier doit être choisi au regard de son intérêt pour les questions relatives au fonctionnement des établissements pénitentiaires[277]. En pratique, la liste des assesseurs habilités est tenue au greffe du tribunal judiciaire et doit être communiquée au chef d'établissement à chaque nouvelle inscription et au moins une fois par an[278]. S'il est prévu la mise en place par le chef d'établissement d'un tableau de roulement afin de désigner, pour une période déterminée, les assesseurs extérieurs qui siégeront aux prochaines commissions de discipline[279], les entretiens menés dans le cadre de cette recherche ont pu montrer des pratiques très diverses s'agissant tant de l'établissement de ce tableau de rotation (qui n'est parfois pas établi ou pas formalisé) que des modalités de convocation des assesseurs à chaque commission de discipline. L'application pratique de ces règles dépend en effet beaucoup de la taille mais aussi des contraintes propres à chaque établissement. Cette question ayant été traitée précédemment[280]), nous nous limiterons à la présentation des dispositions relatives à la fréquence des commissions de discipline auxquelles peut participer l'assesseur extérieur.

**Fréquence des commissions de discipline**. L'article R. 234-10 du Code pénitentiaire prévoit un nombre maximal de séances de commission de discipline par assesseur fixé à 200 par an. Ce chiffre est excessivement élevé et semble difficile à atteindre pour un seul et même assesseur, y compris pour les grands établissements dans lesquels il y a régulièrement des commissions de discipline, dans la mesure où lorsque plusieurs affaires sont jugées l'après-midi par la même commission de discipline, cela ne constitue qu'une séance. Autrement dit, pour dépasser ce seuil, il faudrait qu'un même assesseur ait siégé plus de 200 fois, soit puisqu'une séance est, en général, programmé sur une demi-journée, plus de 200 demi-journées.

---

277 Art. R. 234-6 du Code pénitentiaire.

278 Art. D 249 du Code de procédure pénale.

279 Conformément à l'art. R. 234-8 du Code pénitentiaire.

280 V. *supra* Partie 1, section 2, § 2. *Adde infra* Partie 2, chap. 2, section 1.

Il parait donc peu probable qu'un même assesseur puisse siéger autant de fois sur une année[281].

En revanche, ce nombre maximal doit inviter le chef d'établissement à procéder à un roulement équitable entre les assesseurs afin de ne pas avoir de disparités trop fortes entre les assesseurs, avec des assesseurs qui seraient systématiquement appelés d'autres qui ne siègeraient pratiquement jamais[282]. Cette inégalité poserait en effet des problèmes de représentativité et gommerait la diversité des profils des assesseurs pourtant mise en avant par la récente circulaire du 11 janvier 2022[283].

B. Indemnisation de l'assesseur extérieur.

**Indemnité forfaitaire par séance de la commission de discipline**. L'article R. 234-9 prévoit le versement d'une indemnité forfaitaire, exclusive de toute autre rémunération, dont le montant est fixé par arrêté[284]. Depuis l'arrêté du 3 mars 2022, ce montant est fixé à 50 € bruts par séance de la commission de discipline, au lieu de 45 euros brut auparavant[285]. Lorsqu'on les interroge sur le montant de cette indemnité, la majorité des assesseurs tiennent à préciser que cette somme n'est pas un

---

281 Dans une des maisons d'arrêt visitées, il y avait entre deux et trois commissions de discipline par semaine auxquelles il faut ajouter les éventuelles mises en prévention qui supposent d'organiser une commission de discipline dans les 48 heures. A moins qu'il n'y ait qu'un seul assesseur pour assurer toutes ces commissions de discipline, il semble difficile d'imaginer qu'un même assesseur dépasse le nombre maximal de 200 séances par an.

282 Sur ce problème et les pratiques de certains établissements, v. *supra* Partie 1, chap. 1, section 2, § 2.

283 Circulaire du 11 janvier 2022 relative aux conditions et modalités d'habilitation des assesseurs extérieurs en commission de discipline., p. 3 : « *le président du tribunal judiciaire veille à sélectionner, dans la mesure du possible, des candidats aux profils variés* »

284 Arrêté du 3 mars 2022 modifiant l'arrêté du 17 octobre 2011 fixant le montant de l'indemnité forfaitaire allouée aux assesseurs extérieurs à l'administration pénitentiaire siégeant dans les commissions de discipline des personnes détenues. Notons qu'il est précisé sur le site internet du ministère de la Justice que le montant net de cette indemnité diffère lorsque l'assesseur exerce en région parisienne ; toutefois, n'ayant pas rencontré d'assesseurs ayant exercé en région parisienne, nous n'avons pas pu vérifier cette différence d'indemnisation.

285 Arrêté du 17 octobre 2011 modifiant l'arrêté du 17 octobre 2011 fixant le montant de l'indemnité forfaitaire allouée aux assesseurs extérieurs à l'administration pénitentiaire siégeant dans les commissions de discipline des personnes détenues.

facteur les ayant motivés à déposer leur candidature ou justifiant leur engagement dans l'exercice de leurs fonctions :

> *« Moi je le fais dans le cadre de mes études. Je vais pas… Pour rien vous cacher, je vais pas du tout là-bas pour la rémunération, parce que les délais… Comme les chargés de travaux dirigés qui sont payés l'année qui suit leurs TD (en riant) ».*
>
> *« Peut-être que la faible indemnité c'est un frein, peut-être. En tout cas c'est pas un frein pour moi qui suis étudiant et qui ai envie d'apprendre et de partager mon expérience en commission de discipline et inversement d'apprendre. […] moi c'est vrai que je gagne tellement d'expérience que ça me fait mon salaire quand je sors de là ».*
>
> Assesseur E

> *« et puis je m'en foutais des 45 euros par séance, je m'en fous, enfin c'est toujours bien de les prendre, mais c'est pas ça qui m'intéressait le plus».*
>
> Assesseur C

**Faiblesse de l'indemnité forfaitaire**. Beaucoup soulignent toutefois le caractère très faible de cette indemnité dont le caractère forfaitaire vient renforcer l'insuffisance. En effet, ce montant est perçu quel que soit le nombre de dossier traité. Or, il peut paraitre injuste de verser la même indemnité à l'assesseur qui a siégé dans une commission n'ayant jugé qu'un seul détenu (par exemple en cas de mise en prévention) et à l'assesseur qui a eu à traiter de 7 ou 8 dossiers (ce qui n'est pas rare dans certains établissements). L'absence de prise en considération des frais de déplacements a également pu être soulignée lorsque l'assesseur réside loin des établissements pénitentiaires dans lesquels il intervient, situation qui semble encore plus difficile sur les territoires insulaires[286]. La question d'une éventuelle revalorisation de cette indemnité se pose donc[287].

286 Sur la répartition territoriale des assesseurs, v. *infra*, partie 2, chap. 2, section 2 ; § 1, B, 2, *in fine*.

287 V. *infra* partie 3, chap. 1, section 1, § 1, B.

C. Fin des fonctions de l'assesseur extérieur

**Retrait de l'habilitation de l'assesseur.** Aucune précision n'étant donnée quant à l'existence d'une certaine durée de la fonction d'assesseur, on peut en déduire que dès lors qu'un assesseur a été habilité par le président du tribunaljudiciaire, il peut siéger au sein des commissions de discipline dans le ressort du tribunal judiciaire, et ce sans limite de temps[288]. L'article D. 250 du Code de procédure pénale liste toutefois plusieurs hypothèses dans lesquelles l'habilitation d'un assesseur pourra lui être retirée, le retrait de l'habilitation entraînant la radiation de la liste prévue au troisième alinéa de l'article R. 234-6 du CCode pénitentiaire[289]. Selon le premier alinéa de l'article D. 250 du CCode de procédure pénale, le retrait de l'habilitation peut tout d'abord procéder de l'assesseur lui-même qui en ferait la demande ou bien du président du tribunaljudiciaire ou son représentant lorsque l'assesseur habilité ne remplit plus les conditions posées à l'article R. 234-7 du CCode pénitentiaire. A ce titre, il est prévu que président du tribunaljudiciaire ou son délégataire vérifie, au moins une fois tous les trois ans[290], le respect des règles déontologiques et des incompatibilités, vérification qui suppose, *a minima*, l'envoi d'un courrier à chaque assesseur habilité. L'alinéa 2 de l'article D. 250 traite, quant à lui, de la question du retrait de l'habilitation à titre de sanction. Le président du tribunaljudiciaire peut également, d'office ou à la demande du chef d'établissement ou du procureur de la République, procéder au retrait de l'habilitation d'une part en cas de refus de siéger sans motif légitime malgré plusieurs convocations successives, d'autre part lorsque le titulaire de l'habilitation « *adopte un comportement ou des propos incompatibles avec les obligations prévues à l'article R. 234-4 du Code pénitentiaire* ». Le manquement aux exigences d'intégrité, de dignité, d'impartialité et de secret des délibérés peut donc justifier un retrait de l'habilitation, mettant fin aux fonctions de l'assesseur. Toutefois, ce retrait « contentieux » de l'habilitation devra respecter une procédure contradictoire afin de mettre

---

288 Rappelons toutefois que l'article D 234-10 du Code de procédure pénale prévoit un nombre maximal de séances de commission de discipline par assesseur fixé à 200 par an, v. *infra*, partie 2, chap. 1, section 2, § 3, B.

289 Art. D. 250 du Code de procédure pénale, *in fine*.

290 Circulaire du 11 janvier 2022 relative aux conditions et modalités d'habilitation des assesseurs extérieurs en commission de discipline, p. 5.

la personne concernée en mesure de présenter ses observations écrites et, sur sa demande, ses observations orales. La circulaire du 11 janvier 2022 relative aux conditions et modalités d'habilitation des assesseurs extérieurs en commission de discipline admet toutefois la possibilité, en cas d'urgence, d'un retrait à titre conservatoire, lorsque les faits sont suffisamment graves. Dans ce cas, un courrier sera adressé à l'assesseur extérieur indiquant qu'une mesure de retrait est prise à compter de l'envoi du courrier, et qu'une décision définitive sera prise après un délai raisonnable laissé à la personne concernée pour produire ses observations[291]. Nous n'avons pas eu connaissance lors de l'enquête de terrain de l'application d'une procédure de retrait touchant ou ayant un des assesseurs des établissements visités.

**Conclusion et pistes de réflexions**. Il pourrait être envisagé de prévoir une durée maximale de fonctions (fixée par exemple à 5 ans ou 10 ans), afin de limiter dans le temps l'exercice de cette fonction. Même si cela obligera certains établissements (notamment les plus petits) à renouveler régulièrement leurs assesseurs, ce qui n'est pas toujours facile, au regard de la faible attractivité de la fonction, cela permettrait une plus grande diversification des profils d'assesseurs qui ne pourraient exercer cette fonction pendant des dizaines d'années. Il faut d'ailleurs souligner que cette limitation temporelle est préconisée par l'ANAEC elle-même dans son rapport de 2020 : « *à notre avis, une habilitation délivrée pour une durée limitée (par exemple la durée de quatre ans a été retenue par certains présidents de TJ) et renouvelable serait préférable avec, si possible, un entretien à cette occasion* »[292].

En outre (comme cela a déjà été souligné plus haut[293]), il faut rappeler que s'agissant des étudiants âgés de 20 à 25 ans qui représentent 11% des assesseurs ayant répondu à notre questionnaire, ces derniers envisagent généralement de passer des concours pour exercer une profession

---

291 *Ibid.*, p. 6.

292 Rapport de l'ANAEC, 2020, p. 9. V. également la proposition qui émanait du projet de circulaire sur l'habilitation des assesseurs proposé par l'ANAEC (p. 47 du Rapport de 2020 : « *l'habilitation doit être délivrée pour une période limitée (4 ou 5 ans) et renouvelable après nouvel entretien avec le Président du TJ ou un magistrat délégué ou à l'occasion des échanges lors de la réunion annuelle prévue au § 4 ci-après* »). Cette proposition ne sera pourtant pas reprise par la circulaire du 11 janvier 2022.

293 V. *supra*.

juridique ou judiciaire ou pour intégrer l'Administration pénitentiaire ou la Police. Leur réussite à ces concours les obligera bien souvent à renoncer à la fonction d'assesseur. Cette donnée doit donc être prise en compte par l'Administration pénitentiaire qui devra anticiper ces vagues de départs réguliers. Des recrutements devront donc être prévus assez régulièrement, notamment en fonction des dates de résultats des concours que sont susceptibles de passer ces « jeunes assesseurs ».

# 2ème PARTIE. LA LÉGITIMITÉ DU RÔLE CITOYEN DE L'ASSESSEUR EN COMMISSION DE DISCIPLINE

Si le droit positif donne des indications précises sur le rôle théorique de l'assesseur, de sa nomination à sa place au sein de la commission, il est difficile d'apprécier la fonction effective de celui-ci dans l'établissement pénitentiaire. Aussi, a-t-il pu sembler instructif d'observer différentes facettes de l'assesseur citoyen, à travers le prisme de sa légitimité.

Tout d'abord, l'assesseur revêt la qualité particulière de citoyen. Si l'assesseur est censé représenter la société libre, il n'en est pas pour autant représentatif. Qu'il s'agisse de son âge, de sa situation professionnelle ou de son engagement pour la vie de la cité, l'étude du profil de l'assesseur conduit à observer des spécificités originales qui questionnent sa légitimité. Ces dernières interrogent justement les mécanismes qui conduisent ces citoyens à embrasser la fonction d'assesseur : par quels biais ont-ils connu cette mission ? Quelles motivations les ont encouragés à s'engager ? Au-delà de son profil sociologique, c'est aussi l'esquisse du profil de l'assessorat qui permet de dresser un panel de problématiques auxquelles sont confrontés les assesseurs. Qu'il s'agisse de la distance entre le lieu de la commission et leur domicile ou du nombre d'établissements pénitentiaires dans lesquels ils interviennent et à quelle fréquence, les pratiques de l'assessorat semblent définitivement multiples (Chapitre 1).

L'étude du profil de l'assesseur et de l'assessorat permet de comprendre qui est l'assesseur et comment il s'est retrouvé aux portes des établissements pénitentiaires. Il s'agit alors de sonder sa participation effective à la commission de discipline, et notamment des contraintes qui encadrent sa mission. Il semble donc pertinent de comprendre quelle place tient l'assesseur dans la mise en état de l'affaire et du déroulement de la commission. A-t-il accès à l'ensemble des preuves ? Est-il présenté par le président de la commission ? Combien de dossiers sont-ils examinés ? (Chapitre 2).

Une fois que le cadre dans lequel l'assesseur citoyen exerce sa mission aura été établi, il s'agira d'examiner la diversification de ses fonctions au sein de l'établissement pénitentiaire. Disposant d'un certain périmètre d'action, l'assesseur exerce son rôle de manière protéiforme. Il constituerait ainsi un pont entre les établissements pénitentiaires et la société, en participant à l'ouverture du milieu carcéral vers l'extérieur mais aussi en faisant entrer le monde libre en détention. Ce rôle induit de l'assesseur accompagne également son positionnement dans la commission de discipline. Étant justement extérieur à l'administration pénitentiaire, se sent-il légitime à exercer sa fonction ? Dès lors, il convient de s'interroger sur la voix qu'il peut porter ou non lors de la prise de décision et sur les formes qu'elle peut prendre. Certains assesseurs sont-ils moins sévères que les autres membres de la commission lors de la prise de décision ? Sont-ils conscients des contraintes qui pèsent sur l'établissement ou doivent-ils s'en détacher ? (Chapitre 3).

## Chapitre 1. Les profils sociologiques

Le profil sociologique de l'assesseur sera interrogé à un double point de vue, au travers de sa représentativité (sect. 1) et de sa mission (sect. 2.)

### Section 1. Profil sociologique de l'assesseur

**Annonce.** Selon le dictionnaire Larousse, un assesseur est une « personne qui siège à côté d'une autre pour l'assister dans ses fonctions »[294]. Dans un sens plus juridique, il s'agit d'un « juge professionnel ou non, siégeant à côté du président d'une juridiction collégiale (échevinale ou non), avec faculté, pendant l'audience, d'inviter les parties à fournir les éclaircissements nécessaires et mission de délibérer, à voix égale, avec les autres membres de la formation de jugement »[295]. Certes, cette définition correspond parfaitement à la fonction d'assesseur dans la plupart des juridictions et commissions statuant en formation collégiale[296]. Toutefois, force est de constater qu'elle se révèle inadaptée à l'identification de l'assesseur extérieur à la commission de discipline. En effet, il se situe à la frontière de deux univers. D'un côté, il est un simple citoyen extérieur à l'administration pénitentiaire, dont la présence dans la commission de discipline résulte de son intérêt particulier pour « les questions relatives au fonctionnement des établissements pénitentiaires »[297]. De l'autre, il exerce la fonction d'assesseur, c'est-à-dire qu'il siège dans une commission ayant pour objet de rendre des décisions dont les conséquences influent sur le quotidien carcéral de certaines personnes détenues, au moins pendant un certain laps de temps. Cette ambiguïté semble d'autant complexifier l'identification de son statut[298]. Pour autant, plusieurs pistes de réflexion permettent de mettre en lumière son importance dans la procédure disciplinaire pénitentiaire. D'une part,

---

294 *V°* Assesseur, in *Dictionnaire de français*, Paris, Larousse, 2022.

295 *V°* Assesseur, *in* G. Cornu (dir.), Association Henri Capitant, *Vocabulaire juridique*, PUF, Quadrige, 14e éd., 2021.

296 Cf. introduction

297 C. pénit., art. R.234-6.

298 Pour une ébauche d'identification du statut d'assesseur extérieur : A. BOUQUET, « Droit disciplinaire et loi pénitentiaire : le rendez-vous manqué », *Archives de politique criminelle*, vol. 34, n° 1, 2012, pp. 303-330.

sa présence est une garantie de légalité de la procédure[299]. D'autre part, il constitue, communément avec l'assesseur pénitentiaire, un support consultatif pour la prise de décision du chef de l'établissement pénitentiaire[300], ou son délégataire. Il en reste que l'assesseur extérieur demeure encore aujourd'hui un « avatar », connu seulement en ce qu'il est un membre issu de la société civile, et qui manifeste un engagement citoyen.

**La recherche.** Notre recherche envisage donc de questionner le profil de l'assesseur extérieur en commission de discipline. Qui est-il ? Quel citoyen est-il ? Quels sont les éléments qui le conduisent à s'engager dans l'assessorat disciplinaire pénitentiaire ? Pour répondre à l'ensemble de ces questions, et au regard des données recueillies lors de cette recherche, il convient d'explorer les éléments qui vont permettre d'envisager le profil sociologique des assesseurs extérieurs en commission de discipline. Il s'agit alors d'étudier, en fonction du postulat et des connaissances dont nous disposons à l'issue de l'enquête, d'abord son profil situationnel (§ 1), avant de se concentrer sur son profil citoyen (§ 2).

### § 1. Le profil situationnel de l'assesseur

**L'individualisation[301] de l'assesseur**. Selon la définition donnée par le dictionnaire Littré, la situation d'une personne est fonction de « *son état par rapport à sa condition, à ses passions, à ses intérêts* ». Par ce prisme, et au regard des données recueillies lors de l'enquête, il semble que la situation de l'assesseur extérieur regroupe deux séries d'éléments exploitables. Il s'agit donc d'étudier les éléments qui permettent d'établir d'une part un sous-profil de l'assesseur en fonction de sa situation personnelle (A), et d'autre part un sous-profil lié à sa situation professionnelle (B).

---

[299] CE 5 févr. 2021, n° 434659 ; pour des applications antérieures : CAA Bordeaux, 20 déc. 2016, n° 15BX02263 ; CAA Douai, 23 mai 2017, n° 15DA01044 ; CAA Nantes, 18 juill. 2013, n° 12NT03128.

[300] C. pénit., art. R.234-3.

[301] En ce sens, le terme d'individualisation doit être compris comme le fait de « *différencier par des critères individuels* ».

A. La situation personnelle de l'assesseur

**La personne de l'assesseur.** La première étape dans l'étude du profil sociologique de l'assesseur extérieur concerne sa personne intrinsèque. Ainsi, on peut légitimement se demander quelle est sa situation individuelle et personnelle. Quel est son genre ? Quel âge a-t-il ? Quelle est sa situation familiale ? Les données récoltées lors de l'étude ne permettront assurément pas de déterminer une tendance nette et franche, propre à dégager un profil personnel unique de l'assesseur. Toutefois, il semble que différentes orientations puissent être mises en évidence et, par la suite, développées.

**Interprétation des résultats liés au sexe et à l'âge.** Tout d'abord, il paraissait intéressant, à l'occasion du questionnaire proposé aux enquêtés, de se demander quels étaient le sexe et l'âge de l'assesseur. Les figures ci-dessous expriment donc les résultats. Il apparaît que sur les 181 répondants[302], 115 sont des hommes. Concernant leur âge, sur les 181 personnes interrogées, 19 répondants affirment avoir entre 20 et 25 ans et 97 sont âgés de 66 à 75 ans. Ainsi, sur 181 personnes interrogées, il apparaît que 30 ont entre 26 et 66 ans. Les assesseurs extérieurs sont donc majoritairement des jeunes adultes ou des sexagénaires :

| |
|---|
| *« Donc moi je suis né en 1997 donc j'ai bientôt 25 ans »*<br>Assesseur E |

| |
|---|
| *« Oui, disons que je prépare ma retraite parce que je ne veux pas rester inactif »*<br>Assesseur F |

Par le biais des données liées à leur âge, on peut constater que les assesseurs proviennent de deux tranches d'âges opposées. Deux solutions s'offrent donc à l'étude. Soit, les assesseurs qui sont âgés au minimum de

302 Nombre total d'assesseurs en France : entre 800 et 900 assesseurs selon une évaluation de l'ANAEC.

26 ans et au maximum de 65 ans n'ont pas pris part à l'étude ; soit, pour un facteur extérieur, les jeunes adultes et les sexagénaires sont majoritairement représentés auprès des assesseurs citoyens.

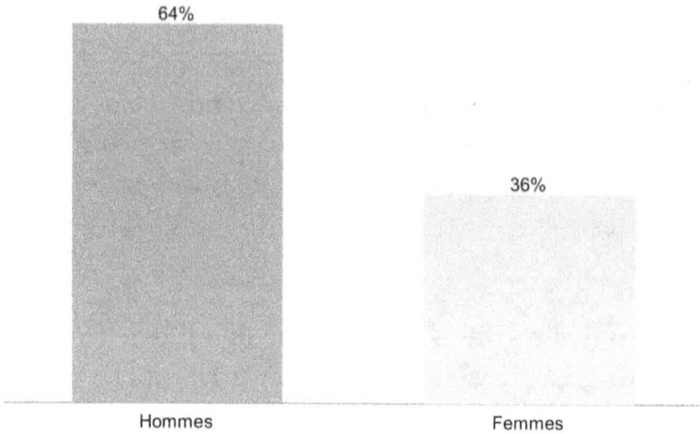


Sexe

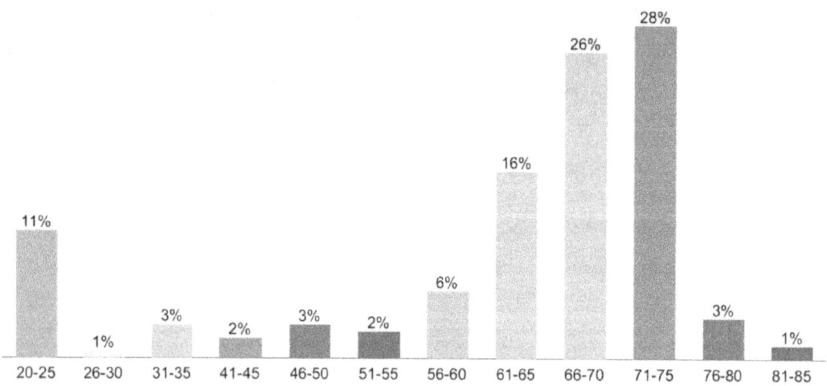


Age

**Le schéma matrimonial des assesseurs.** Par ailleurs, au regard des données récoltées, et grâce à un tri croisé des données relatives à l'âge et à la situation matrimoniale, on constate que parmi l'ensemble des assesseurs extérieurs interrogés, ceux âgés de 61 à 70 ans sont en majorité mariés, là où les assesseurs âgés de 20 à 25 ans sont pour la plupart célibataires. Il apparaît ainsi une hétérogénéité des situations matrimoniales parmi les différents assesseurs. Pour autant, et s'il faut s'intéresser aux données majoritaires, on peut immédiatement constater que les assesseurs extérieurs interrogés sont pour 64% des hommes, mais également sont pour 70% âgés de 61 à 75 ans, et sont mariés dans 37,58%[303] des cas. En se référant aux données de recensement, on constate que la proportion de personnes mariées parmi les assesseurs extérieurs correspond aux données dénombrées auprès de la population générale[304]. Par ailleurs, à la fois pour expliquer ce phénomène et pour enrichir le profil sociologique de l'assesseur, on peut envisager que les plus âgés d'entre eux adoptent, comme dans la population générale, un schéma classique de représentation de l'institution matrimoniale[305], là où ce « *rituel* »[306] tend à s'éroder auprès des personnes nées après 1960.

---

303 Sur 181 personnes interrogées, on constate que 68 d'entre elles sont mariées dans la tranche 61-75 ans.

304 G. Buisson, « Le recensement de la population évolue : de l'état matrimonial légal à la situation conjugale de fait », *Insee Analyses*, n°35, oct. 2017, p. 1 : « *En 2016, en France métropolitaine, parmi les personnes vivant en couple dans le même logement, 73 % sont mariées* ». Par ailleurs, Sur 50 111 personnes interrogées auprès de la population générale en 2016, 45,6 % sont mariées, soit 22 845 répondants.

305 F. Maillochon. « De la tradition à la personnalisation : redéfinition des normes du mariage en France de 1960 à nos jours », *Population*, vol. 74, n° 1-2, 2019, pp. 41-72.

306 M. Bozon « Sociologie du rituel du mariage », *Population*, vol. 47, n° 2, 1992, pp. 409-433.

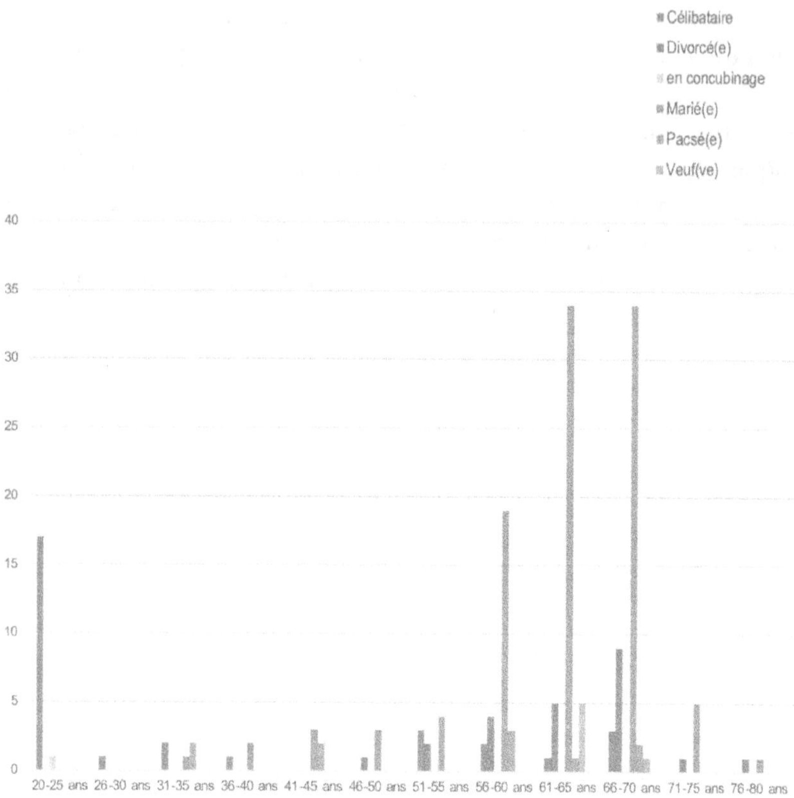


Situation matrimoniale des assesseurs en fonction de leur âge

**Bilan et transition**. L'analyse de la situation personnelle de l'assesseur extérieur permet de démontrer une forte proportion, parmi les personnes interrogées, d'hommes sexagénaires et mariés. Pour le reste, il apparaît que les jeunes adultes, âgés de 20 à 25 ans et célibataires, représentent également une part certaine des assesseurs extérieurs. On constate donc une forme induite de dichotomie parmi la représentation des assesseurs. Pour autant, il semble que des assesseurs sont compris entre ces tranches d'âge, sont également de sexe féminin, et ne sont pas célibataires ou mariés. Dès lors, ces seules informations ne permettent pas de déduire l'existence d'un profil-type de l'assesseur extérieur en commission de discipline pénitentiaire. Si on cherche à savoir ce qui pourrait expliquer ces différents pourcentages, et au regard de la charge qu'implique la fonction d'assesseur, il nous semble judicieux de poursuivre notre étude en approfondissant la recherche de son profil au regard de la situation professionnelle de l'assesseur.

B. La situation professionnelle de l'assesseur

**La profession de l'assesseur**. Lorsqu'on s'intéresse au profil de certaines catégories de personnes, il semble que la situation professionnelle revêt une importance particulière. D'abord, et de manière évidente, en ce qu'elle permet de déterminer une position sociale des personnes interrogées, en fonction de leur niveau d'étude. Ensuite, elle permet de mesurer le temps dont elles disposent en dehors de l'exercice de leurs professions. Ce deuxième aspect de l'étude semble d'ailleurs majeur en ce que le temps dont bénéficient les personnes influe nécessairement sur leur motivation à exercer la fonction d'assesseur[307]. En effet, à l'aube de l'étude de la situation professionnelle des assesseurs extérieurs, il faut d'ores et déjà partir du postulat que les étudiants, retraités, demandeurs d'emploi et ceux bénéficiant d'un emploi à temps partiel disposent d'une latitude élargie pour exercer leur fonction d'assesseur, en comparaison les personnes travaillant à temps complet. Dès lors, il nous paraît indispensable de nous demander quels sont les diplômes dont bénéficient les assesseurs ? Dans quelle discipline ? Quel est leur emploi actuel ?

**Les études supérieures de l'assesseur**. Au regard des données recueillies, on constate que deux tendances se dégagent. La première est relative à ceux disposant, au mieux, du baccalauréat. En référence aux données du graphique, pour 181 personnes interrogées, 152 personnes (soit 84 %) sont titulaires, au mieux, de ce diplôme. Toutefois, il apparaît complexe à ce stade d'interpréter ces résultats dans le sens d'un niveau d'éducation des assesseurs extérieurs. En effet, en se référant aux données qualitatives de la recherche, on constate qu'une part certaine des

---

307 Cf. *infra* section 2.

personnes interrogées est encore étudiante. Dès lors, leur niveau d'éducation est appelé à s'élever et donc, à ce qu'un diplôme de plus haut niveau leur soit décerné ensuite.

*« Après, généralement quand on regarde le profil des assesseurs, à [Ville], ce sont des étudiants »*

Assesseur 7

La seconde est relative aux personnes disposant, au mieux, d'un diplôme de niveau bac +5. Sur 181 personnes interrogées, 38 sont en effet titulaires d'un tel niveau d'étude, soit 21 %. Dans le même sens, à ce stade, et au regard des données qualitatives de la recherche, il apparaît que certains enquêtés poursuivent toujours leur cursus universitaire. Par ailleurs, prises isolément, ces données ne permettent pas de déduire un niveau d'éducation de l'assesseur[308].

*« Donc par la suite, peut-être une rédaction de thèse »*

Assesseur E

*« Voilà donc je suis actuellement doctorant »*

Assesseur E

308 D. Place, B. Vincent, « L'influence des caractéristiques sociodémographiques sur les diplômes et les compétences », *Économie et statistique,* n° 424-425, 2010, pp. 125-127 : ici, les auteurs identifient le sexe, l'origine sociale, les aspirations, les caractéristiques sociodémographiques des parents comme certains des facteurs d'influence sur le niveau d'étude ; v. égal. G. Mialaret, « Chapitre II. Les facteurs déterminant les situations d'éducation », Gaston Mialaret éd., *Les sciences de l'éducation.* Presses Universitaires de France, 2017, pp. 34-43.

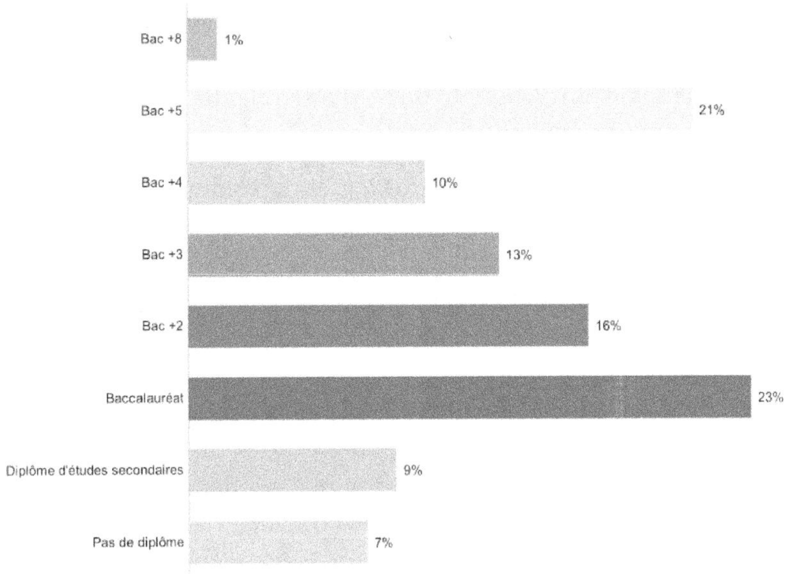


Niveau d'étude

**Transition.** Dès lors, pour comprendre quel est le profil professionnel de l'assesseur, il semble nécessaire de s'interroger concernant son activité professionnelle, avant de s'intéresser à sa discipline diplômante.

**Les préjugés sur les assesseurs**. De prime abord, on pourrait penser que les assesseurs extérieurs disposent d'une grande latitude de temps pour exercer leurs fonctions dans les établissements pénitentiaires. Dès lors, dans l'imaginaire commun, ils seraient soit retraités, soit étudiants. Cette idée préconçue se révèle fausse à plusieurs égards. D'une part, parce que le « *temps libre* » ne concerne qu'une période non dédiée à l'activité professionnelle, mais inclut en revanche le temps passé à réaliser d'autres tâches inévitables de la vie personnelle[309]. Par exemple, le temps passé par les étudiants à s'instruire hors de leur établissement d'étude ; facteur qui n'est d'ailleurs pas comptabilisé dans leur temps de travail[310]. D'autre part, parce qu'il serait erroné de déduire du seul statut d'inactif[311] un « *temps libre* » disproportionné[312].

Ce préjugé doit donc être partiellement abandonné, en témoignent les données recueillies lors de la recherche. On constate en effet que seulement 9% des personnes interrogées sont étudiantes, là où 71% d'entre elles sont retraitées ou en pré-retraite. Par ailleurs, et contre toute attente, 14% des personnes interrogées disposent d'un emploi en temps plein. De cette dernière donnée, on peut postuler que l'exercice d'une telle activité professionnelle, et le peu de « *temps libre* » qui en découle ne sont pas, pour toutes les personnes interrogées, des obstacles à l'engagement en tant qu'assesseur. On pourrait alors se demander si, plutôt que l'existence même d'une activité professionnelle, ce ne sont pas plutôt les liens intellectuels et professionnels de cette activité avec la fonction d'assesseur extérieur qui influenceraient son profil[313].

---

309 Voir, pour une étude de ces différentes tâches : C. Brousse, « Travail professionnel, tâches domestiques, temps « libre » : quelques déterminants sociaux de la vie quotidienne », *Économie et statistique,* n°478-479-480, 2015, pp. 119-154 ; Pour une distinction entre le « *temps libre* » et les loisirs : J. Zaffran, « Le « problème » de l'adolescence : le loisir contre le temps libre », *SociologieS* [En ligne], Théories et recherches, mis en ligne le 11 avril 2011, consulté le 20 décembre 2022.

310 Observatoire National de la vie Etudiante, *Enquête sur les conditions de vie des étudiants*, 2016, graphique 16.01 : En moyenne, par semaine, les étudiants travaillent 19 heures par semaine dans leur établissement d'étude supérieure, contre 15 heures par semaine hors de ce même établissement.

311 Ici, et selon le *Dictionnaire du Petit Larousse*, le terme d'inactif doit s'entendre comme toute personne « qui n'a pas d'activité professionnelle rémunérée ; qui n'appartient pas à la population active (élèves, étudiants, retraités) ».

312 S. Zilloniz, « L'activité rémunérée des étudiants et ses liens avec la réussite des études. Les enseignements des enquêtes *Emploi* 2013-2015 », *Travail et emploi*, vol. 152, n° 4, 2017,
es enseignements des enquêtes *Emploi* 2013-2015 », *Travail et emploi*, vol. 152, n° 4, 2017,
pp. 89-117 ; R. Pongu, « Chapitre 7. Gestion de la ressource-temps et occupation des loisirs », Michel Loriaux éd., *La retraite au quotidien. Modes de vie, représentation, espérances, inquiétudes des personnes âgées.* De Boeck Supérieur, 2005, pp. 149-196 ; v. égal. L. RICROCH « Les journées des retraités », *Retraite et société*, vol. 65, n° 2, 2013, pp. 140-154.

313 Pour une analyse des activités exercées par les personnes disposant d'un emploi en temps plein et les facteurs de choix de ces activités : A. Degenne, M.-O.

> *« Alors dans ce cadre-là l'activité d'assesseur est pas mal aussi, parce que ça touche un peu au droit, c'est intéressant. »*
>
> Assesseur C

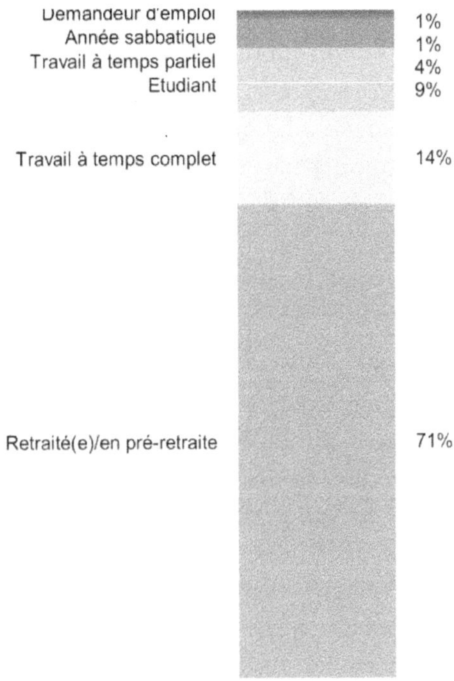


Activité

**L'intérêt pour la matière juridique**. Certes, la mission première de l'assesseur est d'apporter un « *regard extérieur sur la situation examinée par la commission de discipline* »[314]. Par principe, l'assesseur extérieur est donc un

Lebaux, C. Marry, « Les usages du temps : cumuls d'activités et rythmes de vie », *Économie et statistique*, n°352-353, 2002, pp. 81-99.

314 Circ. 11 janv. 2022 relative à l'habilitation des assesseurs extérieurs en commission de discipline.

citoyen quelconque. Toutefois, l'étude de son profil a d'ores et déjà démontré que les assesseurs extérieurs interrogés disposent, dans certaines circonstances, d'attraits communs. La figure sur la discipline du plus haut niveau obtenu ne fait pas exception. En effet, on constate que parmi les 181 personnes interrogées, la majorité (soit 34%) a obtenu son plus haut diplôme dans une discipline juridique, ce qui témoigne d'un intérêt et des compétences d'une partie des enquêtés pour la matière. Par ailleurs, la figure « éventuelle profession juridique » exercée nous montre que 22% des personnes interrogées exercent, ou ont exercé une profession juridique [315]. De ces résultats, on en conclut que si aucune tendance franche ne peut se dégager, au moins une partie des assesseurs dispose de certaines connaissances juridiques, voire d'un intérêt particulier pour le droit de manière générale.

> *« Pour revenir aux assesseurs, ceux qui interviennent, c'est soit le milieu de la justice, soit de la pédagogie avec un proviseur mais qui avait peut-être l'habitude de faire dans ce milieu-là des commissions de discipline mais de l'éducation nationale, donc j'ai pas l'impression non plus que ce soit des personnes qui soient désintéressées des problématiques disciplinaires ou des problématiques de la justice ou de la prison. J'ai pas l'impression que ce soit quelqu'un qui tient le commerce du coin qui ne s'est jamais intéressé à la prison qui va décider du jour au lendemain d'être assesseur en commission de discipline »*
>
> Assesseur 7

[315] Il faut immédiatement relativiser ces données. D'une part, parce que le terme de profession juridique » regroupe un ensemble de métiers éloignés. D'autre part, 78% des personnes interrogées n'ont jamais exercé une profession juridique. Il ne faut donc pas y voir ici une tendance majoritaire, mais un point d'éclairage sur la situation professionnelle d'une partie des assesseurs et, se faisant, d'un intérêt éventuel d'une partie d'entre eux pour cette fonction.

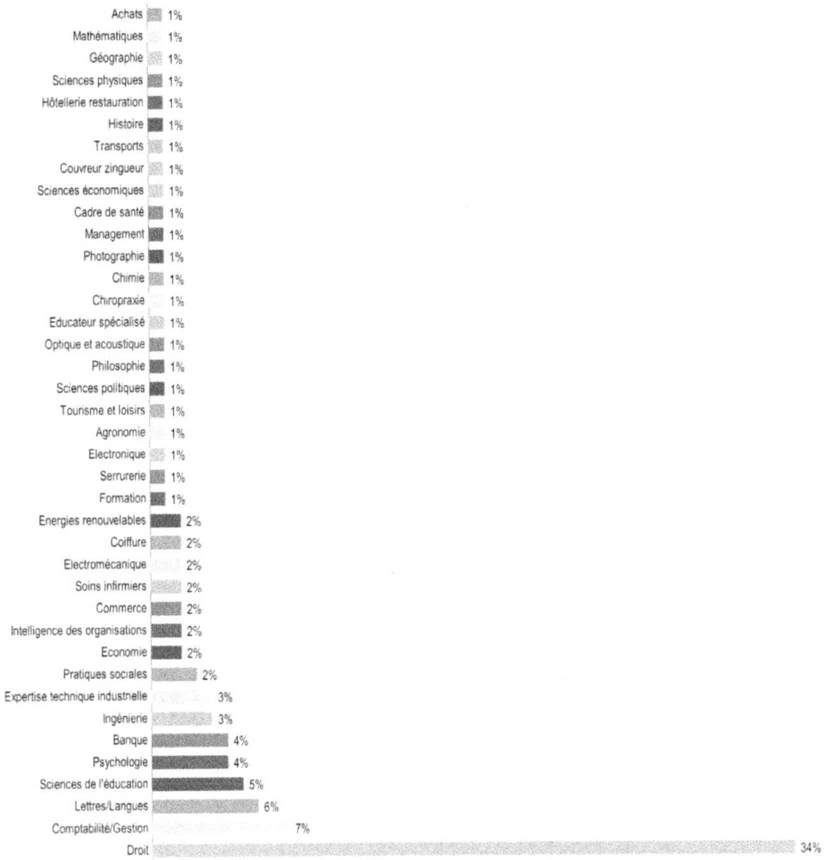


Discipline du plus haut diplôme obtenu

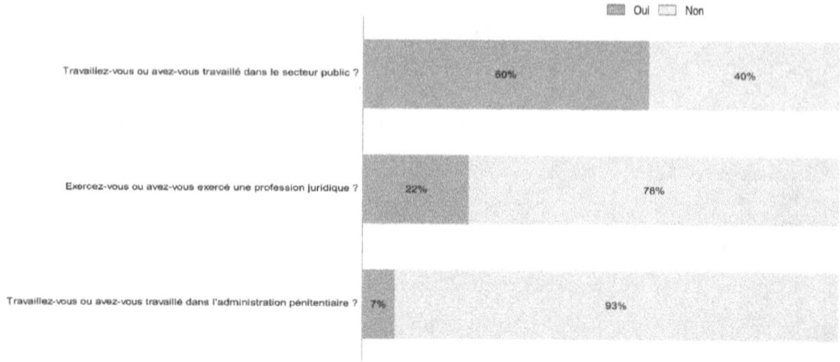


Eventuelle profession juridique de l'assesseur, en service public, dans l'administration pénitentiaire

**L'intérêt pour la justice et le milieu pénitentiaire**. Plus encore que la seule et vaste matière juridique, il semble que certains assesseurs disposent de compétences précises en matière de justice. Pour pouvoir explorer les résultats mis en relief, il faut d'abord rappeler que plusieurs incompatibilités empêchent les personnels de justice et de l'administration pénitentiaire d'exercer la fonction d'assesseur extérieur durant leur vie professionnelle[316]. Il semble donc que seuls les retraités aient pu répondre à la troisième partie du questionnaire dont résulte la figure « éventuelle profession juridique ». A ce titre, la figure « professions exercées » présente les résultats détaillés de l'enquête, et notamment les professions exercées par ces derniers dans le milieu de la Justice et de l'administration pénitentiaire.

> *« Après, généralement quand on regarde le profil des assesseurs, à [Ville], ce sont des étudiants. Si c'était pas des étudiants, c'était des retraités, mais des retraités de l'administration pénitentiaire, des douanes ou de la gendarmerie, donc qui ont un profil. »*
>
> Assesseur 7

316 C. pénit., art. R. 234-7.

**Le parallèle entre le maintien de l'ordre et de la discipline.** Parmi les enquêtés à la retraite ayant exercé un métier de Justice au cours de leur vie professionnelle, on constate qu'une forte proportion exerçait un métier de police ou de gendarmerie[317]. Si ces prochains développements ne concernent ni la majorité des assesseurs extérieurs, ni la majorité des assesseurs extérieurs à la retraite[318], ils méritent toutefois d'être évoqués, en ce qu'ils mettent en exergue un lien tout particulier entre le maintien de l'ordre dans la société et de la discipline en établissement pénitentiaire.

En effet, dans les forces de gendarmerie comme dans les services de police[319], il existe un « ensemble de principes d'action écrits et coutumiers que cette institution s'efforce d'inculquer à ses personnels et qui servent de référence à leur action »[320]. Parmi eux, le sens de l'ordre et de la discipline ne saurait faire de doute, en témoignent les règles qui régissent leur code de déontologie commun[321]. Dès lors, on peut envisager que les enquêtés retraités ayant exercé des missions de maintien de l'ordre dans la société ont un attrait tout particulier pour le maintien de l'ordre et de la discipline.

317 La seconde profession la plus exercée est celle de magistrat, à laquelle les développements suivants sont également applicables.

318 V. *Infra.*

319 V. à ce propos : C. Journès, « Dominique Monjardet, Ce que fait la police. Sociologie de la force publique », *Revue française de science politique*, vol. 47, n° 2, 1997, pp. 232-233 ; F. Jobard, J. de Maillard. « Chapitre 3 - La profession policière », *Sociologie de la police. Politiques, organisations, réformes*, F. Jobard, J. de Maillard (dir.), Armand Colin, 2015, pp. 81-110.

320 F. Dieu, « La disponibilité du gendarme », *Revue d'études et d'informations de la gendarmerie*, n°176, 01/1995, p. 6.

321 Code de déontologie de la police et de la gendarmerie nationales ; v. égal. H. L'Heuillet, « La généalogie de la police », *Cultures & Conflits* [En ligne], 48 | hiver 2002, mis en ligne le 27 avril 2003, consulté le 21 décembre 2022.

Professions exercées par les assesseurs retraités

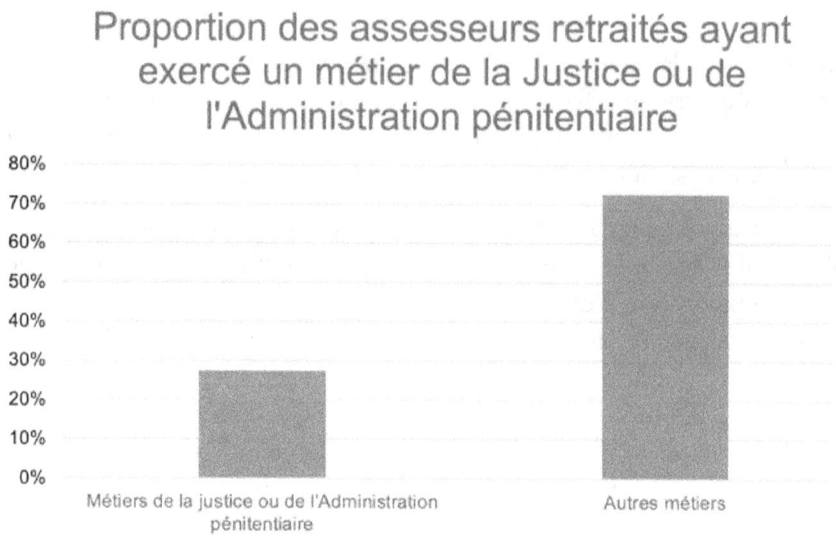


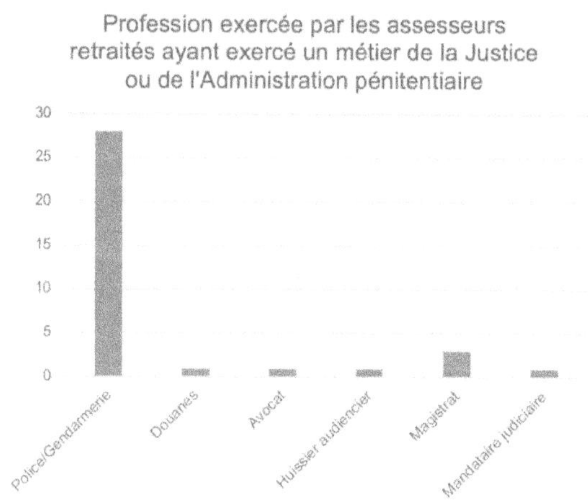


**Bilan et transition**. L'analyse de la situation professionnelle des assesseur extérieurs nous permet de donner deux points d'éclairage à leur profil. En premier lieu, parmi ceux qui disposent d'un diplôme d'étude supérieur, une large majorité a acquis des connaissances en droit. En second lieu, les assesseurs extérieurs sont, pour une large majorité, à la retraite. Parmi ces derniers, on constate ainsi qu'une partie réduite mais non négligeable a exercé une mission de Justice, de maintien de l'ordre voire, a déjà travaillé au sein même de l'administration pénitentiaire. Pour le reste, les personnes disposant d'un emploi à temps complet et les étudiants représentent également une part certaine des assesseurs extérieurs. En se fiant aux données recueillies, on constate donc que les préjugés qui peuvent exister s'agissant de la situation professionnelle des assesseurs ne doivent et ne peuvent perdurer. Si, évidemment, les étudiants sont représentés parmi les assesseurs, c'est davantage encore le cas des personnes disposant d'un emploi à temps complet. Dès lors, notre postulat, à l'aube de l'étude de la situation professionnelle des assesseurs, ne peut qu'être confirmé : le « *temps libre* » n'est pas un facteur déterminant des assesseurs extérieurs pour exercer leurs fonctions. De ce résultat, il semble que les disparités en matière de situation professionnelle des assesseurs extérieurs ne permettent pas de déduire, à ce stade, l'existence d'un profil-type. Si on cherche à poursuivre notre étude, il paraît donc judicieux de s'intéresser au profil de l'assesseur en fonction de son engagement citoyen.

### § 2. Le profil citoyen de l'assesseur

**L'assessorat, un engagement citoyen**. L'engagement se définit comme la participation active, par une option conforme à ses convictions profonde, à la vie sociale, politique, religieuse ou intellectuelle de son temps. L'engagement citoyen doit donc être compris comme le fait de s'investir, de prendre part à la vie collective. De prime abord, on pourrait penser que le citoyen engagé serait un bénévole, car c'est l'acception première que recouvre le terme de dévouement social. Cependant, l'engagement peut aussi être politique, et alors le citoyen engagé pourrait aussi être celui qui exerce ses devoirs civiques avec rigueur[322]. Dans une acception plus juridique, le lanceur d'alerte, qui « *signale ou divulgue, sans*

322 Sur les droits et les devoirs du citoyen français : Décret n°2012-127 du 30 janvier 2012, approuvant la charte des droits et devoirs du citoyen français prévue à l'article 21-24 du code civil, JORF 31 janv. 2012, n°26.

*contrepartie directe et de bonne foi, des informations sur un crime, un délit, une menace ou un préjudice pour l'intérêt général* »[323], ne pourrait-il pas, lui aussi, être qualifié de citoyen engagé ? Les formes d'engagement citoyen dépendent donc des types d'acteurs qui l'illustrent. De prime abord, au regard du sujet de notre recherche, on présume donc que l'assessorat constituerait l'une de ces formes d'engagement citoyen, appliqué au milieu pénitentiaire. Au regard des données qualitatives, il semble d'ailleurs que nombre d'assesseurs considèrent qu'ils représentent la société dans le cadre de leur fonction, et donc qu'ils participent au fonctionnement du service public pénitentiaire. Dès lors, il paraît légitime de se demander si les assesseurs sont également engagés, sous d'autres formes, dans la vie de la société ? Pour répondre à cette question, nos prochains développements s'articuleront d'abord autour de l'intérêt de l'assesseur pour la collectivité, en tant que citoyen *lambda* (1), avant de s'intéresser à son engagement individuel au service de la collectivité (2).

### A. L'assesseur, un citoyen soucieux de la collectivité

**La disparité de revenus entre les assesseurs.** Si la question des revenus peut paraître, de prime abord, indifférente à l'engagement de l'assesseur au bien être de la collectivité, l'analyse des revenus de l'assesseur et leur disparité eventuelle sont révélatrices de l'appartenance du citoyen à une « classe sociale »[324]. Au regard des données recueillies, et dont les résultats sont présentés, on constate que la majorité des assesseurs interrogés (soit

---

323 Loi n°2022-401 du 21 mars 2022 visant à améliorer la protection des lanceurs d'alerte, art. 1.

324 P. Bourdieu, *La distinction – Critique sociale du jugement*, Les Éditions de Minuit, coll. Le sens commun, 1996, 670 p. : L'auteur décrit ici différents groupes sociaux, les classant en fonction du métier : la classe supérieure, la classe moyenne et populaire. A ces trois catégories, il a attribué des adjectifs, les a décomposés en classes de fractions, afin d'analyser les styles de vie en fonction de la position sociale de chaque individu ; Pour une analyse récente v. J. Damon, « Les classes moyennes : définitions et situations », *Études*, vol. 416, n° 5, 2012, pp. 605-616 ; V. également : R. Lenoir, « Espace social et classes sociales chez Pierre Bourdieu », *Sociétés & Représentations*, vol. 17, n°1, 2004, pp. 385-396.

78%) bénéficient d'un revenu mensuel compris entre 900 et 3600 euros[325]. Si on s'intéresse plus particulièrement au détail de ces données, il apparaît que 18% des enquêtés perçoivent entre 900 et 1800 euros chaque mois ; 38% gagnent entre 1800 et 2700 euros et 22% entre 2700 et 3600 euros par mois. Par ailleurs, 13% d'entre eux perçoivent une somme inférieure ou égale à 900 euros tous les mois. Sans prétendre définir objectivement si cette population appartient majoritairement à la « *classe moyenne* »[326], ou « *aisée* », ces informations permettent d'établir plusieurs constats. D'abord, seule une part minoritaire des assesseurs bénéficie d'un revenu supérieur ou égal à 3600 euros par mois. Ensuite, il semble que le niveau de revenu mensuel de la majorité des assesseurs extérieurs est représentatif de celui équivalent dans la population générale, dans le secteur privé[327] comme dans la fonction publique[328]. Enfin, et malgré une tendance économique identifiable chez la majorité des assesseurs, on constate qu'il existe une disparité de revenus entre eux. En effet, 13% des enquêtés touchent moins de 900 euros par mois, là où 8% des personnes interrogées affirment bénéficier de 3600 euros au moins, dont 3% toucheraient un revenu mensuel est supérieur ou égal à 4500 euros. Il apparaît alors judicieux de se demander comment l'assesseur citoyen perçoit l'indemnité qui lui est allouée dans le cadre de ses fonctions, et quelle importance économique celui-ci y accorde.

---

325 V. figure 5 : Ces données sont à relativiser dans la mesure où la plupart des assesseurs ne bénéficient pas d'un emploi en temps complet. En effet, les statuts de retraité, de demandeur d'emploi ou de travailleur à temps partiel influent sur le niveau de revenu mensuel.

326 P. Bourdieu, *La distinction – Critique sociale du jugement*, Les Éditions de Minuit, coll. Le sens commun, 1996, 670 p. : L'auteur décrit ici différents groupes sociaux, les classant en fonction du métier : la classe supérieure, la classe moyenne et populaire. A ces trois catégories, il a attribué des adjectifs, les a décomposés en classes de fractions, afin d'analyser les styles de vie en fonction de la position sociale de chaque individu ; Pour une analyse récente v. J. Damon, « Les classes moyennes : définitions et situations », *Études*, vol. 416, n° 5, 2012, pp. 605-616.

327 Dans le secteur privé en 2020, avec pour base un emploi en temps plein, le salaire moyen mensuel est de 2 518 euros net : J. Sanchez Gonzalez, E. Sueur, « Les salaires dans le secteur privé en 2020 », *Insee Première*, n° 1898, avr. 2020,

328 Dans la fonction publique en 2020, avec pour base un emploi en temps plein, le salaire moyen mensuel est de 2 380 euros net : INSEE, *Chiffres clés : Données annuelles 2015 et 2020*, nov. 2022.

Niveau de revenu mensuel

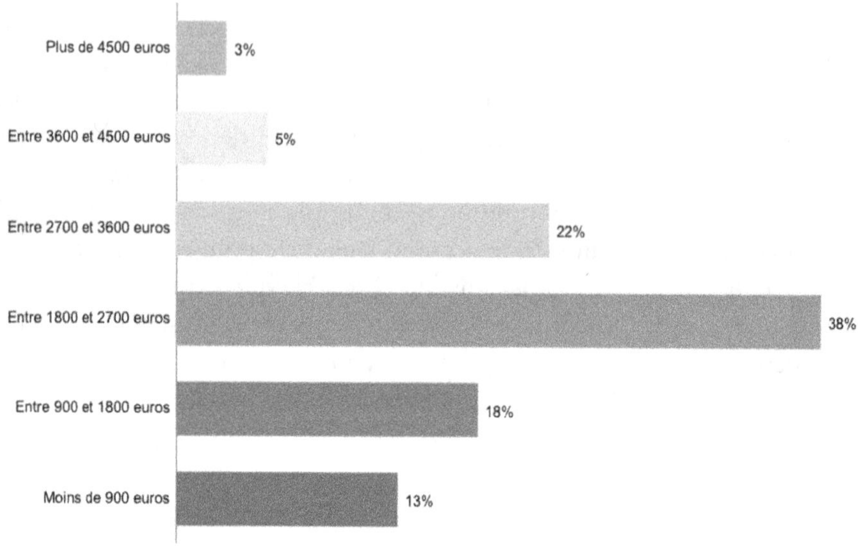


**L'assesseur, un citoyen désintéressé**. Au terme de l'article D.234-9 du Code pénitentiaire, « Les assesseurs extérieurs à l'administration pénitentiaire qui siègent, conformément aux dispositions de l'article R.234-6, dans les commissions de discipline des personnes détenues perçoivent par séance une indemnité forfaitaire, exclusive de toute autre rémunération […] ».

*« Je pense que, quelqu'un qui a envie de bien faire ça, si jamais il occupe un emploi, ou quelqu'un qui n'occupe pas un emploi justement, il peut pas faire ça. Parce qu'en réalité c'est 45 euros brut, quelqu'un qui a pas d'emploi ou qui cherche de l'emploi, il va pas faire… Enfin, ça permet pas de vivre, c'est d'ailleurs, à mon avis plus un défraiement qu'un paiement, à proprement parler. Alors, est-ce que c'est un frein pour certaines personnes qui auraient envie de faire ça et qui serait peut-être compétente pour faire ça, qui aurait envie d'apporter quelque chose à ce genre d'institution. Peut-être que la faible indemnité c'est un frein, peut-être »*

Assesseur E

*« La première chose c'est qu'il faudrait rémunérer plus les assesseurs. »*
Assesseur 4

« *J'ai été surprise que nous avions un bulletin de salaire avec des cotisations, y compris pour la vieillesse donc c'est un vrai bulletin de salaire, mais nous sommes bénévoles. Alors on se pose des questions à l'ANAEC sur justement par rapport à ça...Est-ce qu'on appuie pour avoir une indemnité supérieure qui apporterait peut-être plus de crédit à notre rôle puisque les avocats touchent 88 euros par dossier...bon mais c'est très partagé.* »

Assesseur 6

Au regard des données recueillies, tant quantitatives que qualitatives, deux constats peuvent être formulés. D'abord, certains assesseurs emploient le terme de « rémunération » pour parler de l'indemnité qui leur est allouée. De surcroît, à la lecture de la figure ci-dessous, 62,5% d'entre eux estiment que le montant de cette indemnité est trop faible, et devrait être revalorisé[329]. Lors des entretiens semi-directifs, certains ont même utilisé les termes « d'indemnité », ou de « défraiement » par analogie, pour justifier du faible montant qu'ils perçoivent, en comparaison des honoraires perçus par l'avocat intervenant dans la commission. Il existe donc une confusion, dans l'esprit de certains assesseurs, entre l'indemnité qu'ils perçoivent, au titre de leur action bénévole, et la rémunération, propre au travail au sens du Code éponyme. D'ailleurs, sans prétendre expliquer cette confusion, une piste de réflexion semble selon nous envisageable, à la lecture de l'article D.234-9 du Code pénitentiaire. En effet, dans sa rédaction applicable au jour où nous écrivons ces lignes, cette disposition semble assimiler l'indemnité forfaitaire perçue par les assesseurs à « toute autre rémunération », sans autre forme de précision. Pour le reste, les données qualitatives nous permettent de constater que la fonction d'assesseur n'est pas rentable, selon ceux qui l'exercent. De ce fait, on peut déduire que les assesseurs, bien qu'ils souhaitent une

---

[329] Arrêté du 3 mars 2022 modifiant l'arrêté du 17 octobre 2011 fixant le montant de l'indemnité forfaitaire allouée aux assesseurs extérieurs à l'administration pénitentiaire siégeant dans les commissions de discipline des personnes détenues, Art. 1. : « *Le montant de l'indemnité prévue à l'article 1er du décret du 17 octobre 2011 susvisé est fixé à 50 euros brut par séance de la commission de discipline. Cette indemnité est versée après service fait.* »

revalorisation de leur indemnité, n'exercent pas leur fonction de manière intéressée afin de profiter d'un gain financier, mais dans un autre dessein.

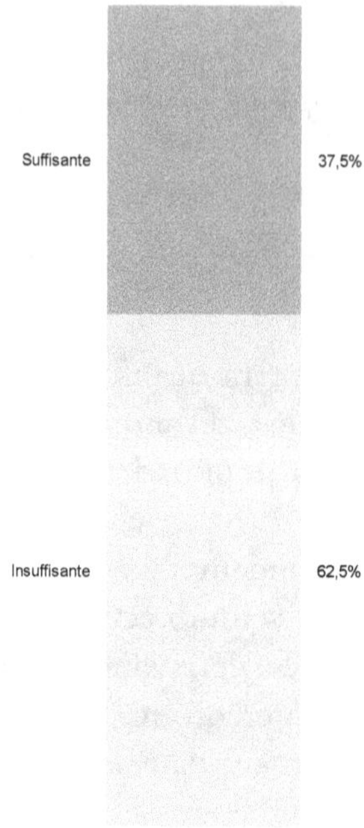


Perception de l'indemnisation

**Conclusion quant à la situation économique des assesseurs.** Il semble que le citoyen assesseur n'est pas un citoyen « cupide », à tout le moins dans le cadre de la fonction qu'il occupe en commission de discipline pénitentiaire[330]. De ce désintérêt économique prétendu, ainsi que de leur niveau de revenu mensuel, on peut considérer qu'au moins une partie des assesseurs citoyens présente un intérêt sincère pour la

330 Ce qui ne préjuge pas des revendications relatives à la faiblesse de l'indemnisation (infra).

collectivité (en tout cas dans le cadre de l'exercice de la fonction d'assesseur). Pour asseoir cet argument, il paraît tout de même opportun de rechercher d'autres indices de l'intérêt porté à la collectivité par l'assesseur.

**L'assesseur, un citoyen altruiste**. Au regard des données recueillies, présentées par la première figure ci-dessous, il apparaît que 54 % des assesseurs interrogés exercent, ou ont exercé, une activité professionnelle liée au relationnel. Plus précisément encore, et afin de ne pas limiter notre propos, il semble que la notion anglo-saxonne de « *care* »[331] soit idoine pour définir l'idée que nous cherchons ici à développer. Dans le sens dans lequel nous l'utilisons, le « *care* » s'illustre alors par des professions telles que le soin médical (médecin, infirmier, pompier), l'enseignement scolaire, ou encore l'activité dans des organismes sociaux.

L'on peut donc dire que le « *care* » traduit une forme de prédilection, si ce n'est de prédisposition, au dévouement et à l'expression de relations de prise en charge[332]. En appliquant ce constat à notre étude, on observe une tendance de la majorité des assesseurs au dévouement et à la prise en charge de l'autre, par l'exercice d'une profession du « *care* ». Autrement dit, au moins 54% des assesseurs seraient « serviables », c'est-à-dire qu'ils auraient pour vocation de *prendre soin* des autres. Par ailleurs, la seconde figure ci-dessous nous apprend que plus de 80% des personnes qui

---

[331] C. Legros, « Le souci de l'autre, un retour à l'éthique du "care" », Le Monde, mai 2020 : « Si la notion de « care » garde encore souvent son nom d'origine anglo-saxonne, c'est que la langue française n'a pas de mot pour en traduire la richesse sémantique. En anglais, le terme exprime l'acte de soin mais aussi le sentiment, et les valeurs qui l'accompagnent : il ne s'agit pas tant de « soigner » au sens médical que de « prendre soin », c'est-à-dire de donner de l'attention, de faire preuve de sollicitude, de faciliter la vie d'autrui en accomplissant des gestes quotidiens dans le souci de son bien-être et de son respect » ; C. Tiercelin, « Le care à la française : vers une nouvelle carte du Tendre ? », Humanisme, vol. 330, n° 1, 2021, pp. 58-80 ; pour une approche française du « care » sous l'angle de la notion de « relationnel » et une autre définition de la notion de « care » : R.-M. Joseph. « Le care : entre relations sociales et rapports sociaux au travail », n°1. 2022, 16 p.

[332] R.-M. Joseph, *op. cit.*, p. 2.

exercent ce type de mission le font dans le service public. Ce constat intéresse notre étude à deux égards. En effet, non seulement il renforce notre argumentaire lié au dévouement d'une partie des assesseurs, en ce que le travail en service public contribuerait au « *désintéressement* »[333], mais il permet également d'expliquer en partie leurs motivations professionnelles. A ce titre, nombre d'auteurs ont développé une théorie selon laquelle les personnes qui exercent leur mission dans le service public disposeraient d'une volonté de « *se mettre au service du bien commun* »[334]. Sans préjuger de l'existence d'autres motivations professionnelles des assesseurs, nous notons que ces derniers se soucient du bien-être commun, au point que, peut-être, cette préoccupation influe sur leur secteur d'activité.

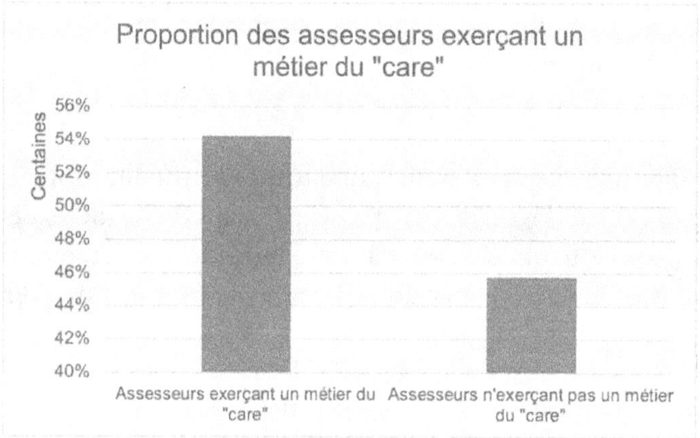


[333] A. Hondeghem, W. Vandenabeele. « Valeurs et motivations dans le service public. Perspective comparative », *Revue française d'administration publique*, vol. n°115, no. 3, 2005, pp. 463-479.

[334] *Ibid.* ; v. égal, pour une étude approfondie de la motivation des citoyens à exercer une mission dans un service public en faveur du bien commun : G. A. Brewer, S. C. Selden, « Whistle Blowers in the Federal Civil Service : New Evidence of the Public Service Ethic », *Journal of Public Administration Research and Theory*, vol. 8, n°3, 1998, pp. 413-439.

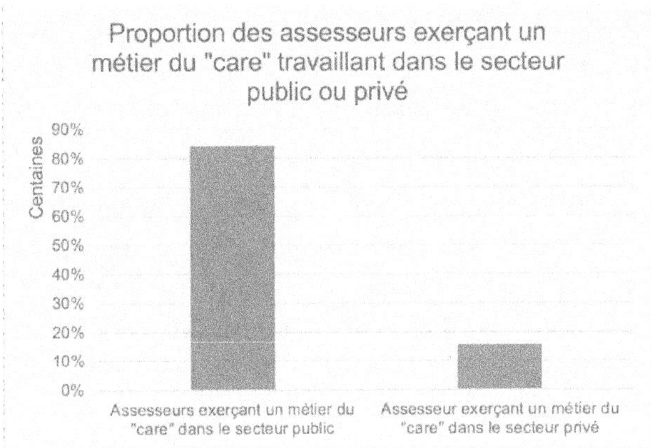


**Bilan et transition**. Si à ce stade, nos, développements ne peuvent être formulés que sous la forme d'hypothèses, il ressort de nos premières constatations que les assesseurs citoyens auraient tendance à se préoccuper de la collectivité, à plusieurs égards. Pour certains, cela semble se manifester par leur dévouement à une fonction, ou à un secteur d'activité, même si celui-ci n'est pas le plus rentable au sens économique. Pour d'autres, qui constituent la majorité, il s'agit surtout d'un souci du bien-être commun. La seconde partie de notre étude visera donc à vérifier si ces suppositions se traduisent en pratique : soit le passage d'une citoyenneté projetée à une citoyenneté incarnée. Les assesseurs sont-ils soucieux de la collectivité au point de s'engager dans leur vie personnelle pour le bien-être commun ? Le cas échéant, est-ce qu'une tendance commune pourrait se manifester ?

B. L'assesseur, un citoyen engagé pour la collectivité

**L'assessorat disciplinaire, une forme de bénévolat ?** Selon le Conseil Économique, Social et Environnemental, « le bénévole est celui qui s'engage librement pour mener à bien une action en direction d'autrui, action non salariée non soumise à l'obligation de la loi, en dehors de son temps professionnel et familial »[335]. En ce sens l'assessorat disciplinaire peut-il être assimilé à une forme de bénévolat ? Parmi les autres formes d'engagement dans la vie personnelle de l'assesseur, l'engagement citoyen qui est le sien est-il synonyme de bénévolat ?

**L'absence de définition de l'engagement citoyen.** L'engagement citoyen ne bénéficie d'aucune définition consensuelle. Pour certains, elle est synonyme de « bénévolat » [336]. C'est au demeutant à partir de la définition du « bénévole » que le Conseil economique, Social et Environnemental conçoit l'engagment citoyen (Supra). Pour d'autres, elle constitue autant une forme d'intégration sociale qu'un mode de construction et de structuration identitaire[337]. Pour notre part, dans le cadre de cette recherche, nous ne prétendrons pas donner une définition positive de cette notion, tant les aspects qu'elle recouvre sont pluriels. Cependant, puisqu'il faut bien esquisser un profil citoyen de l'assesseur extérieur, plusieurs remarques liminaires doivent être formulées.

En l'absence de définition générale de l'engagement citoyen, une profusion d'acceptions de cette expression se côtoient. Tenter d'esquisser un profil de l'assesseur extérieur suppose donc de retenir plusieurs d'entre elles. Pour cela, l'étude retiendra les formes qui paraissent les plus évidentes : l'engagement associatif, syndical et politique[338].

Il faut aussi s'intéresser à l'engagement citoyen dans la population générale pour identifier le profil de l'assesseur citoyen. L'assesseur est-il,

---

335 Rapport au Conseil Économique, Social et Environnemental, sur l'essor et l'avenir du bénévolat, facteur d'amélioration de la qualité de la vie, par M.-T. Cheroutre, juin 1989, et avis dudit Conseil en date du 24 février 1993.

336 A.-M. Dieu, Le processus d'engagement volontaire et citoyen : des valeurs, des individus et des associations, CESEP, 2011, p. 1 : L'auteur considère que l'engagement citoyen est un « engagement vis-à-vis d'autrui et de la collectivité en dehors du cercle familial et amical », définition se rapprochant de celle donnée par le Conseil Economique, Social et Environnemental en 1989 ; v. pour une analyse sociologique du bénévolat : M. Simonet, Le travail bénévole : Engagement citoyen ou travail gratuit ?, Paris, La Dispute, coll. « Travail et salariat », 2010, 219 p.

337 S. Vermeersch, « Entre individualisation et participation : l'engagement associatif bénévole », *Revue française de sociologie*, vol. 45, n° 4, 2004, pp. 681-710.

338 A. Leblais, « Les nouvelles formes d'engagement : mécénat de compétences et bénévolat », *L'ENA hors les murs*, vol. 505, n° 4, 2021, pp. 33-35 ;

de manière générale, plus engagé que le citoyen *lambda* ? Cela reste à vérifier. Depuis la fin du XXe siècle, l'engagement citoyen connait une crue sans précédent. Alors qu'en 1998, seulement 33,6% des personnes âgées de plus de 15 ans « *faisaient volontairement partie d'au moins une association* »[339], c'était le cas de 42% des personnes âgées d'au moins 16 ans en 2016[340].

**Les enjeux et les formes d'engagement dans la vie de la cité.** Pour comprendre l'implication des assesseurs dans la vie de la collectivité, il faut s'intéresser aux différents enjeux et formes de leur participation. Concernant les enjeux, tout d'abord, il apparaît qu'ils peuvent être identifiés à quatre titres cumulatifs : la concrétisation de l'engagement citoyen, le renforcement des liens sociaux, la construction d'une utilité individuelle et le développement des compétences[341]. De ce constat résulte que la participation de l'assesseur dans des projets de la vie en société conduirait, de manière induite, à confirmer son engagement citoyen. Concernant les formes de cet engagement, ensuite, les deux premières figures ci-dessous présentent les résultats. On constate alors que parmi les personnes interrogées, 68% déclarent participer à une ou plusieurs activités associatives. Ici, les personnes qui, dans la population générale, exercent une telle activité, sont donc surreprésentées parmi les assesseurs interrogés[342].

---

339 L. Proutcau et F.-C. Wolff, « Donner son temps : les bénévoles dans la vie associative », *Économie et statistique*, n° 372, 2004, pp. 1-39.

340 C. Burricand, F. Gleizes, « Trente ans de vie associative », *Insee Première*, n° 1580, 2016, p. 1.

341 Ministère de la Ville, de la Justice et des Sports, *L'engagement associatif des actifs*, 2014, p. 22

342 C. Burricand, F. Gleizes, « Trente ans de vie associative », *Insee Première*, n° 1580, 2016, p. 1 : Selon cette étude, en 2013, 42 % des personnes âgées de 16 ans au moins sont membres d'une association. Il est toutefois à noter que cette proportion ne cesse de croître, puisqu'en 1998, 33,6% des personnes âgées de plus de 15 ans « *faisaient volontairement partie d'au moins une association* » : L. Prouteau et F.-C. Wolff, « Donner son

Dans le même sens, il apparaît que 33 % des personnes interrogées affirment exercer un mandat électif (dont 22% exercent un mandat associatif), 13% en exercent deux et 2% sont titulaires de trois mandats électifs (politique, associatif et syndical). De ces résultats, on peut déduire que les assesseurs extérieurs sont, pour la plupart, impliqués étroitement dans la vie de la cité. D'ailleurs, il semble que l'exercice d'un mandat électif et d'une activité associative soient corrélés, comme en attestent les résultats obtenus et présentés au sein de la troisième figure. En effet, les personnes qui exercent un ou deux mandats électifs ont une forte tendance à exercer également une activité associative[343]. Pour les personnes qui en exercent trois, 50 % d'entre eux sont également engagés dans le milieu associatif. En revanche, même parmi ceux qui n'exercent aucun mandat électif, 45 % sont tout de même engagés auprès d'une association. Au regard des données recueillies, on peut donc en conclure que les assesseurs extérieurs participent particulièrement à la vie en société. Il faut constater que parmi les 181 personnes interrogées, la proportion de ceux qui exercent une activité associative est fortement supérieure à ceux qui exercent un mandat électif[344]. Dans tous les cas, quel que soit la forme de leur engagement, nous ne pouvons que constater que les assesseurs extérieurs interrogés sont engagés dans la vie de la collectivité.

---

temps : les bénévoles dans la vie associative », *Économie et statistique*, n° 372, 2004, pp. 1-39.

[343] 95 % des personnes disposant d'un mandat associatif exercent également une activité associative ; 75% des personnes disposant d'un mandat syndical exercent une activité associative ; 88% des personnes disposant d'un mandat politique exercent aussi une activité associative. Par ailleurs, 93% des personnes disposant d'un mandat syndical et d'un mandat associatif exercent par ailleurs une activité associative, là où 100% des personnes exerçant à la fois un mandat politique et un mandat associatif exercent une activité associative.

[344] En effet, selon la figure 13, 68% des personnes interrogées participent à une activité associative, là où seulement 48 % bénéficient d'un mandat électif, selon la figure 14.

*« J'ai commencé les engagements associatifs au lycée. Je faisais du soutien scolaire à [Ville]. Après ma terminale j'ai fait une mission humanitaire au Burkina-Faso, c'était aussi du soutien scolaire, mais cette fois ci c'était un peu différente parce que ce n'était pas chez nous, c'était des cours magistraux pas des cours individuels … Arrivé à la fac j'ai voulu poursuivre sur l'engagement associatif, à ce moment-là l'AFEV recrutait pour faire des binômes plus culturels que soutien universitaire. Malheureusement le référent qui m'avait été affecté ne m'a jamais contacté donc ça a planté. Et l'engagement associatif me manquait donc je me suis un peu intéressé à ce moment-là, enfin j'ai eu connaissance de recrutements au sein de l'aumônerie des prisons. Donc j'ai commencé ça. Et ensuite j'ai arrêté mon engagement associatif auprès de l'aumônerie quand j'ai été habilité assesseur. Donc je n'avais plus ce côté associatif qui me manquait de nouveau, donc je suis allé toquer chez l'association nationale des assesseurs l'ANAEC pour reprendre un engagement associatif en parallèle. Mais j'ai mis un terme à cet engagement, j'ai démissionné de toutes mes fonctions en décembre 2020 pour pouvoir me consacrer pleinement à la préparation de mon concours ».*

Assesseur D

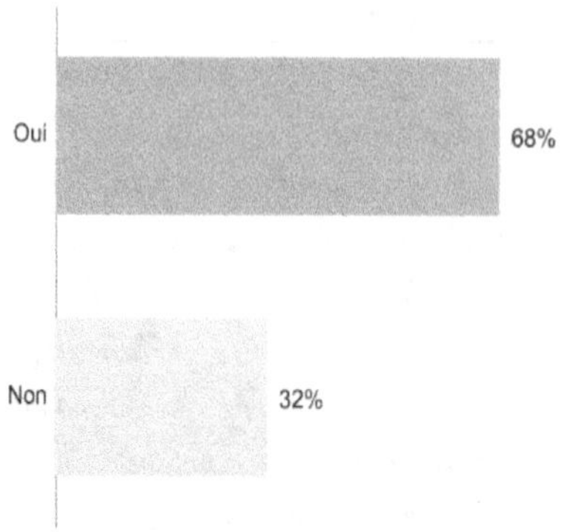


Exercice d'une activité associative

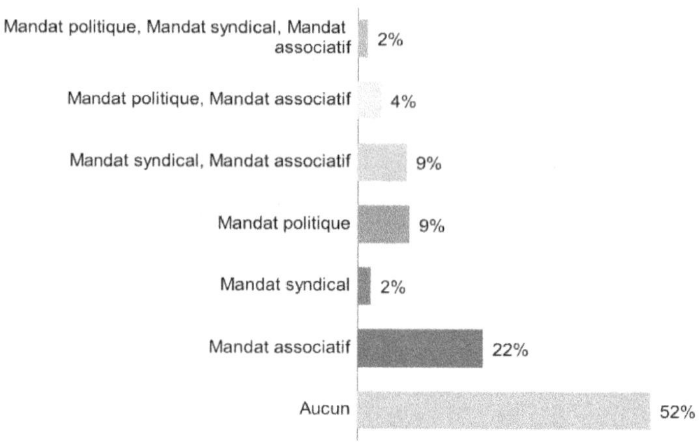


Exercice d'un mandat électif

**L'implication dans l'engagement associatif.** Si on constate une tendance majoritaire des assesseurs à s'impliquer dans la vie de la cité, encore faut-il comprendre pourquoi il existe des disparités dans les données recueillies. En effet, 100% de ceux qui exercent à la fois un mandat politique et un mandat associatif sont également engagés dans une activité associative. Mais alors comment expliquer que 55% de ceux n'exerçant pas un mandat électif, n'exercent pas non plus une activité associative (V. figure ci-dessous) ? Autrement dit, quels sont les facteurs d'implication dans l'engagement associatif ? A partir des données recueillies, des résultats obtenus puis analysés, nous nous attacherons donc à déterminer si l'activité professionnelle de l'assesseur, par le prisme du « *temps libre* » dont il dispose, influe d'une manière ou d'une autre sur son engagement citoyen.

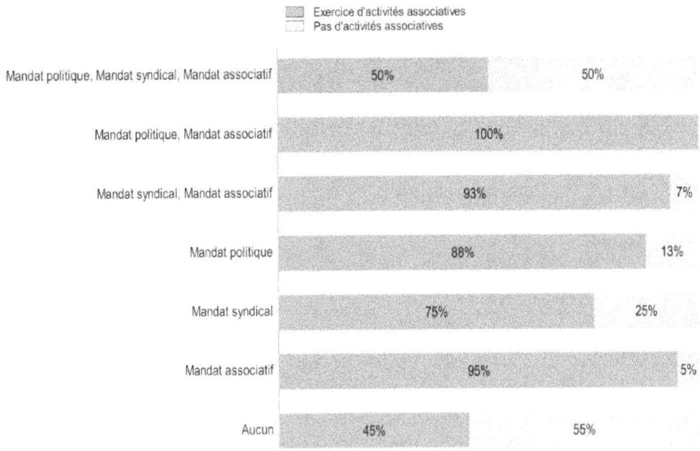


Exercice d'un mandat électif et engagement associatif

**L'exclusion du « *temps libre* » comme facteur d'engagement.** Par principe, on pourrait croire que la maîtrise d'un emploi du temps, l'existence d'un « *temps libre* » élargi et la pratique d'horaires variables sont autant de facteurs favorables à l'exercice d'une activité associative[345]. Et, en effet, au regard des résultats présentés par la figure ci après, 73% des personnes interrogées qui ont déclaré être en pré-retraite ou en retraite s'adonnent à une activité associative. Il s'agit ici d'une surreprésentation des assesseurs retraités par rapport à la population générale, où seulement

345 L. Prouteau et F.-C. Wolff, *op. cit*, p. 1 : Les auteurs considèrent que ces critères constituent des situations favorables pour s'adonner à une activité associative, « *au contraire de l'exercice d'un métier pénible et fatigant* ».

25% des retraités affirmaient être bénévoles en 2022[346]. Pour autant, ce seul constat est-il suffisant pour démontrer que le temps est un indicateur déterminant de l'engagement associatif des assesseurs citoyens ? Rien n'est moins sûr, en témoignent les résultats présentés par la figure 16. En effet, il semble que parmi les enquêtés et qui déclarent être demandeurs d'emploi ou bénéficier d'une année sabbatique, aucun n'exerce une activité associative. Par ailleurs, 86% de ceux qui déclarent travailler à temps partiel exercent une activité associative, ainsi que 47% des étudiants et 50% des travailleurs à temps complet. Il apparaît donc que le temps de travail n'est pas proportionnel à l'engagement associatif. Dès lors, au regard des données recueillies, il semble qu'encore une fois, le « *temps libre* » ne puisse être retenu comme facteur d'engagement des assesseurs extérieurs.

346 IFOP, L'évolution de l'engagement bénévole associatif en France, France Bénévolat, 2022, p. 18.

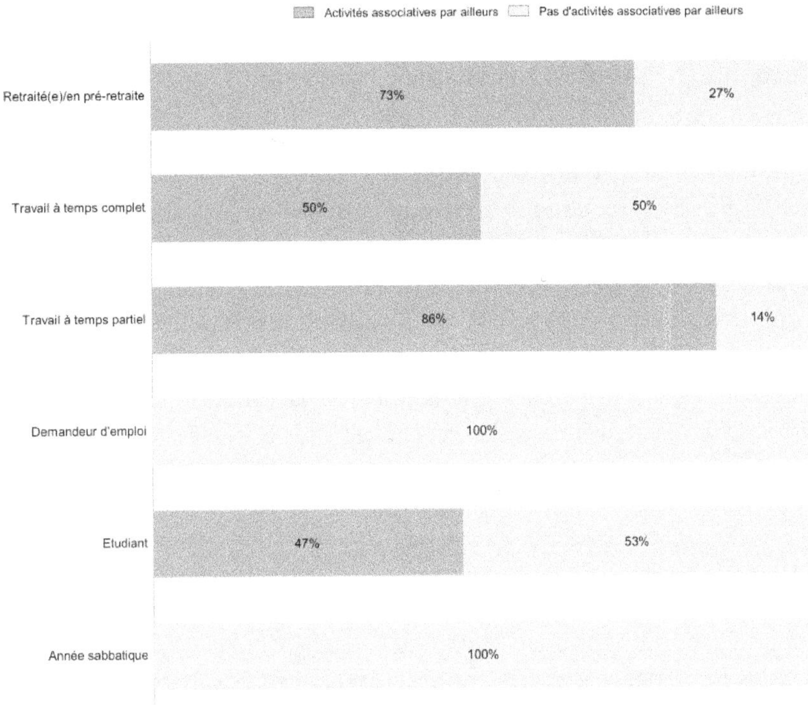


Nature de l'activité et engagement associatif

**Conclusion quant à la volonté d'engagement**. L'analyse du profil citoyen des assesseurs extérieurs nous permet de considérer qu'une forte proportion d'entre eux sont, *a minima*, intéressés par la vie de la cité. Mieux encore, il semble qu'une large majorité soit impliquée et participe à la production citoyenne, par l'intermédiaire de divers projets. Certes, les degrés et la nature de leur engagement diffèrent selon qu'ils s'adonnent à une ou plusieurs activités associatives, et/ou exercent un ou plusieurs mandats électifs. Il en reste qu'au regard des données recueillies, une majorité d'entre eux souhaite s'engager dans la vie de la cité. Pour autant, cet engagement ne semble pas puiser sa source dans une tendance commune à tous les assesseurs. En effet, non seulement leurs revenus sont disparates, c'est-à-dire qu'ils appartiennent à des classes sociales distinctes, mais en plus leur situation professionnelle ne permet pas d'expliquer leur degré d'implication dans la vie citoyenne. Dès lors, avec pour seule aide les données recueillies, rapporter l'existence d'un profil citoyen type de l'assesseur extérieur paraît être une entreprise chimérique.

## Section 2. Le profil sociologique de l'assessorat

***Annonce.*** S'interroger sur le profil sociologique de l'assessorat diffère de l'étude du profil sociologique de l'assesseur bien que le terme "assessorat" soit directement dérivé du latin *assessor*, qui signifie assesseur. L'assessorat est défini comme la charge et la fonction d'assesseur[347] ou comme l'office qu'exerce celui-ci[348]. Dès lors, il s'agit de s'intéresser à la fonction de celui qui siège aux côtés d'autrui pour l'aider dans sa mission. L'étude de cette fonction amène à se questionner à trois égards : de quelle manière l'assesseur a-t-il eu connaissance de la fonction d'assessorat (1), pourquoi a-t-il choisi de les ercercer, c'est-à-dire, ses motivations (2), et enfin, comment exerce-t-il concrètement sa fonction ? (3).

### § 1. La connaissance de la fonction d'assessorat

**Annonce.** S'agissant de la découverte de la fonction d'assesseur extérieur en commission de discipline, il ressort des entretiens que les personnes interrogées ont pris connaissance de cette fonction à l'occasion d'échanges entre proches voire au cours de leurs études ou encore par le biais de leur profession (A), en tout état de cause, ces derniers ont, avant de déposer leur candidature, chercher à approfondir leur connaissance de cette fonction, notamment par le biais de recherches internet (B).

#### A. L'origine de la connaissance

***Une fonction peu connue.*** Il ressort, tant des entretiens qualitatifs que quantitatifs, qu'une part importante des assesseurs citoyens ont eu connaissance de l'existence de cette fonction sans effectuer de recherches en ce sens. Effectivement, la plupart des répondants ont découvert la

---

347 Dictionnaires en ligne Larousse : https://www.larousse.fr/dictionnaires/francais/assessorat/5813 et l'Académie française : https://www.dictionnaire-academie.fr/article/A9A2833

348 Dictionnaire en ligne le Littré : https://www.littre.org/definition/assessorat

fonction d'assesseur citoyen en commission de discipline à l'occasion d'échanges avec leurs proches voire dans le cadre de leur profession, comme en témoigne le diagramme ci-dessous[349]. Seuls 3% des répondants affirment avoir été informés de l'existence de cette fonction à la suite de recherches personnelles. Ce constat ne semble pas témoigner d'un quelconque désintérêt à l'endroit de la fonction d'assesseur, mais pourrait bien traduire une difficulté : celle de la méconnaissance de la fonction limitant ainsi son accès. Cela interroge sur les raisons de ce manque de connaissance. Pourquoi la fonction d'assesseur citoyen en commission de discipline demeure peu connue du grand public ? À en lire les résultats, cela pourrait s'expliquer en partie par un manque de communication à ce sujet, notamment de la part du ministère et de l'administration pénitentiaire qui ne représentent que 10% des cas où les répondants ont pris connaissance de cette fonction par ce canal. Par ailleurs, la fermeture des portes des établissements pénitentiaires couplée à l'absence de publicité des commissions de disciplines ainsi qu'à la nécessité de candidater à la fonction d'assesseur citoyen, limite certainement la connaissance de celle-ci à la différence d'autres fonctions voisines. C'est effectivement le cas des jurés en Cour d'assises dans la mesure où une grande partie des citoyens pourrait endosser ce rôle en dépit de leur volonté[350].

---

349 181 participants ont répondu à la question de savoir selon quelle modalité ils avaient pris connaissance de la possibilité de devenir assesseur extérieur en commission de discipline.

350 En témoigne également la densité de la littérature à ce sujet, V. par exemple A. Jolivet, « Juré en cour d'assises : découverte d'un monde social et expérience de sociabilité au sein d'un groupe restreint », *Droit et société*, 2006, pp.203-222 ; G. Richard, « Être désigné juré d'assises : une analyse des attitudes de citoyens français face à une convocation simulée du tribunal », *Pratiques psychologiques*, 2011, pp.341-357 ; A. Jellab, A. Giglio, *Des citoyens face au crime : les jurés d'assises à l'épreuve de la justice*, Toulouse, Presses universitaires du Mirail, coll. Socio-logiques, 2012, 421p ; G. Donadin, *Le procès Ranucci : témoignage d'un juré d'assises*, Paris, L'Harmattan, coll. la justice au quotidien, 2016, 102 p.

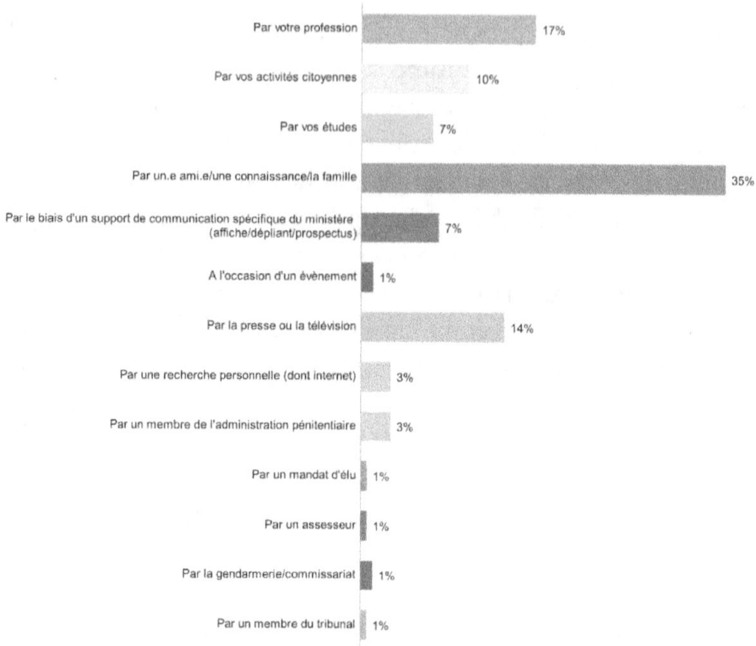


Modalité selon laquelle connaissance de la possibilité de devenir assesseur extérieur en commission de discipline

***La profession, un vecteur minoritaire de connaissance de la fonction.*** Ce manque de connaissance s'est également manifesté auprès des travailleurs de la fonction publique et des juristes. En effet, si 35% des répondants ont découvert cette fonction par une connaissance, seuls 17% ont en eu connaissance à l'occasion de leur activité professionnelle[351], alors qu'il ressort des données quantitatives représentées ci-dessous que 72% des assesseurs travaillent dans le secteur public ou exercent une profession juridique et que 7% des répondants font partie de l'administration pénitentiaire. Il s'en déduit dès lors, que si ces professions permettent

[351] Seuls 17 % des répondants ont eu connaissance de la fonction par le biais de leur profession.

certainement plus que d'autres la transmission de renseignements concernant l'existence de cette fonction[352], la vie professionnelle demeure un canal d'information moins efficace que celui des échanges entre proches[353].

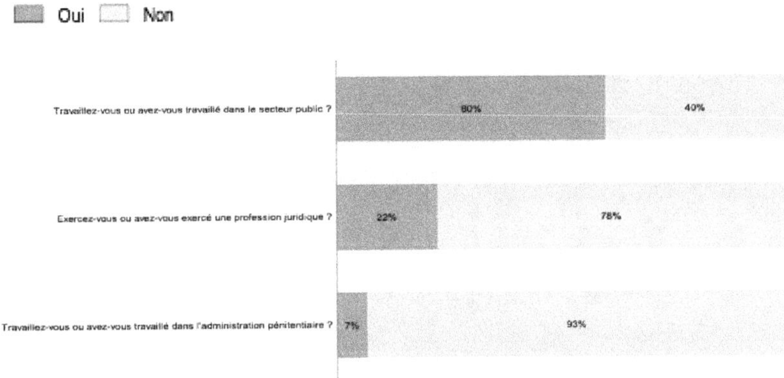


***La faible connaissance de la fonction en dépit de celle de la prison***. Pour autant, près de la moitié des assesseurs répondants affirment être entrés dans un établissement pénitentiaire avant la prise de leur fonction. Pour la majorité d'entre eux, cette visite a d'ailleurs eu lieu dans le cadre de leur activité professionnelle, certainement parce que, comme expliqué ci-dessus, les professionnels du service public et du secteur juridique sont surreprésentés dans ce questionnaire. D'autres répondants ont eu l'occasion de visiter un établissement pénitentiaire à l'occasion d'une activité associative ou encore lors d'un stage.

352 Dans la mesure où parmi les 17 % des répondants ayant eu connaissance de la fonction par le biais de leur profession, nombreux exercent une activité de service public ou un métier juridique, voire font partie de l'administration pénitentiaire dans la mesure où ces travailleurs représentent 79 % des répondants.

353 35 % des répondants ayant eu connaissance de la fonction à l'occasion d'échanges avec des proches.

Etiez-vous déjà entré dans un établissement pénitentiaire avant ?

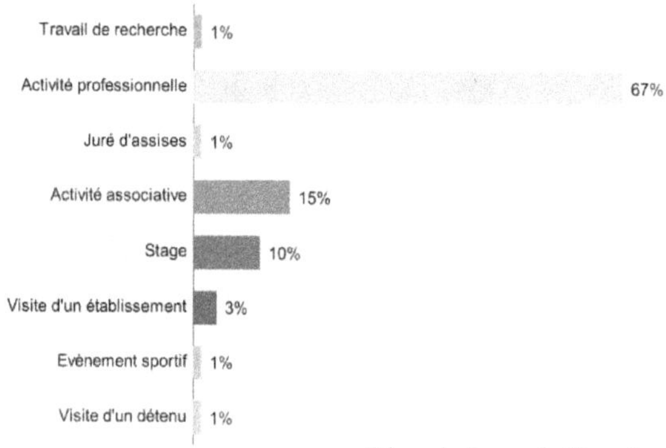


Si oui, à quel titre ?

*Pour autant, cette connaissance de la prison ne leur a pas permis de découvrir la fonction d'assesseur en commission de discipline tels qu'en témoignent les extraits d'entretiens ci-dessous :*

*« (…) moi je ne savais pas que ça existait, en fait. Je sais que les commissions disciplines existaient, mais qu'il y avait une personne extérieure à la pénitentiaire qui était là, je ne savais pas ».*

Assesseur A

*« Et à cette époque, en visiteur, tu avais déjà connaissance des commissions de discipline ? »*

*L'assesseur : « Non, j'ai été visiteur pendant deux ans à peu près et j'ai eu connaissance au bout d'un an ».*

Assesseur D

*« (…) lors d'un stage au TJ à Agen, j'avais pu assister à une CAP, j'avais aussi pu lors de mes études en M2 visiter l'établissement de Gradignan. Ensuite après une année de préparation pour l'ENM (…) j'ai pu savoir qu'on pouvait être assesseur en commission de discipline … »*

Assesseur 7

***Les études de droit, vecteur de connaissance de la fonction.*** S'agissant des jeunes assesseurs[354], il ressort des entretiens qualitatifs que plusieurs étudiants ont eu connaissance de l'existence de cette fonction au cours de leurs études de droit. Cela pourrait d'ailleurs expliquer la surreprésentation des assesseurs ayant indiqué être détenteur d'un diplôme en droit (cf. figure « discipline du plus haut diplôme obtenu, p. 105). Ces études favoriseraient alors la découverte de la fonction d'assesseur extérieur en commission de discipline, tant grâce aux enseignants qu'à l'échange avec des étudiants en droit conformément à ce qu'il a pu ressortir des entretiens qualitatifs dont certains extraits sont versés ci-dessous. Il convient également de préciser que parmi les 35% d'assesseurs répondants ayant pris connaissance de la fonction à l'occasion d'une discussion avec leurs proches, certains informateurs avaient eux-mêmes suivi des études de droit.

354 11 % des assesseurs répondants ayant entre 20 et 25 ans.

*« (…) par la suite, j'ai participé cet été au DU de l'ISPEC. Et j'ai rencontré Eudoxie Gallardo, et bon, plein d'enseignants, et j'ai entendu parler de la commission de discipline et du rôle citoyen dans la commission de discipline »*

*« (…) je pense que je serais jamais tombé dessus euh, c'est dommage parce que l'info est pas facile d'accès, enfin, elle m'est pas venue directement. J'ai vraiment fait des recherches à ce sujet. J'en avais vraiment jamais entendu parler ».*

Assesseur E

*« C'est dans le cadre de ce DU que j'ai eu à une pause, une discussion avec un intervenant qui m'a parlé de ces commissions de disciplines. J'avais déjà un engagement associatif en détention, c'est pour ça que j'avais parlé avec l'intervenant à la pause. C'est donc à ce moment que j'ai eu connaissance des commissions. J'ai tout de suite déposé une candidature ».*

Assesseur D

*« Elle était en fac de droit. Elle essayait de passer le concours pour être avocate. Elle voulait être avocate pénale. Elle s'est rapprochée de personnes qui étaient justement des avocats pénaux et des personnes qui assuraient des permanences pour les commissions de discipline. Elle a entendu parler de ça comme ça et elle y est venue comme ça ».*

*« Elle m'a dit qu'elle allait à la prison, je lui ai demandé ce qu'elle faisait. Je ne connaissais pas, je lui ai demandé de m'expliquer ».*

Assesseur 2.

**Transition**. Dès lors, l'accès à la connaissance de la fonction d'assesseur extérieur en commission de discipline n'est pas évident en dépit de la surreprésentation des détenteurs d'un diplôme un droit, des personnes ayant visité un établissement pénitentiaire avant la prise de leur fonction ainsi que des professionnels rattachés au service public et au domaine juridique. Cette difficulté d'accès à la connaissance de la fonction étant couplée à l'ignorance des missions y étant rattachées, une part importante des assesseurs ont dû, avant de déposer leur candidature, se renseigner davantage sur la charge attendue et ce notamment par le biais d'internet.

B. L'approfondissement de la connaissance

***L'exploration de la fonction via internet.*** Il ressort des entretiens qualitatifs que la simple connaissance de l'existence de la fonction d'assesseur extérieur en commission de discipline n'a pas suffi à emporter la conviction des intéressés à candidater. Effectivement, nombreux sont les assesseurs interrogés à avoir voulu approfondir la connaissance de cette fonction avant de s'engager. Pour ce faire, ils se sont rendus sur internet et notamment sur le site institutionnel du ministère de la Justice lequel décrit tant les missions de l'assesseur extérieur que les modalités afin de le devenir ou encore la rémunération perçue par ces derniers. Il se déduit des extraits d'entretiens retranscrits ci-dessous que ce complément d'informations a été jugé comme suffisamment complet par les assesseurs interrogés puisque, dans la plupart des cas, ces derniers ont directement transmis leur candidature à l'issue de ces lectures.

> *« Je vous avoue que j'en avais déjà entendu parler mais je savais pas concrètement comment le devenir. J'ai jamais eu d'informations qui sont venues à moi sur cette fonction. Et après j'ai regardé en quoi ça consistait ».*
>
> *« J'ai cherché sur internet directement, sur le site institutionnel. Donc je me suis rendu sur ce site. (...) Mais de mon côté je me suis renseigné mais je suis pas allé trop trop loin non plus je suis allé sur les sites à disposition ».*
>
> Assesseur B

> *« (...) j'ai entendu parler de la commission de discipline et du rôle citoyen dans la commission de discipline. Je me suis renseigné sur internet et puis c'est comme ça que finalement, j'ai candidaté et, et puis j'ai reçu quelques mois plus tard une habilitation, positive ».*
>
> Assesseur E

*« Avez-vous cherché à avoir des informations plus précises de votre côté ? »*

*Assesseur : « Déjà j'ai été sur internet, sur des forums pour voir des témoignages d'assesseurs. Ça a été pas mal pour voir le concret, pour voir réellement comment ça se passait. Ça m'a juste conforté dans mon idée donc j'ai fait mon courrier au tribunal et voilà, c'était parti ».*

Assesseur 2

**Transition**. Ainsi, bien que l'accès à la découverte de la fonction d'assesseur extérieur en commission de discipline ne se fasse pas aisément, l'approfondissement de cette connaissance semble facilité par l'utilisation d'internet et notamment par le site institutionnel du ministère de la Justice. En effet, les assesseurs interrogés ont déclaré avoir immédiatement transmis leur candidature après avoir découvert de plus amples informations concernant ladite fonction. En tout état de cause, la rapidité de la transmission de leur candidature pourrait surtout s'expliquer par leur profonde envie de découvrir cette fonction en raison de diverses motivations.

### §2. Les motivations pour la fonction

**Annonce**. Il ressort des entretiens que les assesseurs sont avant tout mus par des considérations d'ordre personnel. Ce n'est que dans un second temps que ces motivations personnelles (A) laissent la place à des motivations plus altruistes tournées vers le rôle citoyen de la fonction d'assesseur en commission de discipline (B).

#### A. Des motivations personnelles

**Absence de prétentions financières.** Les entretiens ci-dessous viennent corroborer les résultats précédents (Supra, cf. le profil sociologique de l'assesseur) quant à la faible attractivité financière de la fonction.

*« Question : est-ce que vous êtes payé, comment ça se passe, ça se fait à la commission ?*

*Réponse : Oui, il me semble que c'était à la commission, mais je me souviens plus très bien, je suis pas du tout allé pour ça »*

Assesseur 1

**Avoir une occupation.** Les motivations pour la fonction d'assesseurs sont avant tout des motivations d'ordre personnel, en ce sens que les personnes interrogées ont rejoint la fonction pour elles-mêmes. Il va s'agir, notamment d'avoir une activité soit à côté de son travail, ou pour ceux qui sont à la retraite de trouver une activité pour s'occuper. On constate également que les assesseurs qui exerçaient déjà dans le monde judiciaire ou de la police/gendarmerie seront plus enclins à exercer de telles fonctions afin de garder un lien avec leur ancien milieu professionnel.

*« je voulais aussi préparer ma retraite, ça me fera une occupation »*

Assesseur F

*« ça me donnait aussi un prolongement de ma profession pour voir les choses de l'autre côté du miroir si l'on peut dire, par rapport à ma fonction de gendarme »*

Assesseur 3

*« c'est le désir de rester en contact avec l'environnement judiciaire…c'est pour la même raison que je fais partie de la commission de surendettement »*

Assesseur 5

*« c'était quelque part d'avoir un lien encore, avoir un lien un peu avec cette prison que je quittais, sans la quitter ».*

Assesseur A

C'est certainement ce qui explique la sur-représentation de personnes à la retraite ou en pré-retraite (71 %, cf. figure p. 104) exerçant les fonctions d'assesseur en commission de discipline, et également le fait que les professions juridiques et les anciens agents de l'administration pénitentiaire soient assez bien représentées (22 % pour les professions juridiques et 7 % pour l'administration pénitentiaire, soit 29 % en tout, cf. ci-dessous 2e figure) ainsi que les personnes ayant travaillé dans le secteur public (anciens gendarmes notamment, 60 %).

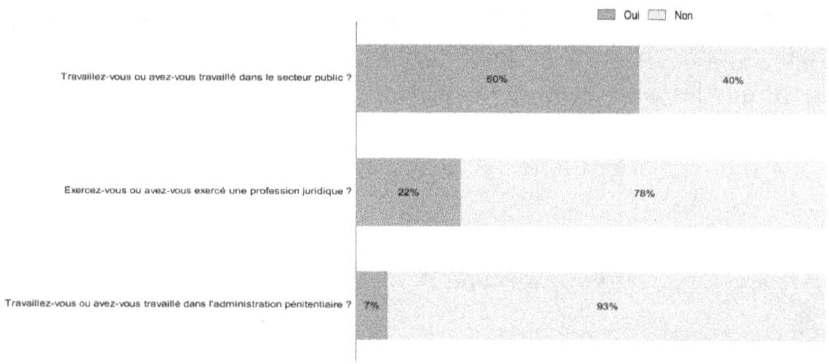


**Perfectionnement de l'assesseur.** Il est également intéressant de constater que les assesseurs peuvent s'inscrire dans une dynamique de perfectionnement de leurs compétences. Tout d'abord, pour les assesseurs exerçant déjà d'autres fonctions similaires, il semblerait qu'ils cherchent par là à acquérir ou à améliorer leur expérience.

*« Puis, comme je suis expérimenté dans la ligue de football, je me suis dit que ça pourrait me permettre d'avoir une activité en dehors de mon travail. Je n'avais aucune prétention financière, je voulais acquérir de l'expérience »*

Assesseur F

*« je lui ai dit que j'étais dans une autre commission de discipline, que c'est la chose que je connaissais le mieux, que c'était pour avoir une activité autre que mon travail*

Assesseur F

**Relation avec d'autres procédures disciplinaires**. Cette volonté d'acquérir de l'expérience ou de la compléter par la fonction peut être mise en relation avec la part d'assesseur ayant déjà participé à une autre procédure disciplinaire : 33 % déclarent avoir déjà participé à une autre procédure disciplinaire.

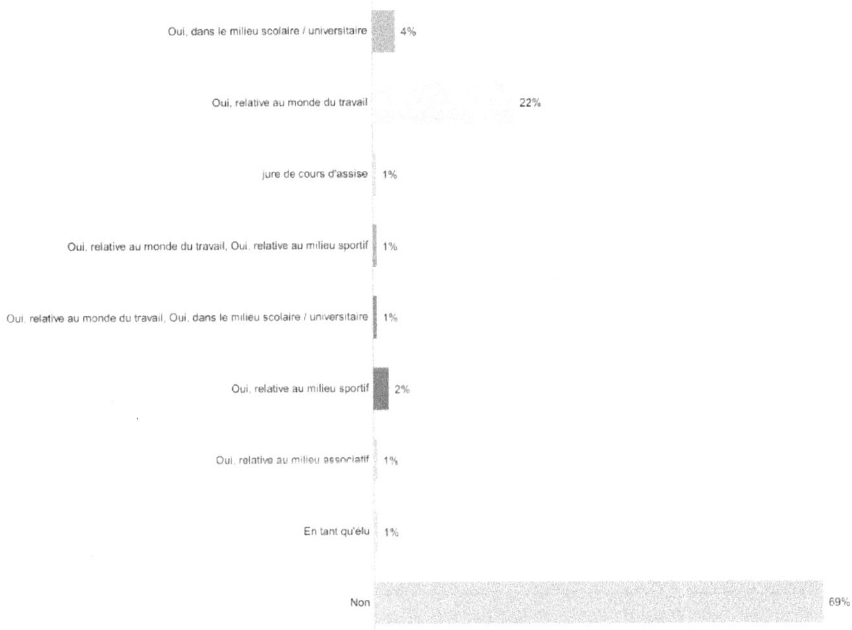


Avez-vous déjà participé à une autre procédure disciplinaire ?

**Les assesseurs étudiants**. Puis, ce renforcement des compétences se retrouve en particulier dans le public étudiant qui y voit la possibilité de mêler l'étude de la théorie enseignée dans le cadre des cours universitaires et de la pratique, non seulement dans une perspective de concours, mais également du futur métier qu'ils seront appelés à exercer plus tard.

> *« De manière personnelle, c'est parce que quand on prétend faire un métier quel qu'il soit dans un domaine, il faut que, mêler théorie et pratique. Et c'est vrai que rendre une décision de justice, quelle qu'elle soit, puisque finalement c'est une vraie décision de justice qui est rendue. Bah, l'avoir vécu c'est bien pour en parler, ne serait-ce qu'en cours, ne serait-ce que quand on a des débats avec d'autres étudiants. Enfin, c'est quand même quelque chose de dire qu'on va le condamner à ça et puis en réalité, bah quand on a la personne en face, bah dire à quelqu'un qu'il va passer 7 jours dans le quartier disciplinaire qui mesure, qui est toute petite, c'est quand même pas la même chose quand on a l'a vécu. Et je voulais vraiment compléter ma formation en théorique avec une formation pratique. Puis, pour voir le fonctionnement de l'EPM, comment sont les conditions de détention »*
>
> Assesseur E

**Perspective de recherches**. Dans le même ordre d'idées, la réalisation d'un travail de thèse a pu pousser un étudiant à exercer les fonctions d'assesseur et à solliciter en particulier un établissement qui met en place un régime ouvert, ce qui permet d'allier recherches théoriques et aspects pratiques.

**Assouvir une curiosité personnelle**. Mais, d'une manière générale, la fonction d'assesseur permet d'assouvir une curiosité naturelle et de découvrir l'univers carcéral qui est assez mal connu du grand public.

> *« (…) je trouvais que c'était une chance même de pouvoir participer aux commissions de discipline et de découvrir ça »*
>
> Assesseur B

> *« j'ai envie de faire ça parce que ça m'intéresse, le boulot m'intéresse »*
>
> Assesseur C

*« Pour découvrir ce monde pénitentiaire »*

Assesseur C

*« (...) ça s'inscrit dans une volonté de, d'évoluer aussi et de comprendre les choses »*,

Assesseur E.

**Transition**. Ce désir de découverte de l'univers carcéral, d'assouvir une curiosité personnelle rejoint des motivations plus altruistes tournées vers le détenu et la commission de discipline.

B. Des motivations altruistes

**Des relations humaines**. L'aspect humain de la fonction ressort de certains entretiens, mettant ainsi en valeur l'importance de la fonction d'assesseur au sein de la commission de discipline.

*« Parce que les détenus ont les mêmes réactions que les autres êtres humains, mais c'est plus exacerbé, avec beaucoup moins d'inhibitions. On peut voir certains mécanismes de pensée de manière beaucoup plus flagrante. C'est ça m'a vachement intéressé, au-delà de la seule curiosité »*

Assesseur 2

*« Ce qui m'intéresse c'est l'aspect humain, les échanges humains. Voir ces gens-là, comment ils réagissent, comment ils conçoivent les choses. Et c'est vrai qu'il y a matière à voir les gens tels qu'ils sont. La possibilité de diriger les choses autrement, ou de modifier... »*

Assesseur 3

De l'aspect humain de la fonction, il est possible de glisser vers des motivations tournées vers le rôle de l'assesseur citoyen au sein de la commission de discipline elle-même.

**Un engagement citoyen**. A l'image de la manière dont est perçue leur fonction par la Circulaire du 11 janvier 2022 relative à l'habilitation des assesseurs extérieurs en commission de discipline, il découle de certains entretiens que les assesseurs ont la conscience et la volonté d'apporter une plus-value à la commission de discipline. Une plus-value qui s'inscrit dans un engagement citoyen (V. supra 2e partie, chap. 1, sect. 1, § 2).

> *« apporter ma pierre à l'édifice pour que les commissions de discipline soient le plus, enfin, soient vraiment bénéfiques, je dirai aux détenus »*
>
> Assesseur B.

> *« d'avoir un rôle citoyen quelque part »*
>
> Assesseur E

> *« J'avais écrit un petit paragraphe, je pourrais vous le donner si ça vous intéresse. Bon qui explique que je fais des études en droit, que j'ai un intérêt particulier pour la matière. Mais aussi que j'ai envie d'apporter mon concours citoyen à cette institution »*
>
> Assesseur E

**Transition**. Compte tenu de ces motivations tant personnelles qu'altruites, le profil de l'assessorat est également intéressant à analyser du point de vue de l'exercice de la fonction.

### § 3. L'exercice de la fonction

L'exercice de la fonction, à savoir les modalités de l'accomplissement des missions d'assesseur, peuvent être envisagées dans deux dimensions. Cet exercice s'inscrit ainsi, d'une part, dans une dimension temporelle (A), et d'autre part, dans une dimension spatiale (B).

### A. L'exercice de la fonction dans le temps

Lorsque l'exercice de la fonction est envisagé dans sa dimension temporelle, cela implique de s'intéresser de plus près à la durée durant laquelle la fonction d'assesseur peut être exercée (1) avant d'analyser à la fréquence à laquelle les assesseurs assurent leur charge (2) mais aussi la question de la rotation des assesseurs au sein d'un même établissement pénitentiaire (3).

#### 1. La durée de la fonction

***Proportion***. À la lecture des résultats de l'enquête quantitative, il apparaît que 16% des assesseurs extérieurs en commission de discipline ont exercé leur fonction durant moins d'un an. Cela peut certainement s'expliquer par la surreprésentation des étudiants touchés par le questionnaire[355].

Toutefois, 13 % des répondants exercent leur fonction depuis dix ans, 9% depuis 11 ans, 2% depuis 12 ans et 1% depuis 13 ans (soit, 25% depuis dix ans et plus). La majorité se situant entre 1 et 9 ans d'exercice puisqu'ils représentent 58% des répondants. À toute fin utile, il est nécessaire de préciser que les textes en vigueur ne précisent aucune condition relative à la durée de la fonction, ni minimale, ni maximale. La seule limite à la durée de l'exercice des fonctions réside dans le retrait de l'habilitation par le Président du tribunaljudiciaire selon l'article D 234-11 du décret du 30 mars 2022[356]. En revanche, concernant la fréquence le Code pénitentiaire prévoit désormais une limite.

355 9 % des répondants.

356 Code pénitentiaire, partie réglementaire introduite par le décret n°2022-479 du 30 mars 2022.

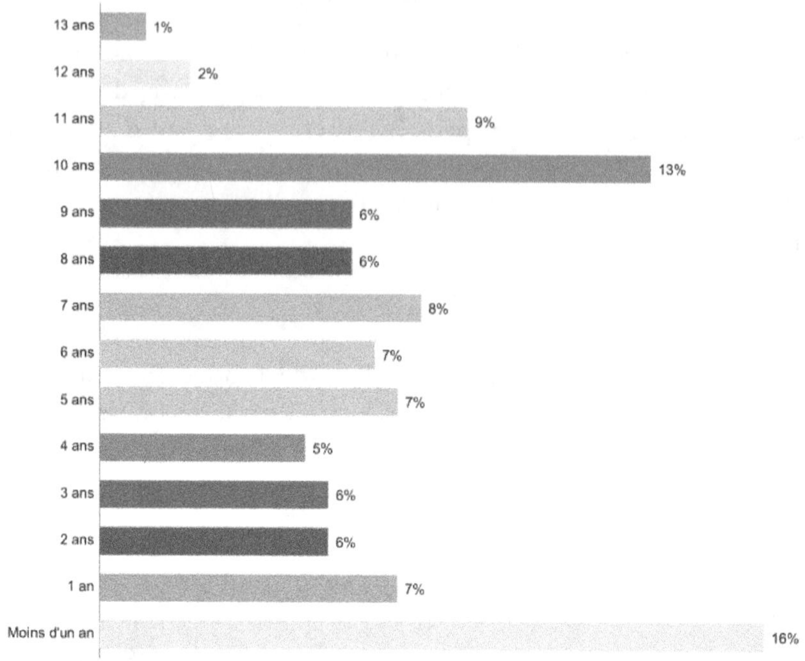


Durée d'exercice des fonctions d'assesseur

2. La fréquence de la fonction

**Proportion majoritaire de fréquence**. Aux termes de l'article D. 234-10[357] « Chaque assesseur extérieur ne peut participer à plus de 200 séances de commission de discipline par an ». Il ressort de l'enquête quantitative que 69 % des assesseurs participent une à trois fois par mois à une commission de discipline, ce qui revient à siéger au maximum 36 fois par an. On note cependant que certains assesseurs siègent à des fréquences plus importantes, puisque 12 % y siègent quatre fois par mois (ce qui ressort également fréquemment des entretiens qualitatifs) et 14% entre cinq à neuf fois par mois.

357 *Ibid.*

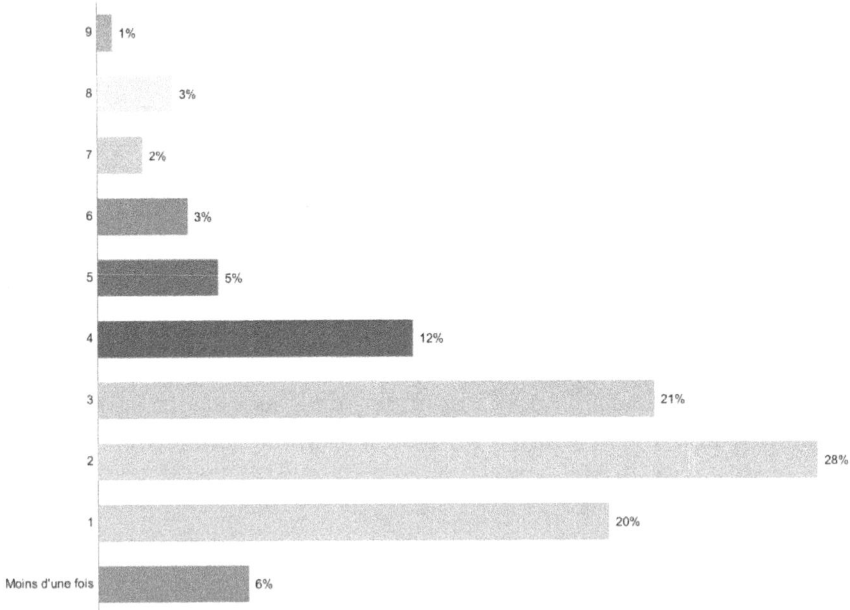


Nombre d'interventions en CDD en moyenne par mois

***Proportion minoritaire***. Toutefois, certains assesseurs extérieurs ont pu siéger de manière exceptionnelle plus de 9 fois par mois notamment en raison d'un retard accumulé dans le traitement des dossiers tandis que d'autres sont amenés à exercer leur fonction moins d'une fois par mois.

> *« Non, non ! J'en ai tellement fait ce premier mois ! Le premier mois, ouais, j'en ai fait 14 et après bon ça s'est régulé, hein, mais, le premier mois 14, voilà, ça a été exceptionnel ! »*
>
> *« Alors voilà, il y avait beaucoup de dossiers en retard, il y avait beaucoup de commission de discipline et beaucoup de dossiers ...donc du coup, beaucoup de prévention et il n'y avait personne, voilà. Donc, j'étais là et puis je pense que peut être aussi, ils se sont dit « on va la mettre dans le bain là » ! »*
>
> Assesseur A

> *« Alors, juillet-août je compte pas j'y étais très souvent. Mais depuis septembre j'y vais entre 7 et 10 fois par mois ».*
>
> Assesseur F

> *« je dois y aller, moi, cinq, six fois dans l'année »*
>
> Assesseur 5

**Transition**. De manière générale, les assesseurs notent que la fréquence est corrélative au nombre des assesseurs affectés à l'établissement, ce qui pose la question de la rotation des assesseurs au sein d'un même établissement.

3. La rotation

**Planning.** La question de la rotation entre les différents assesseurs citoyens au sein d'un même établissement éclaire plusieurs aspects de cette recherche. Effectivement, l'établissement du planning concerne directement le fonctionnement de la commission de discipline (Cf. infra chap. 2, sect. 1, § 1). Pour autant, cette thématique intéresse également l'étude de l'exercice de la fonction d'assesseur et plus particulièrement la dimension temporelle de cet exercice. Surtout, la gestion de l'emploi du temps constitue un aspect essentiel de l'engagement du citoyen dans cette fonction d'assesseur en ce qu'elle peut déterminer le choix d'exercer cette fonction selon le temps qu'elle pourait demander aux citoyens volontaires. Enfin, nous verrons que la gestion du planning peut dépendre d'autres critères que la seule disponilité des assesseurs. En effet, les rotations sont parfois pensées en prenant en compte des critères tenant à la personnalité des assesseurs, ce qui interroge la légitimité de certains assesseurs à exercer leur mission. En tout état de cause, tous soulignent l'importance de la mise en place d'un planning en amont, permettant la rotation des assesseurs compte-tenu des disponibilités qu'ils ont communiquées[358]. Pour certains,

---

[358] V. aussi *supra* 1ere partie, chap. 1, sect 1.

la rotation est établie par trimestre bien que d'autres n'y ont accès qu'une semaine avant la tenue de la commission.

> *« Oui, c'est par trimestre. Et, par exemple, le dernier trimestre, on le reçoit fin août-début septembre, un mois avant d'attaquer le trimestre quoi. »*
>
> Assesseur F

> *« Bah là je l'ai eu au moins de septembre. Au moment où j'ai commencé, je l'ai eu jusqu'à décembre ».*
>
> Assesseur E

> *« Question. Vous l'avez combien de temps avant le planning ? »*
>
> *« Réponse. Bah, peut-être une semaine ou 15 jours avant...et c'est sur le mois d'après, voilà ».*
>
> Assesseur A

> *« On m'appelle, on me dit : "est-ce que vous êtes libre la semaine prochaine ? Oui, non ? Quels jours ?". Alors, je donne mes disponibilités, on me propose aussi des dates et des heures. »*
>
> Assesseur 5

**Responsable**. Si l'article R 234-8 du Code pénitentiaire précise qu'« Il est dressé par le chef de l'établissement pénitentiaire un tableau de roulement désignant pour une période déterminée les assesseurs extérieurs appelés à siéger à la commission de discipline ». Parfois, ce sont les assesseurs qui sont eux-mêmes chargés de l'élaboration du planning.

*« Ça a évolué, je suis adhérent de l'ANAEC donc je suis au courant des formations, j'ai les contacts de tous les assesseurs car la gestion du planning était un bazar j'avais donc demandé un rendez-vous à la direction qui m'avait dit que si je voulais un planning bien propre il fallait que quelqu'un s'en occupe. Ça devrait être le travail de l'administration pénitentiaire mais je l'ai fait, j'ai donc informé les autres assesseurs parce que j'avais leurs contacts donc je leur ai dit 1 : il existe l'ANAEC – 2 : ils font des formations – 3 : si ça vous intéresse saisissez-vous en. Deux l'ont fait, à l'époque on devait être 5, maintenant les 2 ont démissionné, et avec les nouveaux arrivés et les anciens restant personnes d'autres n'ont fait la formation ».*

Assesseur D

**Organisation interne**. Les plannings sont élaborés en tenant compte des disponibilités de chacun mais également des types de tenue de la commission en distinguant qu'il s'agisse de mise en prévention ou de commission de discipline. Cette organisation consiste à nommer un assesseur de permanence afin d'assurer la tenue des mises en prévention sur les jours non programmés ainsi que les remplacements de l'assesseur programmé, ce dernier pouvant lui-même être remplacé par un autre assesseur désigné comme suppléant.

*« On a notre planning, on a les 4 jours où se tiennent les commissions avec un nom, et sur la semaine un nom qu'on va appeler l'assesseur de permanence pour assurer les remplacements de l'assesseur programmé qui ne peut pas et assurer les mises en prévention sur les jours non programmés, et un assesseur suppléant si l'assesseur de permanence ne peut pas non plus ».*

Assesseur D

**Particularités**. Toutefois, le choix de l'assesseur peut dépendre d'autres critères, tels que son comportement à l'égard des détenus qui pourraient être récalcitrants. Sont alors écartés les assesseurs retraités des fonctions de la police et privilégiés les assesseurs n'ayant pas exercés ces fonctions et les femmes.

*« Officiellement c'est une rotation, mais je sais que moi, on m'a déjà contacté directement pour des raisons sanitaires au début du confinement vu que j'étais le plus jeune et qu'ils étaient tous à la retraite. Il fallait mieux avoir un jeune qu'un vieux. Et ensuite, sur certaines mises en prévention qui ont été un peu musclées, il y a un assesseur ou deux qui a un passé de flic, qui sont un peu retors avec les détenus, qui ont tendance à chercher des poux. Quand c'est de profil « à exploser » ils m'appellent moi, et il y a deux autres femmes aussi, ils nous appellent plutôt nous que les deux qui taquinent un peu le détenu, disons cela comme ça. Donc oui, parfois il y a une sélection qui est faite par l'administration. Ça arrive ».*

Assesseur 2

**Inconvénient**. Si ce fonctionnement a de nombreux avantages en termes d'organisation, il présente néanmoins un désavantage, celui d'empêcher les assesseurs de se rencontrer, ainsi ces derniers ne se connaissent pas et sont privés d'échanges.

*Question : « Donc vous vous rencontrez régulièrement quand vous siégez ».*

*Réponse : « Alors moi je les ai jamais rencontrés parce qu'on a un planning. Donc en fait c'est un planning qu'on a, je sais déjà quand je vais siéger jusqu'à la fin de l'année civile là. Et donc on a un planning et on se croise jamais par contre. Puisqu'un mercredi c'est l'un, c'est tous les mercredis, un autre mercredi c'est l'autre, et puis ».*

Assesseur E

*« Parce que l'établissement du coup maintenant, quand y'a un nouvel assesseur, on me donne ses coordonnées pour l'intégrer au planning, donc j'en profite pour l'appeler pour lui demander comment il appréhende les choses etc. et lui expliquer comment ça se passe. Donc je pense qu'ils arrivent aussi perdus mais au moins ils ont eu un premier contact avec un autre assesseur, mais toujours pas de formation. Après si demain je pars, pas sûr que quelqu'un le fasse, et je prétends pas les former c'est juste un échange pour qu'ils arrivent moins perdus, s'ils ont des questions ... »*

Assesseur D

**Transition.** Dès lors, il ressort des entretiens que la durée d'exercice de la fonction ne fait pas l'objet d'encadrement, ni a minima ni a maxima. S'agissant de la fréquence, les entretiens permettent d'identifier des disparités d'intervention entre les différents établissements, ce que vient confirmer l'étude des rotations puisqu'elle a permis de révéler des pratiques distinctes selon les établissements, tout en soulignant la prise en compte globale des disponibilités des assesseurs. Cette disparité se matérialise également à l'étude de la répartition spatiale des assesseurs extérieurs.

### B. L'exercice de la fonction dans l'espace

**Annonce**. Les cartes de France métropolitaine, de Corse et d'Outre-Mer permettent de localiser le domicile des répondants par rapport à la situation des établissements pénitentiaire d'exercice. Ce faisant, ces éléments permettent d'avoir une représentation de la présence des assesseurs au niveau national (1), à laquelle il faut coupler l'analyse des données par établissements, permettant ainsi de mettre en évidence la concentration des assesseurs sur certains établissements ou leur déploiement sur plusieurs établissements (2).

#### 1. L'exercice de la fonction au niveau national

**La répartition nationale.** Pour la région parisienne, pas de difficulté géographique, la répartition entre les domiciles des assesseurs et les établissements concernés étant cohérente ; il en va de même pour les régions ouest et centre. Cet équilibre ressort d'ailleurs des entretiens qualitatifs qui montrent que les assesseurs candidatent dans les établissements les plus proches de leur domicile.

> *Q : « Vous saviez que ce serait à [Nom d'établissement pénitentiaire] ? Vous n'avez pas candidaté pour un autre établissement ? »*
>
> *« J'avais, non, j'avais en tout cas mis dans le dossier que je candidatais pour [Nom d'établissement pénitentiaire] du fait de la proximité de mon lieu d'études et de résidence sur [Ville dans laquelle se situe l'établissement pénitentiaire]. »*
>
> Assesseur 7

**Une répartition hétérogène**. Toutefois le constat n'est pas le même au regard de certaines régions de France, notamment à Brest puisque l'assesseur le plus proche est situé, selon l'échelle mentionnée sur la carte ci-dessous, à au moins 50 kilomètres, le deuxième étant plus éloigné encore.

Il convient également de relever que parmi les répondants, aucun n'est originaire de la zone Est s'étalant de Lyon à Paris, bien que des établissements pénitentiaires couvrent cette zone (Auxerre, Dijon, Besançon, Nevers, Joux-la-Ville, Lons-le-Saunier…).

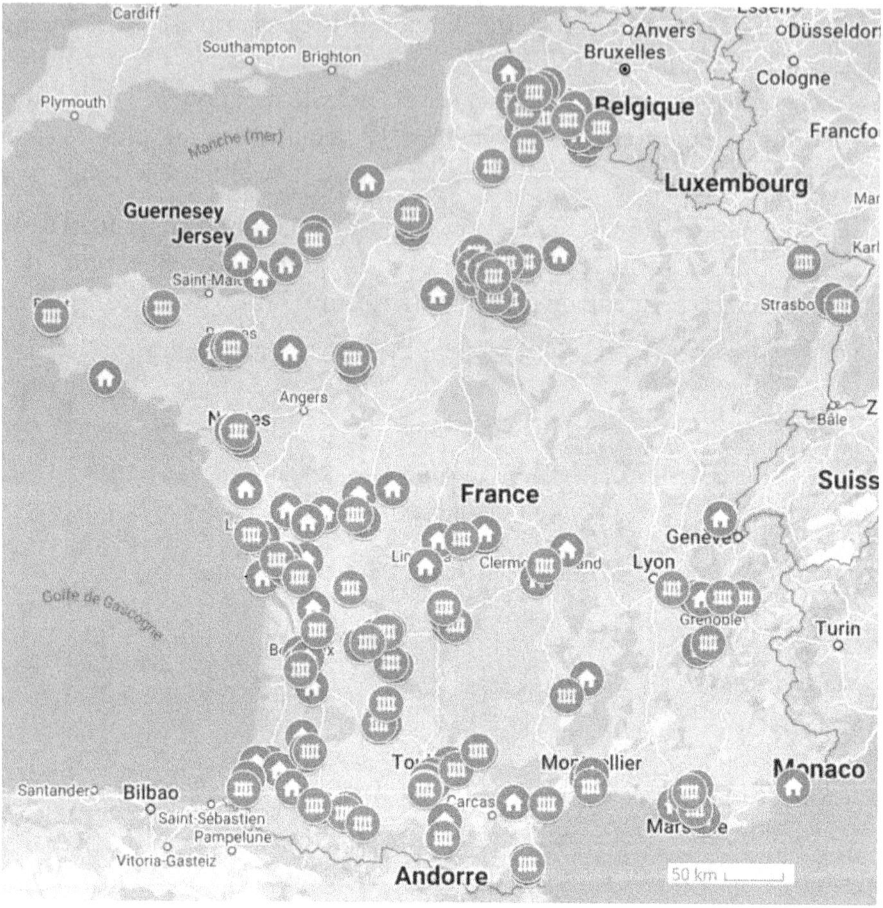


Carte des répondants

Code postal de l'assesseur citoyen

Etablissement(s) pénitentiaire(s)
de rattachement de l'assesseur

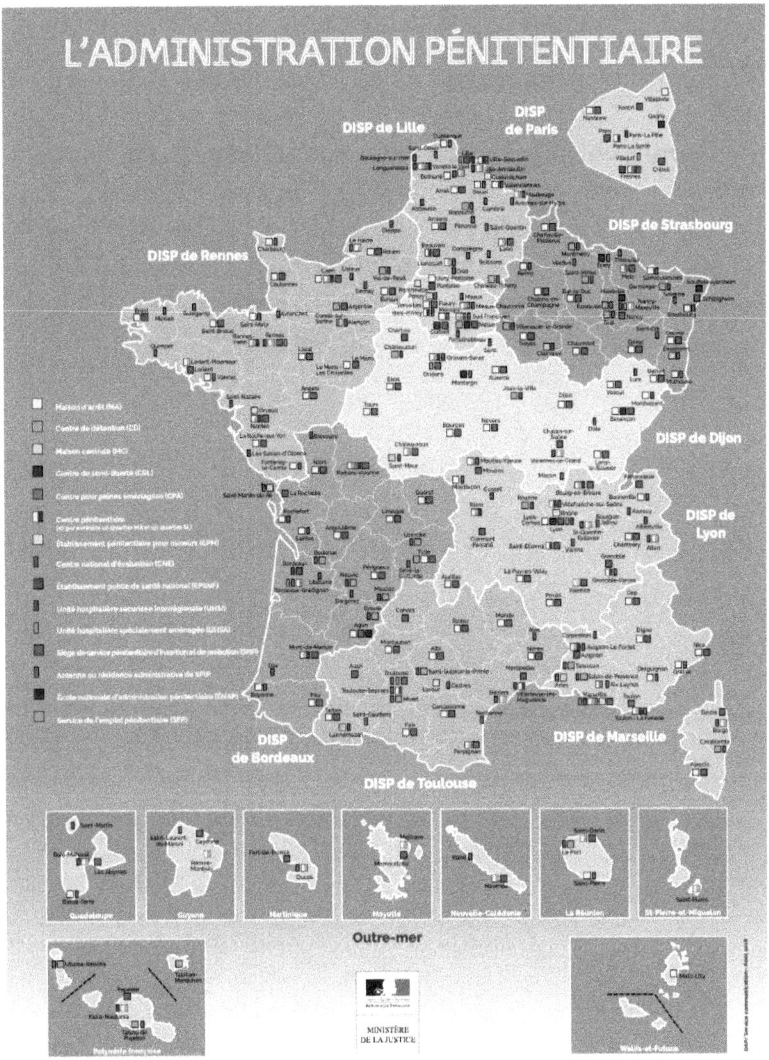


Carte des établissements pénitentiaires, source : Ministère de la Justice 2018[359]

359 Source : https://www.cours-appel.justice.fr/sites/default/files/2019-03/carte%20des%20établissements%20pénitentiaires%20%282018%29_0.pdf, dernière consultation, le 17 mai 2023.

***Répartition insulaire.*** Sur les territoires insulaires, la répartition est moins équilibrée. Aucun assesseur n'a été recensé en Guadeloupe, un seul à la Réunion, étant précisé que trois établissements pénitentiaires sont à pourvoir à la Réunion, l'un à proximité du domicile de l'assesseur et le second à l'opposé de sa situation géographique. S'agissant de la Corse, les assesseurs sont concentrés sur la partie Nord de l'île près de l'établissement de Borgo, l'établissement de Casabianda demeurant plus isolé.

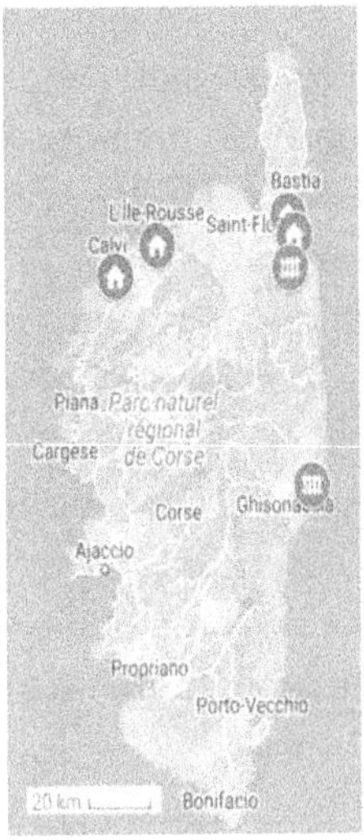


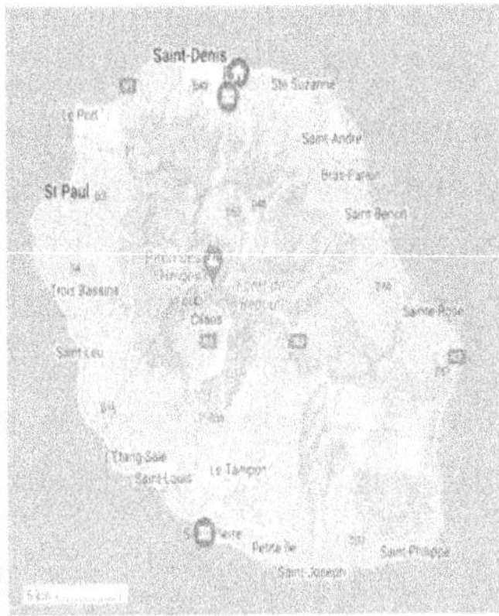


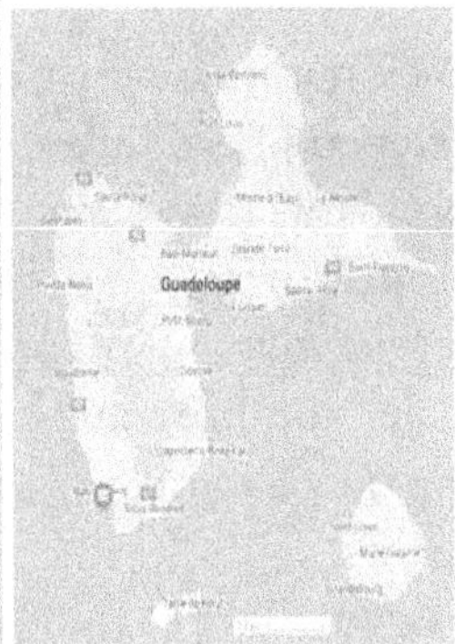


Code postal de l'assesseur citoyen

Etablissement(s) pénitentiaire(s) de rattachement de l'assesseur

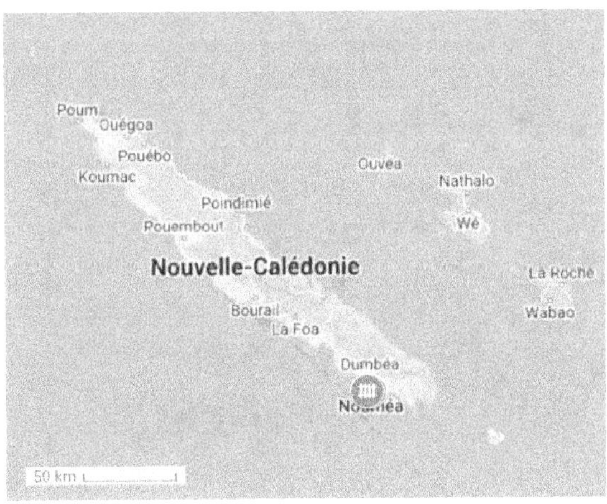

## 2. L'exercice de la fonction par établissement

***Proportions.*** Il ressort des entretiens semi-directifs que 34 % des répondants interviennent sur deux établissements ou plus, bien que 66 % n'exercent leur fonction que dans un seul établissement. La majorité des assesseurs répondants interviennent en maison d'arrêt. En effet, ils sont 41% à n'intervenir qu'en maison d'arrêt, et 28 % à intervenir en maison d'arrêt en plus d'un autre établissement pénitentiaire, d'ailleurs si 66 % des répondants n'exercent leur fonction que dans un seul établissement, 34 % se déplacement sur deux à cinq établissements. Ainsi, 69% des répondants interviennent au moins dans une maison d'arrêt ce qui semble s'expliquer par le nombre de commissions de discipline que ces établissements tiennent eu égard à d'autres tels que les établissements pénitentiaires pour mineurs.

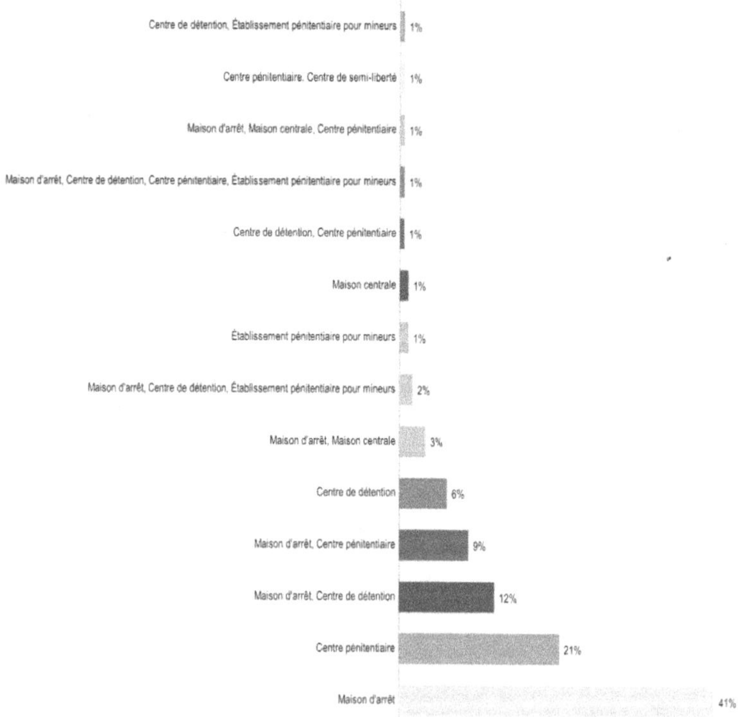


Nature administrative des établissements d'intervention

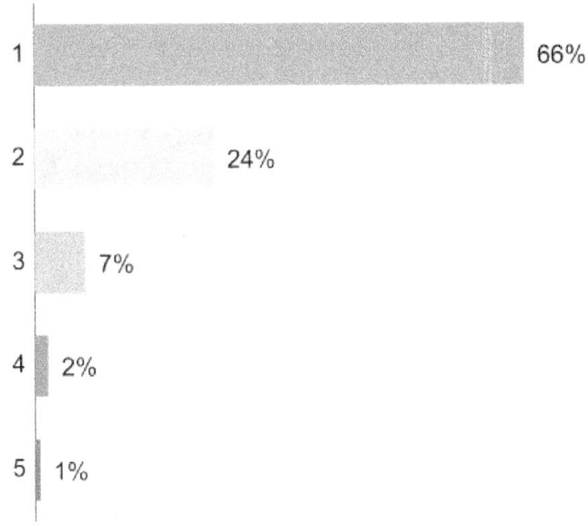


Nombre d'établissements d'intervention

**Transition.** Malgré les disparités relevées, ces derniers couvrent un champ conséquent, tant d'un point de vue temporel que spatial, permettant une représentation complète de la fonction d'assesseur sur le territoire national. Cette représentation étant le préalable à la participation de l'assesseur extérieur à la commission de discipline. Malgré les disparités relevées, ces derniers couvrent un champ conséquent, tant d'un point de vue temporel que spatial, permettant une représentation complète de la fonction d'assesseur sur le territoire national.

**Conclusion.** De prime abord, la légitimité de l'assesseur interroge compte tenu de sa faible représentativité de la société. Certaines catégories socio-professionnelles sont sur-représentées, notamment les professions juridiques. En outre, la fonction d'asseseur attire essentiellement des retraités ou des étudiants compte tenu de leur disponibilité. Cependant, le profil de l'assesseur ainsi que ses motivations à exercer cette fonction, couplés à l'absence de recherche d'un profit financier, témoigne de réelle implication dans la fonction.

On notera que l'absence de représentativité trouve certainement sa source dans l'accès à la connaissance de la fonction, cet accès restant assez limité et réservé à une population avertie, du fait des fonctions professionnelles qu'elle a exercé, qu'elle exerce ou qu'elle exercera. La fonction d'assesseur peut être perçue comme le prolongement ou le complément d'un engagenement citoyen lui conférant ains une certaine légitimité. Celle-ci devant également être étudiée à la lumière de la participation de l'assesseur à la commission de discipline.

## Chapitre 2 : La participation du citoyen assesseur en commission de discipline

L'étude du rôle et de la légitimité de l'assesseur citoyen dans la procédure disciplinaire pénitentiaire passe nécessairement par l'examen de sa participation concrète à la commission de discipline. D'intensité et de portée variable selon les phases de la procédure, cette participation demeure souvent limitée, bien que les entretiens menés et les questionnaires diffusés aient pu faire apparaître d'importantes disparités selon les établissements et les assesseurs interrogés. L'analyse chronologique de la procédure, suivant les phases de mise en état de l'affaire (Section 1), de déroulement de l'audience (Section 2) et de prise de décision disciplinaire (Section 3), permet d'exposer les différentes facettes de cette participation du citoyen assesseur à la procédure disciplinaire pénitentiaire.

### Section 1. La mise en état de l'affaire

**Annonce**. Dans la phase préalable à l'audience disciplinaire, les autorités pénitentiaires procèdent à la mise en état de l'affaire. Dans cette étape, la participation de l'assesseur extérieur n'est envisagée que de manière incidente, accessoire. Toutefois, sa présence étant indispensable à la tenue de l'audience, il conviendra tout d'abord de s'en assurer par une convocation (§ 1), et de permettre l'accès aux éléments du dossier pour l'assesseur extérieur (§ 2).

§ 1. La convocation des assesseurs extérieurs

**Le déclenchement de la procédure disciplinaire.** Toute procédure disciplinaire repose sur un incident disciplinaire rapporté dans un compte rendu d'incident (CRI) dans les plus brefs délais par l'agent présent lors des faits ou informé de ceux-ci[360]. Celui-ci ne pourra pas, par la suite, être membre de la commission de discipline. Cet incident fera ensuite l'objet d'une enquête menée par un membre du personnel de commandement, du personnel de surveillance, d'un major pénitentiaire ou d'un premier surveillant, désigné à cette fin par le chef d'établissement[361]. En cas d'engagement des poursuites, elles sont notifiées au détenu lors d'un entretien à l'issue duquel lui sera remise la convocation écrite à l'audience disciplinaire. Cette convocation doit se faire au moins 24 heures avant la tenue de l'audience, bien que la circulaire du 8 avril 2019[362] invite en pratique à privilégier un délai minimal de 48 heures afin de laisser au détenu un délai suffisant pour la préparation de sa défense. Il faut alors prévoir la réunion de la commission de discipline.

**Objectif de célérité de la réponse disciplinaire.** L'objectif de célérité de la réponse disciplinaire invite l'administration à traiter les incidents à délai suffisamment rapproché pour que la décision de la commission de discipline s'appuie sur des éléments récents et que la sanction éventuellement prononcée conserve un sens au regard des faits reprochés. Le délai de prescription des fautes disciplinaires est fixé à six

---

360 Art. R. 234-12 du CCode pénitentiaire.

361 Art. R. 234-13 du CCode pénitentiaire. La circulaire du 8 avril 2019, relative au régime disciplinaire des personnes détenues (non publiée, venant se substituer dans la pratique à la circulaire du 9 juin 2011, NOR : JUSK1140024C, qui est pourtant de fait toujours en vigueur) encadre précisément cette enquête et indique les différents moyens dont dispose l'enquêteur pour mener à bien sa tâche. La forme du rapport d'enquête demeure libre. La circulaire recommande en outre la désignation d'un gradé enquêteur spécialisé qui officierait en tant que référent en matière disciplinaire et dont toute ou partie de l'activité serait réservée à ce domaine. Ceci permettrait une plus grande maîtrise de la matière, un traitement accéléré des incidents prioritaires et même « *l'élaboration d'une véritable politique disciplinaire* » dans l'établissement. Il pourrait par ailleurs être éventuellement remplacé ou secondé par un autre agent désigné à cette fin. Circ. du 9 avril 2019, n° 2.5.1 à 2.5.4.

362 Circulaire du 8 avril 2019 relative au régime disciplinaire des personnes détenues, non publiée, n° 2.6.1.2.

mois[363]. Dans la pratique, les assesseurs relèvent parfois des délais pouvant aller jusqu'à trois mois entre la commission des faits et la réunion de la commission de discipline, « *ce qui brouille la mémoire de ce qui s'est passé et affaiblit considérablement la vertu pédagogique des débats et le sens de la sanction éventuelle* »[364]. L'ANAEC préconise pour sa part de ne pas dépasser un délai d'un mois entre les deux dates, délai qui correspond en outre à la durée de conservation des images de vidéosurveillance qui pourraient servir d'éléments de preuve lors de ces procédures[365].

**Délai de convocation des assesseurs extérieurs.** Les assesseurs extérieurs sont eux-mêmes convoqués selon des délais différents selon les établissements et selon le type de commission prévu. Pour les commissions de discipline régulièrement programmées, la convocation peut intervenir une à deux semaines avant, alors que pour les commissions réunies à la suite d'une « mise en prévention », la convocation aura lieu un à deux jours avant :

> *« Généralement, c'est une semaine en avance, voire deux semaines voilà mais c'est jamais moins d'une semaine. Ça me laisse le temps pour m'organiser ».*
>
> Assesseur B

> *« [La convocation a lieu] au moins deux jours avant. Ça arrive que ce soit la veille mais très rarement. Pour les mises en prévention évidemment. Mais même pour les mises en prévention c'est souvent deux jours. Mais pour les commissions prévues c'est même plus que deux jours, ça peut être cinq jours ou une semaine avant ».*
>
> Assesseur 3

> *« A [établissement pénitentiaire], comme il n'y a pas souvent des commissions, ils attendent d'avoir un certain nombre de dossiers et ils téléphonent. J'ai déjà eu un appel au téléphone un samedi soir à 18h30 pour une mise en prévention, il fallait passer le lundi ».*

363 Art. R. 234-14 du Code pénitentiaire.
364 ANAEC, *Rapport annuel*, 2020, p. 17.
365 *Ibid.*

Assesseur 6

*« Pour les mises en prévention, c'est quarante-huit heures en général. (…) C'est très rare qu'il n'y en ait pas [ndlr : de mise en prévention]. [Autrement,] c'est soixante-douze heure grand max. Mais en général c'est quarante-huit heures ».*

Assesseur 2

**L'absence de périodicité fixe.** La périodicité de la réunion de la commission de discipline n'est pas prévue dans les textes. La commission se réunira donc autant de fois que nécessaire et dès que les circonstances l'exigeront. Ainsi, en fonction des établissements pénitentiaires, de leur catégorie, de leur taille, de leur population, la périodicité de la commission est extrêmement variable : dans certaines maisons d'arrêt, elle peut siéger jusqu'à deux voire trois fois par semaine, ce que confirment d'ailleurs les membres de direction rencontrés, et des sessions supplémentaires peuvent être convoquées en cas de placement en prévention exigeant la tenue d'une nouvelle commission[366]). En effet, l'article L. 231-2 du Code pénitentiaire prévoit la possibilité de placer le détenu en cellule disciplinaire ou en confinement en cellule individuelle dès avant la réunion de la commission de discipline, à titre préventif, pour une durée maximale de 2 jours ouvrables. L'article R. 234-19 du Code pénitentiaire précise que cette mesure est prononcée par le chef d'établissement ou son délégataire. Sur ce point, la circulaire du 8 avril 2019 indique qu'« *il importe que le chef d'établissement contrôle systématiquement l'opportunité et la régularité des mises en prévention lorsqu'il ne prend pas lui-même la décision* »[367]. En revanche, aucun contrôle de la commission de discipline n'est prévu concernant ces décisions de placement en prévention : l'assesseur extérieur ne se prononce donc jamais sur la pertinence du placement. En cas de mise en prévention, la commission de discipline est réunie en général dans les 48 heures. Hormis ce cas de figure, et de manière générale, les assesseurs seront convoqués en fonction des besoins de l'établissement et de leur nombre, qui permettra une rotation plus ou moins importante. Ainsi, au cours des entretiens effectués, il est apparu que dans certains

---

366 Art. L. 231-2 et art. R. 234-20 du CCode pénitentiaire.

367 Circulaire du 8 avril 2019, préc. n° 2.3.1.

établissements, le faible nombre d'assesseurs ne permettait pas de véritable rotation :

> *« Je suis le seul assesseur de [lieu], même si y a pas souvent de commission de discipline mais ils m'avaient parlé qu'ils essayaient d'en recruter un autre. Je sais pas où ça en est. Mais pour l'heure, je suis seul. (…) Donc forcément oui je suis convoqué si y a une commission de discipline, mais je sais pas s'ils en ont pris un autre. C'est à la discrétion de l'établissement pénitentiaire ».*
>
> Assesseur B

> *« Normalement sur la zone on est cinq, mais il y en a très peu qui veulent aller à [centre pénitentiaire] parce que les frais kilométriques ne sont pas pris en charge et tous les assesseurs habitent à [ville de la maison d'arrêt]. Donc on est deux ou trois à s'y déplacer régulièrement ».*
>
> Assesseur 2

Interrogés sur le nombre de commissions auxquelles ils ont participé et leur périodicité, les assesseurs extérieurs ont apporté des réponses très diverses :

> *« 67 fois déjà. En fait, on est 5 à siéger au [centre pénitentiaire]. Dans ces 5, il y a une personne qui est retraitée et qui y est quasiment tous les jours. Il y a deux étudiantes en droit qui sont moins disponibles (examens, cours magistraux…), surtout à 14h. Moi j'ai la chance de travailler tôt le matin et de terminer à 12h30-13h, donc je peux me libérer les après-midis. (…) Depuis septembre j'y vais entrer 7 et 10 fois par mois. Ouais, ça fait en moyenne deux fois par semaine ».*
>
> Assesseur F

*« Si je prends la moyenne depuis le début de mes fonctions je dirais que c'est à peu près une commission de discipline par mois voire deux mais généralement… Mais y a des mois où y en a deux ou trois, et parfois pendant un ou deux ou trois mois, y a pas eu de commission de discipline et donc forcément pas d'incident. Alors que ce mois-ci par exemple, ça va être la deuxième. Je dirais qu'en moyenne une, voire deux par mois ».*

Assesseur B

*« Une fois par mois. Du coup, parce qu'en fait c'est une fois par semaine, la commission de discipline se réunit. Et comme on est quatre, ça fait une fois. Mais au départ on était cinq. En fait en même temps que moi y a quelqu'un qui est rentré, elle a fait une semaine et elle a démissionné. (…) Donc, moins y a de personnes, plus la fréquence augmente ».*

Assesseur E

« Je dois y aller (…) cinq, six fois dans l'année ».

Assesseur 5

Certaines périodes particulièrement chargées, en raison du nombre d'incidents ou de l'accumulation de retards de traitement, peuvent par ailleurs entraîner une augmentation temporaire du nombre de convocations des assesseurs extérieurs.

*« J'en ai tellement fait ce premier mois ! Le premier mois, ouais, j'en ai fait 14 et après bon ça s'est régulé, hein, mais, le premier mois 14, voilà, ça a été exceptionnel ! Alors voilà, il y avait beaucoup de dossiers en retard, il y avait beaucoup de commission de discipline et beaucoup de dossiers …donc du coup, beaucoup de prévention et il n'y avait personne, voilà. Donc, j'étais là et puis je pense que peut être aussi, ils se sont dit "on va la mettre dans le bain là ! " ».*

Assesseur A

*« Juillet-août, je compte pas, j'y étais très souvent. Mais depuis septembre j'y vais entrer 7 et 10 fois par mois ».*

Assesseur F

*« Un petit moins, vu que j'ai repris le boulot. Mais pendant le premier confinement, je ne travaillais pas. C'était toutes les semaines. Je ne sais pas s'il y en a plus, vu qu'il y a un système de planning où on fait des rotations et lorsqu'ils n'arrivent pas à trouver l'assesseur qui était de garde, ils appellent le suivant, puis le suivant, puis le suivant. En général, j'ai un contact toutes les semaines, toutes les deux semaines, trois semaines. Mais ils m'ont bien dit que le [centre pénitentiaire] et la [maison d'arrêt] étaient très calmes. Ma pote (…), je sais que c'est plusieurs fois par semaine. Après, ce n'est pas la même taille d'établissement non plus ».*

Assesseur 3

***Un système de rotation pour la convocation des assesseurs.*** Il est prévu que les assesseurs extérieurs soient convoqués suivant un tableau de roulement par période établi par le chef d´établissement[368] afin d'éviter la désignation répétée de certains assesseurs au détriment de certains autres. La circulaire du 11 janvier 2022 relative aux conditions et modalités d'habilitation des assesseurs extérieurs en commission de discipline des établissements pénitentiaires[369] précise à ce titre que « *la liste des assesseurs extérieurs habilités au sein du ressort du tribunal judiciaire est communiquée au chef d'établissement pénitentiaire à chaque nouvelle inscription et au moins une fois par an, lequel établit sur cette base un tableau de roulement désignant pour une période déterminée les assesseurs extérieurs appelés à siéger à la commission de discipline (art.* R. *57-7-12* [à présent R. 234-8 CCode pénitentiaire]*et D. 249 CPP* [à présent aussi D. 234-11 CCode pénitentiaire]*). Ce tableau de roulement fixe par ailleurs les dates programmées d'audience de la commission de discipline et est*

[368] Art. R. 234-8 du CCode pénitentiaire.

[369] Circulaire du 11 janvier 2022 relative aux conditions et modalités d'habilitation des assesseurs extérieurs en commission de discipline des établissements pénitentiaires, non publiée, n° 5.

*adressé aux assesseurs habilités. Chaque fois qu'une commission de discipline est programmée en plus des dates initialement prévues (ex : à la suite d'un placement en cellule disciplinaire à titre préventif), une convocation est adressée à l'assesseur habilité* ».

> *« (...) on a un planning. Donc en fait c'est un planning qu'on a, je sais déjà quand je vais siéger jusqu'à la fin de l'année civile là ».*
>
> Assesseur E

**Des systèmes de convocation variables dans la pratique.** En pratique toutefois, les systèmes sont extrêmement variables en fonction des établissements : les tableaux sont parfois annuels, parfois semestriels ou encore trimestriels ; ils sont établis par le chef d'établissement, par le Bureau de Gestion de la Détention (BGD), ou encore par les assesseurs eux-mêmes qui les complètent et les remettent au BGD ; ils comprennent pour certains des suppléants, pour d'autres non ; etc.[370]

> *« On fournit nos disponibilités mais on n'établit pas le planning (...). C'était l'assesseur pénitentiaire, Mme X que vous avez vue, qui avait établi le planning en fonction des disponibilités de chacun, à attribuer de manière assez équitable entre les assesseurs, mais aussi, euh... du moins qu'il y ait une sorte de roulement qui s'opère (...). C'est par trimestre. Et, par exemple, le dernier trimestre, on le reçoit fin août-début septembre, un mois avant d'attaquer le trimestre ».*
>
> Assesseur F

> *« [Le planning, on l'a] peut-être une semaine ou 15 jours avant...et c'est sur le mois d'après (...). Chacun donne ses disponibilités, puis après ils font leur planning ».*
>
> Assesseur A

370 V. en ce sens également : ANAEC, Rapport annuel, 2020, 60 p, p. 17-18.

*« Au tout début, quand j'ai demandé à la direction de faire un planning car c'était n'importe quoi, je m'étais dit : « Je vais envoyer un tableau vierge tout le monde mettra ses dispos », mais c'était un casse-tête de ménager les disponibilités et susceptibilités de tout le monde. Avant, je le faisais sur 2 mois. (…) Je me mettais sur les dates où j'étais dispo en ayant connaissance des jours programmés, j'ai un peu fait évoluer ce truc parce qu'il y avait des assesseurs qui ne répondaient pas, maintenant je fais sur 4 mois, je fais un roulement avec les 5 noms, après je l'envoie et s'ils ne sont pas dispo un jour, je change et je leur renvoie. On a notre planning, on a les 4 jours où se tiennent les commissions avec un nom, et sur la semaine un nom qu'on va appeler « l'assesseur de permanence » pour assurer les remplacements de l'assesseur programmé qui ne peut pas et assurer les mises en prévention sur les jours non programmés, et un « assesseur suppléant » si l'assesseur de permanence ne peut pas non plus ».*

Assesseur D

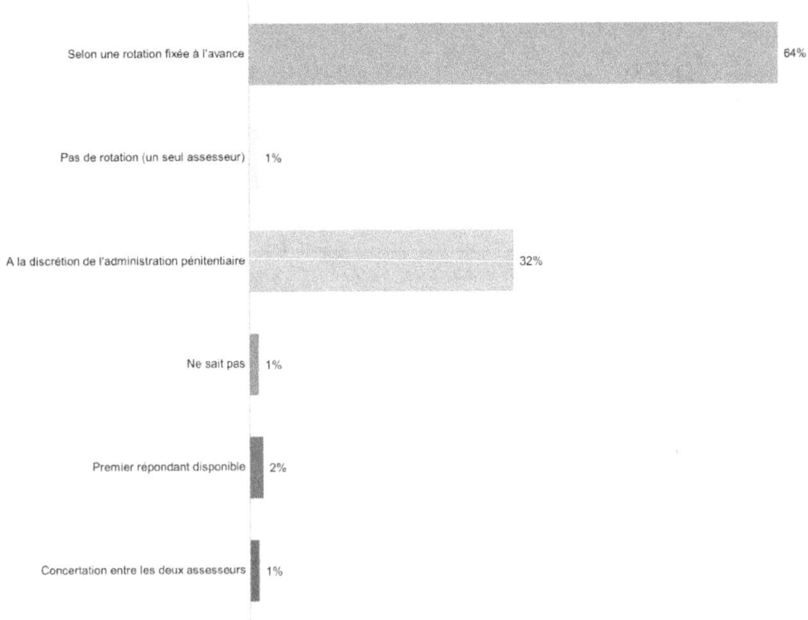


Modalités de convocation
de l'assesseur extérieur

***Les modalités de convocation.*** La convocation se fait sous diverses formes : coup de téléphone, e-mail individuel ou collectif selon les cas. Il s'agit pour l'administration pénitentiaire de trouver la manière la plus pratique et adaptée de s'assurer de la présence d'un assesseur extérieur, en particulier lors des convocations en urgence. À la question de savoir comment les assesseurs sont convoqués, les réponses suivantes ont ainsi été apportées :

> *« C'est la surveillante qui s'en occupe. On s'appelle, on s'envoie des mails. C'est souple, simple, facile. Ici c'est une petite structure, c'est aussi un petit village ».*
>
> DSP 1

*« Coup de téléphone. Pour les mises en prévention, c'est quarante-huit heures en général ».*

*« Je me suis retrouvé dans une liste de mail où, quand ils en ont besoin, ils envoient un mail à tout le monde ».*

Assesseur 2

*« Quand c'est une mise en prévention, je reçois la convocation par Internet sur ma boîte mail, "Est-ce que tu es disponible pour une mise en prévention mardi ?" ».*

Assesseur F

***Le remplacement de l'assesseur.*** En cas indisponibilité de l'un des assesseurs, les pratiques varient encore : certains doivent eux-mêmes trouver leur remplaçant là où d'autres seront remplacés par le suppléant prévu sur la liste ; dans certains établissements, tous les assesseurs seront contactés par le BGD là où dans d'autres, deux assesseurs sont systématiquement convoqués pour toute commission de discipline[371].

*« Oui j'pense pas que ce soit trop contraignant de se manifester si on a un imprévu sur les dates. Après voilà sur les dates, quand on les valide (…), c'est ce que je pense, en tout cas personnellement, quand on a fixé un RDV, c'est de l'assurer et de réaliser sa commission de discipline, mais si jamais y'a un imprévu ou quelque chose, ce qui arrive dans une vie, en tout cas les dates ne sont pas (…) impératives ».*

*« En tout cas j'avais contacté l'administration, mais est-ce que c'est possible, je pense ça peut le faire aussi si on connait un autre assesseur, de demander de changer entre les deux dates. Je pense pas que ça pose un souci si les deux assesseurs sont d'accord, pour l'Administration pénitentiaire. Parce que ce qu'ils recherchent c'est d'avoir un assesseur le jour demandé ».*

Assesseur 7

371 ANAEC, Rapport annuel, 2020, 60 p, p. 17-18.

> *« Justement il y avait une commission de discipline prévue ce matin mais j'avais l'entretien avec vous j'avais déjà donné mon accord donc du coup voilà. Je leur signale, et souvent ils reportent le même jour à une heure où je peux en fait ».*
>
> Assesseur B

Le Conseil d'État a précisé que la commission de discipline qui se tient en l'absence de l'assesseur extérieur est entachée d'illégalité[372]. Comme il a déjà été vu, il arrive néanmoins que la commission de discipline se réunisse parfois en l'absence d'assesseur extérieur[373].

[372] CE, 5 fév. 2021, n°434659, *Dr. Adm.* 2021, comm. 30, L. Seurot, « *Discipline en prison : la présence dans la commission de discipline d'un assesseur extérieur constitue une garantie* » ; *AJ. pén.*, 2021, p. 221, J.-P. Céré, « *L'absence de l'assesseur extérieur devant la commission de discipline* ».
[373] V. à ce sujet *supra* Partie 1, section 2, § 1.

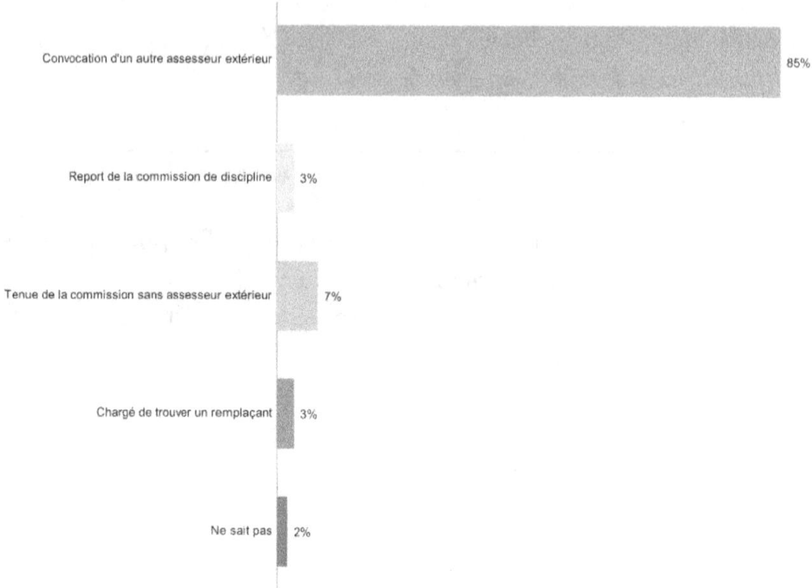


Conséquences du refus de siéger
de la part de l'assesseur

L'extrême versatilité de ces systèmes de convocation et de rotation s'explique en partie par la grande diversité des établissements concernés (taille, population, type d'établissement) et le nombre d'assesseurs intervenant dans chacun des établissements. Il est toutefois notable qu'aucune tentative d'homogénéisation minimale n'ait eu lieu en la matière.

**Le risque de pratiques discriminatoires dans la convocation des assesseurs.** La prévision textuelle d'un tableau instituant un roulement régulier des assesseurs extérieurs ne semble pas totalement éliminer le risque d'une éviction de fait de certains assesseurs par les chefs d'établissement, pour des durées plus ou moins longues. De telles pratiques ont été relevées par l'Association nationale des assesseurs extérieurs (ANAEC)[374] mais également par le juge administratif, qui a

[374] ANAEC, *Rapport annuel*, 2020, 60 p, p. 18.

notamment estimé que la décision d'écarter sans justification un assesseur dûment habilité par le président du TGI (à l'époque) était discriminatoire[375]. Certains des assesseurs interrogés font eux-mêmes état de pratiques qu'ils considèrent discriminatoires, ou sélectives, de la part des chefs d'établissements.

> *« (…) J'ai fait un petit tableau dans lequel y a toutes les commissions. Y a tous les jours de l'année et puis y a qui a fait les commissions de discipline. Et puis c'est là que j'ai vu que sur cent, [X] en avait 90, [Y] en avait 10 et puis les deux autres mecs que nous étions : zéro ».*
>
> Assesseur C

> *« Officiellement c'est une rotation, mais je sais que moi, on m'a déjà contacté directement pour des raisons sanitaires au début du confinement vu que j'étais le plus jeune et qu'ils étaient tous à la retraite. Il fallait mieux avoir un jeune qu'un vieux. Et ensuite, sur certaines mises en prévention qui ont été un peu musclées, il y a un assesseur ou deux qui a un passé de flic, (…) qui ont tendance à chercher des poux. Quand c'est des profils « à exploser », ils m'appellent moi, et il y a deux autres femmes aussi, ils nous appellent plutôt nous que les deux qui taquinent un peu le détenu, disons cela comme ça. Donc oui, parfois il y a une sélection qui est faite par l'administration. Ça arrive ».*
>
> Assesseur 2

375 TA Nancy, 12 mai 2015, n° 1402184.

*« C'était aussi ma demande pour avoir un planning transparent et plus d'équité dans les répartitions, au niveau rémunération ça change aussi. Après niveau modèle chacun fait différemment, moi c'est un tableau, en bas il y a les 4 mois du planning, les noms, et les commissions sur lesquelles on est programmés. En tout cas le nombre de commissions théoriques qu'on doit faire, et j'essaie de faire en sorte que ce soit le même à peu près pour tous ».*

Assesseur D

La Direction de l'administration pénitentiaire a d'ailleurs rapidement précisé dans une note à l'adresse des directeurs interrégionaux des services pénitentiaires [376] qu'en cas de méconnaissance par un assesseur des obligations qui s'imposent à lui au titre de l'art. R.57-7-9 CPP (intégrité, dignité, impartialité, respect du secret des délibérations), le chef d'établissement doit solliciter le retrait de son habilitation, mais en aucun cas il ne peut exclure lui-même l'assesseur du tableau de roulement prévu[377]. Ces éléments sont repris dans la circulaire du 11 janvier 2022 dans la partie relative aux modalités de retrait d'une habilitation[378].

**Le souci d'une régularité adéquate.** Une dernière préoccupation concerne enfin la question de la régularité, trop importante ou insuffisante, des convocations d'un même assesseur : l'ANAEC évoque ainsi un risque de « professionnalisation » de l'assesseur qui interviendrait trop souvent, et d'un manque d'expérience ou de perte de repères de celui qui, au contraire, ne serait sollicité qu'occasionnellement[379]. Parmi les assesseurs interrogés, certains interviennent en effet chaque semaine, voire plusieurs fois par semaine, parfois sur différents établissements.

[376] Note DAP Nor JUSK1814419N du 11 juin 2015.

[377] Ce qui présenterait, aux dires de la DAP, « un risque de contentieux très important », *Ibid.*

[378] Circulaire du 11 janvier 2022 relative aux conditions et modalités d'habilitation des assesseurs extérieurs en commission de discipline des établissements pénitentiaires, préc., nº 7.

[379] ANAEC, *Rapport annuel*, 2020, *op. cit.*, p. 18.

*« Donc faut pas en faire trop ni pas assez. J'ai regardé avant de venir, depuis le début j'ai fait 159 commissions, donc ça fait 3 par mois je crois ».*

*« Si on nivelle, j'y vais entre 3 à 4 fois par mois, c'est un rythme convenable, je trouve, de faire une commission par semaine, trois semaines dans le mois. Pour avoir fait certains été 4 commissions par semaine, c'était trop : la dernière est trop lourde. Le régime inverse, pour en avoir fait parfois une seule une fois dans le mois, ou d'avoir été absent 4 à 5 semaines, c'est trop, on est perdus sur l'actualité de la vie de l'établissement et c'est toujours intéressant de prendre la température, savoir les éléments marquants, des problèmes en promenades, des feux de cellules, des suicides, car malheureusement où je suis habilité y'en a eu, aussi bien du côté du personnel que des détenus. Des évènements marquants de la vie de l'établissement ».*

Assesseur D

**Piste de réflexion**. Afin de s'assurer de la régularité des interventions des assesseurs extérieurs, il faut veiller à la juste répartition de celles-ci par le recours à un tableau de rotation transparent et régulièrement mis à jour. Les assesseurs doivent quant à eux se rendre disponibles – dans la mesure du possible – aux dates auxquelles ils sont convoqués.

**Transition.** Une fois la présence de l'assesseur extérieur assurée, il est nécessaire de l'informer des éléments de la procédure/des procédures dont il aura à connaître, en lui garantissant un accès au dossier.

### § 2. L'accès au dossier

**L'accès au dossier par l'assesseur extérieur.** Si la question de l'accès au dossier pour le détenu et son conseil est régie de manière assez précise par les textes[380], il n'en est rien pour les assesseurs extérieurs. Aussi, dans le silence des textes, les pratiques varient considérablement d'un établissement à l'autre. L'ANAEC mentionne ainsi la possibilité offerte aux assesseurs, dans certains établissements, de se présenter de manière

[380] Art. L. 232-1 4° du CCode pénitentiaire ; Art. R. 234-17 du CCode pénitentiaire ; décret n° 2016-1432 du 24 octobre 2016 relatif aux conditions de consultation par les personnes détenues poursuivies en commission de discipline du dossier de la procédure et des éléments utiles à l'exercice des droits de la défense ; J. Falxa, *Le droit disciplinaire pénitentiaire, une approche européenne*, Ed. Mare et Martin, 2016, n° 308.

anticipée sur les lieux de la commission de discipline afin d'y prendre connaissance des dossiers à traiter lors de l'audience à suivre. C'est également ce qui ressort des entretiens menés avec certains assesseurs extérieurs. Les dossiers seront alors soit en attente dans la salle de la commission de discipline, soit à récupérer par l'assesseur au BGD.

> *« J'essaie d'arriver toujours un peu avant. 10 minutes avant. Parce qu'elle met aussi un peu de temps à démarrer à chaque fois la commission de discipline. Donc (…) souvent (…) le temps que les membres de la commission arrivent, ils me laissent m'installer dans la salle où se passe la commission de discipline, et moi, je prends connaissance des dossiers (…) C'est pas une heure avant, mais j'ai connaissance du dossier ».*
>
> Assesseur B

> *« Je vais direct au greffe (…). Je récupère les dossiers, et j'ai un temps de lecture. En fait plus tôt j'arrive, plus tôt je peux lire les dossiers. Après en général, si c'est moi qui ai lu les dossiers en premier, je les amène directement au quartier. C'est moi qui les porte en fait ».*
>
> Assesseur E

> *« La dame qui fait office de greffière les avait déjà pris, donc (…) je suis allé directement au quartier. Puis, la salle était libre, donc j'ai lu les cinq dossiers du rôle et ensuite la directrice adjointe est arrivée, elle m'a salué et puis on a commencé ».*
>
> Assesseur E

***Un accès tardif voire inexistant.*** Il arrive néanmoins très souvent (dans environ 50% des cas selon l'ANAEC) que les dossiers soient directement apportés à l'audience par le chef d'établissement ou son délégataire, sans que l'assesseur extérieur ne puisse les consulter préalablement[381], voire ne puisse les consulter librement car ils demeurent

381 ANAEC, *Rapport annuel*, 2020, *op. cit.*, p. 20.

aux mains du président de la commission de discipline. Les questionnaires diffusés font apparaître les mêmes tendances car, à l'exception d'un assesseur indiquant avoir accès au dossier 24h avant la tenue de la commission de discipline, environ 40% relèvent disposer du dossier au moins une heure avant le début de la commission de discipline, mais près de 60% des répondants ne prennent connaissance des éléments de la procédure qu'au moment de l'audience disciplinaire.

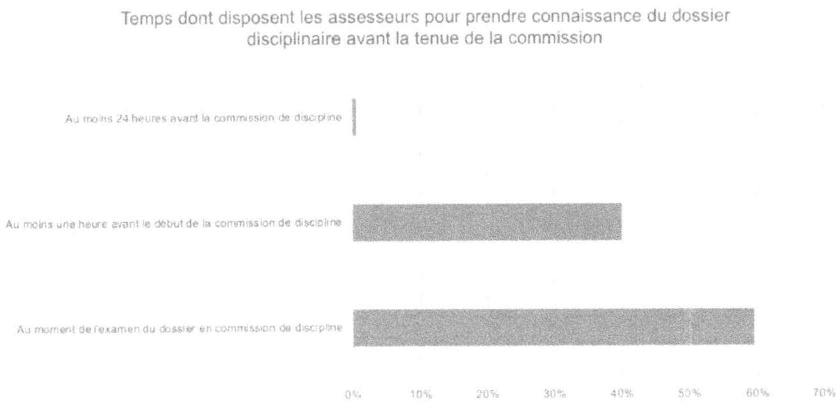


> *« [J'ai connaissance des dossiers traités] au moment de la commission. Voilà, les dossiers sont sur la table … donc tant que le président de séance n'est pas arrivé, ben, je enfin, j'ai le droit… je les ouvre, je regarde. Pas tout le temps, parce que si le directeur arrive en même temps que moi, bon, je vais pas regarder les dossiers. Et puis, en même temps qu'il va énoncer les problèmes, bah j'en prends connaissance forcément, hein ».*
>
> Assesseur A

*« [J'ai connaissance des dossiers traités] dans la salle, cinq minutes avant que le détenu n'arrive ».*

Assesseur 2

Ce que confirment, voire revendiquent d'ailleurs certains membres du personnel de direction en entretien :

*« Les assesseurs, ils en ont connaissance le jours de la CDD, enfin il est sur le bureau, ils peuvent le consulter s'ils souhaitent le consulter ».*

DSP A

*« Pour ce qui concerne les assesseurs, on leur donne le dossier avant la commission. Ils ont 15 / 20 minutes pour le consulter. Alors, un dossier est-il suffisant ? Mais c'est aussi leur rôle que d'être « démunis ». Ils n'ont pas besoin de plus. Ils ont une neutralité. Ils voient la personne telle qu'elle est ».*

DSP 1

Certains asseseurs intérrogés le déplorent, et soulignent le contraste avec d'autres expériences dans d'autres établissements ou en milieu associatif sportif notamment.

*« L'accès au dossier, on a pas. Normalement, on devrait pouvoir le consulter avant ».*

Assesseur C

*« A mon grand regret, je n'ai pas accès au dossier. Ni avant, ni pendant. Pendant qu'on fait les… comment dirais-je… qu'on statue sur un dossier que le président finit de taper, j'essaie de prendre les autres dossiers pour voir un peu ce qu'il y a d'autres. Le directeur passe me prendre avec les dossiers sous le bras. Alors qu'à XX, j'allais dans le bureau de gestion des détenus, on avait un petit coin, parce qu'il est minuscule le bureau, mais on nous trouvait une chaise, on nous faisait un café, et ils nous donnaient la pile de dossiers et là j'avais…au moins une demi-heure…pour bien lire tous les dossiers. Et comme il y avait les quelques surveillants qui étaient dans le bureau qui préparaient les dossiers quand je comprenais pas ou je disais : "mais c'est bizarre, il manque telle pièce" [on me répondait] "oui, mais c'est normal, c'est pas obligatoire donc là elle y est pas". Donc je pouvais leur poser toutes les questions (…) ».*

Assesseur 6

*« Dans le milieu sportif, on a un dossier complet, qui est sur ma tablette, pour tous les membres, deux jours avant. On peut travailler, anticiper les questions, on a le temps. Là j'arrive "bam" le premier il rentre de suite. C'est un travail de préparation dans le milieu associatif qu'il n'y a pas au centre de détention, du tout. C'est pour ça que j'avais demandé, lors de ma première audition, « est-ce que je pourrais avoir le dossier vingt minutes avant ? ». Mais j'ai compris que c'était pas possible d'éplucher tous ces dossiers. Ca va trop vite vous voyez ? »*

Assesseur F

Afin d'assurer une véritable prise de décision éclairée, il est indispensable que l'assesseur extérieur dispose du temps suffisant pour prendre connaissance du dossier en toute sérénité.

**Proposition.** Il faut assurer un accès préalable de l'assesseur extérieur au dossier, en prévoyant une convocation anticipée incluant un délai de consultation des dossiers dans un local prévu à cet effet (au greffe, au BGD ou dans la salle de commission de discipline).

**Le contenu du dossier disciplinaire.** Le contenu du dossier disciplinaire ressort assez précisément du bordereau de remise des pièces à la personne détenue que l'on trouve en annexe de la circulaire du 8 avril 2019 relative au régime disciplinaire des personnes détenues majeures[382] : CRI, rapport d'enquête, convocation devant la commission de discipline et, le cas échéant, rapport d'audition de témoin, compte rendu professionnel, certificat médical, désignation d'un avocat, demande d'aide juridique, et toute autre pièce pertinente (observations de la personne détenue, autres témoignages, transcriptions de vidéosurveillance, etc.). Il faut y ajouter, en règle générale, la fiche retraçant l'historique des antécédents disciplinaires de la personne détenue. En pratique, les dossiers disciplinaires sont de qualité et de rigueur très variables. Certains assesseurs saluent ainsi la qualité des éléments réunis :

> *« Les dossiers montés par XXX sont toujours complets, toujours le CRI, le rapport d'enquête, la photo de la saisie le cas échéant, y'avait même eu une fois une écoute téléphonique c'est merveilleux je ne savais même pas qu'on pouvait faire ça. Les autres aussi sont parfois complets, on peut aussi avoir la photocopie du téléphone, du stup, de l'arme artisanale, le certificat de pesée pour les stupéfiants ou substance assimilable, mais on n'a jamais de test pour prouver que c'est du stup. Les avocats le soulèvent toujours, mais s'il faut faire des tests pour toute la détention on s'en sort plus, le principe de réalité gagne : ça sent, c'est marron : c'est du stup. Puis, dans certains dossiers, notamment bagarre, on a un compte-rendu de la vidéo de surveillance ».*
>
> Assesseur D

> *« Tout le CRI avec les photos, le témoignage parce qu'à chaque incident, le premier surveillant qui va voir le détenu et qui lui pose des questions dessus, après l'incident, pour savoir ce que la personne a à en dire… J'ai ça. Plus les lettres éventuellement, lettres des détenus ».*
>
> Assesseur 2

---

382 Circulaire 8 avril 2019, préc., annexe 5.

*« Il y a beaucoup de pièces sur lesquelles on s'appuie pendant la commission de discipline. Déjà y a les témoignages des témoins, des agents pénitentiaires. Sinon le dossier, je trouve personnellement qu'on dispose des pièces pour statuer ».*

*« Par exemple c'est un incident sur un lieu de travail on va avoir à disposition un plan avec la situation qui est retracée sous forme de schémas. Sinon on s'appuie beaucoup sur les témoignages, sur les photos, y a beaucoup de photos j'en ai déjà eu. Voilà, c'est les principales pièces sur lesquelles on s'appuie ».*

Assesseur B

D'autres semblent moins satisfaits des pièces fournies ou de la qualité des investigations menées :

*« Il peut y avoir des photos, il peut y avoir des photos, du téléphone portable, des armes. De temps en temps ils se baladent avec des armes. Ils ont un couteau ou un bout de verre ou un truc comme ça. (…) Ils font quelques photos de temps en temps dans le dossier ».*

Assesseur C

*« La façon dont sont relatés les faits sur le compte-rendu d'incident (…) et surtout les questions/ réponses après dans le rapport d'enquête, quelles explications a fournies le détenu. Ici à [Ville], ils ont une façon très, très étonnante de pratiquer. C'est systématiquement écrit : "le détenu reconnaît les faits", toujours, alors que, en fait, j'ai demandé, j'ai posé la question et bah normalement [ndlr : dans les autres établissements] ils demandent aux détenus (…) : "ce téléphone vous appartient-il ? ", réponse : "Oui, le téléphone m'appartient mais pas la carte SIM". Question : "A qui appartient la carte SIM ? ", réponse : "Je ne sais pas, c'est quelqu'un qui me l'a donné dans la cour" Y a ça… Et bien ici, à partir du moment où il a dit : "Oui, le téléphone est à moi", le détenu reconnaît les faits et ça s'arrête. Donc on n'a rien, on n'a pas d'éléments. On ne sait même pas quelles sont les questions qui ont été posées. Et je trouve ça… c'est pas un rapport d'enquête pour moi ça. Je ne suis pas du tout juriste mais je me dis j'ai quoi moi pour m'appuyer ? »*

Assesseur 6

*« Ou même des photos, « il a été retrouvé dans la cellule 40g d'une substance ». Eh, je sais pas, ils pourraient prendre une photo de la substance et la mettre au rapport ».*

Assesseur F

Il faut aussi indiquer qu'ils n'ont pas nécessairement accès à l'intégralité du dossier :

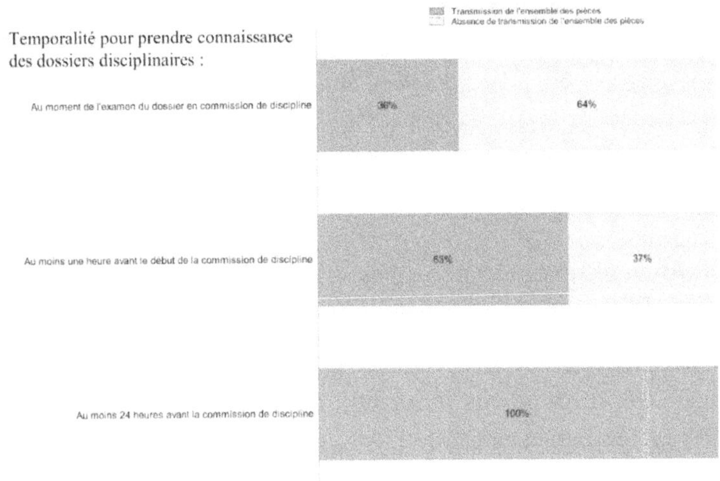


Croisement de la temporalité pour prendre connaissance des dossiers disciplinaires et de la transmission des pièces

Ainsi, parmi les personnes interrogées par questionnaire, il apparaît que les personnes ayant accès au dossier au moins une heure avant le début de la commission de discipline ont en majorité accès à l'intégralité des pièces de la procédure (63% d'entre eux), alors que seuls 36% des assesseurs qui n'ont accès au dossier qu'au moment de l'audience pourront consulter l'intégralité des dossiers.

**La rareté de l'accès préalable aux images de vidéosurveillance.** Lorsqu'il existe des enregistrements de vidéosurveillance, l'accès à ceux-ci est parfois possible pour l'assesseur extérieur, mais cela n'a rien de systématique :

> *« Pas à chaque fois. C'est déjà arrivé que je vois la vidéo après le délibéré. Quand c'était pour une bagarre, j'ai vu la vidéo entre deux dossiers ».*
>
> Assesseur 2

> *« Aux vidéos, non. Pourtant, c'est souvent relaté : "on a vu ça à la vidéo, on a vu ça à la vidéo". Mais même les avocats, ils sont pas très contents qu'ils aient pas accès à ces vidéos puisqu'on peut que faire confiance à la justice, à la personne qui a mis ça sur son rapport ».*
>
> Assesseur F

Il arrive souvent qu'en pratique, l'assesseur n'ait accès, au mieux, qu'à la retranscription sur procès-verbal du contenu des images, lorsqu'elle existe.

**La nécessité d'un accès complet et facilité aux éléments du dossier.** Il est indispensable que les assesseurs extérieurs puissent consulter l'intégralité du dossier, et que celui-ci comporte tous les éléments nécessaires à la bonne compréhension de l'affaire. C'est ce que préconise d'ailleurs l'ANAEC, ainsi que la possibilité de visionner les images de vidéosurveillance lorsque celles-ci existent[383], trop peu exploitées aux yeux des membres de l'association[384]. De même, il conviendrait d'assurer un recours plus fréquent aux certificats médicaux et aux témoignages.

**La présence de la fiche pénale du détenu.** Un élément en revanche n'est pas prévu au dossier de la procédure, il s'agit de la fiche pénale de la personne détenue. Elle figure néanmoins parfois parmi les pièces du dossier et l'assesseur pourra alors la consulter[385], malgré l'absence suposée de pertinence de cet élément pour le traitement disciplinaire de faits n'ayant aucun rapport avec l'infraction pénale à l'origine de la privation de liberté. Les avis des assesseurs interrogés sur la présence de ces éléments au dossier sont partagés.

Certains considèrent qu'il s'agit d'informations utiles, qui leur permettent de mieux connaître la personne détenue :

---

383 V. en ce sens *infra* partie 2, chap. 2, section 2, § 4, C.
384 ANAEC, *Rapport annuel*, 2020, *op. cit.*, p. 20.
385 *Ibid.*

*« À la fin, y a toujours le passé judiciaire du détenu. De sa première incarcération, parce que y en a qui en ont beaucoup, et de pourquoi ils sont là. Je suis quand même curieux de savoir à qui j'ai à faire ».*

Assesseur F

*« (…) Je m'intéresse, dès le début, à ce qu'il a fait, enfin. (…) Voilà, oui, à ce pourquoi il est là ».*

Assesseur A

D'autres à l'inverse préfèrent n'en rien savoir :

*« Vous avez parlé des antécédents pénaux. Alors ça c'est un point, je me demandais si moi j'allais avoir connaissance pourquoi ils ont été condamnés, (…) et alors non. Je pense que je pourrais y avoir accès mais, personnellement, je ne préfère pas y avoir accès ; je le demande même pas. Parce que pour moi, ils ont été condamnés, c'est leur peine mais là, maintenant, c'est comment ils se comportent en prison.*

*Donc les antécédents pénaux, même si j'y avais accès, j'aimerais pas y avoir accès. La questions s'est jamais posée (…). Bon oui parfois j'en prends connaissance si le détenu en parle mais moi j'y tiens à ne pas … On est là pour le sanctionner pour ce qu'il a fait en prison, pas ce qu'il a fait avant, donc moi je préfère ne pas le prendre en compte ».*

Assesseur B

*« On ne voit pas le vécu carcéral du détenu, non on ne le voit pas. Ce qui est une bonne chose d'ailleurs, parce que ça pourrait influencer en fait ».*

Assesseur 3

**Présence des antécédents disciplinaires.** Bien plus utile sera la mention des antécédents pénitentiaires : les assesseurs extérieurs soulignent ainsi l'importance de ces éléments dans leur appréciation, et donc la pertinence de leur présence au dossier de la procédure.

> *« Les antécédents pénitentiaires, oui, j'en ai connaissance et forcément, ça, ça pèse dans les décisions parce que voilà, quand y a du sursis, voilà ça montre son comportement. Forcément, un détenu qui n'a jamais réalisé d'incident auparavant, il va être jugé moins sévèrement qu'un détenu qui a beaucoup d'antécédents. Alors oui, ça on le regarde, quand même ».*
>
> Assesseur B

> *« Y'a toujours dans le rapport d'enquête une mention "détenu calme, pas d'antécédent..." ou l'inverse, c'est tout ce qu'il y a. On voit les sursis en cours qui apparaissent, ce qui donne une idée (…). Pour les antécédents disciplinaires, en fait, on y a accès sur Genesis, sur surveillant y a accès, le président ou moi pouvons demander ses antécédents ou d'eux-mêmes les détenus disent : "Regardez, je suis déjà passé devant vous pour ça et j'avais assumé". Donc on va regarder ses déclarations etc., ou alors quand un dossier a mêlé deux personnes et qu'un est déjà passé, on va regarder les déclarations de l'autre ».*
>
> Assesseur D

**Propos conclusifs.** La place de l'assesseur extérieur dans cette phase préalable à l'audience est, tel que pressenti, marginale. Il est, à ce stade, dépendant de l'intervention de l'administration pénitentiaire tant pour l'organisation de sa participation que pour l'accès au dossier de la procédure. Il ressort ainsi des observations menées qu'il est nécessaire, dans un certain nombre de cas, d'améliorer le déroulement de cette phase préalable en renforçant le cadre de la gestion de la convocation des assesseurs citoyens, et en garantissant de manière préalable un accès plein et effectif aux éléments du dossier.

**Transition.** L'affaire à présent mise en état d'être jugée, il est l'heure de l'audience disciplinaire. S'il s'agit en théorie du véritable théâtre de l'action de l'assesseur extérieur, les brides règlementaires et les pratiques variables des présidents de commission de discipline sont susceptibles d'y limiter considérablement son rôle.

## Section 2. L'audience disciplinaire

**Annonce.** L'audience disciplinaire se déroule selon un rituel propre à chaque établissement pénitentiaire, malgré des caractéristiques communes (§ 1). Ce rituel, qui détermine la place de l'assesseur extérieur au sein de la commission, ainsi que la présence ou l'absence d'un interprète (§ 2), qui détermine sa compréhension du dossier, conditionne pour partie sa participation pendant la commission (§ 3). C'est également au cours de l'audience que les preuves présentées permettront à l'assesseur extérieur d'acquérir une meilleure connaissance du dossier, la diversité et la qualité des preuves étant souvent discutées par les assesseurs rencontrés (§ 4).

### § 1. Le rituel de l'audience

La justice disciplinaire pénitentiaire a toujours composé avec un rituel flexible. L'arrivée des avocats, puis de l'assesseur extérieur n'a guère modifié les pratiques qui oscillent entre solennité et sécurité (1), ce qui peut impacter le positionnement de ce dernier (2).

#### A. Un rituel librement fixé, entre solennité et sécurité

##### 1. L'absence d'encadrement textuel

**Un seul texte succinct relatif au déroulement de l'audience.** L'article R. 234-26 du CCode pénitentiaire est la seule disposition consacrée au déroulement de l'audience disciplinaire au sens strict (en dehors du prononcé des sanctions, beaucoup plus encadré). Il permet à la personne détenue, lors de sa comparution devant la commission de discipline, de présenter ses observations, éventuellement assistée par un avocat. Le chef de l'établissement pénitentiaire doit également dans la mesure du possible faire désigner un interprète si la personne détenue ne comprend pas ou ne peut pas s'exprimer en français, ou si elle est dans l'incapacité physique de communiquer.

**La liberté laissée au président de la commission de discipline.** L'article R. 234-26 du CCode pénitentiaire ne donne aucune indication supplémentaire, notamment quant au rituel de l'audience. Il est parfois comparé à celui qui peut s'appliquer en matière pénale depuis le XIXème siècle[386]. Le prétoire – ancêtre de la commission de discipline – avait, dès ses origines, été instauré comme un tribunal interne, revêtant un caractère solennel et suivant un modèle formaliste et précis: l'aménagement de la salle, le placement des personnes présentes, l'ordre des interventions, tout était régi par les textes[387].

L'actuelle commission de discipline en a hérité certains traits, bien que le rituel soit atténué : la barre ainsi que l'estrade ont par exemple disparu d'un grand nombre de salles d'audience disciplinaire, le détenu est entendu individuellement et les audiences se font en présence d'un nombre limité de personnes.

2. Les enjeux de la configuration de la salle.

**La place des membres de la commission.** L'ambiance n'en reste pas moins empreinte de solennité : les membres de la commission de discipline ainsi que le secrétaire (le cas échéant) sont placés côte à côte, le détenu leur fait face, debout à une certaine distance (ou à la barre lorsque celle-ci a été conservée), et l'avocat qu'il aura éventuellement sollicité se tient à ses côtés.

La solennité peut également être marquée par la place du président de la commission encadré des deux assesseurs : un membre du personnel de surveillance et un assesseur.

> *« Il y avait une table, il y avait moi, la présidente, l'autre assesseur, la dame avec son ordinateur et un autre surveillant. Mais lui, il était assis sur une chaise et non à la table. Après c'était très petit comme endroit, donc on était un peu tous collés. Donc, même s'il était sur une chaise, il était pas très loin de de la table aussi à côté de moi. »*
>
> Assesseur 1

---

386 M. Herzog-Evans, *Droit pénitentiaire*, Dalloz, coll. Dalloz Action, 2020/2021, n° 3612.13.

387 J.-P. Céré, *Le contentieux disciplinaire dans les prisons françaises et le droit européen*, Ed. L'Harmattan, 1999, p. 172-173.

À l'inverse, d'autres configurations peuvent être privilégiées, pour des raisons pratiques notamment.

> *« Alors. Moi je suis au milieu, ça c'est une volonté de la présidente. Alors que moi je m'étais mis spontanément, parce que quand on voit les tribunaux judiciaires, je m'étais mis sur les extrémités pour laisser le président au milieu. Mais en fait elle m'a demandé de me mettre au milieu, elle s'est mise à gauche, et l'assesseur interne à ma droite. Ensuite, y a l'éducateur de la PJJ sur plutôt ma droite. Au milieu face à moi, dans un petit rond rouge, le jeune. Et l'avocat, parce que la présence d'un avocat est obligatoire puisqu'on est chez les mineurs, à gauche ici, et la personne qui fait office de greffe, c'est quelqu'un qui est interne en fait, c'est la secrétaire de direction, totalement à gauche avec un ordinateur. Et en fait elle* [la présidente] *se met à ma gauche, ça lui permet de jeter un œil à ce qu'écrit la greffière. La présidente, elle lit au fur et à mesure pour éviter que, des fois, c'est pas tout à fait ce qu'a dit le jeune, donc elle fait "non non mais il a pas dit ça", donc pour corriger ».*
>
> Assesseur E

**L'influence de la taille de la salle.** Les commissions de discipline semblent souvent se tenir dans une salle exiguë, ce qui ne facilite pas pour autant les échanges entre membres de la commission, ainsi que le soulignent certains assesseurs.

*« - Malgré cette proximité, il n'y avait pas d'échanges, c'était juste « bonjour » « au revoir » avec l'autre assesseur ?*

*- Assesseur 1 : Non, il n'y avait rien de particulier. Peut-être quelques échanges comme ça, mais rien de plus.*

*- Peut-être sur des dossiers. Vous n'avez jamais échangé avant ou après la Commission ?*

*- Assesseur 1 : Non, sauf peut-être si on était tous les 2 et qu'il me parlait un peu plus en détail du dossier, mais c'était franchement rare. Mais globalement pas d'échanges particuliers ».*

Assesseur 1

La petitesse de la salle peut renforcer le caractère impressionnant des commissions disciplinaires plus atypiques lorsque l'Équipe Locale de Sécurité Pénitentiaire (ex. Équipe Locale d'Appui et de Contrôle) est présente avec un détenu.

*« Bon, c'est vrai qu'au début, à la première ou deuxième commission (le 12 mai), j'ai vu arriver la brigade des ELAC (Équipe Locale d'Appui et de Contrôle). Ça m'a surpris. Ils avaient des boucliers, je me suis dit « oula », j'ai eu un peu peur d'être en danger, que le détenu soit dangereux. C'est impressionnant, de poser les questions "à travers" le bouclier ».*

Assesseur F

Dans cette configuration sécuritaire, les assesseurs semblent avoir moins de liberté pour poser des questions.

> *« (…) et le dernier niveau ESP la personne est menottée et on a les surveillants équipés devant nous pour nous protéger, à XXX je suis sur la gauche, le surveillant se met devant moi. Je peux poser des questions mais je suis matériellement en retrait de la commission — et à YYY la salle est petite, donc on peut à peine voir la personne au milieu de la salle. Mais pour ces gestions-là, y'a peu de questions et je me sens mal de demander au surveillant de se pousser ».*
>
> Assesseur D

S'il est compréhensible de devoir recourir à un rituel de commission impliquant une dimension sécuritaire, notamment dans un contexte de recrudescence de la violence en prison, les assesseurs extérieurs ont cependant une appréhension minime du risque pour leur personne. Les témoignages recueillis montrent la rareté des agressions verbales dont ils peuvent être victimes lors des commissions de discipline. De même, la quasi-totalité des assesseurs interrogés affirment ne pas craindre pour leur sécurité physique dans le cadre de leurs fonctions, ainsi que le montre la figure ci-dessous. Il serait alors opportun, afin de minimiser le caractère impressionnant de la commission de discipline et ainsi de faciliter la prise de parole des assesseurs, d'utiliser une salle suffisamment grande pour permettre l'usage plus discret d'un tel dispositif de sécurité.

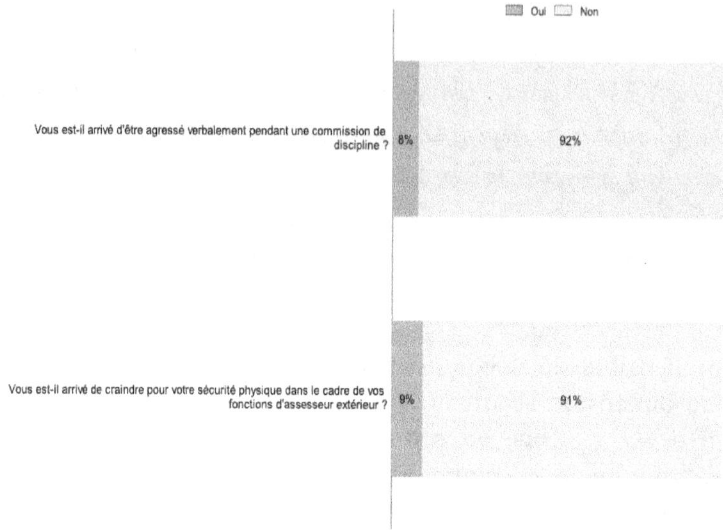


B. La place de l'assesseur dans le rituel du déroulement de l'audience

1. La présentation de l'assesseur

**L'absence de présentation automatique.** Si le scénario de l'audience disciplinaire est relativement similaire dans les différents établissements pénitentiaires, et débute souvent par la présentation des membres de la commission au détenu[388], la présentation de l'assesseur extérieur n'est cependant pas automatique, puisque non formalisée par les textes. Faute de procédure clairement établie quant au déroulement de l'audience, il s'agit d'un aspect laissé à l'appréciation du président de la séance.

388 ANAEC, *Le processus disciplinaire dans les établissements pénitentiaires depuis la mise en œuvre de la loi du 24 novembre 2009*, Rapport annuel, 2020, p. 22.

*« Et y en a aucune qui a la même façon de présenter les choses. Voilà. C'est, y a pas quelque chose de cadré. (…) Certains nous présentent, d'autres nous présentent pas. C'est dommage aussi, parce que le détenu, peut-être qu'il sait (…) qu'on vient de l'extérieur, mais dire "je suis accompagné d'un assesseur extérieur", c'est pas non plus … (…) Souvent ça dépend des présidents. »*

Assesseur F

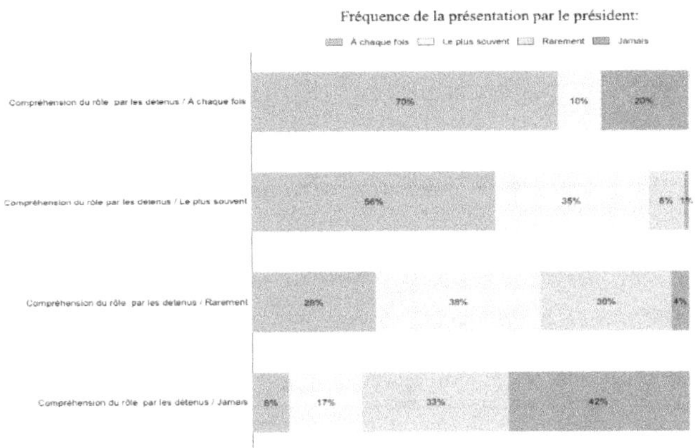


Plus l'assesseur est présenté aux détenus, plus la compréhension de son rôle par ces derniers est perceptible. À l'inverse, l'absence de présentation de l'assesseur extérieur a un impact significatif sur la compréhension de son rôle par les détenus, ce que montre clairement le tableau ci-dessus. La préconisation de la présentation de l'assesseur en commission disciplinaire de manière systématique participe à l'élaboration des bonnes pratiques, puisque ladite présentation s'accompagne le plus fréquemment du rappel de sa place et de son rôle en tant « qu'assesseur extérieur ». Le cas échéant, l'assesseur peut se présenter lui-même sur invitation du Président de la commission. Ce rappel permet à la personne détenue de situer l'assesseur comme un membre sans lien de subordination avec l'administration pénitentiaire tout en lui permettant de le différencier de l'assesseur pénitentiaire qui siège également en commission de discipline.

Croisement de la fréquence de présentation par le président de l'assesseur
et de la compréhension de son rôle par la personne détenue

2. Le moment incertain de l'intervention de l'assesseur

**Une participation conditionnée par sa présentation initiale.** Il semble exister alors un lien entre la présentation de l'assesseur extérieur en début d'audience et la possibilité qui lui est donnée ensuite de prendre la parole. Certains assesseurs ont l'impression d'être ignorés des directeurs d'établissement lors des commissions de discipline.

> *« - Mais vous êtes présenté ?*
>
> *- Assesseur C: bah ça dépend des directeurs (...) L'autre là, celui qui me laisse pas la parole, évidemment qu'il me présente pas hein, il fait comme si j'étais pas là ».*
>
> Assesseur C

**Une place incertaine de l'assesseur dans le déroulement de l'audience.** Une fois le détenu entré et les membres de la commission éventuellement présentés, il est demandé au détenu de décliner son identité, puis le président procède à la lecture des faits et éventuellement des conclusions de l'enquête. La parole est ensuite donnée à la personne détenue, qui s'explique sur les faits (ses explications sont retranscrites), présente sa défense et peut également remettre des explications écrites qui seront jointes au dossier, ainsi que toutes les pièces écrites qu'il remet (transcriptions de témoignages, certificats médicaux, etc.). L'avocat peut également intervenir à ce moment-là au soutien de son client.

L'audience est dirigée par le président, dont la personnalité peut influencer la rigueur du déroulement et de la gestion de l'audience.

*« Elle a vraiment une gestion de l'audience, elle. On a pas envie, elle est hyper carrée, elle est hyper gentille mais on a pas envie de lui dire « Je vous aide si vous voulez ». Non vraiment, c'est elle qui décide quand le mineur rentre. C'est elle qui décide quand les autres protagonistes rentrent. Elle fait sortir les avocats, rentrer. Y a pas d'intervention avant qu'elle nous donne la parole. Mais par contre elle le fait, elle ne l'oublie jamais ».*

Assesseur E

**La durée de l'audience et le nombre de dossiers traités par la commission.** La réunion de la commission de discipline est généralement l'occasion de traiter plusieurs dossiers. Leur nombre, là encore, varie considérablement : il arrive en effet que la commission se réunisse pour un seul dossier dans les cas de mise en prévention ; habituellement, la fourchette se situe plutôt entre 4 à 7 dossiers pour une commission régulière, mais dans certains établissements de taille considérable, la réunion régulière de la commission pourra donner lieu au traitement de 10 voire 15 dossiers. Les assesseurs interrogés décrivent des audiences de durées très variables, le plus souvent sur une demi-journée. Les facteurs allongeant la durée peuvent concerner le temps alloué à l'avocat pour s'entretenir avec son client, la nécessité d'un dispositif spécial (ELSP), la complexité d'un dossier, ou encore des difficultés informatiques.

*« Là, j'ai reçu hier : "Est-ce que t'es dispo demain à 14h pour une CDD ? " Là, je sais pas, il peut y avoir 2, 3 dossiers comme 7 ou 8. Je découvre quand j'arrive ».*

Assesseur F

*« Quand y a une commission de discipline, ça me prend une demi-journée sur ma journée, et les commissions de discipline au centre de détention de [lieu], généralement, y a pas beaucoup de dossiers : ça va de 2 à 4 dossiers ».*

Assesseur B

*« Je fais une moyenne, parce que ce coup-ci y en avait cinq, la dernière fois sept, euh, ce coup-ci quatre, en moyenne c'est cinq dossiers ».*

Assesseur E

*« Y a pas trop de dossiers… il y a quatre, cinq dossiers… On n'est pas dans les dix, douze comme ailleurs ».*

Assesseur 6

*« Au début, on était entre 10 et 15 dossiers par commission, maintenant 10, c'est la fourchette haute. On est entre 8 et 12. Il arrive quand même que certaines soient plus chargées, mais c'est étonnant parce que le nombre de dossier ne présage jamais de la durée de la commission. Il peut y avoir 10 dossiers, on termine en 2 heures, ou 5 dossiers et ça prend 3 heures 30 parce qu'un avocat n'a pas vu son client, ou un parle pendant 3 plombes, ou les personnes détenues n'étaient pas là quand on voulait commencer, parce que c'est une gestion particulière ELAC donc ça met du temps à mettre en place, ou parce que Genesis a planté … Mais quand même les commissions sont plus brèves quand y a moins de dossiers ».*

Assesseur D

*« Une fois, ils avaient traité dix-sept dossiers (rires), dix-sept dossiers ! Là, ça faisait beaucoup ».*

Assesseur C

> *« Parfois c'est un petit peu plus long, parce qu'il y a plus de dossiers ou des affaires qui ont nécessité un peu plus de faits ou un peu plus d'explications. On va chercher un surveillant pour qu'il vienne témoigner, et le temps qu'il arrive bon ».*
>
> Assesseur E

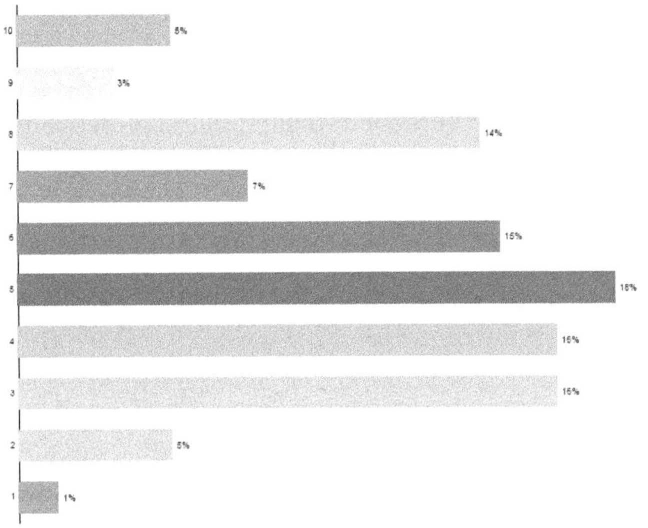


Nombre de dossiers traités
en moyenne à chaque convocation

§ 2. La présence d'un interprète

A. Une obligation règlementaire

**Fondement textuel.** L'article R. 234-26 du Code pénitentiaire oblige le chef d'établissement à désigner un interprète en cas de besoin et « dans la mesure du possible » : « *Si la personne détenue ne comprend pas la langue française, n'est pas en mesure de s'exprimer dans cette langue ou si elle est dans l'incapacité physique de communiquer, ses explications sont présentées, dans la mesure du possible, par l'intermédiaire d'un interprète désigné par le chef de l'établissement pénitentiaire* ».

**Enjeux de la présence d'un interprète.** La présence d'un interprète permet de respecter les droits de la défense du détenu[389], mais permet également aux assesseurs d'exercer pleinement leur mission, pour laquelle ils doivent comprendre les déclarations du détenu et doivent pouvoir lui poser des questions qu'il comprendra pour y répondre à son tour.

B. Une obligation négligée

**Des défaillances observées** [390]. Certains assesseurs interrogés soulignent pourtant l'absence d'interprètes professionnels lors des commissions de discipline, un co-détenu faisant alors office d'interprète.

| |
|---|
| « *Il y a aussi des fois où les personnes ont du mal à s'exprimer, à parler, soit à cause de la barrière de la langue, auquel cas on fait intervenir un traducteur mais c'était aussi un codétenu qui traduisait, donc cette fois-là je me suis dit que normalement c'est plutôt des personnes sur des listes de la Cour d'appel qui sont habilitées et là je me suis demandé si le fait que ce soit le codétenu qui traduise lui-même, si c'était normal, est-ce que c'est dans la procédure, c'est bizarre. Et puis même, est-ce qu'il traduit bien ce qu'il dit, parce que forcément, on parlait pas la langue donc bon, derrière, on peut se poser quelques questions sur ça (…)* ». |
| Assesseur 7 |

**Des défaillances excusées**. Le Conseil d'État impose à l'administration pénitentiaire « *d'accomplir toutes les diligences nécessaires à l'assurance de l'interprétariat en commission de discipline* », mais valide « *une exception dans le cas où il serait matériellement impossible de trouver un interprète* »[391]. Le CGLPL relève cependant que, si l'administration pénitentiaire invoque l'indisponibilité des interprètes pour ne pas y recourir, notamment en commission de discipline, « *il est généralement question de ne pas perdre de temps à attendre l'interprète, quitte à sacrifier les droits de la défense* »[392].

---

389 Sur ce point, V. M. Herzog-Evans, Droit pénitentiaire, Dalloz, coll. Dalloz Action, 2020/2021 n° 3612.64 et s.

390 *Ibid.* n° 3612.65.

391 Conseil d'État, Sous-sections 6 et 1 réunies, 11 Juillet 2012 - n° 347146,

392 CGLPL, Avis du 11 février 2022 relatif à l'interprétariat et à la compréhension des personnes privées de liberté, *JORF* du 3 mai 2022.

**Des palliatifs critiquables.** Le recours à la traduction par un agent ou un autre détenu n'est pas envisagé par la jurisprudence. Il figure toutefois dans la circulaire relative au régime disciplinaire des personnes détenues : « *S'il s'avère impossible d'obtenir, dans les délais requis, la présence d'un interprète pour assister la personne détenue, il peut être fait appel à un membre du personnel connaissant la langue étrangère (ou la langue des signes), ou en dernier ressort à une autre personne détenue* ». La seule exigence mentionnée est celle du respect du principe d'impartialité des débats, la circulaire n'imposant pas le secret des informations traduites.

Si cette possibilité permettait de sauvegarder les droits de la défense, au moins en apparence, le CGLPL préconisait cependant dès 2014 d'éviter, dans la mesure du possible, le recours à un co-détenu, qui « *oblige à partager des informations avec des personnes qui peuvent être intéressées* »[393]. Ce constat est réitéré dans son récent avis sur l'interprétariat : « *ces traductions bancales sont certes pratiques pour la gestion de situations urgentes, mais ne permettent aucunement de garantir la fidélité des informations transmises, pas plus que la sécurité des personnes concernées* » en cas de divulgation des informations traduites[394]. Cette préconisation est d'ailleurs renforcée par une recommandation relative à la déontologie des interprètes[395].

Les situations constatées pouvant peser sur la décision de la commission de discipline, il serait bienvenu de respecter les recommandations du CGLPL en matière d'interprétariat.

**Piste de réflexion.** Afin de permettre les échanges de l'assesseur extérieur avec le détenu étranger ou dans l'impossibilité physique de communiquer, et pour garantir la fiabilité et la confidentialité de ces échanges, il pourrait être envisagé de supprimer la possibilité de requérir un autre détenu pour faire office d'interprète.

La possibilité de faire appel à un autre détenu en cas d'impossibilité de disposer d'un interprète devrait donc être supprimée de la circulaire du 8 avril 2019 relative au régime disciplinaire des personnes détenues. La

393 CGLPL, Avis du 9 mai 2014 relatif à la situation des personnes étrangères détenues, *JORF* du 3 juin 2014.
394 CGLPL, Avis du 11 février 2022, *op. cit.*, Point 1.1.
395 *Ibid.*

possibilité de recourir à un agent de l'administration pénitentiaire devrait être réservée aux cas où l'impossibilité de disposer d'un interprète qualifié et soumis à des règles déontologiques est insurmontable et que la commission de discipline ne peut pas être repoussée.

Enfin l'article R 234-26 pourrait ainsi être complété :

« *(…) Si la personne détenue ne comprend pas la langue française, n'est pas en mesure de s'exprimer dans cette langue ou si elle est dans l'incapacité physique de communiquer, ses explications sont présentées, ~~dans la mesure du possible,~~ par l'intermédiaire d'un interprète professionnel ou non, qualifié, indépendant et respectant la déontologie de son activité, désigné par le chef de l'établissement pénitentiaire en priorité parmi les interprètes du service d'interprétariat conventionné par l'établissement pénitentiaire ou parmi les experts auprès de la Cour d'appel du ressort de l'établissement pénitentiaire. Il pourra être fait appel à des interprètes issus du tissu associatif s'ils présentent les qualités requises.*

*Dans la mesure du possible, l'interprète devra être physiquement présent aux côtés du détenu.*

*En cas d'impossibilité insurmontable de désigner un tel interprète dans les délais requis ou de reporter la commission de discipline, le chef de l'établissement pourra désigner un agent de l'administration pénitentiaire connaissant la langue étrangère ou la langue des signes.*

*Aucun autre détenu ne pourra être désigné pour faire office d'interprète.*

*L'interprète désigné est tenu aux mêmes obligations d'intégrité, de dignité et d'impartialité que les autres membres de la commission de discipline et devra respecter le secret des propos ou documents traduits* ».

### § 3. La participation de l'assesseur extérieur pendant la commission

#### A. La possibilité de poser des questions

La circulaire du 8 avril 2019, dans son Point 2.6.3.1, paragraphe 8 énonce que le président « peut céder la parole à ses assesseurs ». L'intervention de l'assesseur extérieur n'est donc qu'une simple faculté, ce qui peut influencer sa prise de parole effective.

1. La fréquence des questions posées par l'assesseur

**Une participation assez fréquente.** L'assesseur ne pose pas systématiquement des questions aux personnes détenues pendant l'audience, mais la participation des assesseurs s'avère assez fréquente.

Fréquence des questions posées par l'assesseur aux personnes détenues pendant les commissions

2. L'initiative des questions adressées aux détenus par l'assesseur

La pratique montre que les assesseurs extérieurs prennent peu l'initiative de poser des questions et attendent que le président les y invite, ce qu'il ne fait pas systématiquement.

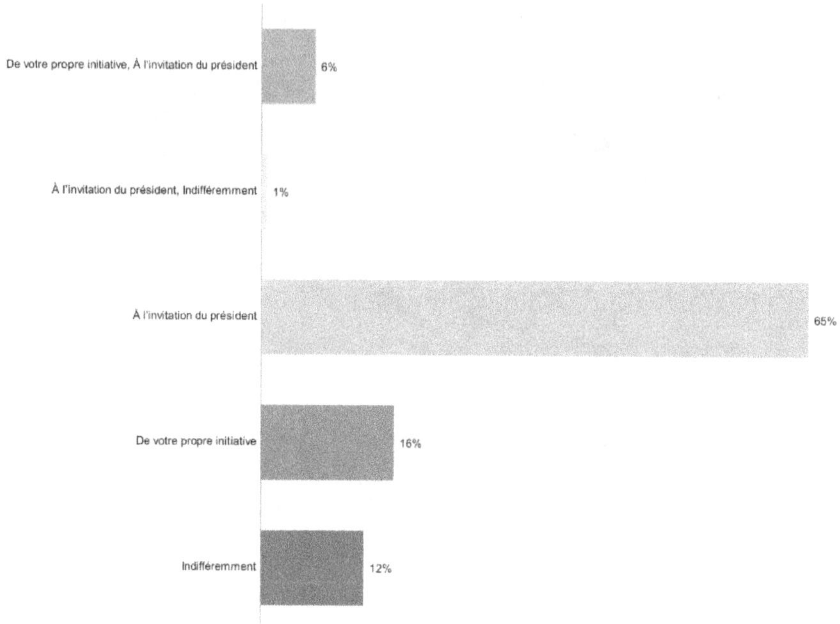


Initiative des questions adressées
aux personnes détenues

**Une possibilité dépendante de la volonté du président.** Le président de la commission, puis éventuellement les assesseurs, peuvent interroger la personne détenue et lui poser toutes les questions aidant à la compréhension des circonstances de l'affaire.

Les assesseurs de l'ANAEC indiquent à ce sujet qu'ils interviennent dans tous les cas où le président leur donne la parole[396] et qu'ils considèrent qu'il est alors de leur devoir de rappeler leur rôle de représentant de la société civile au sein de l'établissement et de garant du respect des droits de la défense pour la personne détenue. Il leur incomberait également de souligner l'impact négatif du type de comportement sanctionné même au-delà des murs de l'établissement (impact sur les aménagements et sur la peine notamment).

La possibilité de poser des questions au détenu n'est pas toujours donnée à l'assesseur extérieur et dépend du président de la commission. La circulaire relative au régime disciplinaire des personnes détenues précise d'ailleurs que le président de la commission de discipline « ***peut*** *céder la parole à ses assesseurs afin qu'ils puissent à leur tour interroger la personne détenue* »[397]. Il s'agit donc d'une faculté et non d'une obligation du président, ce qui peut s'expliquer par la simple voix consultative confiée aux assesseurs. Cette faculté est donc exercée de manière très disparate selon les établissements enquêtés.

---

396 ANAEC, Rapport annuel, 2020, *op. cit.* p. 24.

397 Directeur de l'administration pénitentiaire, Circulaire du 8 avril 2019, Régime disciplinaire des personnes détenues, non publiée, Point 2.6.3.1, p. 43 (nous soulignons). À l'étape du délibéré, la circulaire semble en revanche rendre la consultation des assesseurs obligatoire : « *Le président de la commission de discipline est en outre assisté de deux assesseurs dotés d'une voix consultative. Le président les consulte lors du délibéré avant de prendre sa décision. Leur avis permet d'éclairer sa décision.* » Point 2.6.2.1.1, p. 39.

« *Des présidents vont nous dire : "Intervenez (ou "Interviens" selon la proximité que j'ai avec eux) quand tu veux". D'autres qui, avant de laisser la parole à l'avocat, nous demandent si on a des questions, l'assesseur pénitentiaire et moi, et un qui est arrivé récemment laisse tout le monde parler et à la fin quand le détenu part, il nous re-demande si on a des questions. C'est curieux car ça ré-ouvre les débats. Mais en général on nous demande devant le détenu si on a des questions. Un président nous engueule quand on n'a pas de question, haha, mais parfois c'est clair, on n'a pas de question, mais il nous dit : "Mais comment ça pas de question, mais vous ne servez à rien !". C'est assez simple y'a pas de difficulté après ça arrive que certains présidents fassent sortir tout le monde et nous dise "ah, j'ai oublié de vous demander si vous aviez des questions". En réalité si j'en avais je les aurais posées mais c'est mieux que le président nous y invite directement* ».

Assesseur D

« *Je vais pas poser moi systématiquement des questions. Disons qu'en fait, ça dépend beaucoup du président de la commission de discipline* ».

Assesseur B

« *- Lors de vos interventions, les assesseurs posent-ils des questions ?*

*- Avocat 1 : Très rarement. Ça arrive, ce n'est pas jamais, mais c'est rare. Allez, une fois sur 10.*

*- Elles s'adressent à qui ?*

*- Avocat 1 : Le détenu.*

*- A vous jamais ?*

*- Avocat 1 : Ah non jamais* ».

Avocat 1

**Une prise de parole spontanée délicate.** Certains présidents de commission de discipline comptent sur l'initiative des assesseurs, alors que la déférence et la solennité de la commission incitent les assesseurs à attendre qu'on leur donne la parole :

> *« Oui, ouais (…) à la fin, enfin, même en cours, ils peuvent poser des questions. Ils le savent ».*
>
> DSP A

> *« - (…) Et est-ce que parfois vous avez pris la parole pendant l'audience ?*
>
> *- Assesseur 1 : Non jamais.*
>
> *- et on ne vous la donnait jamais ?*
>
> *- Assesseur 1 : en fait, l'audience se déroulait et après on nous demandait : « Est-ce que vous avez des questions ? ». Et finalement, je n'avais pas vraiment de questions donc non, j'ai vraiment pas posé de questions. (…) Car c'est vrai que ça peut être un peu compliqué de prendre la parole lorsqu'on n'est pas sollicité. Donc, l'une demandait plus mon avis, alors que les autres avaient tendance à dire « Mais tout le monde est d'accord », donc voilà ».*
>
> Assesseur 1

La personnalité de l'assesseur extérieur peut également influencer sa prise de parole pendant l'audience.

> « *Allez, sur 5 commissions disciplines, peut-être je vais poser des questions sur une… Mais (…) pas systématiquement. Peut-être parce que, j'ai pas non plus…. Même si je suis là depuis juillet, j'ai pas encore la technique, peut-être* ».
>
> Assesseur A

Certains assesseurs préfèrent également ne pas intervenir si toutes les questions semblent avoir été posées, ce qui dépend de nouveau de la rigueur du président de la commission pendant son interrogatoire :

« *Finalement j'interviens peu pendant la commission en la présence du détenu. J'interviens relativement peu. Ce n'est pas très fréquent. Je m'exprime beaucoup plus pendant les délibérations, là je dis mon avis. Mais devant le détenu, j'interviens peu. Le président ou la présidente, actuellement c'est une présidente, pose des questions qui en général sont assez complètes. Ça ne mérite pas d'autres questions. C'est à peu près complet, ils font le tour du problème. Ça ne servirait pas à grand-chose d'en rajouter, ça ne ferait peut-être même qu'exacerber le détenu. Quelques exceptions, mais c'est rare que j'intervienne pendant les débats avec le détenu* ».

Assesseur 3

« *Donc moi généralement je suis, je dirais je vais poser des questions une fois sur trois. Une commission de discipline sur deux même peut être. Y a des commissions de discipline où je vais pas poser de questions, quand j'estime que... Enfin souvent je note les questions que j'ai envie de poser et souvent le président est amené à les poser. Donc s'il la pose, je vais pas rebondir dessus hein. A part si j'ai une remarque à faire, mais j'ai totalement la capacité de le faire. Mais quand je vois que les choses ont été mises à plat, je ne le fais pas généralement* ».

Assesseur B

« *Alors, en général, comme c'est bien fait, l'interrogatoire est bien fait, je pense que l'essentiel des questions sont posées, voilà* ».

Assesseur A

Les témoignages recueillis montrent que l'organisation de la prise de parole varie davantage en fonction des présidents de séances que des incidents évoqués.

*« - En fonction des cas de violence, des cas de possession de téléphone ou de stupéfiants, est-ce qu'il y a une différence sur l'organisation de la prise de parole ?*

*Assesseur C : oh non, pas plus que ça. C'est à dire, ce qui se passe c'est que le président lit le compte rendu d'incident, c'est un truc de deux ou trois lignes. C'est au format A4, c'est vite fait. Et il dit « alors, qu'est-ce que vous dites de ça ? ». Et il demande au prisonnier de s'exprimer sur le sujet ».*

Assesseur C

B. La nature des questions posées

**Des questions essentiellement liées aux faits reprochés**. La plupart des questions posées sont directement liées à l'incident. Les assesseurs s'intéressent également aux éléments qui peuvent permettre de déterminer leur avis quant à la sanction : l'existence d'un projet de sortie, les activités en détention ou l'existence d'antécédents disciplinaires.

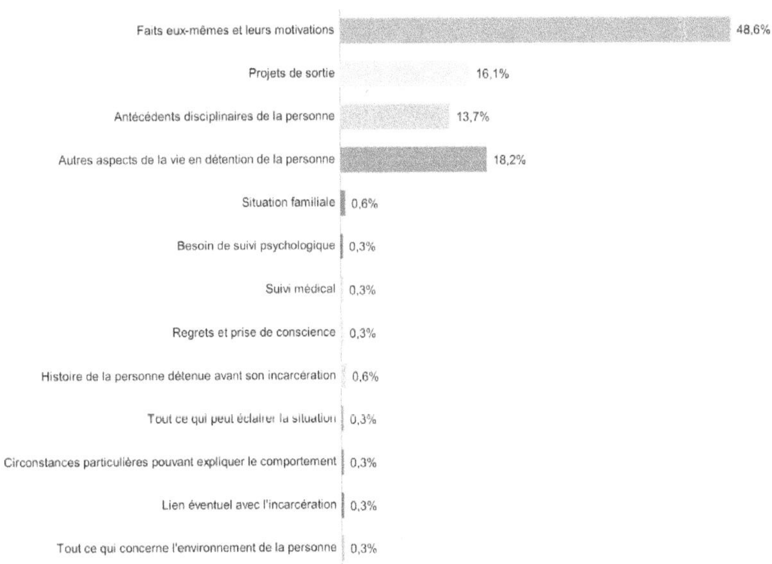


Sujets abordés par les assesseurs extérieurs dans leurs questions

**Des questions influencées par la gravité de l'incident.** La nature des questions posées par l'assesseur peut être influencée par la gravité de l'incident.

> « - *Est-ce que y a des types de questions qui ressortent plus selon le type de faute qui vous est présentée ?*
>
> - *Assesseur B : Oui, oui, bien sûr. Disons que si la faute est d'une gravité importante, je vais être plus exigeant (…). Disons que quand y a un incident léger, je cherche plus à identifier une question qui pourrait être une solution. Mais si ya un incident plus grave, je vais orienter mes questions sur « Est-ce qu'ils ont conscience que c'est grave ? » et « Ça ne doit absolument pas se reproduire ». C'est plus une demande de précisions sur les faits, à ce moment-là* ».
>
> Assesseur B

**Des questions variées à visée pédagogique.** D'autres questions posées par les assesseurs portent sur la gravité de l'incident, la conscience que peut avoir le détenu de cette gravité. Certains assesseurs invitent le détenu à s'interroger sur sa faute et sur le contexte d'incarcération :

> « *Justement si je vois qu'il y a une nonchalance à ce niveau-là je vais demander « est-ce que vous avez conscience que vous êtes dans une prison ouverte ? Que vous avez des conditions de détention enfin y a pire ? Que ce que vous faites c'est dangereux ? » voilà c'est ce type de questions-là que je vais poser* ».
>
> Assesseur B

**Des questions plus libres.** L'origine extérieure de l'assesseur semble également influencer sa participation et sa place au sein de la commission de discipline. Il peut en effet se sentir plus libre de poser des questions que l'assesseur pénitentiaire, qui, d'après les témoignages, reste davantage en retrait.

*« - Et vous avez le sentiment que l'assesseur pénitentiaire ne pose jamais de questions ?*

*- Assesseur 7 : Oui, mais je ne sais pas pourquoi. Parfois j'ai l'impression que l'assesseur pénitentiaire, j'en ai eu deux ou trois différents, que c'est par habitude car ils font plein de commissions de discipline et que finalement cela ne les intéresse pas vraiment. Ou est-ce parce qu'il y a la hiérarchie, c'est par rapport au directeur, ils sont dans une position où ils se disent « si je fais des choses déplacées, ou que je ne réponds pas aux attentes du directeur ou je me mets en opposition avec ce qu'il dit, est-ce que cela ne va pas avoir des répercussions sur mon milieu professionnel ? ». Alors que lorsqu'on est assesseur [extérieur] en commission de discipline, j'ai envie de dire on ne répond pas de la hiérarchie, on est extérieur à l'administration pénitentiaire et, tout en restant courtois et correct, lorsque la parole nous est donnée, on peut se sentir libre de poser des questions* ».

Assesseur 7

**L'influence mitigée de l'extériorité de l'assesseur dans les réponses.** L'assesseur extérieur peut également utiliser sa position pour gagner la confiance du détenu et le faire coopérer, avec des résultats mitigés.

*« - Avez-vous l'impression que lorsque vous posez des questions, le détenu vous répond différemment par rapport aux autres membres de la commission ?*

*— Assesseur 3 : Oui. Ils répondent. En général ils répondent. D'une façon satisfaisante ou pas, mais ça c'est un autre problème. S'ils répondent, le détenu participe. Ou alors il se mure complètement, mais là, ça n'engage pas de questions de la part des assesseurs. Mais quand il participe : il participe. C'est aussi pour eux l'occasion de parler à des gens. Ils ont l'occasion pendant la commission de s'exprimer. Quelques fois on ressent qu'ils prolongent la discussion pour avoir justement l'occasion de parler* ».

Assesseur 3

*« - Assesseur 2 : (…) Ou sur une personne qui était vraiment fermée pour voir si le fait qu'une autre personne que l'administration pose la question lui permettrait de s'ouvrir ou non.*

*- Vous êtes donc déjà intervenu en pensant obtenir une réaction différente parce que vous êtes un membre différent dans la commission de discipline.*

*- Assesseur 2 : Ça n'a pas fonctionné !* ».

Assesseur 2

Ces derniers témoignages démontrent toute l'utilité de l'assesseur extérieur, permettant d'assurer tant la véritable collégialité de la commission que le regard extérieur enrichissant la qualité et l'impartialité des décisions rendues.

Il apparaît alors qu'une simple faculté de donner la parole aux assesseurs extérieurs n'est pas satisfaisante si l'on veut garantir l'utilité de leur présence et ce regard extérieur qu'ils doivent porter sur les faits : ils devraient pouvoir disposer du droit de poser des questions et de s'exprimer, indépendamment de la volonté du président de séance.

### § 4. Les preuves présentées lors de la commission de discipline

#### A. Le compte-rendu d'incident

**Un document indispensable mais négligé.** Les preuves de l'incident résident essentiellement dans le compte-rendu d'incident (CRI). Ce dernier ne permet pas toujours à l'assesseur extérieur d'apprécier les circonstances de l'incident, sa rédaction étant souvent succincte. En outre, le rapport d'enquête n'est lu par le président lors de l'audience que s'il l'estime nécessaire[398].

[398] Circulaire du 8 avril 2019 *op. cit.*, point 2.6.3.1 p. 42.

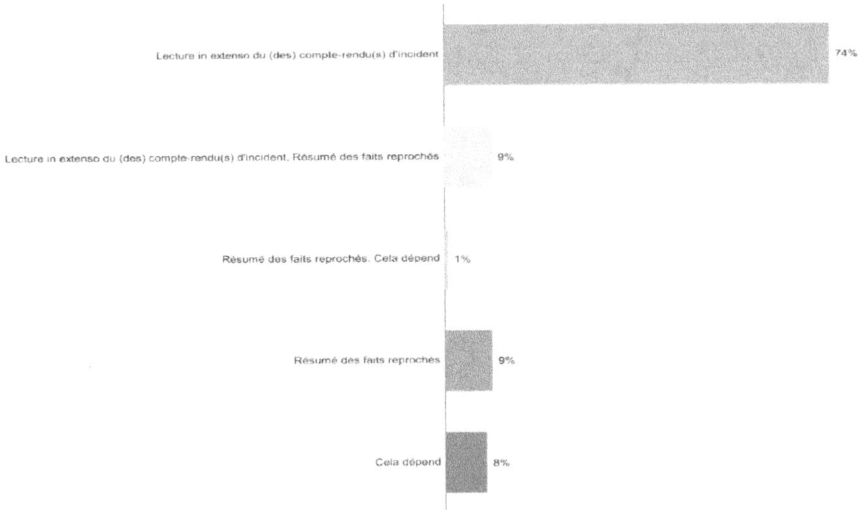


Type de lecture par le président des faits reprochés à la personne détenue

« *Mais c'est vrai que les dossiers sont assez lapidaires sur les faits* ».

Assesseur 7

**Un document erroné.** Certains assesseurs interrogés décrivent un CRI incomplet voire faux. Le contenu erroné peut être dû au détenu :

« *Ils mentent comme ils respirent, forcément. C'est-à-dire, ils ont le compte rendu d'incident, ils vous disent un truc, et puis ils vous disent complètement l'opposé de ce qu'ils ont déclaré pendant le compte rendu d'incident* ».

Assesseur C

**Un document mensonger.** Certains assesseurs dénoncent également les déclarations mensongères parfois effectuées par le personnel pénitentiaire :

*« Là où j'ai moins confiance, c'est dans les autres écrits comme les CRI faits par les agents, ou les comptes rendus autres versés au dossier, mais pas sur les comptes rendus de visionnage des images, là j'ai confiance. J'ai eu des cas où le CRI dit « noir », le président en amont visionne les images de surveillance, on entre en commission et le président me dit de suite : « Le CRI est bidon », il m'explique ce qu'il voit aux images et le détenu répète ce que me dit le président. Donc là, on voit que l'agent a fait n'importe quoi. Évidemment, y'a des brebis galeuses dans l'administration pénitentiaire. Après, pour se couvrir, ils font des CRI bidon. Heureusement que le président avait fait la démarche de regarder les images avant. En pratique d'ailleurs, quand on a discordance entre CRI et discours de la personne détenue, on ne croit pas toujours le CRI ».*

Assesseur D

**Une anonymisation inefficace**. La lecture du CRI peut être influencée par l'identité du rédacteur, malgré une anonymisation avant transmission à l'avocat et au détenu :

*« Ce qu'on fait aussi, c'est que les CRI, y'a l'identité du rédacteur, mais c'est anonymisé avant d'être envoyé à l'avocat et au détenu, et les présidents contrôlent par transparence avec le blanco qu'il y a dessus le nom du rédacteur, pour savoir qui l'a fait et douter en fonction de qui l'a fait. Des fois on se dit "Hmmm, pas sûr, depuis qu'il est là y'a que des problèmes, il/elle a des méthodes de cow-boy", etc. ».*

Assesseur D

Le soin apporté à la rédaction du compte-rendu d'incident doit être renforcé pour une meilleure compréhension des faits par l'assesseur extérieur lui permettant de forger un avis éclairé. Une formation complémentaire des agents de l'administration pénitentiaire sur ce point pourrait résoudre cette problématique.

**Piste de réflexions.** Renforcer la formation des agents de l'administration pénitentiaire sur la rédaction des comptes-rendus d'incident.

B. Les témoignages

**Rareté des témoignages.** La possibilité d'auditionner des témoins a connu des destins variés selon les interprétations jurisprudentielles, les réformes règlementaires ou les précisions apportées par les circulaires[399]. Depuis la circulaire du 9 juin 2011 et la confirmation du Conseil d'État en 2012, l'audition de témoin est possible si le président l'estime « *utile au regard du bon déroulement de la procédure et pour la manifestation de la vérité* »[400]. Le président de la commission est seul juge de l'opportunité[401], même si le détenu peut « *toujours demander à faire entendre des témoins* »[402] . En pratique, cette convocation demeure rare, comme le regrettent les membres de l'ANAEC [403] et comme il ressort de plusieurs sources concordantes (rapports CGLPL, note Défenseur des droits, association d'avocats A3D)[404].

**Témoignage du rédacteur du CRI.** Certains assesseurs regrettent l'absence de l'agent qui a rédigé le CRI et qui pourrait en préciser le contenu[405]. Si l'article R. 234-12 du Code pénitentiaire interdit à l'auteur du CRI de siéger en commission de discipline, aucune disposition ne fait obstacle à ce qu'il soit entendu comme témoin, sous réserve de garantir sa sécurité.

« *Mais moi, je peux pas dire si c'est lui ou pas lui, mais c'est la personne qui a rempli le CRI qui peut le dire. Mais ils sont pas là* ».

Assesseur F

---

399 V. Not. M. Herzog-Evans, *Droit pénitentiaire*, Dalloz, coll. Dalloz Action, 2020/2021, n° 3612.71 et suivants.

400 CE 11 juillet 2012, req. n° 347146.

401 Circulaire du 8 avril 2019, op. cit. p. 43.

402 *Ibid.*

403 ANAEC, *Le processus disciplinaire dans les établissements pénitentiaires depuis la mise en œuvre de la loi du 24 novembre 2009,* Rapport annuel, 2020, *op. cit.*

404 V. Aussi M. Herzog-Evans, *op. cit* n° 3612.85.

405 V. *Supra.*

**Recueil critiquable des témoignages.** Les témoignages sont parfois recueillis par téléphone, sans confrontation avec le détenu, malgré une information de ce dernier.

« - *Donc oui, donc on a la première version, celle du surveillant. Ensuite, on a la 2e version, celle du détenu et après y a rien, y a pas de confrontation avec le surveillant ?*

- *Assesseur 1: Alors justement, cette fois-là, on avait essayé d'appeler la surveillante. Elle n'avait pas répondu, puis après elle nous a répondu et elle a confirmé qu'on lui avait manqué de respect.*

- *Mais vous l'avez appelé pendant la commission ?*

- *Assesseur 1 : Pendant qu'on délibérait. (…) Elle travaillait pas ce jour-là, mais elle avait fini par répondre et elle avait bien confirmé ce qui c'était passé. Quand le détenu est revenu, on lui a dit que on avait parlé à la surveillante.*

- *D'accord, donc il a été informé quand il est venu.*

- *Assesseur 1: et du coup, Je crois qu'il avait pris du quartier du disciplinaire si je me souviens bien* ».

Assesseur 1

Il apparaît opportun de favoriser le recours plus fréquent aux témoignages permettant la manifestation de la vérité et d'en améliorer la qualité en privilégiant les témoignages en personne, en présence du détenu.

**Proposition.** La circulaire pourrait permettre aux assesseurs, comme cela est permis au détenu, de solliciter un témoignage. Au point 2.6.3.1 §10 : une troisième phrase pourrait être ainsi rédigée et insérée avant la dernière phrase du paragraphe : « *Les assesseurs peuvent également solliciter l'audition de témoins* ».

C. Les images de vidéosurveillance

1. Absence de visionnage et retranscription limitée des images de vidéosurveillance

**Absence de visionnage systématique hors audience.** Les images de vidéosurveillance permettant, lorsqu'elles existent, de mieux apprécier les faits ne sont pas systématiquement visionnées, et lorsqu'elles le sont, l'assesseur n'y a pas forcément accès.

En effet, l'article 234-17 du Code pénitentiaire permet au détenu ou à son avocat de demander à prendre connaissance des données de vidéosurveillance, à condition que celles-ci n'aient pas été effacées. La circulaire du 8 avril 2019 précise que le visionnage peut se faire à tout moment de la procédure disciplinaire[406]. Il semble cependant avoir lieu le plus souvent en amont afin que le détenu puisse préparer sa défense.

**Absence de visionnage pendant l'audience.** Plusieurs assesseurs interrogés regrettent ainsi l'absence de visionnage pendant l'audience, alors que les images constitueraient un moyen de preuve irréfutable face aux dénégations des détenus, et face aux comptes-rendus d'incident souvent peu détaillés.

« *Sur les bagarres, ce que je trouve dommage, c'est que on a pas accès aux vidéos. Y a des gens qui y ont accès, mais les détenus parfois disent « Mais vous avez qu'à regarder les vidéos ! C'est pas moi ». Mais moi, je peux pas dire si c'est lui ou pas lui, mais c'est la personne qui a rempli le CRI (ndlr : compte rendu d'incident) qui peut le dire. Mais ils sont pas là. (…) Là on est 3 et la personne qui a fait le rapport n'est pas là. Donc, c'est difficile quoi. (…) C'est succinct les faits* ».

Assesseur F

« *Non, je n'ai jamais eu de vidéo* ».

Assesseur 5

406 Point 2.6.1.3.

**Une absence d'images enregistrées.** L'absence d'images de vidéosurveillance peut être due à l'absence d'enregistrement au sein de l'établissement, les caméras ne captant des images qu'en temps réel. Les témoignages recueillis soulignent aussi la ruse des détenus qui connaissent les emplacements des caméras.

> « *Sur la question des vidéos, à XXX (nom de l'établissement), l'intérieur ne filme qu'en temps réel, il n'y a pas d'enregistrement, nous sommes en travaux pour cela. Donc on ne peut pas regarder les vidéos d'incidents à l'intérieur* ».
>
> DSP B

> « *(...) avec des détenus qui savent où sont les caméras, où la caméra ne filme pas, donc c'est là qu'il y a la bagarre en général* ».
>
> Assesseur 6

**La retranscription insuffisante des images vidéo.** Si les images ne sont pas visionnées pendant l'audience, elles sont retranscrites dans un procès-verbal, conformément à l'article R. 234-17 C. Pénit. Les assesseurs peuvent ainsi disposer d'une description des images minute par minute. Certains assesseurs relèvent cependant la mauvaise qualité des retranscriptions, affectant leur compréhension des faits.

*« Par contre, la caméra enregistre les images de promenade, mais on ne diffuse pas les vidéos, jamais. Moi je peux la voir, mais sinon on a le compte-rendu minute par minute. Mais souvent, les détenus reconnaissent les faits. Une seule fois, j'avais un CRI mal fait, et le détenu me soutenait que ce n'était pas lui, je suis donc montée regarder la vidéo et effectivement ce n'était pas lui ».*

DSP B

« *Non, y'a eu des exceptions mais par principe non, on n'y a pas accès en salle de discipline, donc le PV de visionnage est versé au dossier. En fonction de par qui il est fait, c'est plus ou moins détaillé. Pendant longtemps, on avait un adjoint qui le faisait très bien, c'était détaillé par minute, et parfois on n'a pas cette exploitation. Quand l'adjoint avait fait les comptes rendus, il ne présidait pas la commission, mais une fois, il n'y avait pas eu d'exploitation des images donc on était allé toute la commission dans son bureau pour voir les images* ».

Assesseur D

2. L'avis mitigé des assesseurs sur l'utilité des images de vidéosurveillance

Certains assesseurs attestent avoir pu visionner les images de vidéosurveillance, qui peuvent cependant s'avérer impressionnantes.

« *On les consulte* [les vidéos] *en commission. Quand le personnel pénitentiaire sait que le détenu conteste l'infraction. En fonction de ce que l'on voit dans le dossier. Là, à ce moment-là, la vidéo lui est montrée, pendant la commission, en même temps qu'à moi* ».

Assesseur 3

*« - Et pendant la commission de discipline du coup, comment ça s'est passé ? vous avez discuté des faits … vous avez visionné les vidéos?*

*Alors en fait, au début donc, le détenu rentre et je crois que le visionnage se fait de suite. Il y a un petit peu d'échanges et le visionnage se fait de suite. »*

Assesseur A

*« Donc ils se sont mis à le tabasser. Je suis un passionné de rugby. Ce que vous voyez dans le top 14, à coté de ce qu'on a vu là, c'était horrible. La caméra… Donc ils se sont mis à le tabasser, y en avait un des cinq qui avait une canne, parce qu'il avait mal, à je sais pas quoi. Il a prêté la canne à son copain, qui a tapé sur le bord du truc. Et on voit à la fin du film. Y a celui qui s'est fait tabasser, il est par terre allongé. Et y en a un qui prend son élan, il se croit au Vélodrome, il shoot un pénalty dans…Bon à la caméra, on voyait pas ».*

Assesseur C

Certains assesseurs se sont également montrés sceptiques quant à l'utilité des images, notamment quand la qualité ne permet pas d'apprécier correctement les faits.

*« Ça m'a fait revoir ma position sur les images, parce que la bagarre se tient au fond de la cour de promenade, ils apparaissent en tout petit, je ne suis pas physionomiste et la qualité n'est pas très bonne, donc j'étais incapable de savoir qui c'était ».*

*« Oui, et dans les cours de promenade on a une caméra rotative maintenant, quand un mouvement éclate elle tourne et on a une image nette. Mais sinon les caméras classiques ce n'est pas pareil. »*

Assesseur D

Le visionnage des images de vidéo-protection, lorsqu'elles sont disponibles, semble un moyen de preuve relativement fiable, permettant aux membres de la commission de discipline dont l'assesseur extérieur, de forger leur avis concernant l'incident dont ils ont à connaître. Il apparaît utile à la manifestation de la vérité de proposer leur visionnage pendant l'audience afin d'éviter des interprétations éventuellement divergentes dans la retranscription écrite. S'agissant d'images pouvant s'avérer violentes, le choix de les visionner pourrait être laissé à l'assesseur extérieur.

**Proposition.** La circulaire du 8 avril 2019 relative au régime disciplinaire des personnes détenues pourrait être complétée en permettant aux assesseurs de demander le visionnage des images de vidéoprotection si le compte-rendu qui en est fait laisse persister certaines interrogations.

D. Images, plans et écoutes

**L'utilité d'une visualisation de l'incident.** Le dossier est complété dans certains cas par des photographies, notamment d'objets saisis en contexte, voire des plans de situation, ce qui permet aux assesseurs de mieux visualiser l'incident, à défaut de vidéos.

> « *J'ai jamais été amené à consulter des vidéos mais je pense que ça pourrait se faire. Par contre, y a beaucoup de pièces sur lesquelles on s'appuie pendant la commission de discipline. Déjà y a les témoignages des témoins, des agents pénitentiaires. Sinon le dossier, je trouve personnellement qu'on dispose des pièces pour statuer* ».
>
> « *Sinon on s'appuie beaucoup sur les témoignages, sur les photos, y a beaucoup de photos j'en ai déjà eu. Voilà, c'est les principales pièces sur lesquelles on s'appuie* ».
>
> « *Y a même des plans établis avant pour que la commission puisse avoir en vision la situation* ».
>
> Assesseur B

**La variété dans la constitution des dossiers et la présence incertaine d'images.** La constitution du dossier n'est cependant pas homogène dans tous les établissements et tous les dossiers d'incident ne comportent pas d'images.

« *(...) Ou même des photos, "il a été retrouvé dans la cellule 40g d'une substance". Eh je sais pas, ils pourraient prendre une photo de la substance et la mettre au rapport...* ».

Assesseur F

Le dossier est parfois complété par des écoutes.

« *Alors non, moi je fais pas d'écoutes, mais des collègues, oui, peuvent parce que le collègue...le vaguemestre qui, lui, a les écoutes et mon collègue qui est maintenant passé...en fait on travaillait à deux et lui a changé de poste mais il pouvait aussi* ».

Gradé 1

Ou par des saisies.

« *Les pièces saisies ne sont pas amenées en salle de commission de discipline. Ils ne les amènent pas. Ils les amènent systématiquement, alors parfois ça sent bon quand ils chopent du cannabis... (...) et ils mettent toutes les enveloppes avec toutes les pièces dans chaque enveloppe. On les ouvre pas systématiquement mais elles sont là, et s'il y a besoin parce que le détenu nous dit : « Le téléphone il était comme-ci » et puis on voit, que dans le compte-rendu, le téléphone il est d'une autre couleur, on peut au moins ouvrir...Voir aussi le conditionnement de la barrette de shit, voir comment ça été fait. (...) On peut montrer ce qui a été saisi. Ici, je ne sais pas, les pièces ne sont pas amenées* ».

Assesseur 6

A défaut d'images de vidéosurveillance, il serait utile de permettre à l'assesseur extérieur de forger son avis à la lumière de photographies permettant de visualiser le contexte et les éléments de l'incident. De la même manière, à défaut de présentation des objets saisis pendant l'audience, des photographies de ces objets permettraient d'éclairer l'avis de l'assesseur.

**Proposition.** La circulaire relative au régime disciplinaire des personnes détenues pourrait être complétée par une disposition prévoyant la systématisation de l'insertion de photographies relative à l'incident (lieux, objets saisis) dans le dossier servant à éclairer l'avis de l'assesseur extérieur.

Section 3. Le citoyen assesseur et la décision de la commission de discipline pénitentiaire

**Faible rôle de l'assesseur au stade du dénouement de l'instance.** Si l'on se borne aux dispositions du Code pénitentiaire, et particulièrement aux articles R. 234-1 et suivants, il faut admettre que le rôle du citoyen assesseur au sein des commissions de discipline pénitentiaire est secondaire voire minime. Le rôle de l'assesseur citoyen apparaît à l'article R. 234-3 du Code pénitentiaire aux termes duquel on peut lire que « *les sanctions sont prononcées, en commission, par le président de la commission de discipline. Les membres assesseurs ont une voix consultative* ». Au regard de cette voix consultative – qui relègue les assesseurs à un second rang – certains présidents de commission croient pouvoir se passer de la présence d'un assesseur citoyen pour réunir une commission de discipline et infliger une sanction.

> « *Non mais en général, à XXX, ils s'en foutent, y a pas d'assesseurs, ils marquent sur le rapport "y a pas d'assesseur"* ».
>
> Assesseur C

**Affirmation de la place de l'assesseur citoyen.** La pratique qui consiste à réunir une commission de discipline et à prononcer une sanction disciplinaire sans assesseur citoyen doit être proscrite. En effet, les dispositions du Code pénitentiaire rappellent la composition de la commission de discipline[407]. Néanmoins, cette disposition n'est pas accompagnée d'une sanction en cas d'erreur ou de mauvaise composition de la commission. Le Conseil d'État a néanmoins jugé que la sanction prononcée par une commission de discipline mal composée doit être

[407] C. pénit., art. R.234-2

annulée en raison de son illégalité[408]. Aussi, il semble approprié de réformer le Code pénitentiaire pour prescrire à peine de nullité les dispositions relatives à la composition de la commission. D'un strict point de vue technique, le pouvoir normatif ne concède aucun pouvoir aux assesseurs citoyens sur la décision adoptée au terme de la procédure disciplinaire. Le pouvoir de sanction appartient aux chefs d'établissement qui dispose d'un rôle prépondérant[409], et cela a pu être observé lors des entretiens.

> « *Alors y a deux présidents, je vais pas vous les nommer, ils se retournent vers l'assesseur pénitentiaire, "Regarde son CV, bon alors 10 jours de QD". Je note 10 jours de QD sur le cahier, j'ai pas droit à dire "mais monsieur"* ».
>
> Assesseur F

**Variété des pratiques professionnelles dans la prise en compte de l'avis de l'assesseur citoyen.** Le rôle de l'assesseur citoyen semble donc bien mince, mais qu'en est-il en pratique ? En certains cas, les chefs d'établissements pénitentiaires qui président les commissions de discipline ne semblent pas faire cas de l'assesseur citoyen, mais les pratiques d'un établissement pénitentiaire à l'autre, voire d'un président de commission à un autre, varient. Certains entretiens ont été l'occasion d'observer aussi une divergence dans les pratiques quant à la prise en compte de l'avis de l'assesseur citoyen. Ainsi, il a pu être mis en exergue que certains présidents ne sollicitaient pas l'avis de l'assesseur citoyen pour prendre la décision quant à la sanction. Néanmoins, les études statistiques menées dans le cadre de cette recherche indiquent que 96% des enquêtés considèrent que leur avis est suffisamment pris en compte lors de la décision. Ils sont 88% à préconiser une décision. Ils constatent l'existence d'une sorte de "jurisprudence" disciplinaire puisqu'ils considèrent en

---

408 CE, ch. réunies, 5 fév. 2021, n°434659, L. Seurot, « Discipline en prison : la présence dans la commission de discipline d'un assesseur extérieur constitue une garantie », *Dr. Adm*, 2021, comm. 30, J.-P. Céré, « L'absence de l'assesseur extérieur devant la commission de discipline », *AJ. pén.*, 2021, p. 221.

409 En ce sens, J.P. Céré, *Droit disciplinaire pénitentiaire*, 2e éd., 2020, L'Harmattan, p. 128 et s.

grande majorité que les sanctions prononcées sont stables face à des fautes disciplinaires fréquentes (93%). Leur rôle semble très clairement déterminé et se limiter à la fonction purement disciplinaire. En effet, ils ne sont que plus rarement informés des suites pénales éventuelles par transmission au parquet (68%), et beaucoup plus rarement consultés quant à l'opportunité d'un retrait de crédit de réduction de peine qui serait la conséquence de la sanction prononcée (14%).

> *« Selon le président vous voyez une différence même dans l'organisation du délibéré même ?*
>
> *- Ah oui, tout à fait ouais. Entre celui qui me laisse pas du tout la parole, celui qui se tourne vers moi, qui dit "Bon, vous avez des questions à poser ?" ou un truc comme ça, mais y en a qui le font pas ».*
>
> Assesseur C

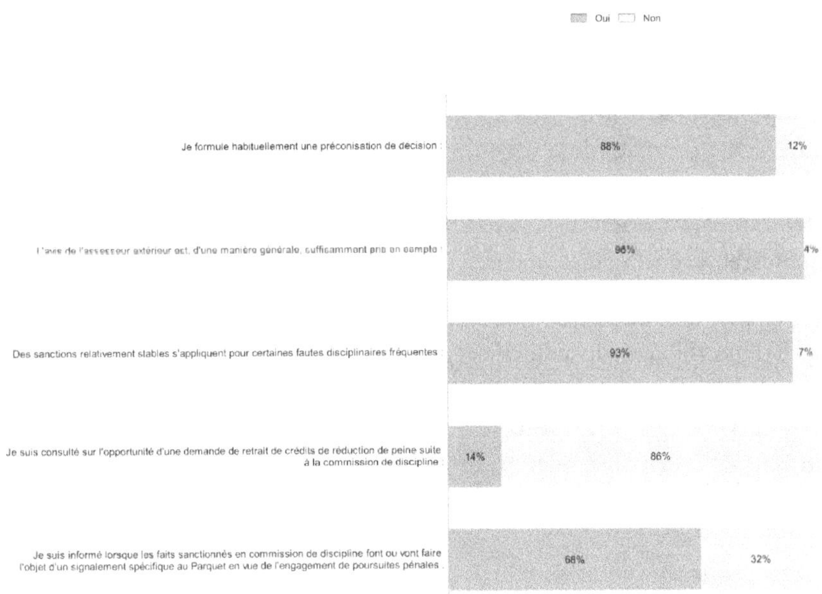


Pratique du délibéré

**Rappel de l'intérêt et de l'importance de l'assesseur citoyen.** La pratique qui consiste en seulement convoquer l'assesseur citoyen pour qu'il siège au sein de la commission disciplinaire sans tenir compte de son avis ou sans même l'intégrer au processus de réflexion doit être abandonnée. Ces pratiques respectent les dispositions normatives mais elles vident de sens la présence de l'assesseur citoyen au sein de cette commission disciplinaire. En effet, l'assesseur citoyen a été intégré au sein des commissions de discipline pour ouvrir les établissements pénitentiaires à la société civile, mais aussi pour qu'il soit le garant d'une bonne justice. Or, les présidents de commission de discipline dont l'attitude consiste à ignorer l'assesseur citoyen neutralisent les raisons qui ont conduit à une telle composition de la commission. De plus, cette pratique contribue à démotiver les assesseurs citoyens. Cette démotivation se traduit par un manque d'investissement lors des débats devant les commissions de discipline pénitentiaire et *in fine*, cela peut aboutir à un refus de répondre aux convocations et à la fin de l'investissement citoyen. La difficulté peut donc aboutir à raréfier encore le vivier d'assesseurs citoyens dont la présence est pourtant nécessaire pour la légalité des décisions adoptées par les commissions. La place et le rôle des assesseurs citoyens au sein des commissions doivent être mieux intégrés et compris dans les pratiques pénitentiaires. Ainsi, il peut être proposé d'assurer des formations, ou procéder à des rappels auprès du personnel en charge de la présidence des commissions de discipline afin de réaffirmer l'importance de l'assesseur citoyen. Les services de l'expertise juridique et les services du droit pénitentiaire pourraient assurer cette mission de sensibilisation au sein de chaque direction interrégionale.

**Respect de la lettre du Code pénitentiaire.** En dépit de ces comportements peu appropriés, les entretiens ont révélé des pratiques conformes à la lettre du Code pénitentiaire où le président laisse l'assesseur citoyen poser des questions au condamné mis en cause devant la commission. Le président permet ainsi à l'assesseur citoyen de se forger un avis qu'il pourra ensuite présenter lors des délibérations.

« *Directement j'ai eu l'idée d'une question à poser, donc j'ai pu intervenir tout de même et non, ça s'est bien passé. En fait, je dirais que la directrice du centre de détention est très… est vraiment dans l'optique que la commission de discipline apporte quelque chose, et du coup elle était contente de ma présence et elle prenait en compte mon avis* ».

« *Je sentais que mon avis allait être pris en compte… Donc pas surpris mais content* ».

Assesseur B

« *C'est ça, une fois que le prisonnier et l'avocat sont sortis hein. Il me dit "Qu'est-ce que vous en pensez, qu'est-ce que vous suggérez ? ". Bon bah alors moi, j'ai toujours une idée hein* ».

Assesseur C

« *Un petit historique très rapide mais qui permet pour nous, pour moi qui les connais un petit peu moins bien, de les resituer, bref. Et puis après elle s'arrête, le premier jour ça m'a beaucoup surpris et elle nous dit : "bon, j'attends vos propositions"* ».

Assesseur E

« *Mais oui, oui, on parle un petit peu comme ça, et après, bien souvent, la direction, le directeur ou la directrice va dire "Bon ben, qu'est-ce que vous en pensez ? Quelles sanctions on pourrait mettre ? "* ».

Assesseur A

« *Le président, il me dit : "Bon alors qu'est-ce que vous en pensez ? Est-ce que le fait est établi? ". On discute, etc, et puis après, le deuxième assesseur donne aussi son point de vue. Alors après le président dit : "Qu'est-ce qu'on fait ? Sursis ou pas sursis ? " ou dit : "Du ferme ou pas du ferme ? "*.

Assesseur 5

**Outils de fabrication de l'avis de l'assesseur citoyen.** Outre ce respect des dispositions normatives qui placent l'assesseur citoyen comme une voix consultative, l'intérêt de ce développement est d'interroger la place véritable de la voix de l'assesseur dans la décision. On peut ainsi se questionner quant à la prise en compte de l'avis de l'assesseur citoyen dans la détermination de la nature et dans le *quantum* de cette dernière. Si l'on se borne à la lettre du Code pénitentiaire, l'assesseur citoyen a une voix consultative mais le droit pénitentiaire est complexe au point où les assesseurs peuvent être confrontés à des difficultés pour émettre des avis. Afin de les mettre en mesure d'émettre avis, certains présidents de commission constituent des dossiers d'informations donnés aux assesseurs citoyens lors de leur prise de fonction ou lors de chaque audience disciplinaire.

« *Elle est hyper bien organisée, elle a une pochette qu'elle me remet au début, dans laquelle y a plusieurs tableaux qu'elle a dû télécharger sur un site de, genre Légifrance pour eux quoi. Et vraiment un tableau où y a par sanction, par degré de faute, ce qu'on pourrait éventuellement proposer ou pas. Voilà. Un condensé du Code pénal* ».

Assesseur E

« *Avec des informations générales et des informations plus précises, une espèce de précision sur le rôle de l'assesseur citoyen, le code de déontologie, enfin des trucs comme ça, des présentations générales aussi, et après voilà, la visite en elle-même* ».

« *Oui c'est ça, et puis un espèce de flyer, je vais dire de présentation du centre pénitentiaire avec, je ne sais pas comment on appelle ça, j'ai oublié, mais en gros si c'était une faute de de niveau un ou premier degré, je crois, et il y avait une liste de sanctions selon les fautes, pour savoir généralement ce qu'il mettait, comme ça on n'était pas complètement perdu quand j'entendais les sanctions, et je crois que c'est tout* »

Assesseur 1

**Prépondérance et influence du président de la commission.** Il est bien difficile de cerner l'influence de l'avis de l'assesseur citoyen dans la décision de la commission de discipline. Comme cela a déjà pu être affirmé, le rôle du président est prépondérant et le plus souvent, il semble qu'il s'est forgé une idée de la décision avant même l'ouverture des débats.

S'il est possible de constater le souhait de prendre en compte l'avis de l'assesseur citoyen, cet avis est mis en concurrence avec d'autres éléments de sorte qu'il est peu aisé d'identifier le poids qu'il occupe dans le processus de décision. L'avis de l'assesseur extérieur est mis à côté de l'avis de l'assesseur pénitentiaire, des plaidoiries ou encore de pratiques internes.

« *Alors moi j'ai souvent mon idée parce que bah, j'ai eu le dossier entre les mains, j'ai pu y travailler, j'ai essayé d'avoir les avis des personnes présentes au moment des faits et euh…mais j'essaie quand même d'avoir l'avis de l'assesseur extérieur et de l'assesseur pénitentiaire, qui parfois n'a eu aucune information sur de dossier (…) mais qui peut connaître le détenu par d'autres biais que moi aussi, et (…) ça m'arrive oui d'adapter l'idée que j'avais eu départ de la sanction (…) par rapport aux avis des assesseurs mais parfois aussi la plaidoirie de l'avocat qui peut mettre le doigt sur quelque chose soit que je n'avais pas vu, soit effectivement, des fois ça peut arriver, que la procédure soit pas bien montée. Enfin voilà, à un moment on est obligé d'en tenir compte, c'est obligatoire* ».

DSP 2

« *Toujours. Toujours. Moi je leur pose toujours la question en présence du détenu et en présence de l'avocat, quand il y en a un. S'ils ont des remarques ou des questions à poser. Et après dans les délibérations, je ne donne jamais mon avis sans avoir entendu l'avis des deux assesseurs. Et je leur dis toujours…bon vous avez vu ce matin l'assesseur extérieur a dit : « sept jours ». Il le sait mais il a pas fait attention, je lui ai dit : "Non ça sera pas sept, ça sera cinq parce que je veux pas les faire sortir le week-end". Alors il me dit : "ah oui, c'est vrai" mais voilà, ils me donnent toujours leurs avis* ».

DSP 3

« *Moi je leur demande en général ce qu'ils en pensent, en général j'ai une idée de ce que je fais, je rappelle aussi ce qu'on fait d'habitude, enfin voilà, pour essayer qu'il n'y ait pas trop différence non plus entre les personnes détenues* ».

DSP A

**Rare neutralité du président de la commission quant à la décision.** Cependant, il faut noter qu'il s'agit de pratiques personnelles qui varient d'un directeur à l'autre. A l'occasion des recherches de terrain, il a ainsi été précisé que certains présidents de commission commençaient l'audience sans idée sur la décision. Cette réalité apparaît marginale néanmoins au regard des éléments collectés lors de la recherche.

> *« Je demande à l'assesseur son avis, ce qu'il en pense, et on discute tous les trois. Des fois je n'ai pas d'idée en tête et ils m'aident, puis je tranche après ».*
>
> *DSP B*

**Constat d'une considération pour l'avis de l'assesseur citoyen.** La recherche a révélé que l'avis des assesseurs est pris en considération. Tant les données statistiques que les témoignages attestent de cette prise en considération,puisque face à des propositions d'énoncés pour décrire la dynamique des délibérés, 42% répondent que “les points de vue de chacun viennent éclairer la décision du président”, 22% que “la discussion cherche à identifier un compromis acceptable par tous” et 27% ont répondu en retenant les deux énoncés mentionnés. C'est dont sur le consensus et la discussion que repose la dynamique majoritaire en matière de décisions disciplinaires, puisque ces réponses constituent 91% de l'ensemble des réponses apportées. Le surplus des énoncés proposés (“la décision est prise par le président sans réelle concertation”; “cela dépend énormément du président”; “La décision est plus ou moins identique pour une même infractions”) ne donne lieu qu'à des taux de réponses marginaux (entre 1 et 3 %).

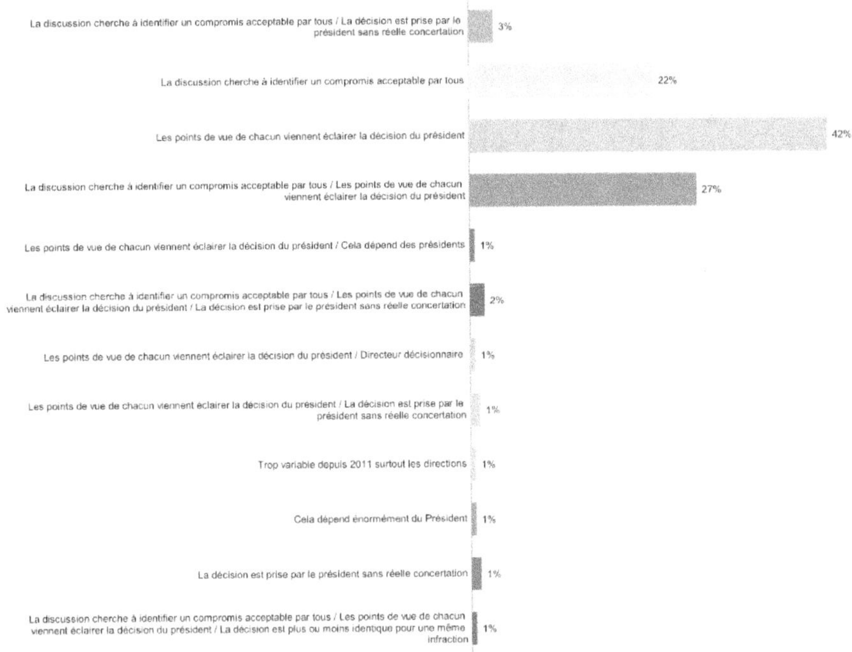


Énoncé(s) décrivant le mieux la dynamique du délibéré en cas de désaccord

« *Au final, c'est le président de la commission de discipline qui prend la décision sur la sanction. Si je ne suis pas d'accord… Je ne suis pas surpris, j'avais vu que c'était un cadre, je dirais… Je sentais que mon avis allait être pris en compte* ».

Assesseur B

« *Moi j'en fais une* [ndlr : proposition]. *L'assesseur interne en fait une, et elle, elle tranche* ».

Assesseur E

*« On tient compte de votre opinion ?*

*- Oui, oui. Il y a des commissions disciplines, ben je crois que c'est lundi ou je sais pas, je sais plus ce que c'était… Et moi j'ai dit : « Ah peut être que ça suffit à un sursis de 7 jours », bon il y a en a d'autres qui ont dit « Machin », et puis finalement, on est resté sur… Tout le monde avait fini par être d'accord ».*

Assesseur A

**Fonction harmonisatrice ponctuelle de l'assesseur citoyen.** Il ressort, au détour des entretiens effectués, qu'à certaines occasions, la participation de l'assesseur citoyen à différentes commissions de disciplines au sein d'un même établissement, dont le président et l'assesseur pénitentiaire sont susceptibles de varier, lui octroie un rôle harmonisateur pourtant jamais formulé. En effet, sa position lui permet de connaître les pratiques des différentes personnes chargées de présider la commission de discipline, et ainsi d'assurer une certaine cohérence dans la pratique disciplinaire interne de l'établissement. Sans être le garant de la politique disciplinaire, il peut parfois être une courroie de transmission dans l'harmonisation des décisions prises par les différentes formations de la commission de discipline. Lorsqu'il n'exerce pas un tel rôle, il demeure le témoin privilégié de la disparité des pratiques entre les diverses présidences de la commission de discipline.

« *Avez-vous pu constater des différences dans le déroulement de ces délibérés en fonction du président de la commission.*

- R : *Oui.*

- *Dans quel sens ?*

- R : *C'est une relation humaine entre deux personnes. Changez d'interlocuteur et la discussion ne sera pas exactement la même. J'ai surtout vu des différences de sanctions en fonction de l'établissement.*

- *Dans l'échelle des sanctions vous voulez dire ?*

- R : *C'est ça. Ou même dans le comportement avec les détenus. Après dans une centrale les détenus n'ont pas le même profil que dans une maison d'arrêt. Au début j'ai surtout fait de la centrale, je ne suis allé en maison d'arrêt que quelques mois plus tard. Je n'avais pas l'habitude, et la maison d'arrêt était plus familiale. C'était "à la cool". Après ils m'ont expliqué que la maison d'arrêt c'est "mignonnet" quand même* ».

Assesseur 2

« *Mais la directrice et le vice-directeur, et en fonction des deux, je vous dirais pas lequel, mais y en a un de plus sévère que l'autre. Et justement celui qui est plus sévère, je vais avoir tendance à trouver les choses un peu trop sévères et l'autre un peu trop souple. Voilà donc vraiment, c'est variable, tout dépend du président* ».

Assesseur B

**Nature de la sanction disciplinaire.** Si l'avis de l'assesseur citoyen est pris en compte, il faut cependant déplorer une relative pauvreté des échanges lors du délibéré. En effet, alors même que les articles du Code pénitentiaire prévoient un panel[410] de sanctions[411] important (pas moins de onze mesures différentes existent), la recherche a démontré que ce panel n'était pas entièrement utilisé. Certains assesseurs regrettent l'emploi

[410] V. C. pénit. art. R. 233-1 et R. 233-2.
[411] V. J.-P. Céré, *Droit pénitentiaire disciplinaire*, *op.cit.*, p. 64 et s.

récurrent de la sanction de placement en cellule disciplinaire ou du recours accru au sursis.

« *En fait, on met beaucoup de jours de quartier disciplinaire, énormément, alors que y a tout un panel de sanctions qui ne sont pas utilisées. Parfois, il arrive qu'on prononce une peine de personne qui ne peut plus faire de sport pendant un mois, une personne qui est confinée dans sa cellule sans télévision, une personne qui est déclassée, mais bon ça ça les embête, de poste de travail. On peut mettre aussi un avertissement… Enfin on peut mettre tout un panel de sanctions qui ne sont pas utilisées. C'est souvent du quartier disciplinaire* ».

Assesseur F

« *Y a beaucoup de QD [quartier disciplinaire], y a pas mal de confinements aussi, c'est dans leur cellule là. Bon. Puis après y a tout ce qui, pour eux, ça a beaucoup d'impact la privation de télé, et la privation d'activités* ».

Assesseur E

« *Au niveau des peines, je vois que lors de la dernière commission de discipline, vous avez prononcé des peines de 10 jours, 12 jours avec sursis. Est-ce que c'est représentatif ?*

*- Sur les sanctions prononcées, je trouve qu'il y en a pas mal en sursis ou en quartier disciplinaire mais il peut exister d'autres types de sanction mais qui sont plus marginales, comme une sorte de travail d'intérêt général au niveau de l'entretien des bâtiments* ».

Assesseur 7

« *Après oui, j'avais plus ou moins en tête les différentes sanctions, mais après c'était toujours un peu les mêmes sanctions. Enfin, je savais qu'il y avait des sanctions, type privation de cantine ou des trucs comme ça, c'était souvent confinement en cellule, soit quartier disciplinaire, soit sursis, soit avertissement, soit rien. Mais ça tournait vraiment autour de ces 5 sanctions* ».

Assesseur 1

**Principe d'individualisation et barème dans la sanction disciplinaire.** Au regard des éléments collectés lors des entretiens avec les directeurs d'établissements pénitentiaires et les assesseurs citoyens, il est possible de mettre en exergue un « barème de sanction » en fonction de la faute disciplinaire. Ce phénomène de barémisation de la justice, notamment pénale, a déjà été analysé lors d'une précédente recherche[412] mais il interroge sous l'angle du principe d'individualisation de la sanction. En effet, ce principe fondamental du droit de la peine[413] s'applique également à la matière pénitentiaire[414] et il s'oppose à une forme d'automaticité des sanctions disciplinaires. Dans ce droit fil, l'individualisation de la sanction disciplinaire s'oppose à l'infliction d'une sanction collective comme le prévoient explicitement le Code pénitentiaire et la circulaire du 8 avril 2019[415]. Pourtant, les entretiens ont révélé une application relative du principe de personnalisation et d'individualisation des sanctions. Son application est contrariée par les contraintes carcérales de gestion des cellules disciplinaires. Aussi l'exécution de la sanction devra-t-elle être différée lorsque le quartier affiche complet ( v. ci-dessous), ce qui questionne nécessairement le sens de la sanction prononcée.

---

412 « La barémisation de la justice », (dir) S. Gerry-Vernières, Rapport n°216.11.04.23, p. 11 « http://www.gip-recherche-justice.fr/wp-content/uploads/2020/02/16.39-Note-de-synth%C3%A8se.pdf,.)

413 V. E. Bonis et V. Peltier, *Droit de la peine*, 3e éd., 2019, Lexisnexis, p. 149 et s.

414 En ce sens, M. Herzog-Evans, *Droit pénitentiairie*, Dalloz, coll. Dalloz Action, 3e éd. 2019, p. 982 et s., n°3434.11 et s.

415 C.pénit., art. R.234-32, al. 2 et Circ. Du 8 avril 2019 relative au régime disciplinaire des personnes détenues, p. 46.

*« - Alors c'est une personne qui a été obligée d'aller chercher un paquet derrière le grillage. Il a escaladé le grillage, il est allé chercher un paquet qu'il devait remettre à d'autres personnes. Et cette personne n'est pas arrivée à passer au-dessus du grillage, ou il est redescendu… On a pas trop bien compris, mais il est pas arrivé à ramener ce paquet aux personnes destinataires. Donc il s'est fait frapper par 5 personnes, il est parti à l'hôpital. Et donc on a reçu les 5 détenus qui ont frappé cet homme-là. Donc la version était quasi identique : « C'est pas moi qui l'ait frappé, vous avez mal vu, moi j'y étais pour rien, au contraire j'y allais pour séparer ». On les a reçu les 5 à la suite. Ces faits de violence sont survenus la semaine dernière.*

*Q : Ces détenus étaient coutumiers de ce genre de faits ?*

*- Y en a 2 oui. Y en a 2 ils ont déjà été condamnés pour violence. Après, les autres, non. Mais voilà, je me souviens plus la sanction mais de toute façon on leur a infligé la même sanction aux 5. Je crois que c'était 10 jours à chacun au quartier disciplinaire. Comme le quartier disciplinaire est 5, c'est des peines différées ».*

Assesseur F

**Influence de la gravité des faits sur la sanction disciplinaire envisagée par l'assesseur extérieur.** L'exercice de violences physiques en détention est l'une des infractions les plus graves aux règles d'une coexistence et du bon ordre interne. Elles sont à ce titre sanctionnées comme faute du premier degré par l'article R. 232-4 1° et 2° du CCode pénitentiaire. La première règle sanctionne les violences ou tentatives de violences à l'encontre des personnels ou d'une personne en mission ou en visite dans l'établissement, tandis que la seconde règle vise les violences ou tentative de violences entre détenus. Les violences accompagnant d'autres comportements incriminés sont susceptibles d'en aggraver la sanction, la durée maximale de l'encellulement disciplinaire pouvant être portée à 30 jours au lieu des 20 jours habituellement prévus (fautes des art. 232-4 1°, 2°, 3°, et R. 232-5 4° et 7°). Les établissements pénitentiaires mettent donc généralement en œuvre une politique disciplinaire très stricte à l'égard des violences, visant à l'absence d'impunité. Une telle posture peut influencer l'avis de l'assesseur extérieur sur la décision proposée, le conduisant à accepter le prononcé de la sanction maximale sans la discuter. Certains assesseurs reconnaissent alors que les éventuelles discussions lors de la commission de discipline sont purement formelles, sans enjeux sur le fond.

*« Sur les faits de violence déjà c'est la politique de la nouvelle direction c'est de tolérer 0 violence 0 violence donc Ben là dernièrement on a une grosse affaire de violence justement et il y en a un qui a pris 3 ans en plus. Ils ont failli sécher le mec, donc ils sont passés carrément au tribunal en plus pour cette affaire après la commission de discipline donc il a fait appel en 3 ans c'est beaucoup mais quand même c'est passé pour une tentative homicide en promenade quand même, ils étaient à 4 dessus ils l'ont laissé bien sur le carreau donc il s'en est remis, il a eu 80 jours d'ITT quand même … donc là-dessus non 0 et les récidives aussi. »*

Gradé A

*« La dernière vague de violence remonte à cet été. Le plus grave que j'ai eu à connaitre c'était un transfert disciplinaire, gestion ELAC d'un détenu qui était à […] qui avait pris en otage à moitié les surveillants, en avait planté d'autres… C'était à la maison centrale de […]. Le surveillant avait été évacué par hélicoptère jusqu'à [nom], c'était vraiment un dossier très grave. On avait eu un échange mais il n'y avait pas trop d'enjeux on savait qu'on allait aller jusqu'à 30 jours de QD. On avait eu un autre dossier assez similaire, peu de temps après. Le dernier en date c'était une mésentente entre co-cellulaires et l'un a provoqué l'autre, ils se sont mis dessus dans la cellule, les surveillants sont intervenus alors que la bagarre avait déjà commencé. C'était un peu la parole de l'un contre la parole de l'autre on avait peu d'éléments. »*

Assesseur D

La nature des violences et les circonstances de celles-ci influencent également le quantum de la sanction. Les assesseurs interrogés tiennent compte de la réciprocité des violences, ou de leur caractère unilatéral, du nombre des protagonistes, de l'acharnement contre un détenu à terre par exemple. De même, la qualité de la victime est prise en compte pour déterminer le quantum de la sanction, en particulier si les violences sont exercées à l'encontre d'un surveillant ou d'un enseignant. Les entretiens soulignent que les assesseurs, en cas de faits de violence, suivent sans discuter la politique de l'établissement, trouvant fondées des décisions prononçant la sanction maximale.

> *« Je ne me souviens pas de ce dossier particulièrement, mais je peux prendre l'exemple de violences en remontant de promenade. Un détenu s'était fait moulouner assez sévèrement, tous contestaient, c'était toujours quelqu'un d'autre qui frappait. On avait un PV de visionnage et la surveillante qui avait identifié pendant le délibéré, et quand c'est un dossier de violence en général ils passent tous à la suite avec leurs conseils puis on délibère sur la responsabilité de chacun. Là ils s'étaient tous mis sur le même détenu mais quand ce sont des bagarres en promenade on sait que l'un a frappé l'autre, c'est pas pareil. Là on se dit est ce qu'on considère que c'est lui ou lui qui a commencé ? Puis on évalue selon les blessures, les coups portés … Quand c'est des violences ont demandé comment ça a commencé, quels coups ils ont porté. Quand les coups sont portés par plusieurs personnes et que la personne était déjà à terre on considère que c'est plus grave qu'un échange de coup, et au délibéré on essaie de voir si on croit l'un ou l'autre quand les dires ne concordent pas et on essaie d'évaluer la responsabilité en fonction des blessures de l'un, des coups de l'un ou l'autre et on dit 50-50 ou 20-80 etc. »*
>
> Assesseur D

> *« La mienne je m'en souviens ! Je me suis dit que les faits étaient quand même caractérisés. Bon voilà, dans la déformation j'utilise ces termes là (en riant), même là-bas je me dis bon, y a tous les éléments de l'infraction ou de la faute quoi. Il a, enfin, l'intention y est, il a vraiment porté des coups, bon. Pour moi, du moment que c'est caractérisé, doit y avoir sanction, puisqu'il y a faute. Et tout le monde a réagi plutôt comme ça. Et la présidente a vraiment axé, et ça je m'en souviens parce que ça m'avait vraiment marqué, sur tout ce qui se passe au scolaire, c'est plus grave que quand ça se passe avec des surveillants. Parce qu'il faut pas que les profs ils aient plus envie de venir travailler ou qu'ils se sentent en danger quand ils viennent faire cours ici. Parce qu'ils pourraient très bien être dans des collèges ou lycées d'autres secteurs. Donc il faut vraiment les préserver et préserver leur intégrité physique et morale en fait je crois surtout. »*
>
> Assesseur E

**Effectivité du principe d'individualisation de la sanction disciplinaire. Proposition.** Aussi, afin d'assurer l'effectivité du principe de personnalisation et d'individualisation de la sanction disciplinaire, plusieurs modifications peuvent être suggérées. Il est possible de suggérer la mise en place d'une obligation de motivation renforcée de la décision administrative laquelle devra expliquer les raisons ayant conduit à l'infliction de cette sanction. Il faut cependant relever qu'une telle motivation est déjà exigée d'une manière générale pour toute décision individuelle défavorable émanant d'une administration [416] et plus spécialement pour l'administration pénitentiaire [417] Aussi, il s'agit de renforcer les exigences relatives à la motivation de la sanction disciplinaire. À l'image du Code pénal et du Code de procédure pénale en matière de courtes peines privatives de liberté[418], il est possible de poser un principe d'*ultima ratio* des mesures de confinement et de cellule disciplinaire. Ce principe imposerait alors une motivation pour expliquer en quoi toutes les autres sanctions étaient inadéquates et insuffisantes. Cette réforme pourrait résulter d'une modification textuelle des dispositions du Code pénitentiaire, mais elle peut aussi prendre une forme plus souple n'imposant pas de réforme normative. Ainsi, les bureaux de l'expertise juridique au sein de l'administration pénitentiaire pourraient veiller à ce renforcement à l'occasion de l'étude des recours préalables obligatoires devant le directeur interrégional des services pénitentiaires [419] . Ce renforcement du rôle de l'expertise juridique pourrait ainsi donner une meilleure impression quant à la nécessité du recours préalable obligatoire. En l'état, le recours préalable obligatoire peut être perçu comme un obstacle supplémentaire pour accéder au juge et n'est que peu investi en conséquence.

---

416 V. Code des relations entre le public et l'administration, art. L211-2.

417 Circ. du 8 avril 2019 relative au régime disciplinaire des personnes détenues, p. 63.

418 E. Bonis, « *L'encouragement à un environnement non carcéral de la peine* », Actes du colloque *Environnement et peine privative de liberté,* ss. dir. BONIS-GARÇON E. et ZALBALZA A., *in Travaux de l'Institut de Sciences criminelles et de la Justice*, Cujas, t.2, 2013, p.157 et s.

419 C. pénit., art. R234-43.

*« Le TA de XXX ne m'a jamais annulé une procédure disciplinaire. Je n'en ai pas fait 500, mais… Les mecs ne veulent pas, ils s'en foutent, ça n'a aucun enjeu. Je fais un ou deux recours par an.*

*- Q :* Les RAPO *(Recours Administratif Préalable Obligatoire) ?*

- R *: C'est obligatoire, mais ça n'a pas d'enjeu, les mecs ne sont pas intéressés. J'ai eu une période de grande activité quand j'avais des gars pour qui ça avait un enjeu, qui voulaient aller dans cette direction. Je ne rencontre plus de détenus qui veulent faire ça, ou des cas psy dangereux* ».

Avocat 1

**Voix délibérative des assesseurs. Proposition.** Il est également possible de réformer l'article R. 234-3 du Code pénitentiaire afin de modifier le poids de l'avis de l'assesseur citoyen. En effet, cette réforme permettrait à l'assesseur d'avoir plus de poids dans les délibérations et imposerait des discussions qui pourraient nourrir une motivation. Afin de préserver les équilibres et sans modifier la composition des commissions de discipline pénitentiaire, il faudrait également accorder plus de poids à l'avis de l'assesseur pénitentiaire sur la décision finale. Dans cette perspective, l'article R. 243-3 du Code pénitentiaire pourrait énoncer que les voix de ces assesseurs soient délibératives, et non plus consultatives. À défaut d'expliquer le choix de la sanction, cette option renforce l'impartialité de la décision ce qui est de nature à assurer une meilleure adhésion à la décision.

**Absence d'information quant à la décision adoptée.** L'avis de l'assesseur citoyen est donc pris en compte dans la plupart des commissions de discipline, mais on observera que le poids et l'importance de cet avis varient en fonction du président de la commission de discipline. Lors des entretiens, les assesseurs citoyens ont pu émettre certains regrets quant à l'absence de retour sur les décisions prises par le président de la commission de discipline pénitentiaire. En effet, la mission de l'assesseur citoyen est très fugace et ponctuelle, de sorte qu'il est rarement informé du dénouement de l'affaire pour laquelle il a accordé de son temps.

> « *Je sais qu'à la fin de la commission de discipline quand une sanction est prise, généralement, l'information n'est pas délivrée à l'assesseur civil après est-ce qu'elle est délivrée à l'assesseur pénitentiaire, ça peut-être* ».
>
> Assesseur 7

**Absence d'information quant à l'exécution de la décision.** Cette absence d'information quant à la décision prise sur le fond se double d'une absence d'information quant à l'exécution de la décision. Les assesseurs citoyens ne reçoivent non plus aucune information sur l'exercice d'une voie de recours.

> « *Q : Le chef d'établissement leur précisait ?*
>
> *R : Oui, oui, "vous pouvez faire un recours en appel". Enfin qu'il pouvait contester quoi, et s'il y a eu des contestations, j'ai jamais été mis au courant* ».
>
> Assesseur 7

**Informations officieuses et retours informels de certaines décisions.** Parfois, les assesseurs citoyens parviennent à avoir un retour sur les sanctions adoptées mais cela ne concerne pas nécessairement des cas auxquels ils ont été associés. En effet, en certains cas, les assesseurs citoyens sont destinataires d'une information quant à l'exécution des sanctions lorsque cela peut agir à rebours sur le choix d'une sanction. En matière de placement en cellule disciplinaire, les assesseurs citoyens peuvent parfois savoir qu'il ne faut pas recourir à cette mesure pour le respect de la santé et la dignité des personnes détenues. Ainsi, lors d'un entretien, l'assesseur citoyen avait reçu l'information selon laquelle la mesure de placement au quartier disciplinaire n'était pas exécutée en raison des agissements d'un médecin qui jugeait cette mesure inapplicable au regard du péril encouru par certaines personnes détenues.

*« Q : Mais à part ce cas-là ? Vous n'aviez pas de recul par rapport aux sanctions prononcées, sur ce qui se passait après ? D'une commission à une autre, on ne vous disait pas, "tiens, il fait ça" ?*

*- Non, non. Après, la seule chose que je savais c'est que, quand on les envoyait au quartier disciplinaire, bah ils y restaient pas longtemps. Ils ressortaient le jour même, enfin ça c'est quand on se rapprochait de l'été.*

*Q : Ah oui, quand il fait trop chaud. Et ça on vous l'a dit après ?*

*- Oui, parce que une fois, j'avais posé une question sur le quartier disciplinaire et on m'avait répondu qu'on évitait parce que de toute manière, ils n'y restent pas. Et d'ailleurs, je crois que ça agaçait un peu la directrice de l'établissement car on décide d'envoyer au quartier disciplinaire et voilà, la sanction était perdue. En plus apparemment, c'était avec ce médecin-là, qui faisait ça depuis longtemps. Mais sinon, non ».*

Assesseur 1

**Absence d'information officielle quant aux éventuels retraits de réductions de peine.** Parfois encore, certains assesseurs citoyens parviennent à savoir que la sanction disciplinaire pourrait être doublée d'une sanction prononcée par le juge de l'application des peines avec le retrait de tout ou partie du crédit de réduction de peine[420]. Cela apparaît d'autant plus critiquable que le retrait du crédit de réduction de peine intègre le paradigme punitif des présidents de commission de discipline qui peuvent proposer un *quantum* de retrait. Les pratiques sur ce point divergent, même si les entretiens démontrent une certaine automaticité de la proposition de retrait[421].

---

[420] V. CPP. art. 721-1

[421] J. Falxa, *Le droit disciplinaire pénitentiaire : une approche européenne*, Ed. Mare et Martin, 2016, p. 555 ; F. Poinsignon, « Retrait de crédit de réduction de peine par le JAP : mode(s) d'emploi », *AJ pénal* 2013, p. 28.

*« À partir du moment où ils prennent dix jours de quartier disciplinaire, on leur retire X journées »*.

Assesseur C

*« Quelle place vous donnez à cette sanction qu'est le quartier disciplinaire par rapport aux autres sanctions ?*

*- Alors (c'est vraiment dire ce que je pense) les sanctions qui sont prises en commission de discipline n'ont aucune valeur aux yeux des détenus, faut le savoir. Celle-là, qui est la punition la plus dissuasive, c'est quand on leur dit que finalement le juge aussi est au courant et qu'il va avoir des retraits de CRP, le crédit de réduction de peine. C'est ça qui fait mal, le quartier, ils s'en moquent, ils s'en moquent »*

Gradé A

*« Q : Et pour le retrait des réductions de peine, vous n'étiez pas consulté ?*

*- Oui, ça dépend. La fois où vous êtes venu, on n'avait pas été consulté mais sur les autres dossiers généralement, sur les réductions de peine, quand ils les enlèvent, ce que j'ai compris c'est qu'il y avait différentes manières d'enlever les réductions de peine en fonction de l'établissement car un directeur, qui venait d'un autre établissement, nous disait que "nous, on fait comme ça", mais la politique içi "c'est ça", donc généralement, j'ai l'impression que c'est quelque chose d'assez automatique derrière. Il décide de les enlever en fonction de la faute. Ils ont une sorte de quantum et ils vont dire "bon là, pour tant de jours au QD [quartier disciplinaire], c'est tant de retrait de réduction de peine", il fait une proposition, et après il envoie au juge de l'application des peines et le juge de l'application des peines rend sa décision »*.

Assesseur 7

*« Vous faites une proposition de réduction de peine au JAP ? Si oui, pour quelle(s) sanction(s) ? Quel barème ?*

*- Systématiquement, oui. Je le fais systématiquement, dès que je prononce du quartier disciplinaire ou du sursis. Alors quand c'est du sursis, je demande une réduction moindre par rapport à du quartier ferme euh…alors…systématiquement non, j'avoue*

*que parfois je le fais pas…mais euh…voilà c'est euh…un détenu qui aurait quand même montré (…) vraiment une rédemption (…) qui me dit : "Mais je sors bientôt", bon, ça m'arrive parfois de ne pas saisir le juge d'application des peines mais euh… j'essaie quand même d'avoir une certaine logique parce que je ne veux pas qu'il me soit après renvoyé par les détenus que je l'ai fait pour un tel mais pas pour un tel* ».

DSP 2

« *On fait des propositions de…de retrait de réduction de peine…euh…alors moi souvent j'oublie, c'est pas un automatisme pour moi* ».

DSP 3

**Pistes de réflexion.** Cette absence de retour auprès du citoyen assesseur apparait critiquable et dommageable. En effet, l'absence d'information quant à la décision adoptée par le président de la commission de discipline peut être analysée comme un manque d'intérêt et de considération pour le travail fourni par l'assesseur citoyen. Cela peut contribuer à affaiblir l'attractivité de la fonction d'assesseur citoyen et donc dissuader les personnes habilitées à prolonger leur investissement au sein des commissions de discipline. De plus, même si aucune information de l'assesseur pénitentiaire n'est prévue dans le Code pénitentiaire, on peut penser qu'il aura plus aisément accès à l'information. Cela peut de fait, conduire à un traitement différencié des assesseurs, continuant de marginaliser l'assesseur citoyen au sein des commissions de discipline. En conséquence, il apparaît qu'une réforme de l'article R. 234-27 du Code pénitentiaire soit opportune. Cette réforme pourrait se traduire par l'ajout d'un alinéa lequel imposerait la notification de la décision à l'assesseur citoyen qui a siégé dans la commission de discipline. Pour respecter l'égalité des membres de la commission de discipline, ce même alinéa devrait prévoir en parallèle une notification de la décision à l'assesseur pénitentiaire. Afin d'assurer la dimension informative de cette notification, l'alinéa devrait s'achever par la précision selon laquelle, le défaut dans la notification auprès des assesseurs n'est pas de nature à faire encourir une illégalité à la décision rendue.

**Bilan conclusif.** Au terme de ce développement, une problématique récurrente est apparue aux yeux des rédacteurs. En effet, tout au long de ces développements consacrés à l'instance disciplinaire, ceux-ci ont pu observer une grande disparité des pratiques professionnelles en matière de direction de la commission de discipline. Bien entendu, cette disparité n'est pas surprenante et si le principe de légalité doit être respecté, il n'impose pas un traitement procédural et disciplinaire parfaitement identique. Néanmoins, la diversité des pratiques peut devenir une source de critique dès lors qu'elle interroge la légalité d'une procédure ou d'une décision, ou dès lors qu'elle met à mal la règle de droit par une application discutable. Cela semble être le cas à plusieurs endroits des développements précédents. C'est le cas notamment des présidents de commission de discipline qui convoquent des assesseurs citoyens mais qui siègent sans eux ou qui ne sollicitent par leur avis et analyse lors des débats et délibérations de l'instance disciplinaire. C'est également le cas lorsque l'assesseur doit forger son avis sur la base d'une traduction menée par un agent ou un autre détenu, et non un interprète agréé soumis à une obligation de confidentialité et une déontologie impliquant la fidélité de la traduction. Face à ces éléments, les rédacteurs se sont interrogés afin de proposer des pistes d'améliorations et des propositions de réformes. Ces propositions ont pour unique but de parfaire le fonctionnement des procédures disciplinaires. Elles ont parfois été discutées.

Il en est allé ainsi de la proposition d'une juridictionnalisation de la procédure disciplinaire, comme cela existe dans plusieurs pays de l'Union européenne. Cette proposition est ambitieuse et nécessite de trancher plusieurs points techniques. Si une telle juridictionnalisation peut être envisagée, elle suppose de s'interroger en premier lieu sur l'opportunité d'une juridictionnalisation totale ou partielle du contentieux disciplinaire. En effet, il est possible d'envisager que seules les fautes disciplinaires les plus graves fassent l'objet d'une procédure juridictionnelle. Une telle procédure juridictionnalisée pourrait autoriser le recours à des sanctions plus sévères que celles présentes dans le Code pénitentiaire, avec l'introduction éventuelle de mesure de jours additionnels (calquée sur le modèle anglosaxon du *additional time*). Cela supposerait encore de déterminer quel serait le juge compétent pour connaitre du contentieux disciplinaire. En l'état du droit positif, le contentieux relatif à la légalité des décisions prises par une commission de discipline pénitentiaire incombe aux juridictions de l'ordre administratif. Toutefois, on peut penser qu'un tel contentieux aurait mieux sa place au sein de l'ordre judiciaire, par exemple avec une judiciarisation au bénéfice du juge de l'application des peines. Dans ce prolongement, il est encore possible de s'interroger sur la composition de la juridiction : la formation peut-elle être à juge unique ou collégiale ? Doit-elle être composée avec un assesseur citoyen, avec un assesseur pénitentiaire ou faut-il préférer une formation composée uniquement de magistrats professionnels ?

Malgré l'intérêt de cette proposition, elle ne semble pas pertinente en l'état pour au moins deux raisons. D'une part, cette proposition nécessiterait d'être approfondie car elle implique d'importantes réformes normatives d'un côté, et des changements dans les pratiques professionnelles d'un autre côté. Aussi, une telle proposition suppose une recherche à part entière avec une consultation des différents acteurs : directeurs des services pénitentiaires, expertises juridiques, juge de l'application des peines et magistrats de l'ordre administratif…

D'autre part, cette proposition dépasse l'objet de cette recherche ayant pour objet le rôle de l'assesseur citoyen dans les commissions de discipline pénitentiaires.

De manière générale, les rédacteurs s'accordent sur le point qu'une modification des dispositions normatives à elle seule ne suffirait pas. Certaines réformes apparaissent nécessaires mais elles devront nécessairement être accompagnées de formations professionnelles ou, *a minima*, d'un guide de bonne application. En effet, les rédacteurs soulignent que dans plusieurs hypothèses, une réforme du Code pénitentiaire n'est pas indispensable et qu'un simple changement dans les pratiques professionnelles pourrait permettre aux assesseurs citoyens d'être mieux intégrés et impliqués dans leurs missions.

Lorsque dans le cadre de cette étude, les assesseurs citoyens en commission de discipline ont été interrogés, il apparaît que les représentations de leur rôle étaient partagées : représentent-ils la société ? Pensent-ils que leur rôle au sein de l'établissement pénitentiaire est fondé ? Comment se positionnent-ils au sein de l'établissement et de la commission de discipline ?

Ce rôle est défini légalement dans le Code pénitentiaire, qui expose simplement que : « *Les membres assesseurs ont voix consultative* »[422]. Les assesseurs citoyens doivent donc incarner leurs fonctions au sein de la commission, de manière pratique. Lors des entretiens semi-directifs, il a été possible d'identifier différentes manières de se représenter ce rôle. Celui-ci est donc parfois relié au cadre tel qu'il est prévu légalement, mais il peut aussi prendre des formes induites, résultant de projections par l'assesseur de son rôle. Partant, l'incarnation du rôle de l'assesseur citoyen est protéiforme et semble s'adapter à son environnement : à l'établissement pénitentiaire dans lequel il se trouve, à la composition de la commission de discipline ou encore à sa propre conception du rôle qu'il doit jouer au sein de l'institution carcérale.

Néanmoins, si les assesseurs ont pleinement conscience de participer à travers l'exercice de leurs fonctions à la gestion quotidienne de l'établissement, jusqu'à mobiliser régulièrement le « on » au cours des entretiens, l'extériorité à la détention apparaît pour tous comme leur caractéristique principale et s'exprime de deux manières.

Ils incarnent en effet en premier lieu une fonction citoyenne qui vient conférer une dimension sociétale à leur rôle (Section 1). L'assesseur civil désigne en second lieu un acteur qui, tout en n'étant pas lié à l'administration pénitentiaire, peut aussi être défini positivement comme un acteur supplémentaire à la commission, susceptible d'endosser une pluralité de postures et de positionnements (Section 2).

---

422 Code pénitentiaire, art. R.234-3.

**Représentation de la société civile et citoyenneté.** En réponse à la question de savoir ce qu'implique concrètement pour eux le fait de représenter la société civile au sein d'établissements pénitentiaires, les assesseurs donnent forme à l'exercice de leurs fonctions à travers le respect de valeurs spécifiques et impliquant un certain nombre de devoirs spontanément énoncés. En ce sens, « *transparence* », « *honnêteté* », « *recul* » sont ainsi évoqués par un assesseur ; « *neutralité* », « *intégrité* » et « *discrétion* » par un autre. Mais si quelques réponses à la question de savoir ce que cette fonction « implique » sont ainsi esquissées, pour autant, la notion de « représentation de la société civile » convoquée dans cette question n'apparait pas nécessairement pertinente pour les assesseurs. Elle est ainsi tout d'abord impensée pour un assesseur répondant, entre deux silences : « *Je ne me suis pas posé cette question. Je ne sais pas.* » ou encore éludée, comme le mentionne un assesseur en ces termes : « *Représenter la société civile… je ne pense pas avoir cette idée quand j'entre dans la maison d'arrêt.* ». Un autre assesseur la qualifie ensuite de « *fardeau* » mais ajoute qu'il emploie ce terme dans un sens non péjoratif, pour retenir au final la notion de « *responsabilité* ». Un certain rôle est donc endossé pour la société mais en même temps mis à distance car ce qu'il est susceptible de représenter pour cette dernière les dépasse. Un assesseur surenchérit dans cette logique de charge assumée pour la société et déclare cette fois-ci, et de manière unique dans les entretiens, qu'il « *représente la société* » et ajoute immédiatement après « *pour quelque chose* », sans pour autant parvenir à qualifier clairement les implications au-delà de devoirs induits.

Chercheur : *« Et qu'est-ce que ça implique pour vous de représenter la société civile au sein de la commission de discipline ? »*

Assesseur : *« Alors, cette question est particulière (en riant). Alors, c'est une question que je me suis déjà posé en fait. Et euh… Quand je me lève le mercredi matin et que je vais à la commission de discipline, je me dis quand même, enfin, c'est pas rien quoi. Je représente la société pour quelque chose, enfin, faut bien, enfin, c'est un rôle, je le prends vraiment, au sérieux quand je vais le mercredi matin. Autant quand je vais à la fac… Enfin, vraiment c'est un truc, je me dis, je le fais pas par-dessus la jambe quoi. Je suis vraiment attentif au moindre détail dans les dossiers parce que derrière y a des conséquences. Le jeune, il cherche à se réinsérer, sa vie elle est pas en prison, je lui souhaite pas du moins. Enfin, la société attend, enfin c'est un vrai rôle citoyen quoi, c'est pas euh… Vraiment, j'ai l'impression d'avoir beaucoup de poids sur les épaules [en riant]. »*

Assesseur E

D'autres, enfin, rejettent le terme. Un assesseur déclare en ce sens par rapport à la manière dont il est présenté lors de la commission de discipline : « *Moi je suis perçu comme un électron libre en principe…car le président qui tient l'audience leur dit toujours : "moi je préside etc., il y a là un représentant de l'administration et il y a ici un assesseur"… Le président dit : "qui représente la société civile". Je ne suis pas tellement sûr que ce soit la bonne qualification… Mais enfin…* ». Plutôt que représenter la société civile, un autre répond « *participe[r] à la vie sociale* ». Retraité et « *anti mise à la retraite prématurée* », il opère un parallèle entre cette fonction et son implication dans la vie associative ; il agit ici de nouveau « pour » plutôt qu'« au nom de » la société. Dans un dernier temps, un assesseur développe sa mise à l'écart de cette fonction de représentation pour deux raisons inédites : l'absence à la fois de mandat et de caractère représentatif des assesseurs relativement à la composition de la société française.

Chercheur : « *Du coup, vous avez l'impression de représenter la société civile ? Avez-vous l'impression de représenter la société civile ou d'être un civil en commission de discipline ?* »

Assesseur : « *Plus comme un citoyen en commission de discipline. Je n'ai pas l'impression de représenter la société civile parce que je ne suis investi d'aucun mandat, je ne suis pas représentatif de la société civile à moi tout seul et même les autres assesseurs à [nom d'établissement pénitentiaire], on n'est pas représentatif de la société civile. Jusqu'au dernier assesseur habilité, j'étais le seul homme, on était majoritairement des étudiants et y'avait un retraité, ce n'est pas représentatif, même on est tous blancs... Donc j'ai pas l'impression d'être représentant de la société civile, bon après représentants et représentatif ce n'est pas la même chose mais j'ai quand même l'impression qu'à travers moi des éléments au moins, si ce n'est pas la société civile dans son ensemble, y'a quand même des éléments de la société qui participent à la commission et qui mine de rien jette un regard sur la procédure de l'administration et pour l'administration la présence de l'avocat et de l'assesseur extérieur est l'occasion de faire des procédures qui tiennent la route parce qu'ils se disent qu'il doivent donner une bonne impression qu'ils ne peuvent pas faire ce qu'ils veulent. Certains présidents n'hésitent pas à dire quand ils ont merdé, ils disent parfois que leur procédure est complètement bidon, ou globalement sur ce genre dossier on n'est pas bon parce que on n'a jamais cet élément là et je ne sais pas parce que j'y étais pas avant mais je ne sais pas si quand y'avait deux assesseurs pénitentiaires si ces échanges-là se tenaient.* »

Assesseur D

Au final, et de manière surprenante quant aux résultats quantitatifs, c'est bien la notion de citoyen plutôt que celle de représentant de la société civile qui apparaît pertinente pour les assesseurs. En cette qualité de citoyen, l'assesseur représente alors un pont entre deux mondes, dans et hors les murs de l'établissement pénitentiaire. Assesseur extérieur en commission de discipline pénitentiaire, il contribue par conséquent à décloisonner les espaces dans les deux sens : il fait autant pénétrer la société civile en détention (§ 1) que la question carcérale dans la société (§ 2).

### § 1. L'assesseur citoyen, pont vers l'intérieur de la prison

**Un regard extérieur.** Récurrent dans les entretiens avec les assesseurs, le « *regard* » est évoqué directement par les deux tiers d'entre eux, l'un des assesseurs ajoutant qu'« *à l'ANAEC on dit qu'on est les yeux et les oreilles* ». Qualifié à plusieurs reprises d'« *extérieur* », les assesseurs évoquent, par cette image du regard, l'idée de pont vers l'intérieur de la détention que cette fonction leur demande d'incarner, dans une dynamique d'ouverture de milieux perçus, selon leurs termes, comme « *très sécurisés, très fermés* ». Qualifié aussi de « *neutre* » ou de « *plus neutre* » car celui « *de la société civile* », les assesseurs expriment par ces qualificatifs le rôle sociétal que leur fait endosser cette fonction en détention à la fois par rapport à l'administration pénitentiaire (A) certes, mais aussi par rapport aux personnes détenues (B). Comme le souligne une personne interrogée, ce caractère dual est d'ailleurs susceptible d'être relevé dans le choix de dénomination de l'assesseur, extérieur ou civil. L'assesseur extérieur peut en effet renvoyer à une conception de son rôle par référence à l'administration pénitentiaire uniquement, alors que la dénomination d'assesseur civil permet de le qualifier positivement et non par défaut, facilitant ainsi potentiellement la compréhension de sa présence par la personne détenue.

Chercheur : *« En vous écoutant, je me demandais, vous vous voyez plutôt comme un assesseur extérieur ou comme un assesseur civil car vous employez les deux ? »*

Assesseur : *« Les directeurs emploient davantage les termes "assesseur extérieur" et "assesseur pénitentiaire" mais je crois que c'est plutôt extérieur je crois. »*

Chercheur : *« D'accord, car j'avais noté pendant l'appel des causes du bâtiment B, qu'elle disait plus assesseur extérieur. »*

Assesseur : *« Cela dépend vraiment de l'approche du directeur, car sur les termes qu'il emploie, en fonction, parfois, ils disent assesseur extérieur mais parfois cela peut faire plus austère car extérieur de quoi ? D'où ? Alors qu'assesseur civil peut être que cela passe mieux pour la personne détenue car elle comprend mieux le rôle qu'extérieur, on dit effectivement extérieur à l'administration pénitentiaire d'accord mais on ne sait pas, on le comprend par élimination. Mais il est extérieur à l'administration pénitentiaire, mais on ne sait pas ce qu'il est. Alors qu'en mettant assesseur civil, on comprend que cela renvoie à la société civile donc on comprend qu'il n'appartient pas à l'administration pénitentiaire et d'autre part, je sais qui il est. »*

Assesseur 7

A. Le rôle de l'assesseur par rapport à l'administration pénitentiaire

Par rapport à l'administration pénitentiaire, le rôle des assesseurs, citoyens pénétrant au sein des établissements à l'occasion de l'exercice de cette fonction, est double : ils participent au respect des procédures et des normes en détention (1) et concourent à la diversification des témoignages à propos du quotidien carcéral (2).

1. La participation au respect des procédures et des normes en détention

**L'œil citoyen.** Par leur présence, leur « *simple présence* » comme le mentionne à deux reprises un assesseur au cours d'un entretien, les assesseurs garantissent tout d'abord le respect du droit à l'intérieur de l'établissement, non pas au sens du respect formel grâce à eux du cadre procédural de la commission de discipline, mais bien en ce qu'ils constituent « *l'assurance* » et sont « *le garant* » de ce respect du droit par l'administration pénitentiaire en leur qualité d'« *œil extérieur* ». Dans la même dynamique, pour d'autres assesseurs, cette fonction « *permet à la* *société civile de rentrer en prison pour donner plus de transparence* » ou encore de donner l'opportunité à « *des éléments de la société* » de, « *mine de rien, jete[r] un regard sur la procédure de l'administration* ». En réaction, l'administration pénitentiaire doit donc « *donner une bonne impression* ».

**Les changements de pratiques procédurales.** Mais les effets de la présence de l'assesseur citoyen ne semblent pas s'arrêter à une simple logique d'apparence et un assesseur relève des changements de pratiques de la part des présidents de commission de discipline, désormais potentiellement plus exigeants relativement aux aspects procéduraux :

> « *Certains présidents n'hésitent pas à dire quand ils ont merdé, ils disent parfois que leur procédure est complètement bidon, ou globalement sur ce genre dossier on n'est pas bon parce que on n'a jamais cet élément là et je ne sais pas parce que j'y étais pas avant mais je ne sais pas si quand y'avait deux assesseurs pénitentiaires si ces échanges-là se tenaient.* »
>
> Assesseur D

Ce ressenti est confirmé par un directeur des services pénitentiaires soulignant que cette ouverture à la société civile, cet « *œil extérieur* » toujours, ne « *change pas forcément nos décisions mais ça change notre façon d'appréhender la procédure… Obligatoirement* » et rappelant par la suite qu'il « *y avait un peu plus de latitude à l'époque* ». La présence de l'assesseur conforte ainsi la pénétration du droit en détention, un assesseur soulignant sa surprise face à « *la rigueur, tout le protocole* ». Plus loin, le même assesseur loue la qualité du travail réalisé par le bureau en charge de la préparation des dossiers dans un établissement, qualifié d'« *impressionnant* » et introduisant ainsi l'idée d'une professionnalisation de certains personnels en la matière.

> « *Mais oui tout le protocole, les dossiers comment ils étaient préparés, le nombre de pièces qu'il y a à l'intérieur, la rigueur… "ah oui mais là ça fait pas vingt-quatre heures alors on va le passer en dernier si on est pas dans le délai"… donc des établissements extrêmement rigoureux… pour pas se faire piéger par des petites bêtises etc. Et aussi… pour bon nombre de présidents être dans un souci de… comment dirais-je… de légalité et d'équité. Il est arrivé des dossiers où il y avait une erreur sur la date ou il y avait des chiffres inversés, avant même qu'on commence la commission, le président il a dit : « nan, ça, la date elle est pas bonne, on juge pas là-dessus, on renvoie ou on annule » mais on joue pas au chat et à la souris quoi…surtout quand le détenu n'a pas d'avocat.* »
>
> Assesseur 6

**Une pluralité d'expériences à l'appui du respect du droit en détention.** Le fait d'avoir exercé dans plusieurs établissements constitue un révélateur permettant de comparer les procédures mobilisées par les uns et les autres, comme le met en valeur un assesseur déclarant : « *Ici à [nom de l'établissement pénitentiaire], ils ont une façon très, très étonnante de pratiquer… c'est systématiquement écrit : "le détenu reconnaît les faits"* ». Cette pluralité d'expériences est d'ailleurs à relever comme un facteur susceptible d'affirmer cette capacité à faire respecter le droit pour les assesseurs. Comme le rappelle un assesseur néanmoins, la capacité d'étonnement inhérente à la mise en tension de différentes manières de procéder entre établissements n'aboutit pas nécessairement à une mise en correspondance des pratiques du fait de la présence de l'assesseur. Les contraintes matérielles et spatiales d'un établissement à l'autre limitent par exemple la possibilité de consultation des dossiers, plus ouverte si une salle peut être mise à disposition de l'assesseur par l'établissement. Bien plus, l'assesseur met en exergue une certaine auto-censure, exacerbée par l'isolement des assesseurs, en raison du potentiel risque de ne plus être convoqué :

*« Alors c'est toujours délicat quand on vient d'un endroit où il y avait beaucoup de volume comme [nom de l'établissement pénitentiaire] de venir mettre les pieds en disant : "vous savez, là où j'ai fait ailleurs c'était pas comme ça"... "oui mais chez nous c'est comme ça"... bon. Et puis je me suis dit... c'est enregistré mais tant pis... je le dis comme ça... je me suis dit que peut-être les établissements selon que les assesseurs sont casse-pieds ou pas, genre "je veux lire les dossiers avant de commencer", bah ouais mais elle nous embête, on la convoque vraiment le jour où on a plus d'assesseurs possibles. C'est ce que je crains, c'est un sentiment de me dire peut-être que s'ils m'appellent pas, ou... alors, y a pas si souvent des commissions, je suis d'accord, mais peut-être que si je gratte trop en disant : "mais moi je veux voir les dossiers, je veux comprendre ce qu'on fait avant" bah peut-être qu'ils vont me dire bon bah... pfff...je ne s'en sais rien. En plus, la configuration des lieux fait que les dossiers sont dans le bureau du président, moi j'attends avant un des sas, dans le couloir, y a une chaise... j'ai pas de lieu pour le lire... voilà... ou alors il faudrait qu'en début de commission bah pendant qu'ils se branchent tout ça, qu'ils me disent : "bah on prend dix minutes pour que vous lisiez les dossiers"... peut-être qu'il faudrait que je le demande... mais je sais pas comment font les autres... d'où la difficulté quand on est isolé. Et puis, peut-être que les autres assesseurs ne sont pas allés dans d'autres établissements et ne savent pas qu'on est censés quand même lire les dossiers avant. Moi je le sais parce que je suis allée ailleurs. En tout cas, ça me gêne beaucoup. »*

Assesseur 6

A un autre degré, ce même assesseur exprime de surcroît son impuissance face à « *une erreur manifeste des surveillants* » ayant conduit une personne détenue en quartier disciplinaire. Un sentiment d'injustice a ainsi marqué l'une de ses premières expériences de commission de discipline, malgré, donc, sa présence.

*« Il est passé du coup… dans les quarante-huit heures en urgence, et puis quand on a démêlé le truc bah c'est le surveillant qui n'avait pas bien fait son travail mais n'empêche qu'il avait le nez comme ça et puis, il avait fait du quartier disciplinaire et c'était dans son dossier. On m'a dit : "oui mais on peut pas le retirer il y est allé"… voilà. Et ils n'ont jamais voulu reconnaître qu'ils avaient fait une erreur. C'était lui qui aurait dû faire je ne sais pas quoi. Donc ça m'a bien refroidi ça… en me disant mais à quoi ça sert de faire une commission de discipline si c'est pris comme ça. Donc j'ai eu une mauvaise impression parce que j'ai trouvé que c'était très injuste voilà… il a quand même fait ses vingt-quatre heures de… le temps qu'on fasse la commission quoi… bon… voilà… sentiment d'injustice pour le départ. »*

Assesseur 6

**La singularité de la posture de l'assesseur juriste.** Au-delà de la comparaison, cette faculté d'étonnement face au déroulé de la commission de discipline est aussi celle des assesseurs bénéficiant d'une formation juridique, par rapport à des points de droit spécifiques. En ce sens, un assesseur diplômé d'un Master 2 en droit pénal relate s'être demandé « *si c'était normal* » et qualifier de « *bizarre* » qu'un détenu face office de traducteur pour un autre lors de la commission, plutôt qu'il soit fait appel à un traducteur habilité. Car si le citoyen pénètre en détention au titre de l'assessorat, il faut relever que plusieurs assesseurs soulignent dans leurs propos que c'est aussi le juriste qui le peut quand l'assesseur est formé. D'ailleurs, même pour des assesseurs rappelant qu'ils ne sont pas des métiers de la justice, telle une assesseure soulignant « *alors je suis pas avocate* », la défense des droits apparaît comme une des raisons justifiant leur investissement en détention. Engagée auprès d'une association proposant des ateliers d'accès au droit, elle se dit en effet « *sensible à la possibilité de pouvoir exercer nos propres droits* ».

Dans la même logique par rapport aux facteurs qui peuvent « *animer* » - selon le terme même employé par l'un d'entre eux - les assesseurs dans l'exercice de leurs fonctions, « *le désir de rester en contact avec l'environnement judiciaire* » est évoqué par un avocat à la retraite, ajoutant « *Il y a du juridique là-dedans, il y a de l'humain aussi. […] Il y a l'homme et le fait, on retrouve le droit pénal* ». La posture de l'assesseur juriste s'avère en conséquence toute singulière. En ce sens, évoquant le rôle de « *contrôle, avec un petit "c" mais contrôle quand même* » des assesseurs en général, l'un d'entre eux complète sa pensée d'une part en insistant sur le fait que sa qualité de pénaliste lui permet de comprendre le déroulé de la procédure ainsi que d'en saisir les enjeux et d'autre part en mettant en perspective l'insuffisance de la formation des assesseurs « *pour quelqu'un qui n'a pas fait de droit* ». Par ailleurs, un autre « *pense [avoir] été désigné en tant que juriste et par un professionnel du droit* », pour mieux se mettre en opposition avec les assesseurs qui pourraient n'avoir qu'un « *rôle purement passif* ». Il précise ensuite : « *je crains que ce soit le cas de beaucoup de gens qui finalement n'ont pas de formation juridique* ». En plus de remarquer certains éléments de procédure spécifiques, certains assesseurs vont alors pouvoir émettre des suggestions à la présidence de la commission, comme l'exemple relevé par un assesseur relativement au fait de ne pas convoquer la victime de l'acte de violence, ou bien même aux avocats des personnes détenues. L'échange est en effet facilité avec cet acteur de la commission de discipline en raison du partage d'une culture professionnelle commune. Bien plus, l'assesseur peut même se faire le conseil des conseils, particulièrement des moins expérimentés relativement à l'affaire défendue, ou même plus globalement par rapport au respect des grands principes procéduraux par les commissions de discipline.

*« Et, en général, quand ils ont un avocat, comme ils savent, même les plus jeunes savent, que j'ai été longtemps dans la boutique alors l'échange est parfois plus facile…et même à l'avocat il m'arrive de poser des questions…ou de lui suggérer éventuellement…quelques…fois on vient au secours d'un avocat plus jeune qui n'est pas…habitué à la confrontation en discipline dans un tout petit local. J'ai suggéré : "vous n'avez-pas pensez à la confusion des peines, par exemple ?", voilà. […] J'ai d'ailleurs, je vous le dis, suggéré à certains avocats de soulever l'illégalité de la constitution de la commission. Je leur ai dit, vous êtes en face de…je leur ai même envoyé une documentation, à qui je ne sais pas… Sans doute à une consœur qui semblait s'intéresser à la question. Elle est sortie de la maison d'arrêt, parce que parfois on ressort en même temps que l'avocat qui est intervenu, et elle me dit : "mais enfin pour moi ça me choque". Et moi je continue à être choqué. Je continue à penser que pour moi ces commissions ne répondent pas à l'article 6. C'est un point de vue personnel et je peux me tromper. Ce problème-là ne peut être soulevé, je pense, que parmi les assesseurs extérieurs, que par des gens…qui ont des connaissances, d'autres connaissances que simplement venir parce que je m'intéresse à la Croix-Rouge ou au Secours populaire… Ce n'est pas pareil. »*

Assesseur 5

Il faut relever que l'assesseur rappelle encore une fois à cette occasion le rôle spécifique que peuvent endosser les assesseurs juristes. Cette réflexion est d'ailleurs présente tout au long de cet entretien et cet assesseur souligne combien les connaissances juridiques d'un assesseur lui permettent d'intervenir sur ce plan, l'œil extérieur étant alors doublé de celui du spécialiste permettant « *éventuellement de dire attention là* » sur certains risques et ainsi renforcer la procédure d'un point de vue juridique. Un autre assesseur le souligne aussi et ajoute qu'il apporte particulièrement son point de vue de juriste à la commission et est écouté en tant que tel, notamment en étant en capacité de pouvoir revenir sur la plaidoirie de l'avocat, d'en souligner certains éléments ou soulever des manques. Selon lui, même si le président de la commission est déjà bien au fait de ces éléments, il peut ainsi être conforté dans sa décision par l'intervention de l'assesseur juriste. Au final, l'association des regards citoyen et juriste est particulièrement mise en valeur par cet assesseur, le point de vue citoyen s'illustrant plutôt relativement au sentiment de culpabilité.

Assesseur : « *Oui par contre un élément où moi je vais pouvoir peut-être apporter plus d'un autre côté c'est quand, dans la plaidoirie de l'avocat, qui aborde toutes les règles juridiques, moi je note "oui mais il dit ça mais y a ça aussi, ça il en a pas parlé", quand je suis d'accord ou pas d'accord avec l'avocat, ça arrive, ça le président prend en compte, il écoute. Et ça arrive, bon le président il sait aussi mais ça le conforte. Que l'assesseur pénitentiaire il va moins parler de ça, il va plus parler de son ressenti. Mais oui, ça c'est pris en compte mon avis d'un point de vue juridique.* »

Chercheur : « *Mais du coup quand vous dites ça c'est plus votre formation juridique que le rôle d'assesseur citoyen qui… ? Ou les deux ? Comment vous… ?* »

Assesseur : « *Non c'est les deux mixtes. Non bien sûr y a le sentiment de voir… On ressent un petit peu… enfin… la culpabilité du détenu quelque part…. Et ça c'est plus le point de vue du citoyen qui parle… Le fait de savoir s'il doit être sanctionné ou pas par rapport à ce qu'il s'est passé. Mais je sais pas, je n'ai jamais rencontré d'autres assesseurs. Je sais que c'est recommandé d'avoir une formation juridique, mais je crois pas que ça soit nécessaire. Et moi je sens que ça apporte à la commission et que c'est pris en compte aussi, le point de vue juridique. De toute façon le président il a bien conscience de ce que je dis à chaque fois mais il écoute et ça le conforte dans son idée.* »

Assesseur B

2. Le concours apporté à la diversification des témoignages à propos du quotidien carcéral

**Un regard permettant de rapporter sur la vie en détention.** Dans un second temps, les assesseurs concourent à la diversification des témoignages à propos du quotidien carcéral. Par l'intermédiaire des faits soulevés lors de la commission de discipline et des explications données à cette occasion sur l'organisation de la détention, leur regard se porte en effet aussi sur la vie en détention. En ce sens « *ouvrir cette porte* », « *fourrer mon nez là-dedans* », « *voir comment étaient les loges* », « *démystifier un peu cette part d'ombre* » sont autant d'expressions employées par eux afin de décrire leur rôle. Ainsi qu'ils le mettent en perspective, l'action des assesseurs à ce propos est alors double. L'ouverture a pour premier effet de leur permettre de pouvoir « *rapporter* » sur ce qu'il se passe dans les murs. Aux yeux et aux oreilles s'ajoute donc aussi la bouche.

> *« Bah c'est à dire, ça permet d'avoir dans le travail du monde pénitentiaire, quelqu'un qui est neutre et qui vient de l'extérieur. Qui peut rapporter, d'ailleurs moi j'en parle de mon boulot, je dis "je fais ça". ça ouvre le monde pénitentiaire sur l'extérieur. Ce qui était pas le cas avant. Ils étaient tous entre eux. Y avait juste l'avocat qui était au milieu. ça devait pas être marrant d'ailleurs. Maintenant qu'il y a l'assesseur, l'avocat il se sent "secondé" entre guillemets quoi. C'est pas tout orienté prison. Voyez ce que je veux dire. »*
>
> Assesseur C

L'exercice des fonctions par les assesseurs doit de plus être considérée comme s'accomplissant sur différentes temporalités : lors de la commission de discipline certes, mais aussi à sa suite et même en amont. Un assesseur relate à ce propos ses difficultés pour accéder jusqu'à la salle où se tient la commission à la suite d'une opération compliquant les contrôles de sécurité, qualifiant les difficultés rencontrées de « *problèmes de petit chef* ».

> *« Ils sont tous différents quoi. Ils sont effrayants. Et puis y en a un autre l'autre jour, en fonction de mon papier, pourtant ils me connaissent, ça fait sept ans que je vais à [nom de l'établissement pénitentiaire] régulièrement. Ils me connaissent. Mais c'est pas les mêmes employés, ça change. Alors ils jouent les petits chefs. »*
>
> Assesseur D

Dans la même logique, l'organisation même de la commission de discipline peut d'ailleurs être l'occasion pour l'assesseur de s'offusquer de dysfonctionnements au sein de l'établissement. Un assesseur fait ainsi directement le parallèle entre les difficultés rencontrées dans l'organisation des roulements entre les assesseurs et la déontologie attendue des personnels pénitentiaires.

> *« Non mais ça c'est un détail. Quand on est dans le monde pénitentiaire et qu'on essaye de remettre les gens dans le droit chemin, faire des trucs comme ça c'est pas bien [rires]. C'est tout. C'est un peu mon avis. »*
>
> Assesseur C

**Un regard permettant de limiter les risques d'arbitraire.** Le second effet, induit, est de contribuer à limiter un potentiel *« arbitraire »* de la part des personnels. L'ouverture peut en effet entraîner une nouvelle vigilance relativement à leurs pratiques, voire même engendrer une certaine réflexivité chez les agents.

> *« Et c'était vraiment pour aller… le fait d'ouvrir cette porte, de dire que maintenant que c'est ouvert sur l'extérieur peut-être que dans la façon de travailler, les surveillants, les gradés peut-être qu'ils vont faire plus attention sur ce qui pourrait se passer d'arbitraire… parce que y en a... toujours… mais il y en a finalement peut être pas tant que ça… mais en tout cas, je peux venir fourrer mon nez là-dedans…voilà… démystifier un peu cette part d'ombre. »*
>
> Assesseur 6

Dans le prolongement, il faut relever que la présence des avocats lors de la commission de discipline a aussi évidemment contribué à modifier les pratiques professionnelles en amont. Comme le rapporte un gradé, une attention renouvelée est notamment accordée aux écrits susceptibles d'être mobilisés lors de la procédure, notamment les comptes rendus d'incident.

> *« ils savent exactement où trouver les fautes sur les comptes rendus et comment appuyer sur le bon bouton pour avoir une relaxe ou un ajournement pour complément d'enquête ou quoi que ce soit. Mais je trouve que c'est bien parce que justement ça nous permet à nous de nous améliorer dans nos écrits donc après on fait remonter l'information en bâtiment au chef de bâtiment qui dit à ses agents le matin attention à vos CRI, ils sont mal fait pensez à bien mettre tout ce qui se passe être minutieux dans vos rapports et tout parce que bon démonter un dossier c'est simple pour un avocat qui est assez chevronné c'est assez simple notamment pour tout ce qui est Stup, qu'on n'est pas OPJ donc nous on marque substance brunâtre s'apparentant à de la résine de cannabis mais on a aucun moyen de dire que c'est de la résine de cannabis et si l'avocat soulève ça on est obligé de relaxer si la personne elle-même n'a pas dit que c'était du cannabis pendant l'enquête, par contre s'il a dit pendant enquête et qui nous le dit en plus pendant la commission c'est tout bingo pour nous […] »*
>
> Gradé A

B. Le rôle de l'assesseur par rapport aux personnes détenues

**La commission de discipline comme espace de partage avec l'extérieur.** Par rapport aux personnes détenues, dans la dynamique de témoignage du quotidien carcéral ouverte par la présence de l'assesseur civil, la commission de discipline représente aussi un espace de partage avec l'extérieur pour la personne placée sous-main de justice. Relativement aux questions posées par les assesseurs en effet, ceux-ci qualifient avant tout leur rôle comme celui visant à la recontextualisation des faits. Ces demandes de clarification des évènements adressées aux personnes détenues s'ajoutent à celles formulées par les autres membres de la commission certes, mais avec un ton et un positionnement potentiellement susceptible de susciter une autre posture chez la personne convoquée. En ce sens, un assesseur souligne prendre le temps lors de l'audition de « *connaître l'environnement dans lequel il évolue et le contexte dans lequel ça s'est passé* » et ajoute, en opposition à d'autres acteurs, « *je suis là pour ça* ».

> « *J'essaie de garder une forme de neutralité dans l'attitude, dans le ton de la voix… [elle réfléchit] moi je ne me permets pas de faire la morale au détenu, c'est le président souvent qui le fait ou l'avocat ou les surveillants ou l'éducateur quand c'est un jeune… parce que vous parliez des gens présents lors de la commission, ils ne sont pas là pour le délibéré mais il y a les éducateurs, qui, normalement viennent quand il y a une jeune. Ici il y a toujours un éducateur qui est là. Donc ils sont déjà assez nombreux pour faire la morale, moi je la fais pas. Moi, je pose des questions de clarification, pour bien connaître l'environnement dans lequel il évolue et le contexte dans lequel ça s'est passé puisque je suis là pour ça.* »
>
> Assesseur 6

Interrogé plus largement sur le rôle de l'assesseur civil, cette même personne mentionne d'ailleurs expressément qu'il s'agit d'« *une façon de montrer aussi, même s'il ne le comprend pas toujours le détenu, que maintenant il y a quelqu'un de l'extérieur qui vient assister à cette commission et certains nous racontent ce qu'ils vivent en détention.* ». Plusieurs assesseurs soulignent d'ailleurs la place occupée par eux spécifiquement auprès des personnes détenues par le rappel du fait qu'ils sont « *en tenue civile* », mettant de nouveau en perspective l'importance des apparences dans la projection du rôle de chacun. A ce propos, un assesseur identifie de surcroît le risque de suspicion de connivence avec l'administration pénitentiaire que peut engendrer l'attitude de l'assesseur pendant le temps passé en détention, risque exacerbé par l'absence de roulement entre les assesseurs.

Chercheur : « *Avez-vous l'impression que les détenus vous répondent différemment qu'aux autres membres de la commission ?* »

Assesseur : « *Non, je n'ai pas cette sensation-là. On est trois derrière le bureau… même si j'ai pas d'uniforme… alors après aussi, là je fais une parenthèse, on a un assesseur, là où il intervient, il était tout seul au début donc il faisait toutes les commissions de discipline et puis après il allait manger au mess avec… euh… et à un moment donné je dis mais là il y a un problème parce que comment les détenus font la différence entre un assesseur extérieur et quelqu'un qui est là à chaque commission, tout le temps fourré avec le président ?… bah il y a un petit peu… je sais pas… un conflit d'intérêts j'ai l'impression quoi. Et puis après, quand il y a le deuxième assesseur… un détenu qui à chaque fois qu'il vient voit toujours circuler les mêmes assesseurs qu'est-ce qu'il peut penser de ça ? Voilà, donc je me pose la question, quand on est pas nombreux et que ce sont, en plus, toujours les mêmes qui sont sollicités qui sont copains qui se connaissent et tout, qu'est-ce que ça renvoie au détenu ? Bon… donc nous on est une brochette de trois, voilà.* »

Assesseur 6

**Un espace de partage sous contrainte.** Comme cet assesseur, malgré la volonté affichée par plusieurs d'entre eux de vouloir contribuer à l'ouverture de cet espace d'échanges, plusieurs mettent néanmoins en perspective les difficultés pour ce faire. Cette tension est d'ailleurs clairement exprimée par un assesseur ayant réservé ses questions à une personne détenue particulièrement fermée mais qui estime que sa tentative comme facilitateur a échoué.

Assesseur : *« C'est une des rares fois où j'ai posé des questions. Ou sur une personne qui était vraiment fermée pour voir si le fait qu'une autre personne que l'administration pose la question lui permettrait de s'ouvrir ou non. Ce sont les cas dans lesquels je vais m'exprimer. Soit pour recentrer quand je pense que le débat a pris une tournure qui l'a décentrée. Ou pas, c'est très rare, ils ne se font pas embobiner comme ça. »*

Chercheur : *« Vous êtes donc déjà intervenu en pensant obtenir une réaction différente parce que vous êtes un membre différent dans la commission de discipline. »*

Assesseur : *« Ça n'a pas fonctionné ! »*

Assesseur 2

La difficulté d'identification des différents membres de la commission, d'autant plus lorsqu'ils ne sont pas clairement présentés par le président, contribue sans nul doute à exacerber ce sentiment pour les assesseurs. Même si un assesseur souligne s'être fait apostropher « *une fois ou deux, en donnant cet argument : "vous monsieur qui êtes de l'extérieur"* » et ajoute « *en fait ils savent très bien qui l'on est* », ce ressenti n'est pas dominant parmi les assesseurs. Ils n'identifient ainsi pas nécessairement un changement de posture clair par rapport à eux chez les personnes convoquées en commission car « *ils considèrent… c'est comme si j'étais du milieu pénitentiaire quoi. Eux ils considèrent que je suis un chef en face, enfin [rires] je suis comme les autres quoi* ». Allant encore plus loin, un assesseur relève que l'une des fonctions dévoyées de la commission de discipline est pour la personne détenue de parvenir à obtenir une entrevue avec la direction de l'établissement, avant d'ajouter que ce n'est pas, « *pour l'instant* » - il faut le souligner - le cas par rapport à lui. La personne détenue ne cherche donc pas selon lui à provoquer l'échange avec l'extérieur par son entremise, notamment par mécompréhension de son rôle.

> *« On en a qui font des infractions exprès pour passer en commission parce qu'ils savent qu'ils vont voir le président ou le directeur et pouvoir dire que ça fait X temps qu'ils ont demandé à changer de cellule parce que ça se passe super mal ou qu'ils ont demandé du travail, qu'ils n'ont plus d'argent, voilà. Pour certains, c'est un moyen de venir en commission de discipline et de toucher le président, pas nous pour l'instant parce que je crois qu'ils voient pas trop quel est notre rôle…on ressort on fait quoi ? »*
>
> Assesseur 6

**Un rôle d'apaisement.** Pour autant, par leurs questions, certains assesseurs estiment faire « *dégonfle[r] un peu… parce qu'il y a quand même une certaine tension* » et parvenir à proposer incidemment une solution. Bien plus, la présence même de l'assesseur contribue à cette dimension d'apaisement, ce dernier pouvant être « *un garant auprès du détenu que les sanctions ne sont pas prises en vase clos au milieu de l'univers carcéral* », « *le fait que quelqu'un vienne de l'extérieur, ça temporise un petit peu* ». D'autres encore perçoivent un changement d'attitude dans les réponses par rapport à eux, la personne étant moins virulente notamment. L'assesseur l'explique d'ailleurs par le potentiel effort d'explication de sa présence par l'avocat.

> *« C'est vrai qu'ils vont me répondre enfin ça dépend des détenus, mais je me rappelle d'un détenu qui est un peu une exception, qui était pas très respectueux pour le coup avec le président de la commission de discipline, il était vachement dans l'opposition. Et moi je lui avais posé une question et il m'a répondu vraiment beaucoup plus calmement. Je pense que son avocat lui a expliqué que moi j'étais pas un membre de… enfin il le voit je suis pas habillé en agent pénitentiaire, j'ai pas d'uniforme. J'ai ressenti qu'il m'a répondu avec beaucoup moins de virulence. »*
>
> Assesseur B

Mais il faut aussi mentionner le rôle par défaut que peut jouer l'assesseur, à savoir celui de ne pas attiser les tensions. Plusieurs confient en ce sens le fait de se mettre volontairement en retrait car « *ça ne servirait pas à grand-chose d'en rajouter, ça ne ferait peut-être même qu'exacerber le détenu* », ou bien encore que les profils des assesseurs puissent être sélectionnés en fonction de ceux des personnes placées sous main de justice, ce que confirme un directeur des services pénitentiaires

*« Officiellement c'est une rotation, mais je sais que moi, on m'a déjà contacté directement pour des raisons sanitaires au début du confinement vu que j'étais le plus jeune et qu'ils étaient tous à la retraite. Il fallait mieux avoir un jeune qu'un vieux. Et ensuite, sur certaines mises en prévention qui ont été un peu musclées, il y a un assesseur ou deux qui a un passé de flic, qui sont un peu retors avec les détenus, qui ont tendance à chercher des poux. Quand c'est de profil "à exploser" ils m'appellent moi, et il y a deux autres femmes aussi, ils nous appellent plutôt nous que les deux qui taquinent un peu le détenu, disons cela comme ça. Donc oui, parfois il y a une sélection qui est faite par l'administration. Ça arrive. »*

Assesseur 2

*« [...] parfois vous avez des assesseurs, notamment ceux qui sont d'anciens militaires ou d'anciens gendarmes, qui ont du mal à abandonner cette casquette et qui font des remarques aux détenus comme si c'était leurs gars de troupe quoi. Nan, je...et pis ça nous est arrivé une fois ici où la question de l'assesseur a provoqué la furie de la détenue qu'on a été obligée d'emmener...de lui sauter dessus et de l'emmener de force au quartier disciplinaire. Et la dernière fois qu'on a fait passer un mineur, la remarque de l'assesseur ça été, ça a commencé un peu à chauffer etc., pas au départ, le détenu qui s'énervait tout seul parce qu'il était pas d'accord avec la sanction et à un moment l'assesseur lui a dit : "faites attention comment vous parlez, de mon temps machin..." et là le détenu a répondu : "mais vous connaissez pas ma vie, vous savez pas ce qui s'est passé avant moi" [...] Donc parfois, il faut faire attention à...et alors moi ça, je le sais maintenant, alors ceux qui sont içi, je le sais. Parfois y'a des dossiers où je dis à mes officiers : "vous me convoquez pas cet assesseur-là", ça je le sais, parce qu'on prend un risque. Vous avez des assesseurs qui euh vous savez quel que soit le dossier vous savez qu'ils vont poser une question, c'est automatique. Même si tout est réglé, même si le détenu dit : "oui je reconnais, oui c'est ma faute, oui c'est moi, j'aurais pas dû faire ci, j'aurais pas dû faire ça, je me suis excusé" enfin voilà tout est bien et y a plus qu'à prendre la décision et là y'a la question qui arrive [il rit] et là on se dit mon dieu, comment ça va réagir en face. »*

DSP 3

**Rappeler la vie au-delà des murs.** La présence de l'assesseur civil en commission de discipline permet enfin de signifier à la personne détenue que sa vie ne se limite pas aux murs de l'établissement et que sa situation d'enfermement n'est que ponctuelle, non indépassable. L'assesseur incarne ainsi la préparation à la sortie. L'un d'entre eux exprime ce rôle très clairement et c'est par rapport à cette dimension qu'un autre qualifie son rôle de « *citoyen* » et le ressent lourdement, rappelant que « *la société attend* ».

> *« Mais c'est vrai que c'est un rôle, quand je le présente, c'est un rôle, l'assesseur civil pour moi, qui a un regard de la société civile finalement, et cela permet au détenu de prendre conscience qu'il n'y a pas que le milieu pénitentiaire et que justement, qu'il y a aussi cette partie de la société civile qui intervient et que c'est aussi, un message pour la réinsertion de la personne détenue pour lui montrer que la société civile se déplace jusqu'à elle et qu'on le sort un peu de cet aspect, de ce milieu carcéral derrière. »*
>
> Assesseur 7

> *« Je suis vraiment attentif au moindre détail dans les dossiers parce que derrière y a des conséquences. Le jeune, il cherche à se réinsérer, sa vie elle est pas en prison, je lui souhaite pas du moins. Enfin, la société attend, enfin c'est un vrai rôle citoyen quoi, c'est pas euh… Vraiment, j'ai l'impression d'avoir beaucoup de poids sur les épaules [en riant]. »*
>
> Assesseur E

D'autres assesseurs mettent quant à eux cette dimension en exergue à travers l'intérêt porté aux projets pour la sortie lors de leur discussion avec la personne convoquée, ou bien encore dans les paroles d'encouragement qu'ils peuvent lui adresser.

Chercheur : *« C'est quoi le plus important pour vous ? »*

Assesseur : *« Qu'il soit recyclable. Dans de bonnes conditions quoi. Que le mec il passe pas sa vie… Enfin on voit pas tellement... dans les commissions de disciplines on voit surtout des jeunes hein. Ils sont pas encore stabilisés quoi. »*

Chercheur : « *Et qu'est-ce qui attire votre attention dans les réponses que les détenus font ? Est-ce que y a quelque chose en particulier qui vous…* »

Assesseur : « *Bah moi ce qui me plait c'est quand ils parlent de leurs projets à l'extérieur, ça c'est le truc majeur.* »

Assesseur C

*« Alors oui. Là, je pose pas mal de questions, savoir comment ils envisagent leur sortie, qu'est-ce qu'ils comptent faire, retrouver un travail… j'aime bien savoir s'ils ont un projet de réinsertion abouti. Voilà. Puis là pareil, je tombe sur des personnes que oui et des personnes qui ne savent pas ce qu'ils vont faire demain. »*

Assesseur F

*« Et pour conclure, je dirais que la fonction d'assesseur est nécessaire en détention pour la parole d'encouragement qui peut être donnée, celle que l'on peut dire à un jeune détenu : "la vraie vie ce n'est pas la prison" »*

Répondant n°84, question n°67

**Transition**. Pont entre deux mondes censés être indissociables, l'assesseur citoyen contribue par conséquent à réduire la distance entre la vie carcérale et la vie civile. Mais loin de faire uniquement rentrer des citoyens au sein des établissements pénitentiaires, l'exercice des fonctions d'assesseur produit aussi des conséquences sur l'extérieur.

### § 2. L'assesseur citoyen, pont vers la société

Le rôle de l'assesseur citoyen dépasse largement celui joué lors des commissions de discipline. S'il fallait de nouveaux éléments pour s'en convaincre, le rôle joué à son issue est lui aussi éclairant. En effet, la présence de l'assesseur a pour conséquence une ouverture de l'établissement au regard extérieur. Mais l'exercice de l'assessorat lui-même transforme ce citoyen ayant accepté de pénétrer le fonctionnement au quotidien de l'établissement (A) et lui fait endosser de nouvelles fonctions en conséquence (B).

### A. Une citoyenneté éclairée par l'assessorat

**Un éclairage par degrés.** Du fait de la formation reçue pour devenir assesseur, quand elle est mise en place, mais aussi de l'exercice de leurs fonctions pendant les commissions de discipline, les assesseurs découvrent pour la plupart le fonctionnement au quotidien d'un monde qui leur était inconnu car fermé, mais pour autant souvent fantasmé, notamment par l'image renvoyée par les « *séries américaines* » comme le souligne un assesseur. Par l'assessorat, ces citoyens entrevoient donc la réalité carcérale, appréhendent l'organisation pénitentiaire française et sont invités à initier ou développer une réflexion sur la privation de liberté ainsi que le sens de la peine. Plus précisément, trois temps semblent se succéder dans cette dynamique, ou à tout le moins trois degrés différents peuvent être identifiés si tous les assesseurs ne les connaissent pas de manière linéaire.

**Le dépassement des idées reçues.** Le premier, résultant plutôt de la formation et/ou de la visite de l'établissement, peut être identifié dans le dépassement des idées reçues. Plusieurs termes sont employés par les assesseurs à ce propos : « *"débunker" toutes mes idées* », « *enlevé mes croyances* », « *ce n'est pas comme à l'hôtel* », « *on voit des gens qui sont enfermés et on ne va pas plus loin dans l'imagination* », « *en tant que profane, on a une vision assez théorique et très caricaturale en fait* », ou encore « *j'étais évidemment moins précis dans mes représentations* ». Ces idées préconçues concernent aussi évidemment le rôle de la commission de discipline en elle-même et un assesseur revient spécifiquement sur la confusion entre la sanction disciplinaire et la peine. Il évoque ainsi le fait que « *la plupart des gens pensaient que le conseil de discipline influait sur la peine du détenu* » et souligne « *heureusement qu'ils me l'ont expliqué* ».

*« Là, c'était sur site, donc à [nom de l'établissement pénitentiaire]. Je suis allé à [nom de l'établissement pénitentiaire], c'est fait par des agents pénitentiaires qui ne sont plus en détention (mais qui l'ont été) et qui ne s'occupent que de la formation : sécurité, incendie, nouveaux protocoles, ce genre de chose, aux autres agents pénitentiaires. Là, ils se sont occupés de moi. Ils m'ont appris… Je ne m'en souviens toujours pas… La hiérarchie au sein de la prison avec les grades, qui est un peu différente des militaires. La différence entre les différents centres de détention. Que quand on parle de surpopulation carcérale de quoi parle-t-on. Car en général on dit "oui, les prisons sont surpeuplées", ce qui est soit pas vrai et vrai… Bref, ils ont pris le temps de m'expliquer tout ça, de "débunker" toutes mes idées. Quand j'avais des questions je les posais. C'est vraiment eux qui ont répondu à mes questions, qui ont enlevés mes croyances, qui m'ont dit : "ça va se passer comme ça, comme ça, comme ça". Donc au final la formation à quand même répondu à beaucoup de mes questions, quasiment toutes. Mais le fait d'attendre la formation, j'ai quand même eu un moment d'incertitude. Comme je vous disais avec le fait de voir comment ça se passait. Ils m'ont fait faire une visite pour voir le fonctionnement, voir où les détenus vivent, ce genre de chose. Ils m'ont fait un point important sur le comportement à avoir. Sur réellement ce qu'est une peine de prison. Ils m'ont expliqué qu'une fois que le détenu est en prison il a payé sa dette. Ils m'ont dit : "si vous je vous enferme avec votre conjoint sur un an, vous allez voir que votre relation va grandement évoluer. " Et bien eux on les oblige à faire ça mais avec en plus des gens qu'ils n'ont eux pas choisi. Et en fait, c'est ça, c'est cette privation de liberté que les gens n'arrivent pas à percevoir. »*

Assesseur 2.

Chercheur : *« Peut-être te rappelles-tu des conditions de détention par exemple, puisque tu devais sans doute déjà en avoir connaissance ? »*

Assesseur : « *Oui, je savais déjà qu'elles étaient déplorables qu'il y avait des soucis de surpopulation mais je m'intéressais moins aux différentes catégories d'établissements, je pensais que les prisons débordaient alors que ce sont les maisons d'arrêt qui débordent, j'étais évidement moins précis dans mes représentations. »*

Assesseur D

**L'appréhension renouvelée de la privation de liberté.** A un degré supplémentaire, du fait essentiellement de la tenue des commissions de discipline elles-mêmes, l'exercice des fonctions d'assesseur engendre une compréhension ainsi qu'une représentation beaucoup plus fine de la privation de liberté. Un assesseur parle ainsi du fait que la fonction « *a corrigé pas mal de chose dans ce sens-là* ». Plusieurs reviennent quant à eux sur la vie qui s'organise en détention, ou se ré-organise du point de vue des personnes placées sous-main de justice, montrant ainsi le dépassement de l'enfermement en lui-même, corrélativement à l'environnement sur lequel il leur est finalement demandé de statuer lors des commissions, au-delà de simples faits. Ils évoquent en ce sens « *une certaine vie en communauté* » ou encore « *on voit une personne enfermée dans une cellule et puis on n'imagine pas toute la vie qui avec* ».

> *« Donc ce n'est pas comme à l'hôtel et au final il y a quand même une certaine vie en communauté qui s'installe. Ça n'empêche pas d'avoir certains cas à problème et certaines frictions. Les détenus les gèrent d'une façon différente que dans le civil. Il y a quand même une certaine vie en communauté qu'on ne perçoit pas forcément. On s'en rend compte après en fait. Mais l'idée que j'avais avant d'y aller c'était ça : froid et une certaine violence en permanence, des rapports durs. »*
>
> Assesseur 2

> *« Mais la fonction d'assesseur a corrigé pas mal de chose dans ce sens-là. Ils sont enfermés. Sans assistance, enfin vous voyez, la vision un peu [coupure du son]. On ne voit pas tous les aspects. En tant que profane, on a une vision assez théorique et très caricaturale en fait. On voit une personne enfermée dans une cellule et puis on n'imagine pas toute la vie qui va avec. »*
>
> Assesseur 3

Pour un assesseur néanmoins, cette prise de conscience a lieu dès la visite, dans la considération de ce que représente une cellule pour la personne détenue :

> *« Ah oui je peux peut-être vous parler d'un élément qui m'a marqué. Visite de la prison, juste. Je me suis rendu compte à ce moment-là quand on a visité les cellules voir comment c'était la vie des détenus et je me suis rendu compte que oui, une cellule ce n'est pas le logement. Comme quelqu'un qui va louer un appartement ou acheter un appartement. Le gardien peut rentrer à n'importe quel moment, enfin y a pas de … Ca ça m'a quand même marqué. Je m'en rendais pas forcément compte. J'étais pas étonné mais ça m'a marqué. »*
>
> Assesseur B.

**Un changement d'opinion sur l'institution pénitentiaire.** A un troisième degré, plusieurs assesseurs évoquent, plus largement, un changement de vision : « *Maintenant je n'ai plus exactement cette vision-là.* », « *J'ai un peu de mal à me souvenir exactement de ma première impression, j'ai peur de faire un peu d'anachronisme. Mais je sais que ma vision a changé entre le moment où j'étais en engagement associatif et le moment où je suis devenu assesseur car je suis passé de l'autre côté, de simple visiteur à participant au fonctionnement donc retracer cette évolution, j'en suis capable mais pas faire état de ma première vision.* ». Cette perspective d'évolution se retrouve plus largement dans l'enquête par questionnaires réalisée auprès de 181 assesseurs, en ce que 72 % d'entre eux répondent positivement à la question « Vos opinions sur l'institution pénitentiaire ont-elles évolué depuis que vous assumez les fonctions d'assesseurs extérieur en prison ? ». Pour plus de 50 % des répondants, cette évolution s'exprime sous la forme d'une meilleure connaissance de la vie carcérale. Derrière, 11 % font état du manque de moyens et difficultés pour le personnel.

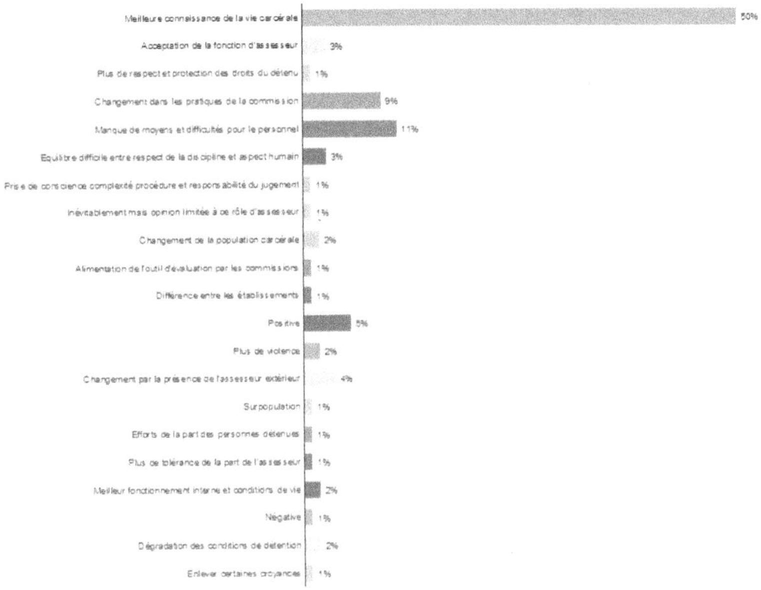


Description de l'évolution de l'opinion des assesseurs sur l'institution pénitentiaire

La formulation détaillée de certaines réponses marque explicitement la dynamique d'évolution à l'œuvre : « *meilleure compréhension* », « *j'ai pris conscience de* », « *j'ai une connaissance plus fine* », « *au début de ma mission je pensais que l'institution pénitentiaire était dure et parfois inhumaine mais je me trompais* », « *ma vision a changé* », « *j'appréhende désormais la difficulté de gérer un établissement pénitentiaire ainsi que celle de la vie des détenus* », « *prise de conscience* », « *je comprends mieux les décisions prises par rapport au citoyen lambda* », entre autres exemples. Certains vont même jusqu'à faire preuve d'une grande réflexivité sur le système carcéral et questionnent en ces termes l'institution pénitentiaire : « *Permet-elle vraiment la réinsertion ? Sommes-nous à bout du système carcéral ? Imaginer autre chose* », ou encore : « *La vie pénitentiaire n'est pas la solution à la réinsertion, il serait souhaitable d'avoir des structures adaptées. […] C'est utopique mais les maisons d'arrêt ne sont plus adaptées de nos jours face à ces délinquances, ces nouvelles délinquances* ». La relation dedans/dehors est aussi abordée : « *C'est un monde clos, auquel la société ne tend pas forcément la main et c'est réellement dommage car cela permettrait peut-être une réinsertion stable des détenus* » ; « *cette fonction d'assesseur extérieur me fait mieux comprendre le monde dans lequel nous vivons et aussi la tâche immense qui reste à faire pour réduire cette violence qui nous entoure* ». D'autres prennent du recul sur ce que l'exercice des fonctions d'assesseurs leur a apporté en tant que citoyen en projetant une nécessaire information de tout un chacun, dans une perspective de construction de la citoyenneté : « *Je n'avais pas d'avis sur la question avant d'y aller. Je pense en revanche que tout citoyen devrait avoir connaissance de ce qu'est le milieu carcéral* ». Plus largement, un assesseur mentionne que « *cette fonction devrait être davantage mise en avant pour permettre à la société de mieux comprendre le monde pénitentiaire et surtout pour l'humaniser* ». Pour autant, il faut mentionner que l'évolution de leur opinion à propos de l'institution pénitentiaire n'empêche pas l'emploi par certains d'un vocable véhiculant toujours des lieux communs sur la détention.

> *« Maintenant j'ai plus de réflexion parce que c'est quand même des gens qui vivent des choses assez dures, encore qu'ils aient quand même la chance d'être détenus en France si l'on peut dire. J'ai vu dernièrement une émission sur les prisons en Turquie, c'est quand même très différent [rires].*
>
> *[…]*
>
> *Donc on a tendance à sanctionner plus l'utilisation des portables illégaux puisqu'ils ont le téléphone dans les cellules. Il y a un argument qui est sur les moyens : celui qui a les moyens peut téléphoner beaucoup plus, donc évidemment c'est l'argument qui est avancé. Il est juste ou il n'est pas juste mais moi j'estime qu'ils ont quand même la chance d'avoir le téléphone dans les cellules. Bientôt, je ne sais pas, on va leur apporter le petit déjeuner au lit [rires]. Enfin, on ne raisonne pas comme ça, mais enfin, c'est quand même une avancée très importante. »*
>
> Assesseur 3

*« Parce que y a des mecs qui sont installés qui sont contents, ils sont mieux en prison qu'à l'extérieur hein. Parce qu'enfermés dans la prison ils sont un peu protégés physiquement, ils font leur business avec leur téléphone et tout. Le téléphone est complètement interdit.*

*[...]*

*Et puis le luxe qu'il y a. [...] Non mais ils ont la télé, ils ont tout ce qu'il faut, ils ont le téléphone, c'est propre quoi.*

*[...]*

*La prison des jeunes, moi j'appelle ça le Club Med de la prison. C'est à dire vous rentrez y a une espèce de grande cour avec un stade, vous savez un stade style stade de handball ou de basket. Au milieu, un grand stade, puis ils sont tous là, y a les cellules avec vue sur le stade. Et puis alors ils parlent, ils gueulent et puis ils engueulent tout le monde, ils insultent. »*

Assesseur C

**L'assessorat en détention, tremplin pour l'investissement citoyen.** Dans une autre perspective, il faut enfin souligner que l'exercice des fonctions d'assesseur en détention agit pour certains comme un déclencheur pour s'investir dans d'autres fonctions citoyennes du même acabit. Un assesseur répond ainsi au questionnaire vouloir « *éventuellement devenir délégué du procureur* » et un autre indique « *Je souhaiterais continuer ma participation en devenant délégué du procureur ou du médiateur* ». Par ailleurs au cours d'un entretien, un assesseur souligne clairement cette dynamique :

Chercheur : « *Avez-vous déjà été assesseur dans une autre instance ?* »

Assesseur : « *Jamais. Par contre ça m'a donné envie de peut-être m'y pencher plus.* »

Chercheur : « *Vers quoi par exemple ?* »

Assesseur : « *En fonction du besoin, surtout pour le tribunal pour enfant pour lequel le turn-over est important, les assesseurs ne tiennent pas des dizaines d'années.* »

Assesseur 2

**Transition.** Avec cette même logique du triple degré quant au fond, de la déconstruction des stéréotypes, à la connaissance approfondie de la vie carcérale, jusqu'à l'évolution de l'opinion quant à l'institution pénitentiaire, les assesseurs citoyens jouent aussi un rôle essentiel de sensibilisation.

B. L'assesseur citoyen, un rôle de sensibilisation

**Un rayonnement auprès des surveillants.** Les assesseur citoyens participent au rayonnement de l'ensemble de ces éléments en les diffusant dans différents cercles. Le premier est constitué par les surveillants, que les assesseurs peuvent inciter à participer aux commissions de discipline afin de mieux en appréhender le déroulement si jamais un roulement n'est pas organisé en interne, mais aussi démystifier une posture d'opposition ou de déni par rapport à leur travail qu'ils pourraient projeter sur les personnes détenues.

> *« Donc reconnaissance des faits beaucoup plus fréquente que ce à quoi je m'attendais…y compris du personnel parce qu'un jour en ressortant de [nom de l'établissement pénitentiaire] au "pass" il me dit : "vous revenez d'où ? ", j'ai dit : "de commission de discipline", il répond : "ah ouais ceux qui passent leurs temps à dire c'est pas moi, c'est pas moi"… un surveillant qui me dit ça… je dis : "mais vous y êtes déjà allés, vous, en commission de discipline ? ", il répond : "non, non"… parce qu'à [nom de l'établissement pénitentiaire] ils ont commencé à faire ça, pas au début, ils ont commencé à prendre des surveillants et à les mettre en assesseur à tour de rôle parce qu'il y a plein de surveillants qui n'ont jamais assisté, étonnamment, à une commission, ils ne savent pas comment ça se passe et certains avait l'idée systématique : "c'est pas moi, c'est pas moi", bah je dis : "non, allez-y et vous verrez. C'est pas ça qui se passe". Donc ils avaient effectivement une fausse idée. »*
>
> Assesseur 6

**Un rayonnement auprès des intervenants extérieurs en détention.** Le deuxième cercle est celui des intervenants extérieurs en détention, auprès desquels les assesseurs peuvent dispenser une formation sur leur propre rôle, la diffusion de ces éléments étant alors institutionnalisée. Un assesseur insiste ici sur le contrepoids qu'il est susceptible d'incarner face à la parole des personnes détenues et de leurs familles, particulièrement par rapport au déroulement des commissions de discipline et au sentiment d'arbitraire qu'il peut susciter. Un autre indique avoir demandé à présenter la commission et différentes statistiques lors d'une réunion des différents intervenants. Ce temps ne lui a cependant pas été accordé et il faut relever que ces réunions sont loin d'être systématiques au sein des établissements, comme le déplorent plusieurs assesseurs.

> *« moi je fais une formation sur le rôle de l'assesseur pour les associations de l'ANVP, les gens de la Croix-Rouge, l'accueil des familles... pour démystifier un peu... les détenus racontent un peu ce qu'ils veulent... et pour expliquer que non ce n'est pas le bon vouloir du président, c'est pas du tout arbitraire...*
>
> *[...]*
>
> *Et puis, dernière chose, de faire savoir, quand je fais des formations, de dire voilà comment ça se passe une commission de dire non ce n'est pas arbitraire... quand j'entends des visiteurs de prisons qui disent : "oui il parait que la nuit on vient les taper, on vient les battre"... sauf que les cellules disciplinaires, elles ont deux serrures, il y en a un c'est le surveillant et l'autre c'est celui qui est d'astreinte. On ne peut pas rentrer la nuit dans la cellule sauf quand il faut faire venir les pompiers donc venir la nuit pour lui taper dessus c'est juste pas possible. Donc de recaler aussi par rapport à la société civile des choses qui se disent par les détenus ou les familles de détenus qui sont pas la réalité. »*
>
> Assesseur 6

Assesseur : « *J'ai commencé en 2014, et en 2017, 2019, j'avais fait un résumé de tout ça. J'avais fait un résumé de tout ça, de tout ce que je vous raconte, sur les origines, les avocats etc. Et au dernier moment ça a pas pu se faire, parce que la DRH de l'époque elle avait dit "non non on peut pas" et puis après ça elle m'a pas rappelé. Parce qu'elle faisait des réunions de temps en temps avec des gens extérieurs à la commission… enfin, extérieur à la prison. Donc y avait l'aumônier, y avait moi. Donc y avait un certain nombre de personnes qui venaient, c'était intéressant. Et j'avais dit "la prochaine fois si vous voulez je pourrais faire l'exposé". Donc y a eu une prochaine fois mais mon exposé on a pas le temps, et depuis y a pas eu de réunion de ce type là. C'était bien parce que y avait des gens de l'extérieur.* »

Chercheur : « *Vous vouliez présenter un peu les statistiques ?* »

Assesseur : « *Bah je voulais présenter un peu les commissions comment ça se passe. Je voulais faire un espèce de résumé, mais court hein, enfin j'avais réfléchi à un truc intelligent quoi.* »

Assesseur C

**Un rayonnement auprès de l'entourage des assesseurs.** Le troisième et dernier cercle est celui de l'entourage des assesseurs, qui peut être caractérisé par la famille et les proches en premier lieu mais qui est aussi susceptible de s'élargir du fait de relations professionnelles ou encore plus informelles. Le fait d'aller en prison peut ainsi susciter un intérêt de leur part. Même si un assesseur minimise tout caractère sortant de l'ordinaire dans l'exercice de ses fonctions, cet intérêt, tout comme l'occasion d'expliciter ce qui se passe dans les murs de la prison, sont clairement présents.

Chercheur : « *Et dans ces cas-là, vous en parliez comment ? Vous indiquez que vous étiez assesseur ou juste vous ? On vous demandait simplement pourquoi vous étiez allé en prison et puis voilà.* »

Assesseur : « *Non, j'ai dit tout de suite que j'étais assesseur auprès de ma famille et mes amis. Et donc bah du coup quand j'en parlais il comprenait et je disais bah voilà, aujourd'hui j'ai eu tel cas. Mais vraiment rien de spécial non plus, juste comme on peut raconter une journée.* »

Chercheur : « *Et quel a été le regard des gens ? Ils en disaient quoi de votre expérience ?* »

Assesseur : « *Bah parce que je le racontais, le téléphone ou le poignard parce qu'une fois il y a eu un poignard, il y avait un détenu qui avait fabriqué un poignard. Là ils se sont un peu intéressés au fonctionnement de la prison. Oui peut-être ça. Je vais dire intéressé.* »

Assesseur 1

Outre cet intérêt, d'autres assesseurs décrivent un réel rôle d'explication joué par eux, d'abord sur la commission de discipline en elle-même et du rôle de l'assesseur. Plus loin, d'autres évoquent avec leur entourage les conditions de détention et contribuent à une meilleure appréhension par la société de la peine privative de liberté et ses implications.

« *Et c'est une des premières choses que j'explique aux gens. C'est une question que l'on me pose : "Ah, mais tu leur mets des années en plus ? Non, non, non pas spécialement."* »

Assesseur 2

« *Lorsque j'explique le rôle de l'assesseur, j'explique déjà ce qu'est une commission de discipline car les personnes ne sont pas forcément au courant et même, avant d'avoir discuté avec cette amie, je n'étais pas au courant qu'il y avait des assesseurs ni commission de discipline, je me doutais bien qu'il y avait un règlement intérieur et que des fautes disciplinaires étaient prononcées mais je n'étais pas au courant qu'un assesseur civil intervenait en commission de discipline depuis, je crois, 2011.* »

Assesseur 7

*Et en fait, c'est ça, c'est cette privation de liberté que les gens n'arrivent pas à percevoir. J'ai pu en parler avec des gens de l'extérieur, sur les conditions de détention avec la télé ou le téléphone, ils disent "ho mais ils sont en prison, ils devraient avoir le droit à rien" basiquement. Mais c'est le fait de visiter la prison et la manière dont c'est présenté, on se rend compte de la réalité de la détention, même si ce n'est pas aussi dur, comme on peut voir dans des reportages sur les prisons mexicaines. Ce sont des choses qu'on ne souhaite pas vivre. On ne se rend pas compte de la privation de liberté que c'est d'être en prison. On a du mal à se rendre compte. C'est pour ça que la plupart des gens qui ne s'en rendent pas compte disent « oui, moi je ne mettrais pas de télé, ça serait au pain sec et à l'eau [rires]. »*

Assesseur 2

*« Essayez donc de poser la question à tiers, comme ça en lui disant : "d'après-vous comment ça se passe, comment s'organise les repas dans la maison d'arrêt ? ". Et alors là vous avez des gens qui pensent qu'on fait comme au réfectoire de l'université, qu'on arrive avec son plateau, qu'on se sert… hop… et puis on va s'installer à côté. Les gens pensent qu'on organise ça autour d'un réfectoire… et puis quand on leur dit : "vous vous imaginez dans le réfectoire à vingt, trente, cinquante… vous les imaginez avec des fourchettes, des couteaux… vous imaginez ça… vous les voyez en train de se jeter des petits pois sur la figure ? Et alors comment on fait ? » alors quand on leur dit : "eh bien, on leur apporte le plateau…Ba oui, ils sont servis, il n'y a pas d'autres solutions", ça surprend beaucoup les gens de l'extérieur, ils pensent que c'est un réfectoire, qu'on se promène là-dedans, ils n'ont pas une idée. Il est évident qu'on ne pourrait pas l'organiser comme ça. »*

Assesseur 5

Enfin, un assesseur pour qui ce rôle de témoin auprès de la société importe particulièrement relève toutefois le fait que la réception de sa parole n'est pas évidente, pour mieux souligner les efforts à fournir afin de parvenir, plus largement qu'auprès de son entourage, à « *vraiment changer les mentalités* ».

*« Le fait d'aller dans un lieu dont personne ne savait vraiment ce qui se passait et de pouvoir, puisqu'on nous autorisait nous à citoyens lambda à aller dans un endroit comme ça pour pouvoir après témoigner autour de nous… auprès de tout le monde, que ce soit des familles de détenus ou des proches que non en détention cela ne se passe pas comme ça parce que du coup nous on voit quand même des choses… et donc sur toutes les idées préconçues autour de la prison… d'essayer de… y a du boulot je peux vous le dire... mais bon… quand moi je raconte mes témoignages, des personnes qui n'y sont jamais allées me disent que c'est pas vrai… je suis pas sur des cas extraordinaires mais je dis : "bah oui les détenus ça se passe comme si… il faut qu'ils cantinent…" [on lui répond :] "ah, non, non, moi j'ai entendu dire que…", je ne sais pas d'où ils sortent l'information… mais c'est-à-dire que même moi en tant que témoin ma parole n'est pas entendue. Donc vraiment changer les mentalités, y a du boulot… voilà. »*

Assesseur 6

**Transition.** L'assesseur citoyen en commission de discipline semble donc s'incarner dans le rôle sociétal qu'il exerce. À travers les conceptions qu'il tient de son regard « *extérieur* », l'assesseur paraît modifier la dynamique à l'œuvre au sein de l'établissement pénitentiaire. Son rôle permet ainsi d'appuyer le respect du droit, d'induire un contrôle de l'administration grâce à l'ouverture du milieu pénitentiaire entraînée par son statut ou encore d'éclairer l'extérieur sur les réalités carcérales. L'assesseur permet donc une certaine continuité entre *l'intérieur* et *l'extérieur* des murs, et participe aux flux qui traversent ces espaces. Cette dimension permet également d'expliquer le rôle de l'assesseur citoyen dans la commission de discipline pénitentiaire. Le caractère extérieur à l'établissement interroge sa légitimité à siéger au sein de la commission, s'il n'est pas *dans les murs* au quotidien, peut il apporter une véritable plus-value aux débats ? Comment participe-t-il au délibéré et se positionne-t-il dans le choix d'une sanction ? L'incarnation du rôle de l'assesseur au sein de la commission semble encore une fois plurielle. La dynamique de cette dernière semble évoluer en fonction de plusieurs facteurs : la légitimité ressentie et reconnue de l'assesseur citoyen, et les lignes directrices que semblent adopter certains assesseurs lors de la prise de décision.

Section 2. L'assesseur citoyen en commission de discipline, un acteur supplémentaire au rôle protéiforme

L'assesseur semble modifier les pratiques au sein des établissements pénitentiaires. En tant que membre de la commission de discipline, il intervient aussi comme un membre supplémentaire, venant influer les pratiques de la commission aux côtés du président et de l'assesseur pénitentiaire. Il intervient alors comme un membre extérieur à l'administration pénitentiaire apportant son propre regard, mais également comme un intervenant supplémentaire, c'est-à-dire un individu à part entière de la commission composée de trois membres distincts. À ce titre, l'assesseur citoyen doit là aussi incarner ses fonctions, découvrir son périmètre d'action et éventuellement se forger une opinion sur la ligne à adopter dans la prise de décision à laquelle il participe. Il s'agit alors d'étudier les rapports qu'entretiennent les membres de cette commission et la perception qu'en a l'assesseur citoyen.

À première vue, l'assesseur citoyen se cantonnerait à siéger au sein de la commission de discipline. Mais son rôle ne s'arrête pas aux portes de celle-ci, et semble même dépasser sa temporalité. L'assesseur se rend en commission, mais est également au contact de différents protagonistes : le personnel de l'établissement, les personnes détenues ou encore ses semblables. Ces rencontres se réalisent à différents moments : à l'extérieur de l'établissement ou lors du parcours de l'assesseur sur les coursives. À cette occasion, l'assesseur citoyen semble parfois réaliser des missions liées à l'organisation de la commission, qu'il s'est lui-même attribué. Il sera ainsi parfois le planificateur du roulement de ses homologues permettant de rendre les convocations plus « *équitables* » ou « *transparentes* »[423], formateur des autres assesseurs, mais aussi, de manière plus anecdotique, des agents de l'administration pénitentiaire.

**Un rôle de formation occasionnel.** Lorsque les assesseurs citoyens ont été interrogés, certains ont mis au jour une pratique qui n'est pas prévue par les textes. Ceux-ci ont ainsi pris le rôle de formateur sur la mission de l'assesseur, mais aussi plus globalement de la commission de discipline. Ils sont intervenus à titre complémentaire, lorsqu'à leur sens,

---

423 *V.* section « L'exigence de l'assesseur en commission de discipline ».

un individu ne disposait pas de suffisamment d'informations sur ces sujets. Par exemple, un assesseur s'est retrouvé en difficulté à la suite de son habilitation, il s'est donc naturellement tourné vers ses semblables afin d'obtenir des renseignements sur ses missions, l'organisation de la commission et sur l'orientation de sa première commission de discipline. En effet, celui-ci pointe le manque d'informations qu'il avait reçu de la part de l'administration pénitentiaire. Une formation lui avait été proposée, mais était dispensée après sa première commission, les autres assesseurs citoyens sont donc intervenus naturellement en se substituant à l'administration pénitentiaire :

> *« Au tribunal de [ville de la maison d'arrêt], c'était juste un courrier à faire. J'ai passé un petit coup de fil comme ça prenait un peu de temps, on m'a dit que c'était normal, et j'ai reçu une réponse en me disant que c'était bon, j'étais assesseur. Il n'y a pas eu d'entretien. J'ai eu le courrier, je me suis dit : « super ! Mais je fais quoi maintenant ? ». Et je me suis retrouvé dans une liste de mails où quand ils en ont besoin ils envoient un mail à tout le monde. De mon initiative j'ai envoyé un mail aux autres assesseurs pour demander comment est-ce que ça se passe réellement : est-ce qu'il faut que je vienne à l'avance ? D'un point de vue extrêmement pratique. Un assesseur a pris la peine de me joindre pour m'en parler. C'est vrai que sinon le côté vraiment pratique de la chose n'a pas été pas couvert du tout dans le processus. Moi ça m'a gêné, je me suis dit « putain c'est comme quand on va à un examen. » On dit : « Bon, tu vas à tel ou tel établissement, tu vas passer ton examen. » Ok, ça va être à telle heure, mais est-ce qu'il faut que j'arrive en avance ? Est-ce qu'il y a des papiers à amener ? Donc cette personne a répondu à mes questions donc c'était bien. Mais ça a été à mon initiative de prendre ces renseignements. »*
>
> Assesseur 2

Un autre assesseur, davantage expérimenté, évoque quant à lui sa participation à la formation des personnels pénitentiaires. Ce dernier, au détour d'une conversation avec des agents de l'administration, apporte ses connaissances pour rectifier des erreurs commises dans l'organisation d'une commission de discipline et de l'exécution des sanctions prononcées. Ainsi, cet individu ne se considère pas seulement comme un citoyen siégeant à la commission, mais aussi comme un participant à l'organisation de celle-ci, appuyant sur son expérience de plus de 300 commissions :

> *« Non. Alors disons, bon, comme je vous dis c'est pas très compliqué hein. Y a ça : ça c'est la liste des sanctions. D'ailleurs je connais maintenant à la limite mieux que.. je suis même formateur quasiment du personnel pénitentiaire (rires). Parce que l'autre jour je suis allé à une réunion, dans un service nouveau, ils savaient pas faire. Alors je leur disais "il faut faire comme ça, comme ça". Alors ils me font confiance quoi ! Je veux dire.. c'est pas très compliqué hein intellectuellement.*
>
> *Chercheur : c'était sur quoi que vous les avez conseillés ?*
>
> *Assesseur : bah c'est à dire, la façon de procéder quand on convoque, parce qu'après on délibère, parce qu'ils avaient oublié certains trucs. Par exemple, quand on leur demande pour les majeurs, pour les mineurs c'est différent, quand on leur demande un travail d'intérêt général il faut qu'ils soient d'accord. Il faut leur poser la question "est-ce que vous seriez d'accord ?" avant de prendre la décision. Et ils avaient oublié de le faire. Alors je… je... Enfin de petits détails si vous voulez, dans lesquels je connais hein, puisque j'en ai fait 300 et quelques (rires). C'est tout hein. »*
>
> Assesseur C

Si les assesseurs agissent comme des membres à part entière de la commission de discipline, participant même à son organisation, les entretiens menés avec ceux-ci ont permis d'identifier des thématiques récurrentes permettant de cerner leur rôle au sein de la commission de discipline pénitentiaire. Il apparaît ainsi que le positionnement de l'assesseur lors de la commission soit dynamique. Celui-ci adopte différentes attitudes lors des débats et de la prise de décision (§ 2) caractérisées par des considérations propres au milieu pénitentiaire mais qui semblent toujours être conditionnées par un sentiment de légitimité à siéger, perçu ou ressenti par l'assesseur (§ 1).

### § 1. La légitimité perçue de l'assesseur citoyen : la délimitation de son périmètre d'action

L'étude de la perception par l'assesseur de son propre rôle est conditionnée à l'appréciation de son sentiment de légitimité. Il s'agit ainsi d'observer comment l'assesseur considère que son rôle est bien fondé ou non, ainsi que la mesure dans laquelle il se sent légitime à exposer un avis dans la prise de décision. En effet, on pourrait considérer que ses fonctions, telles qu'elles sont prévues par la loi, ont besoin d'être matérialisées empiriquement, reconnues par les autres protagonistes, pour passer du stade de croyance, c'est-à-dire de considérations pour son rôle théorique tel qu'il est prévu par la loi, à l'état de légitimité, réalisé en pratique, au sein de la commission[424]. Selon Haud Guéguen, pour se demander si une position professionnelle est légitime ou non, il faut se questionner à deux égards. Il s'agit tout d'abord d'interroger le degré de légitimité de la fonction : dans notre cas, la fonction d'assesseur citoyen est-elle légitime ? Mais c'est aussi se demander si le sujet, pris individuellement a bien les qualités pour réaliser cette fonction au regard de ses titres, de sa capacité ou de son expérience[425] : en l'espèce, tel ou tel assesseur a-t-il les qualités pour exercer ses fonctions ?

Cette légitimité ressentie semble être conditionnée par des facteurs endogènes, compris comme la perception par l'assesseur de sa propre fonction (A), et des facteurs exogènes, qui semblent se concrétiser par la reconnaissance du rôle de l'assesseur citoyen par d'autres, en l'espèce, le président de la commission (B). Il semble que ces considérations aient un impact sur le positionnement de l'assesseur dans la commission. S'il se sent légitime, il aura tendance à partager sa position au moment de la décision, alors que son opinion ne sera pas nécessairement exprimée ni prise en compte s'il n'a pas confiance en son propre rôle.

### A. Une fluctuation du sentiment de légitimité : la perception par l'assesseur de ses propres aptitudes

L'assesseur citoyen fait preuve d'une vision plurielle de son sentiment de légitimité. Cette vision est évolutive et navigue constamment entre des considérations de légitimité (a) et d'illégitimité (b) à siéger en commission de discipline. Ces dernières ne sont pas fixées ni propres à certains

---

424 A. Eraly, *Autorité et légitimité. Le sens du collectif*, Érès, coll. « Sociologique clinique », 2015, p. 31.

425 GUEGUEN, H., « Reconnaissance et légitimité. Analyse du sentiment de légitimité professionnelle à l'aune de la théorie de la reconnaissance », *Vie sociale*, 2014/4, n°8, §2.

individus. En effet, il n'est pas question de dresser des « profils » d'assesseurs, au contraire, il semble que la plupart de ces derniers combinent ces différents ressentis afin de se forger une opinion sur leur propre place dans l'institution.

1. Les facteurs endogènes du sentiment de légitimité de l'assesseur

Les assesseurs citoyens usent de différents arguments ou constats pour donner du poids à leurs fonctions au sein de la commission de discipline, et donc légitimer leur rôle.

**Une légitimité fondée sur la participation de l'assesseur aux débats.** Tout d'abord, l'assesseur citoyen agit parfois simplement comme un organe supplémentaire et ordinaire dans la commission, sans considération de son caractère extérieur ou indépendant. Le bien-fondé de sa fonction est le résultat de la collégialité de la commission. L'assesseur peut donc trouver son utilité dans le fait de participer aux débats, de poser des questions originales ou de relever des éléments auxquels n'auraient pas pensé les deux autres membres de la commission. Il apporte ainsi une valeur ajoutée à la commission de discipline :

> *« J'ai essayé de recentrer le débat sur la chose qui était importante plutôt que se laisser amener sur autre chose par le discours de la personne. C'est une des rares fois où j'ai posé des questions. Ou sur une personne qui était vraiment fermée pour voir si le fait qu'une autre personne que l'administration pose la question lui permettrait de s'ouvrir ou non. Ce sont les cas dans lesquels je vais m'exprimer. Soit pour recentrer quand je pense que le débat a pris une tournure qui l'a décentrée. »*
>
> Assesseur 2

> Chercheur : *« Vous posez donc assez rarement des questions. Mais lorsque vous le faites, sur quoi portent-elles ? »*
>
> Assesseur : *« Sur un détail qui a pu être oublié ou négligé dans l'enquête ou dans l'entretien. »*
>
> Assesseur 3

> *« C'est des questions que j'ai posé parce que… Des fois je pose des questions que les gens du monde pénitentiaire pensent pas à poser. »*
>
> Assesseur C

**Une légitimité fondée sur la dilution de la responsabilité de la décision.** Dans la continuité de l'idée selon laquelle l'assesseur incarne un individu supplémentaire dans la constitution de la commission de discipline, une personne interrogée évoque l'idée de dilution de la responsabilité. En effet, il permettrait d'asseoir la décision, d'atténuer le fait que cette dernière soit prise de manière verticale, individuelle par le président. Grâce à la présence de l'assesseur, le président de la commission n'assume pas la responsabilité de la décision seul, du moins symboliquement, elle semble être rendue de manière collégiale, certains assument même de *« rassurer »* le président :

> *« Mais quand même du coup le fait qu'on soit 3 à prendre la décision évite que la décision soit arbitraire et que le président … ça rassure le président, c'est plus facile de prendre une décision collégiale plutôt que seul. »*
>
> Assesseur D

**Le cas particulier du juriste.** Il a été évoqué plus tôt que le vivier des assesseurs était composé d'une part importante de juristes[426]. Une partie de ces derniers estime que cela permet de conforter la légitimité qu'ils ont à siéger en commission de discipline. Cela se manifeste à travers deux représentations : tout d'abord, l'assesseur citoyen juriste pense maîtriser davantage la situation qui lui est présentée, il comprend voire maîtrise les différents mécanismes, souvent juridiques, en jeu. D'autre part, sa formation juridique peut entraîner une certaine reconnaissance de la part du président de la commission. Ce dernier aurait tendance à conférer davantage de légitimité à ces assesseurs :

426 34 % des assesseurs citoyens, *v.* section « Profil sociologique de l'assesseur ».

*« Je me demande même des fois comment quelqu'un qui a aucune connaissance juridique peut réussir… Quand elle m'a dit, « bon est-ce qu'on confuse ou on confuse pas ?». Si on sait pas ce qu'est la confusion en droit pénal, c'est… bon. »*

Assesseur E

*« Alors, l'assesseur extérieur, s'il a des connaissances juridiques, ou au moins des semblants de connaissances juridiques ce que j'ai la prétention de croire, il peut, sur des problèmes juridiques, éventuellement dire attention là. Il peut dire, par exemple, il y a une confusion de sanctions ou autre chose, attention à… est-ce que c'est légalement constitué. »*

Assesseur 5

*« Je sais que c'est recommandé d'avoir une formation juridique, mais je crois pas que ça soit nécessaire. Et moi je sens que ça apporte à la commission et que c'est pris en compte aussi, le point de vue juridique. De toute façon le président il a bien conscience de ce que je dis à chaque fois mais il écoute et ça le conforte dans son idée. »*

Assesseur B

**Une légitimité fondée sur le caractère indépendant et impartial de l'assesseur.** Enfin, plusieurs assesseurs évoquent l'idée de l'impartialité dont ils font preuve au regard de leur statut extérieur et surtout indépendant de l'administration pénitentiaire. Cette impartialité leur confère ainsi une position de légitimité et les invite à exposer un avis, présenter leur ressenti pendant la commission. Certains assesseurs usent donc du champ lexical de la neutralité pour évoquer leur positionnement dans la commission de discipline : « *regard extérieur* » ; « *neutre* » ; « *plus d'impartialité […] que l'assesseur pénitentiaire* » ; « *[l'assesseur citoyen] est extérieur* » ; « *L'assesseur […] essaie d'analyser honnêtement* » ; « *on essaie de le faire avec le recul qu'il faut* » ; « *Un regard un peu neutre par rapport au reste et vraiment centré sur l'infraction* » ; « *Donc oui, p't'être j'étais […] un regard un peu plus neutre…* ». Si la neutralité évoquée par ces assesseurs leur permet de ressentir une certaine légitimité, cet état de fait revêt pour autant une autre dimension, plus ambivalente, qui tendra parfois à éroder ce même sentiment de légitimité.

2. Les facteurs endogènes du sentiment d'illégitimité de l'assesseur

Si les assesseurs fondent leur légitimité sur une série de considérations, certains, au contraire, vont avoir tendance à éroder le sentiment de bien-fondé de leurs fonctions au sein de la commission de discipline.

**Une illégitimité fondée sur la méconnaissance du milieu pénitentiaire.** Tout d'abord, si le caractère « *indépendant* » et « *impartial* » de l'assesseur a pu asseoir sa légitimité, ce même raisonnement a pour certains, au contraire, vocation à affaiblir leur positionnement. En effet, l'assesseur n'étant pas un acteur quotidien de l'établissement pénitentiaire, celui-ci ne connaît pas précisément les personnes détenues, leur comportement en détention, leurs relations ou habitudes. Il n'est pas familier non plus avec les considérations liées à la sécurité ou à la gestion des ressources humaines. Certains assesseurs considèrent donc que leur opinion pendant la commission n'a pas un poids suffisant face à l'assesseur pénitentiaire et au président. Les assesseurs évoquent ainsi ces situations de manière précise, l'assesseur pénitentiaire sait si une personne détenue se comporte bien ou non, il en a une opinion concrète, ce que l'assesseur extérieur « *n'a pas* » ou « *ne peut pas apporter* » :

> « *Alors voilà...après il faut tenir compte du fait que l'assesseur extérieur n'a pas une connaissance de ce qui se passe à l'intérieur et n'a pas une connaissance de l'individu qui passe devant lui parce que, le gardien, qui complète la commission, lui, il a une connaissance des prisonniers. Et il dit : "il se comporte bien ou il empoisonne la vie de tout le monde ou bien c'est un malade et il faut l'envoyer ailleurs". Et il a une opinion plus concrète de l'individu...* »
>
> Assesseur 5

> « *Alors, moi je dirais qu'il a plus de vécu. Il est dans la prison, il est au contact avec les détenus, donc il a forcément quelque chose de plus que moi je peux avoir. Par rapport à son raisonnement.* »
>
> Assesseur A

> *« Après bien sûr y a des choses que lui il apporte que moi je peux pas apporter. Par exemple voilà lui il connaît les détenus il les voit, souvent l'assesseur pénitentiaire comment il le voit le détenu dans la détention au quotidien, moi ça je peux pas en parler. »*
>
> Assesseur B

**Une illégitimité fondée sur l'inutilité perçue du rôle d'assesseur.** Pour finir, les assesseurs font souvent face à un sentiment de fatalité sur leur propre rôle. En effet, la plupart d'entre eux ont conscience du caractère purement consultatif de leur avis et donc que la légitimité de leur fonction n'est susceptible de tenir qu'à leur présence lors de la commission. Si dans certains cas, le président de la commission donne un véritable rôle dans le processus décisionnel à l'assesseur citoyen, dans le sens où ce dernier participe activement au choix de la sanction (*v. infra*), dans d'autres situations, les assesseurs considèrent que le président prend une décision de son seul office. L'assesseur citoyen considère alors que son rôle ne sert qu'à légitimer la décision aux yeux du droit, selon lequel il n'a pas de véritable pouvoir décisionnaire, ce qui questionne sa propre utilité dans cette instance :

> *« C'est vrai que je ne me sentais pas très très utile. Après je sais qu'enfin ils sont obligés d'avoir un assesseur extérieur pour faire leur commission de discipline, donc on va dire, donc j'ai aidé pour qu'ils puissent faire leur commission. »*
>
> Assesseur 1

> *« Et donc moi j'ai le sentiment, la dernière commission me l'a confirmé, que… finalement… c'est le directeur ou le président de la commission qui a, au fond de lui-même, la décision qu'il souhaite prendre et, qui, pour revêtir les formes, demande à l'assesseur : « bon, quel est votre point de vue ? ».*
>
> Assesseur 5

B. Un sentiment de légitimité exogène : les enjeux de la reconnaissance du président de la commission de discipline

Selon le philosophe Axel Honneth, c'est la reconnaissance qui permet à un individu de construire un sentiment positif vis-à-vis de lui-même[427]. Ce sentiment qui peut prendre la forme de légitimité, notamment dans la sphère professionnelle, ne serait pas seulement induit par les individus eux-mêmes, mais surtout par la perception et l'évaluation de leurs activités par les autres[428]. Ce raisonnement peut très bien être appliqué à l'assesseur extérieur en commission de discipline. Si sa légitimité perçue en fonction de ses propres capacités et moyens d'action ont été étudiés, il s'agit à présent de comprendre en quoi la légitimité ressentie de l'assesseur est conditionnée par la vision qu'ont les autres protagonistes de son rôle. En l'espèce, il ressort des entretiens semi-directifs que cette légitimité est principalement liée à la perception qu'a le président de la commission des missions de l'assesseur citoyen. Il semble que la perception du président oscille entre deux pôles, le premier considère le rôle de l'assesseur extérieur comme important (a), le second que celui-ci n'a qu'une utilité formelle dans la commission (b).

1. Une légitimité exprimée par le président de la commission

Il semble que les présidents de commission interrogés lors de cette étude aient une vision convergente du rôle de l'assesseur citoyen en commission de discipline. En effet, les présidents indiquent tous que ce dernier prend part à la décision, interroge la sanction ou les conforte dans leur vision de l'affaire. Cette vision doit cependant être nuancée, les présidents ayant été interrogés précisément sur le rôle de l'assesseur citoyen, il est possible qu'ils n'aient pas eu un discours tout à fait franc sur leur implication réelle dans la commission ou que les présidents ne donnant aucune légitimité à l'assesseur extérieur n'aient pas souhaité participer à l'étude. De plus, certains assesseurs interrogés indiquent bien que certains directeurs ne leur confèrent aucune autorité particulière. Aux

427 A. Honneth, *La lutte pour la reconnaissance*, Paris, Cerf, 2000.
428 H. Guegen, *op.cit.*, §27.

yeux des présidents de commission, les assesseurs citoyens ont un rôle à jouer au sein de la commission à plusieurs égards.

**Une légitimité fonctionnelle reconnue à l'assesseur citoyen.** Tout d'abord, le président de la commission cherche souvent à associer l'assesseur citoyen à la prise de décision. Cela se manifeste par l'encouragement à exprimer un avis sur la décision à prendre ou par la considération d'un ressenti. Cela est justifié par l'idée que l'assesseur ne doit pas seulement avoir un rôle de figuration. Il est possible d'affirmer que ces présidents adhèrent au rôle de l'assesseur tel qu'il est prévu légalement :

> *« Y'a le ressenti de l'assesseur extérieur qui voit parfois le détenu pour la première fois ou qui l'a déjà vu. »*
>
> DSP 3

> *« Il faut essayer de… il faut écouter tout le monde. Il faut essayer de fédérer lors de la prise de décision. Parce qu'il faut que la décision soit comprise de tous, du détenu mais aussi de ses assesseurs. Parce que les assesseurs si on veut qu'ils aient un rôle et qu'ils prennent ce rôle à cœur et qu'ils se sentent utiles, il faut les associer. Donc si on les écoute pas, ou si euh…on leur fait comprendre que leur avis est stupide… enfin voilà… ils vont venir pour faire potiche quoi. »*
>
> DSP 3

**Une légitimité fondée sur l'apport d'un regard extérieur**. Certains directeurs affirment que l'assesseur citoyen leur permet également d'apporter un « *regard extérieur* » qui leur permet de les amener à « *une certaine réalité* », de « *prendre du recul* » voire même à ouvrir un « *tunnel* » dans lequel les membres de la commission seraient parfois enfermés. La neutralité du regard de l'assesseur permettrait ainsi aux présidents de questionner les pratiques ou habitudes de l'établissement et de réévaluer leur vision de l'affaire ou de la personne détenue lors de la commission de discipline.

*« Mais son rôle n'est pas de donner un avis sur la décision, C'est aussi apporter un regard extérieur qui peut nous amener une certaine réalité. Il aide, mais pas forcément comme il peut le penser. Il permet de prendre du recul. Il a un regard neutre. Certains sont curieux, ils posent des questions, cela nous interroge. »*

DSP 1

*« Ah…euh…ouais c'est une aide…une aide à la prise de décision. Parce que nous on a parfois tendance à être euh…vraiment dans un tunnel, on se dit voilà tiens on sait où on va, on a l'habitude et voilà…des réflexions un peu autour ça aide à ouvrir un petit peu notre tunnel. »*

DSP 2

La vision extérieure de l'assesseur reconnue par les présidents de commission entraîne des conséquences dans le positionnement de ces derniers. Certains veulent préserver la neutralité de ce regard en restreignant les possibilités d'accès de l'assesseur au dossier ou à une synthèse relative au profil de la personne détenue. Cette pratique tend à insister sur le fait que l'assesseur citoyen ne se concentre que sur la personne détenue comparaissant devant la commission, sans prendre en considération ses antécédents ou son comportement en détention.

*« Pour ce qui concerne les assesseurs, on leur donne le dossier avant la commission. Ils ont 15/20 minutes pour le consulter. Alors, un dossier est-il suffisant ? Mais c'est aussi leur rôle que d'être « démunis ». Ils n'ont pas besoin de plus. Ils ont une neutralité. Ils voient la personne telle qu'elle est. »*

DSP 1

*« J'essaie de lui faire une synthèse mais j'ai pas…enfin j'aime pas lui faire une synthèse…je veux pas donner dans ma synthèse déjà un sentiment. Je préfère qu'il regarde le dossier et on en parle après…parce que sinon je pense qu'on peut les influencer un peu et…c'est pas le but. »*

DSP 2

**Une légitimité fondée sur le rôle d'harmonisation de l'assesseur.** L'assesseur présente également un intérêt original pour une présidente de commission interrogée dans le cadre de l'étude. Celle-ci évoque l'idée que l'assesseur citoyen, qui siège auprès de plusieurs autres présidents, lui permet d'harmoniser les sanctions qu'elle prononce, et ainsi de s'aligner sur les décisions prononcées de manière générale au sein de l'établissement par ses collègues. En effet, l'assesseur serait celui qui connaît le mieux les commissions de discipline, grâce à sa vision transversale des pratiques qui ont lieu au sein de l'établissement :

> *« Après sur les décisions on essaie de s'harmoniser, on se dit que pour les violences contre le personnel c'est 30 jours, pour un téléphone c'est 7 à 10 jours, etc… Seuls les assesseurs connaissent le barème de tous les directeurs de commission donc leur demande toujours, toujours, ce qu'ils auraient mis car c'est eux qui ont sans doute la vision la plus globale. »*
>
> DSP B

**La manifestation de la légitimité : la place reconnue à l'assesseur citoyen lors du délibéré.** Pour finir, la manifestation la plus importante de la légitimité conférée au rôle de l'assesseur citoyen par le président, ou du moins sa conséquence, reste la place que ce dernier réserve à l'assesseur lors de la prise de décision. L'assesseur n'ayant qu'une voix consultative, il ne prend pas de décision en tant que telle. Pour autant, certains présidents prennent véritablement en compte l'avis de l'assesseur, comme cela a pu être démontré précédemment [429]. Si la position de l'assesseur est globalement légitimée par le président de la commission, il s'agit cependant d'affiner les méthodes employées par ce dernier. Il apparaît ainsi que le président légitime l'assesseur de deux manières distinctes.

**Un rôle de conseiller lors de la prise de décision.** Tout d'abord, certains directeurs tendraient à considérer l'assesseur comme un « conseiller », c'est-à-dire un individu qui exposerait son avis afin d'éclairer

---

[429] *V. not.* section 3 « Le citoyen assesseur et la décision de la commission de discipline pénitentiaire ».

la décision du président. Or, cette décision resterait unilatéralement prise par le directeur, l'assesseur n'ayant qu'une voix délibérative[430]. Ici, le président semble se faire une « idée » de la sanction à prendre, avant même la tenue de la commission. Lors de cette dernière, il écouterait l'avis des assesseurs avant d'*éventuellement* moduler sa décision :

> *« Alors moi j'ai souvent mon idée parce que bah j'ai eu le dossier entre les mains, j'ai pu y travailler, j'ai essayé quand même d'avoir les avis des personnes présentes au moment des faits et euh... mais j'essaie quand même d'avoir l'avis de l'assesseur extérieur et de l'assesseur pénitentiaire [...] ... voilà... ça m'arrive oui d'adapter l'idée que j'avais eu au départ de la sanction... euh... par rapport aux avis des assesseurs. »*
>
> DSP 1

> *« Alors comme je vous disais j'ai déjà travaillé mon dossier, je sais déjà grosso modo ce que je vais en faire mais bon après je m'adapte à ce qui s'est dit aussi. [...] Alors des fois c'est en adéquation et la plupart du temps ça reste le cas et des fois non... donc pourquoi après. Et donc après j'essaie de moduler, je m'en tiens pas forcément à ce que j'avais euh... imaginé j'essaie de voilà... d'entendre un peu ce qui s'est dit. »*
>
> DSP 2

> *« Ouais ben moi je leur demande en général ce qu'ils en pensent, en général j'ai une idée de ce que je fais, je rappelle aussi ce qu'on fait d'habitude enfin voilà pour essayer qu'il n'y ait pas trop différence non plus entre les personnes détenues. On a un peu alors j'aime pas dire ce mot mais des "tarifs" c'est vrai pour le premier téléphone, 2e téléphone, après on peut moduler en fonction, tout à fait, donc ça je le rappelle et après à eux de donner leur avis mais ça enfin je pense qu'avec moi ils se gênent pas trop pour... pour donner leur avis ne serait-ce enfin voilà que ce soit l'assesseur pénitentiaire ou l'assesseur civil, généralement ils vont dire ce qu'ils pensent. »*
>
> DSP A

---

430 42% des assesseurs estiment que leur point de vue vient éclairer la décision du président, *v.* section 3 « Le citoyen assesseur et la décision de la commission de discipline pénitentiaire ».

**Une voix *quasi*-délibérative lors du délibéré.** Ensuite, dans une moindre mesure, le président peut réserver un rôle plus important à l'assesseur citoyen, en lui conférant une voix *quasi*-délibérative. Dans ce cas, le directeur cherche systématiquement un compromis entre sa position et celle des deux assesseurs[431] :

> *« Bref, sinon je me fais mon idée au fil de l'échange et ensuite je vois ce qu'ils proposent. S'ils proposent beaucoup plus, je monte, s'ils proposent beaucoup moins je baisse, sinon on se convainc les uns les autres. Pour moi c'est vraiment une décision collégiale. »*
>
> DSP B

La « reconnaissance » conférée à l'assesseur par le président de la commission doit aussi être vérifiée par le point de vue des assesseurs eux-mêmes. Il semble ainsi que la majorité des assesseurs estiment que leur avis est suffisamment pris en compte par le président de la commission, comme cela a pu être démontré précédemment[432]. Le ressenti de l'assesseur confirme celui des présidents de commission. Il a ainsi une voix *quasi*-délibérative, certains assesseurs mentionnent fréquemment une recherche systématique de consensus entre les positions des différents protagonistes par le président de commission, ce qui a tendance à faire naître un sentiment de légitimité chez les assesseurs concernés :

---

[431] 22 % des assesseurs estiment que la discussion cherche à identifier un compromis acceptable par tous, *v.* section 3 « Le citoyen assesseur et la décision de la commission de discipline pénitentiaire ».

[432] 96 % des assesseurs citoyens considèrent que leur avis est suffisamment pris en compte, *v. not.* Partie2, chap. 2, section 3.

*« Si on dit dix jours et que lui, il verrait plus douze jours, donc après on peut trouver un entre-deux ou bien après, il y a des fois où la sanction, on peut préconiser une sanction et ce ne sera pas celle retenue et des fois, le directeur avait son idée et il reconnait que d'autres éléments peuvent être pris en compte, et finalement, on sera suivi. Je pense que l'on a bien un rôle à jouer dans la commission de discipline. »*

Assesseur 7

*« C'est vraiment une négociation, la majorité du temps y'a un réel consensus sur la nature de la sanction, le quantum, et on négocie. »*

Assesseur D

*« Mais par exemple, si elle [la présidente de la commission] est pas d'accord avec nous, ça redonne lieu à une discussion. Après on contre-propose. »*

Assesseur E

*« Si c'est en accord il n'y a pas de discussion, si c'est en désaccord, on présente un ou deux arguments mais le consensus arrive très vite. En général c'est comme ça. »*

Assesseur 2.

**Une légitimité reconnue en fonction de l'expérience de l'assesseur.** Pour finir, il semble qu'une part de la légitimité conférée à l'assesseur par le président soit également fonction de l'ancienneté de l'assesseur. Ce dernier, ayant acquis au fil de son expérience une connaissance plus approfondie du milieu carcéral, du personnel de l'établissement ou encore des personnes détenues, tendrait à gagner en légitimité aux yeux du président. Celui-ci pourrait ainsi avoir tendance à davantage prendre en compte l'avis de l'assesseur citoyen :

*« L'assesseur extérieur alors on en a... on a de tout. On a des gens qui viennent là juste pour écouter, alors souvent c'est ceux qui, pour des raisons qui leurs sont propres, ne viennent pas souvent. Plus ils viennent, plus ils ont du poids entre guillemets parce que bah ils connaissent la procédure, ils connaissent notre jurisprudence, ils connaissent les détenus, ils connaissent les surveillants, ils nous connaissent nous. »*

DSP 3

*« Et après au fil des commissions j'ai pris de l'assurance, j'ai surement rassuré aussi les directeurs. Maintenant, "Monsieur [Nom de l'assesseur]" qu'est-ce que vous en pensez ? Moi je donne mon point de vue et la peine que je trouve la plus juste. J'essaie de donner du sursis, une deuxième chance. Mais bon, si vous voulez, ma parole est prise en considération maintenant par rapport aux premières fois. »*

Assesseur F

2. Une illégitimité affirmée par le président et ressentie par l'assesseur

**Une illégitimité affirmée par le président par la négation du rôle de l'assesseur.** À côté des éléments légitimant l'assesseur citoyen aux yeux du président de la commission, certains assesseurs font état d'une situation dans laquelle leur rôle n'est pas pris en compte[433]. Cela semble s'expliquer par le simple fait que le président de commission prenne la décision de manière unilatérale. Un assesseur fait remarquer l'utilisation du pronom personnel « je » par le président pour évoquer la décision prise en commission. Dans ce cas, il est possible de faire un rapprochement avec le sentiment de l'assesseur selon lequel sa fonction ne sert qu'à respecter les formes induites par le droit, son rôle se réduirait ainsi à sa simple présence lors des débats :

[433] Cette position reste largement minoritaire, 1% des assesseurs estiment que la décision est prise par le président sans réelle concertation, *v. supra* section 3 « Le citoyen assesseur et la décision de la commission de discipline pénitentiaire ».

*« Oh bah c'est lui qui l'a dit. Le directeur à une commission de discipline il avait dit "l'assesseur ça ne sert à rien", devant l'avocat. »*

Assesseur C

*« Je ne pense pas vraiment que les deux assesseurs aient beaucoup de choses à dire. C'est finalement le président qui décide et c'est un peu gênant parce que comme toujours il y a une appréciation personnelle, c'est subjectif et quand il annonce à l'individu avant de partir il dit : "attention je peux aller…", d'ailleurs il dit "je", "je peux aller jusqu'à 20 jours, je peux aller même jusqu'à 30", pour les mineurs c'est différent, et puis à la fin, ça se finit comme ça… au vu de l'opinion des deux assesseurs, la commission de discipline sanctionne et le président dit : "je vous ai mis". C'est comme ça que je le vois moi. Il ne dit pas "la commission vous a mis", il dit "je vous ai mis". C'est en cela que je pense que, je le répète, c'est pour revêtir les formes. »*

Assesseur 5

*« Un président nous engueule quand on n'a pas de question haha, mais parfois c'est clair on n'a pas de question, mais il nous dit : "Mais comment ça pas de question, mais vous ne servez à rien !" C'est assez simple y'a pas de difficulté après ça arrive que certains présidents fassent sortir tout le monde et nous dise "ah j'ai oublié de vous demander si vous aviez des questions". En réalité si j'en avais je les aurais posées mais c'est mieux que le président nous y invite directement. »*

Assesseur D

L'assesseur citoyen en commission de discipline navigue ainsi entre différentes formes de légitimité ressenties et perçues. En effet, celui-ci tient des considérations qui entraînent le bien-fondé de sa présence au sein de la commission : il apporte un regard neutre et parfois original, il permet de diluer la responsabilité de la décision ou d'harmoniser les sanctions au sein d'un établissement. Pour autant, l'assesseur extérieur se considère parfois illégitime car ne connaissant pas le fonctionnement de l'établissement aussi bien que le président ou l'assesseur pénitentiaire mais également lorsque le président de la commission lui rappelle son rôle simplement consultatif. Comme évoqué précédemment, ces différentes considérations ne sont pas incarnées par tel ou tel assesseur. La plupart d'entre elles cohabitent en chaque assesseur ; celui-ci, en fonction de ces éléments, tiendra ou non un certain degré de légitimité à siéger en commission. De plus, ces paramètres varient, pour un même assesseur, en fonction des établissements voire des présidents avec lesquels il siège. Il se pourrait également, en fonction de ces facteurs, que l'assesseur tienne des postures différentes lors de la prise de décision. En effet, l'on peut facilement imaginer qu'un assesseur se sentant légitime aura tendance à affirmer sa position alors qu'un assesseur se considérant illégitime, adoptera ou sera tenu à une certaine forme de passivité lors de la prise de décision.

### § 2. Le positionnement de l'assesseur dans la prise de décision

L'étude du rôle de l'assesseur citoyen ne doit pas s'arrêter à son sentiment de légitimité. Si ce dernier permet d'observer le périmètre d'action de l'assesseur, il faut également comprendre quels peuvent être les positionnements choisis par l'assesseur lorsqu'il siège en commission de discipline. Ce positionnement se traduit en réalité par l'orientation donnée par l'assesseur à son choix de décision.

Il apparaît au cours des entretiens menés avec les assesseurs civils que ceux-ci tiennent parfois des positions assumées dans la prise de décision lors de la commission. Il ne s'agit pas d'observer des positions franches ou systématiques, mais plutôt des *lignes directrices* que s'imposeraient certains assesseurs au moment de la prise de décision. Quelques assesseurs auront ainsi tendance à se positionner en opposition à l'administration pénitentiaire et à proposer des sanctions plus faibles (A), d'autres adopteront une certaine forme de passivité dans la prise de décision (B), ce qui rappelle les considérations de légitimité qu'aurait l'assesseur sur son rôle. Aussi quelques assesseurs assument tenir une position davantage dynamique, portée sur des considérations de « justice » et de prise en considération des impératifs de l'établissement (C). Enfin, certains assesseurs semblent avoir conscience d'une limite à la latitude dont ils disposent : le risque d'une sanction (D).

A. Une ligne directrice tendant à affaiblir la sanction

**Un positionnement plus favorable à la personne détenue.** Plusieurs assesseurs semblent tout d'abord adopter une position de souplesse dans la prise de décision. Ils assument ainsi de préconiser une sanction plus douce que le président ou l'assesseur pénitentiaire. Ils évoquent ainsi « *volontairement [tirer] vers le bas. J'essaye d'être plus indulgent que le monde pénitentiaire* » ou encore « *J'ai souvent une réponse un peu plus light que le surveillant pénitentiaire* ».

**Un positionnement volontairement indifférent à la conjoncture pénitentiaire.** Cette ligne directrice semble trouver en partie son fondement dans une certaine indifférence aux considérations de la vie pénitentiaire. L'idée étant que ces assesseurs ne souhaitent pas préconiser une décision influencée par des questions sécuritaires, propres au quotidien de l'établissement « *c'est pas mon problème* », « *je peux pas le savoir* » ou encore « *je pense pas qu'en tant qu'assesseur, que ce soit notre rôle* ». Aussi, les considérations de ces assesseurs semblent être détachées des antécédents de la personne détenue ou de son comportement en détention, afin de se concentrer uniquement sur la faute examinée en commission : « *vraiment centré sur l'infraction et son contexte et pas comment ça se passe depuis deux ans qu'il est là* ». D'autres assesseur se considèrent également indifférents à des débats sur les modes de preuve : « *Et ça bon moi je trempe pas là-dedans, je suis en dehors, forcément* ». Dans tous les cas, il semble que l'assesseur citoyen considère pleinement sa qualité extérieure, indépendante de l'administration pénitentiaire, « *un œil neuf, extérieur* ».

> *« Alors des fois ils disent "oh c'est pas moi, c'est pas moi", mais ils reconnaissent les voix quoi. Et ça bon moi je trempe pas là-dedans, je suis en dehors, forcément. »*
>
> Assesseur C

> *« Après notre rôle, moi je pense que c'est aussi d'avoir un œil neuf, extérieur. Autant l'assesseur pénitentiaire il sait comment ça se passe en détention et dit : "lui, il est pénible toujours" et moi attends, je suis arrivée ce matin, donc moi je viens juste pour l'infraction et s'il est pénible le reste de la semaine, c'est pas mon problème. Donc un regard un peu neutre par rapport au reste et vraiment centré sur l'infraction et son contexte et pas comment ça se passe depuis deux ans qu'il est là. »*
>
> Assesseur 6

> *« Comme je vous ai dit, parfois c'est le profil qui est jugé plus que le CRI. On sait très bien ce qu'on met pour un téléphone et le mec prend un petit peu plus parce qu'il a cassé les couilles pendant deux semaines, mais ça je ne peux pas le savoir. »*
>
> Assesseur 2

> *« Mais, voilà, non non. Je ne suis pas sûre, qu'on soit tenue de savoir ce qui s'est passé, pourquoi le détenu est là. Je pense pas en tant qu'assesseur, que ce soit notre rôle. »*
>
> Assesseur A

**Un positionnement de contrebalancement à la conjoncture pénitentiaire.** De plus, certains assesseurs estiment devoir « *contrebalancer* » les positions du président et de l'assesseur pénitentiaire. Ce positionnement rejoint l'indifférence aux contraintes pénitentiaires et va même au-delà, l'assesseur n'est plus seulement neutre face à ces considérations, il adapte son avis en opposition à ces dernières. Un assesseur estime alors devoir « *tempérer* » la décision, que son rôle est « *de* [ne] *pas être plus sévère que les deux autres membres.* » D'autres encore considèrent qu'ils doivent « *contrebalancer la routine qui est installée au sein de l'administration et des agents pénitentiaires* » voire « *contrebalancer* » la décision dans l'hypothèse d'une sanction « *trop démesurée* ». Dans le même sens, une assesseure pense constituer un garde-fou au prononcé « *systématique* » d'un placement en quartier disciplinaire. Suivant la même logique, un assesseur considère qu'il doit préserver la commission de discipline des considérations syndicales portées par les agents de l'administration. Il agit même parfois en soutien au président face à ses agents.

*« Et ça la personne détenue ne le sait pas mais en commission je pense que parfois on tempère les ardeurs du surveillant ou de la direction qui veut sanctionner sévèrement parce qu'il ne faut pas se mentir la commission disciplinaire est un outil de gestion de la détention, il faut gérer les personnes détenues mais aussi le personnel. Les syndicats quand même dans l'administration pénitentiaire sont assez violents, si pour un dossier d'agression alors même que le CRI et le dossier sont bidons il prend 3 fois rien, demain il y aura des tracts de syndicats mettant en cause le directeur qui a rendu la sanction en disant que c'est un scandale, qu'il est pro détenu et que les pauvres agents qui se font frapper sont toujours des victimes. Je pense qu'on peut tempérer les ardeurs du président, on peut aussi le soutenir vis-à-vis de l'assesseur surveillant quand il ne va pas comprendre forcément pourquoi on va mettre moins alors qu'un de ses collègues a été insulté etc. »*

Assesseur D

*« Toutefois j'essaie, je dirais pas de minimiser les choses, mais de tempérer un petit peu. Voilà. Parce que je pense que c'est mon rôle, de pas être plus sévère que les deux autres membres. Voilà. De relativiser, d'essayer de lui donner une chance. »*

Assesseur F

*« On a pas un quartier disciplinaire qui est tout le temps en train de déborder donc ça veut dire qu'il y a possibilité de faire en sorte que ça se passe bien sans systématiquement mettre dans cette cellule qui est très stigmatisante et qui suit dans le dossier après, voilà. Donc je pense qu'après, là c'est mon rôle à moi de faire en sorte que après, il y ait pas l'aiguillage direct cellule. »*

Assesseur 6

> *« C'est le rôle qui est attendu : avoir une personne extérieure qui n'est pas forcément dans ces rouages là pour contrebalancer un peu la routine qui est installée au sein de l'administration et des agents pénitentiaires. »*
>
> Assesseur 2

> « Voilà peut-être comme on nous l'a expliqué officiellement, quelqu'un de … citoyen civil hors pénitentiaire qui est là, parce que s'il y avait eu des sanctions trop démesurées et bien peut-être que j'aurai pu je ne sais pas, contrebalancer.»
>
> Assesseur 1

B. Une passivité assumée ou subie dans la prise de décision

**Un avis assujetti à la jurisprudence de la commission.** Au contraire de la ligne tendant à abaisser la sanction, aucun assesseur ne semble vouloir tenir une position plus sévère que les autres membres de la commission. En revanche, certains assesseurs semblent faire preuve d'une certaine passivité dans la préconisation d'une sanction. Ces derniers auront donc tendance à s'en tenir à la ligne « jurisprudentielle » de l'établissement ou du président. Ici, l'assesseur ne semble plus vouloir assumer un rôle de contrepoids face aux autres membres, mais de vouloir adhérer ou de s'adapter progressivement à la décision prise par le président. Ce positionnement semble s'expliquer par deux facteurs. On peut ainsi imaginer que l'assesseur n'ait pas le sentiment de légitimité nécessaire à une prise de position, ce qui réduit son champ d'action, ou alors qu'il souhaite consciemment adhérer à la ligne jurisprudentielle de l'établissement. Dans tous les cas, ces assesseurs ne semblent pas adopter un comportement proactif dans le choix de la décision, ils se réfèrent à des considérations extérieures à un avis personnel : « *j'ai compris les tarifs* », « *C'est comme un barème* », « *J'ai compris comment ça fonctionnait* », « *Je me réfère à ce qu'ils ont l'habitude de faire* ». Un assesseur, de manière plus anecdotique, n'extériorise pas d'avis personnel mais propose une sanction qu'il pense la plus proche de celle qui sera prononcée par le président, afin de ne pas « *être à côté de la plaque* » et d'avoir « *raison* » :

> *« J'ai compris les tarifs et je me suis mis à la jurisprudence de l'établissement. »*
>
> Assesseur D

> *« Oui. Suivant ce que c'est, oui. Quand c'est une agression sur un personnel, mais je comprends ils aiment pas trop, on voit quand même que y a une barrière qui s'installe. Je sais déjà à l'avance que… Comment vous dire, c'est comme un barème… Coup de poing sur un autre détenu c'est tant de jours mais un coup de poing sur un agent pénitentiaire de surveillance je sais que ça va être beaucoup plus important. Ca maintenant je commence à avoir dans ma tête ce barème-là. Comme le téléphone, une première fois un téléphone c'est du sursis, quand y a récidive, le sursis il tombe. Des agressions entre détenus, c'est pas pareil quand y a des blessures. J'ai dans la tête le barème. »*
>
> Assesseur F

> *« Je l'écoute parler et puis après, je donne aussi mon avis par rapport à ce qui se fait dans l'établissement… déjà… donc si pour un téléphone ici c'est huit jours fermes, à [nom de l'établissement] c'est huit jours de sursis…sinon on n'aurait pas assez de cellules…donc je me réfère à ce qu'ils ont l'habitude de faire. »*
>
> Assesseur 6

> *« Après je commence à connaitre les présidents, certains sont plus sévères que d'autres donc je fais des propositions parfois plus lourdes que ce que j'aurais fait avec un autre président, donc mon but c'est d'être suivi, pas d'être à côté de la plaque, je préfère alors augmenter la sanction et voir que j'ai raison après plutôt que le président n'abaisse pas sa sanction. »*
>
> Assesseur D

### C. Une ligne directrice tendant à objectiver la sanction

**La recherche de l'équilibre dans la prise de décision.** Enfin, une série d'assesseurs semblent tenir une ligne adaptée aux circonstances. Ces assesseurs citoyens cherchent donc à trouver une certaine symétrie, un équilibre entre la défense de la personne détenue et les considérations propres à l'établissement pénitentiaire. Ces individus justifient leur décision en évoquant l'idée d'un « *juste milieu* », et par conséquent, d'une véritable attention aux enjeux pénitentiaires, du travail des personnels ou de maintenir la « *paix au sein de l'établissement* ». Ce positionnement pourrait faire penser que l'assesseur ne se positionne plus en tant que personne extérieure, impartiale et indifférente aux contraintes pénitentiaires, mais plutôt comme un individu éclairé, médiateur, cherchant à trouver le positionnement le plus juste et adapté aux éléments qui ne le concernent pourtant pas toujours. Un assesseur, dans ce sens, évoque par exemple sa conscience des missions de la commission de discipline, « *il ne faut pas se mentir la commission disciplinaire est un outil de gestion de la détention, il faut gérer les personnes détenues mais aussi le personnel.* ». Ce même assesseur utilise par ailleurs le pronom « on » pour évoquer la commission de discipline ou plus généralement l'établissement, démontrant un positionnement assimilé à l'administration pénitentiaire, « *on ne veut pas que des personnes se baladent dans les couloirs* » :

> *« Euh oui oui. Oui je dirais ça, je dirais que c'est de s'assurer que quelque part, c'est bateau, mais de s'assurer que les sanctions qui sont prononcées en commission de discipline soient justes dans les deux sens. Voilà vraiment d'apporter ce regard qui va essayer de trouver, d'orienter vers le juste milieu quelque part. Voilà je dirais comme ça. »*
>
> Assesseur B

> *« Mais de faire, voilà, en son âme et conscience… sans tirer à chaque fois ni "oh le pauvre détenu il a des conditions etc.", ni "ah les pauvres surveillants ils se font malmener"… voilà… d'être au milieu de tout ça… et de trouver un juste milieu acceptable pour les deux, voilà… ou les deux parties ont été entendues, d'un qu'a fait une infraction et de l'autre l'administration qui… doit jongler avec tous ces impératifs, voilà. »*
>
> Assesseur 6

> *« Non. Leur… comment dirais-je… leur philosophie si vous voulez ce mot… leur philosophie c'est maintenir la paix à l'intérieur de la maison d'arrêt et aussi, faut-il donner des exemples… et pour l'histoire du petit gramme, du milligramme de shit dont j'ai parlé tout à l'heure, la réponse est : mais si on ne sanctionne pas il va aller dans la cellule pour dire moi j'ai eu rien. Il y a toujours, toujours, cette philosophie, il faut maintenir la paix à l'intérieur de la prison. Ce qui doit être d'ailleurs un travail difficile. »*
>
> Assesseur 5

D. La limite du positionnement : la crainte d'une sanction

**La crainte d'une sanction déguisée.** Il faut noter une limite importante au positionnement des assesseurs. Si la décision de ces derniers semble se diversifier en fonction de la légitimité de l'assesseur, de son adhésion ou non aux pratiques de l'établissement pénitentiaire, il est possible de montrer qu'il est également soumis à une certaine crainte de sanction. En effet, il apparaît que les assesseurs citoyens sont confrontés à des attentes de l'administration pénitentiaire. En cas de non-respect de ces attentes, certains assesseurs font état de la crainte d'une sanction, pourtant non prévue juridiquement : la suspension des convocations. Ainsi, il s'avère que les présidents de commission ou les services chargés de la convocation des assesseurs effectuent parfois un tri des assesseurs en fonction des circonstances. Il est ainsi fait référence par un directeur au comportement d'un assesseur citoyen en particulier qui doit être évité dans certains dossiers, aux craintes d'une assesseure qui remet en cause les pratiques de l'établissement, où l'arrêt des convocations d'un autre lorsqu'une de ses homologues obtenait les faveurs du président de la commission :

*« Parfois y'a des dossiers où je dis à mes officiers : "vous me convoquez pas cet assesseur-là", ça je le sais, parce qu'on prend un risque. Vous avez des assesseurs qui euh vous savez quel que soit le dossier vous savez qu'ils vont poser une question, c'est automatique. Même si tout est réglé, même si le détenu dit : "oui je reconnais, oui c'est ma faute, oui c'est moi, j'aurais pas dû faire ci, j'aurais pas dû faire ça, je me suis excusé" enfin voilà tout est bien et y a plus qu'à prendre la décision et là y'a la question qui arrive [il rit]) et là on se dit mon dieu, comment ça va réagir en face. Mais bon après voilà, chacun sa personnalité. »*

DSP 3

*« Je me suis dit que peut-être les établissements selon que les assesseurs sont casse-pieds ou pas, genre "je veux lire les dossiers avant de commencer", bah ouais mais elle nous embête, on la convoque vraiment le jour où on a plus d'assesseurs possibles. C'est ce que je crains, c'est un sentiment de me dire peut-être que "s'ils m'appellent pas". »*

Assesseur 6

*« L'année d'avant, l'année 2019 y avait un planning écrit, dans lequel y avait des noms et puis moi toutes les dates, je recevais un mail la veille qui me disait "y a pas de commission de discipline". Bah ok, et puis après dans le cahier j'ai vu, c'est pas moi qui l'ai fait mais c'est l'autre qui l'a fait [rires]. Et puis je savais… […] Et j'ai eu le directeur un jour, puis moi je me lâche : moi j'appelle ça de la promotion canapé. Alors il me dit "vous exagérez quand même". Je l'ai revu hier ou avant hier. C'était la dame [Autre assesseure extérieure] qui était en bons termes avec l'autre [président de commission], et puis c'est l'autre qui lui passait tout. »*

Assesseur C

**Une sanction potentielle restreignant le positionnement de l'assesseur citoyen.** Cette pratique de sanction déguisée remet en cause le statut indépendant et impartial de l'assesseur citoyen. Il est possible d'imaginer que les assesseurs ayant conscience de cette pratique, seraient moins enclins à s'opposer aux autres membres lors de la commission de discipline ou à questionner certains usages. Si les assesseurs s'exposent à une sanction potentielle, le périmètre d'action de ceux-ci et *a fortiori* leur voix consultative s'en trouvent limités. Il s'agit de faire un parallèle avec l'organisation des convocations effectuée par les assesseurs eux-mêmes. Il semble que cette pratique permette d'éviter cette forme de sanction. Un calendrier établi de manière indépendante à l'administration pénitentiaire paraîtrait ainsi constituer un palliatif à cette forme de sanction.

Conclusion. Si le droit positif se montre précis sur l'architecture de la procédure de nomination de l'assesseur extérieur et de la place qu'il est censé occuper au sein de la commission de discipline, peu d'informations transparaissent sur le rôle et l'influence qu'il peut avoir en son sein. S'agissant de sa participation concrète, des décalages ont pu être observés entre la théorie et la pratique. Par ailleurs, la recherche s'est également placée du point de vue des acteurs en commission de discipline, afin de saisir au plus près la réalilté et leur réalité. En dressant le profil sociologique des assesseurs et de l'assessorat, il s'est agi de sonder la représentativité des assesseurs en commission de discipline ainsi que la représentation qu'ils se font de leur mission mais également que les autres acteurs se font de leur mission. La légitimité ainsi questionnée dans cette partie conclut à un sentiment ambivalent de l'ensemble des acteurs oscillant entre légitimité et illégitimité. Pour autant, un certain nombre d'enjeux sociétaux s'attache à la présence citoyenne de l'assesseur en commission de discipline en ce que l'assesseur est à la fois un « pont vers l'extérieur » par son rôle de sensibilisation et de pont « vers l'intérieur » par son rôle d'apaisement des conflits au sein de la commission de discipline.

# 3ème PARTIE. LA LÉGITIMATION DU RÔLE CITOYEN DE L'ASSESSEUR

Aux termes de cette recherche qui était de questionner le rôle citoyen de l'assesseur en commission de discipline, nombre de réponses ont été apportées. Incontestablement, l'assesseur « extérieur » a trouvé sa place dans le fonctionnement de la commission de discipline pénitentiaire nécessitant de la part de l'administration pénitentiaire des adaptations. Cette transition exigée par la loi pénitentiaire a été plus ou moins bien réussie par cette dernière, comme en atteste les difficultés relatives à la régularité de la composition de la commission de discipline[434] et les pratiques disparates qui ont pu être relevées, du recrutement de l'assesseur jusqu'à la prise de décision par la commission de discipline. S'agissant du rôle de l'assesseur, la recherche permet d'affirmer une réelle appropriation de son rôle citoyen, par une conscientisation de son engagement comme représentant de la société[435]. L'analyse de son statut montre toutefois qu'il occupe une place particulière malgré la place consolidée par le Code pénitentiaire qui lui consacre une sous-section 2 au sein du Chapitre IV de la partie réglementaire dédiée à la procédure disciplinaire[436]. Sont évoqués la désignation de l'assesseur par le président de la commission de discipline, les incompatibilités, le tableau de roulement, l'indemnité forfaitaire, et la délivrance ou le retrait de l'habilitation judiciaire. Exercer la fonction d'assesseur au sein de la commission de discipline, n'est donc ni un métier, ni une activité bénévole. Si les assesseurs perçoivent une indemnité forfaitaire[437] par séance, le nombre de séances, que le texte limite dans l'année à 200, témoigne de la volonté de ne point transformer l'assessorat en une profession. Cependant, la fonction d'assesseur demeure une fonction discrète, méconnue du grand public, qui par certains aspects est encore au milieu du gué.

Faire sortir l'assesseur citoyen de cet entre-deux en accroissant son indépendance est donc une première piste à explorer. La légitimation selon

---

[434] V. *Supra* partie1, chap. 1, section 2.
[435] V. *supra*, partie 2, chap. 1, section 1, § 2, B.
[436] C. pénit. art. R. 234-6 à 234-11.
[437] C. pénit., art. D. 234-9.

le dictionnaire Larousse s'entend en effet de l'action de légitimer. Cette légitimation pourrait consister au renouvellement du statut de l'assesseur (Chap. 1). La seconde piste beaucoup plus ambitieuse, serait d'explorer la voie de la juridictionnalisation de la commission de discipline (chap.2).

## Chapitre 1. Le renouvellement du statut de l'assesseur

Un tel renouvellement [438] suppose l'accroissement de l'indépendance de l'assesseur (§1) et le renforcement de sa participation au fonctionnement de la commission de discipline (§2).

### Section 1. L'indépendance de l'assesseur

Nul doute que le processus d'habilitation délivré par une autorité judiciaire en la personne du Président du tribunaljudiciaire, assure une certaine indépendance à l'assesseur extérieur. Pour autant cette indépendance demeure fragile tant par la place juridique qu'offre les textes à l'assesseur extérieur au sein de la commission de discipline que « l'omnipotence » du chef d'établissement, qui est à la fois autorité de poursuite et de jugement. Ce dernier demeure le personnage clé du droit disciplinaire puisque *in fine*, c'est lui qui prendra la décision. Pendant notre recherche, nous avons pu isoler certains éléments statutaires présentés comme perfectibles. Il s'agit dans un premier temps d'apporter des correctifs permettant d'assurer une meilleure indépendance à l'assesseur extérieur (§1) jusqu'à la proposition de créer un nouveau statut de collaborateur de service public (§2)

#### §1. Les correctifs aux éléments statutaires

Ces correctifs sont de trois ordres : le recrutement (A), la rémunération (B) et la durée de la fonction (C).

##### A. Le recrutement

**Sécurisation du processus d'habilitation.** Bien que la circulaire du 11 janvier 2022 ait permis de sécuriser le processus d'habilitation, qui pour

438 Ce renouvellement doit s'inscrire dans la complémentarité des propositions plus générales faites dans cette recherche.

des raisons d'indépendance évidente est sous l'autorité du Président du tribunaljudiciaire, la recherche a mis en évidence des pratiques disparates et ce dès le recrutement de l'assesseur. En effet, comme on a pu le voir, certains tribunaux demandent des documents ne figurant pas au titre de la liste des documents sollicités, dont une attestation sur l'honneur de la part des assesseurs qu'ils remplissent bien les conditions posées par les textes. Certains tribunaux demandent même qu'il soit mis fin aux engagements que les candidats ont par ailleurs dans le domaine pénitentiaire ou judiciaire. Ne conviendrait-il pas de préciser que la liste de documents est limitative et qu'aucune autre demande complémentaire ne pourra être formulée à destination des candidats ? Toutefois, pourrait être ajoutée à cette liste une attestation sur l'honneur par laquelle le candidat garantirait qu'il ne se trouve pas dans l'un des cas d'incompatibilité visé sous l'article R. 234-7 du Code pénitentiaire.

**Entretien du candidat.** Le formulaire de candidature doit servir de base de discussion à l'entretien qui doit être mené par le Président du tribunaljudiciaire afin d'évaluer la motivation du candidat. L'on ne saurait trop insister sur l'importance de cet entretien, souvent évincé dans la pratique, en ce qu'il permet d'évaluer l'aptitude du candidat à remplir la fonction d'assesseur en adéquation avec le profil de l'assesseur défini par les textes : « qui apporte au chef d'établissement pénitentiaire un regard extérieur sur la situation examinée en commission de discipline » et « manifestant un intérêt pour les questions relatives au fonctionnement des établissements pénitentiaires ». L'entretien est également un temps fort consistant en principe pour le Président du tribunalà rappeler les obligations déontologiques auxquelles sont soumis les assesseurs[439]. Or, il est apparu que nombre d'assesseurs avaient davantage une intuition des « obligations morales » qui sont les leurs puisque près de la moitié des assesseurs interrogés n'avaient pas bénéficié de ce rappel. On ne peut qu'insister sur l'importance de ce rappel déontologique qui est une première sensibilisation à la « fonction de juger ». Bien que la commission n'ait pas la nature de juridiction, la qualité de « collaborateur de service public [440]» de l'assesseur citoyen, donnerait une base légale à la prestation

[439] V. *supra*, partie 1, chap. 2, section 2, § 1, A, 2.
[440] V. *infra* partie 3, chap. 1, sect. 1, § 2.

de serment à laquelle est soumis tout agent de l'administration pénitentiaire « de servir avec dignité et loyauté la République, ses principes de liberté, d'égalité et de fraternité et sa Constitution »[441] qui pourrait être étendue à l'assesseur.

**Motivation de l'assesseur.** Le recrutement est soumis à la libre appréciation par le Président du tribunaljudiciaire de « l'intérêt lié à la fonction ». L'instruction de la candidature est une phase fondamentale en ce qu'elle permet au Président de la juridiction de s'assurer de la motivation de l'assesseur. L'on a pu observer que la motivation diffère selon la tranche d'âge considérée, le vivier des assesseurs se répartissant entre la catégorie des étudiants et celle plus large des retraités. La motivation pour la première catégorie formée principalement d'étudiants en droit, réside dans le fait de passer des concours de la fonction publique, dont ceux de l'administration pénitentiaire leur permettant une immersion dans le milieu carcéral. Il est cependant important de mentionner, qu'aucune compétence juridique n'est requise pour accéder à la fonction d'assesseur, même si nombre d'entre eux ont des connaissances juridiques souvent en lien avec les professions qu'ils ont exercées par le passé principalement dans le domaine sécuritaire.

**Formation de l'assesseur.** Le recrutement trouve son prolongement dans la formation préalable qui doit être dispensée aux assesseurs. Force est de constater la faiblesse de cette formation qui se limite bien souvent, quand elle existe, à une brève visite de l'établissement pénitentiaire. La circulaire de 2022 sur le processus d'habilitation a d'ores et déjà apporté des correctifs selon les vœux formulés notamment par l'ANAEC dans son rapport annuel de 2020. Ainsi la visite de l'établissement correspond à une « journée de découverte » laquelle doit être suivie d'une formation dispensée par l'administration pénitentiaire et le cas échéant l'ANAEC y pourvoit en organisant des sessions de formation décentralisées en partenariat avec la FARAPEJ [442] . A tout le moins, la visite de l'établissement devrait être l'occasion pour le chef d'établissement de remettre l'ensemble des documents nécessaires à l'appréhension par l'assesseur de « l'acte de juger » auquel il sera amené à participer. Une liste

[441] C. pénit., art. L. 120-1 al. 2.
[442] https://www.anaec.fr/254+formations.html

de documents obligatoires pourrait ainsi être dressée comprenant *a minima* un recueil des textes relatifs au droit disciplinaire (fautes, sanctions) et le rappel par écrit des obligations déontologiques auxquelles sont astreintes les assesseurs. La faiblesse du vivier des assesseurs peut expliquer le manque d'adéquation entre l'expression des besoins des chefs d'établissement et les recrutements effectués. Cette difficulté avait au demeurant été soulignée par l'ANAEC dans son rapport de 2020 et à laquelle la circulaire de 2022 apporte une réponse discrète en organisant une fois par an un temps d'échanges entre le président du tribunaljudiciaire et les assesseurs extérieurs habilités. Ces échanges doivent être consolidés. Le Conseil d'évaluation prévu par l'article D 136-2 institué auprès de chaque établissement pénitentiaire afin d'évaluer les conditions de fonctionnement de l'établissement[443], pourrait être le lieu d'expression des besoins des établissements pour une meilleure adéquation des recrutements des assesseurs. S'il n'est pas possible d'établir des campagnes de recrutement en raison de la faiblesse du vivier, l'anticipation des recrutements au regard des besoins exprimés permettrait de synchroniser les recrutements avec les sessions de formation qui sont normalement organisées par la DISP. Leur périodicité pourrait être fixée à deux ou trois sessions par an.

### B. La rémunération

**Revalorisation de l'indemnité.** Si majoritairement, l'indemnité forfaitaire n'est pas un facteur ayant motivé les assesseurs à déposer leur candidature[444], il ressort cependant que celle-ci malgré la revalorisation opérée par la circulaire de 2022 est jugée insuffisante. La comparaison avec l'avocat est souvent évoquée par les assesseurs considérant comme un facteur discriminant le fait que cette indemnisation ne prenne pas en considération le nombre de dossiers traités. De même l'éloignement géographique de certains établissements du domicile de l'assesseur peut être un facteur aggravant de l'appréciation globale que les assesseurs portent sur la rémunération en ce que celle-ci ne comprend pas de

---

443 C. pénit. art. R. 136-1.

444 V. *supra*, partie 1, chap. 2, section 2, § 2, B.

défraiement. A tout le moins et selon un périmètre d'éloignement fixé par avance, un défraiement devrait être envisagé.

### C. La durée

**Une durée limitée.** Bien que la circulaire de 2022 ait davantage encadré le processus de recrutement de l'assesseur jusqu'au retrait de l'habilitation, l'absence de limitation dans le temps de la durée de l'habilitation nous paraît critiquable. Une durée maximale des fonctions fixées à 5 ou 10 ans[445] devrait permettrait de renouveler régulièrement le profil des assesseurs.

Pour dépasser ce qui relève davantage des bonnes pratiques, l'équipe a souhaité creuser la formule parfois utilisée par l'administration pénitentiaire de « collaborateur du service public » qui nous paraît transposable à l'assesseur.

## § 2. L'assesseur citoyen : collaborateur occasionnel du service public

L'introduction du citoyen assesseur au sein des commissions de discipline pénitentiaire résulte de l'évolution des établissements carcéraux animée par une volonté d'ouverture de l'environnement pénitentiaire. La nouvelle composition des commissions de discipline depuis loi pénitentiaire du 24 novembre 2009[446], répond en effet, à une logique d'ouverture. L'idée est de permettre une meilleure connaissance et compréhension du fonctionnement pénitentiaire mais aussi de rétablir les garanties du procès équitable à l'occasion d'une instance disciplinaire. Néanmoins, l'avènement de ce membre extérieur peut interroger notamment pour cerner son rôle et sa place. Il a été déjà mis en exergue une qualification bien particulière à propos de l'assesseur citoyen : celle de collaborateur de justice. L'appropriation ou l'intégration du citoyen assesseur au sein de la procédure disciplinaire pénitentiaire, reçoit donc une traduction peu commune. En effet, l'administration pénitentiaire préfère l'emploi des termes de collaborateur de justice à d'autres mieux connus comme par exemple, les statuts d'auxiliaire de justice ou encore

---

445 V. *supra*, partie 1, chap. 2, section 2, § 2, C.
446 V. C. pr. pén. art. 726, 3° et C. pénit. art. R. 234-6.

d'*amicus curiae*. Le refus de ces statuts n'est pas anodin car cela permet de mieux cerner le rôle de l'assesseur citoyen au sens de l'administration pénitentiaire.

Il faut en premier lieu, convenir que le rôle du citoyen assesseur exclut certains statuts (A) mieux connus. Toutefois, les mots ayant un sens, le statut de collaborateur de justice (B) en second lieu, permet de mettre en exergue une volonté de minimiser le rôle des citoyens assesseurs au sein des commissions de discipline pénitentiaire.

### A. L'exclusion des statuts traditionnels

En dehors des parties au procès et des juges, un procès autorise l'intervention de plusieurs acteurs qui vont permettre le bon déroulement de la procédure ou encore vont éclairer le juge sur plusieurs points afin qu'il puisse adopter la meilleure décision. Ces acteurs sont soit des auxiliaires de justice (1) soit des *amici curiae* (2) mais il faudra conclure que ces deux cas ne correspondent pas à l'assesseur-citoyen dont le rôle nous occupe.

#### 1. L'exclusion du corps des auxiliaire de justice

**Définition**. Les auxiliaires de justice sont légions : ils disposent de divers statuts et replissent diverses missions. Par exemple, on peut noter que l'avocat est un auxiliaire de justice dont la mission est d'assurer la représentation et la défense d'une partie à un procès alors que l'huissier de justice, lui aussi auxiliaire de justice, assure la réalisation d'actes judiciaires et l'exécution des décisions de justice. De la même manière, l'expert désigné à l'occasion d'une audience est considéré comme un auxiliaire de justice dans la mesure où son analyse va permettre au juge d'être mieux éclairé d'un point de vue technique. La diversité des missions des auxiliaires de justice permet de les définir comme les « personnes qui sans être investies par l'Etat de fonction de juger, sont appelées à participer à l'administration de la justice en apportant leur concours aux juges et aux parties »[447]. D'emblée, il apparaît que l'assesseur citoyen ne saurait être

[447] B. Beigne et L. Miniato, *Institutions juridictionnelles*, Précis Domat, 18e éd., 2020, p. 311, § 406.

analysé comme un auxiliaire de justice car, aux termes de l'article 726 et R.57-7-8 du Code de procédure pénale, il est membre de la commission de discipline pénitentiaire laquelle peut décider de prendre des sanctions à l'encontre d'un détenu peu respectueux des normes disciplinaires[448]. En conséquence, il est membre d'une formation qui doit se prononcer sur le bien-fondé d'une accusation.

Néanmoins, l'assesseur n'est pas celui qui prend la décision. En effet, on peut apprendre aux termes de l'article R.57-7-7 du Code de procédure pénale que la décision est prise par le président de la commission qui est le chef d'établissement[449] dont le rôle est prépondérant[450]. Au regard de cet élément, on pourrait alors penser que l'assesseur citoyen intervient auprès du chef d'établissement en qualité d'*amicus curia.*

2. L'exclusion du corps des *amici curiae*

**Appréhension des *amici curiae*.** Les *amici curiae* ont été définis pour la première fois par deux arrêts rendus par la Cour d'appel de Paris les 21 juin et 6 juillet 1988. A l'occasion de ces arrêts, les juges ont affirmé que l'*amicus curiae* n'est pas un témoin, ni un expert et n'est pas soumis aux règles relatives à la récusation[451]. Dans quatre arrêts[452], la Cour de cassation réunie en chambre mixte a également précisé le rôle de ces intervenants un peu particulier. Ainsi, l'*amicus curiae* est chargé de faire part d'une analyse aux juges ou de fournir des arguments. La procédure permettant de faire appel à un *amicus curiae* est désormais consacrée[453] au sein du Code de l'organisation judiciaire[454] depuis la loi du 18 novembre 2016[455]. Les nouvelles dispositions énoncent ainsi « *toute personne dont la compétence ou les*

---

448 C. pénit., art. R. 234-3.
449 C. pénit. art. R. 234-2.
450 En ce sens, v. J.-P. Céré, *Droit disciplinaire pénitentiaire*, L'harmattan, 2e éd., 2020, p. 128 et s.
451 Pour en savoir plus, J.C Woog et Y. Laurin, *Rep. civ.*, amicus curia, 2017, spec § 13.
452 Mixte, 23 nov. 2004, v. R. Encinas de Munagorri, « L'ouverture de la Cour de cassation aux *amici curiae* », *RTD civ.*, 2005, p. 88.
453 V. not. A. Bergeaud-Wetterwald, E. Bonis et Y. Capdepon, *Procédure civile*, Cujas, coll. Références, 2017, p. 587, § 1425.
454 COJ L.431-3-1.
455 Loi n° 2016-1547 du 18 novembre 2016

*connaissances sont de nature à l'éclairer utilement sur la solution à donner au litige à produire des observations d'ordre général sur les points qu'elle détermine* ». Cela a notamment été le cas à l'occasion de la procédure ayant conduit la Cour de cassation à se prononcer sur l'éventuelle reconnaissance de l'infraction d'homicide involontaire sur le foetus[456]. L'appel aux *amici curiae* correspond à une volonté d'ouverture de la Cour de cassation. Cela n'est pas sans faire écho à l'introduction du citoyen assesseur au sein des commissions de discipline pénitentiaire avec le souhait d'ouvrir les établissements carcéraux[457]. La question se pose alors : l'assesseur-citoyen est-il un *amicus curiae* ?

**Points de différences avec l'assesseur extérieur**. La réponse apparaît relativement aisément. Dans la mesure où il siège auprès du chef d'établissement et participe aux délibérations[458], l'assesseur citoyen a un rôle différent de ceux des *amici curiae*. En effet, il ne s'agit pas pour l'assesseur de faire part d'une analyse ou bien de fournir des arguments mais bien de prendre part à la procédure. Il doit notamment assurer ses fonctions avec « *intégrité, dignité et impartialité* »[459]. Malgré l'absence de voix délibérative[460], il ne semble pas raisonnable d'analyser l'assesseur citoyen comme un *amicus curiae* comte tenu de ses fonctions. Pour renforcer encore cette analyse, on peut aussi relever que les *amici curiae* présentent leurs observations et analyses pendant l'instruction de l'affaire[461] et non au jour de l'audience ou durant les délibérations. Or, l'assesseur citoyen intervient

---

[456] Ass. Plén., 29 juin 2001, *Bull. crim.* n°165. Pour cet arrêt, la Cour de cassation avait sollicité l'avis de plusieurs autorités notamment des Professeurs de droit ou encore des comités de médecine.

[457] M. Herzog-Evans, *Droit pénitentiaire*, Dalloz, coll. Dalloz Action, 3e éd., 2019, p. 1197, § 3611.41.

[458] C. pénit., art. R. 234-4 *in fine*.

[459] C. pénit. art. R. 234-4.

[460] C. pénit. art. R. 234-3.

[461] V. R. Encinas de Munagorri, « L'ouverture de la Cour de cassation aux *amici curiae* », *loc.cit.* ; v. également E. Piwnica, « Le changement de culture opéré par l'arrivée de la question prioritaire de constitutionnalité », *Nouveaux Cahiers du Conseil constitutionnel*, 2018, n°58, doss. *Le contentieux constitutionnel*.

également lors de ces phases de sorte qu'il n'est pas possible (ni même souhaitable[462] ?) de l'analyser comme un *amicus curiae.*

**Transition**. Tous ces éléments militent pour un autre statut ou à tout le moins, pour une définition différente du rôle de l'assesseur citoyen. De ce point de vue, l'administration pénitentiaire n'a pas tardé à s'approprier l'introduction de l'assesseur citoyen en l'analysant comme un collaborateur de service public. Cette notion développée par la jurisprudence du Conseil d'Etat[463] pour régler sous l'angle de la responsabilité les difficultés liées à la participation, le plus souvent bénévole, de personnes physiques au fonctionnement d'un service public ne semblent guère correspondre au rôle de l'assesseur[464]. Peut-on comparer le parent d'élève qui accompagne ces derniers lors d'une sortie scolaire que la jurisprudence administrative qualifie de collaborateur occasionnel du service public et l'assesseur au sein de la commission de discipline ? N'est-il pas davantage un collaborateur de justice ?

### B. Le statut de collaborateur de justice ?

**Notion**. D'emblée, il faut préciser que le « statut de collaborateur de justice » est une côte mal-taillée ou en tous les cas qui peut être discutée. En effet, la notion de collaborateur de justice n'apparaît pas dans les textes normatifs (sauf dans les circulaires qui n'ont, en droit pénal, qu'une valeur informative et non normative). Néanmoins, il convient de s'interroger sur cette notion et analyser si l'action de l'assesseur citoyen correspond à celle que l'on pourrait attendre d'un collaborateur. Pour cela, il est utile de se pencher sur la définition du vocable collaborateur pour mieux en appréhender la substance et mettre en exergue certains traits ou caractères. Il sera alors possible d'appliquer ces éventuels caractères à l'assesseur citoyen.

---

462 V. les développements quant à l'évolution du rôle de l'assesseur.

463 CE ass., Commune de Saint-Priest, 22 nov. 1946 n°74725, 74726

464 J. Walline, « Collaborateurs bénévoles et collaborateurs occasionnels du service public », *Semaine juridique Administrations et collectivités territoriales*, 2012, 2370.

**Définition**. Selon le langage courant, le collaborateur s'entend comme « la personne qui collabore à une œuvre »[465]. On peut encore apprendre que le collaborateur, c'est « celui, celle qui travaille avec un autre à un même ouvrage, à une même publication littéraire »[466]. Le langage juridique ne connait pas de définition autonome du collaborateur mais il est peut-être possible de trouver certaines associations de mots usant le terme de collaborateur. On peut ainsi, évoquer le collaborateur parlementaire qui peut être recruté par un député ou un sénateur afin d'aider ce dernier dans l'exercice de ses missions[467]. Cette idée du collaborateur comme aidant se retrouve également dans la définition du clerc de notaire qui collabore à l'office de notaire[468] ou encore celle du citoyen-sauveteur qui est un collaborateur occasionnel au fonctionnement d'un service public et qui porte assistance de manière bénévole à une personne en situation apparente de péril[469]. Deux caractères émergent de ces définitions plus ou moins générales. D'une part, le collaborateur participe à une œuvre qui ne lui est pas personnelle et même qui semble le dépasser. D'autre part, le collaborateur n'est pas un acteur isolé puisqu'il doit travailler avec d'autres personnes. A la lumière de ces deux caractères, le citoyen assesseur semble pouvoir être qualifié comme un collaborateur puisqu'il contribue à l'œuvre de Justice en participant au procès ayant pour objet une infraction de discipline pénitentiaire et qu'il siège aux côtés d'un autre assesseur interne et du chef d'établissement pénitentiaire[470]. Nonobstant, la notion de collaborateur de justice, telle qu'esquissée, reste bien vaste et ne permet pas de mettre au clair le statut de l'assesseur citoyen. En effet, les auxiliaires de justice peuvent eux-aussi être qualifiés de collaborateur de justice au même titre que les assesseurs du tribunal pour enfants malgré des missions différentes. Reste alors à sauter le pas et explorer la voie de la juridictionnalisation de la commission de discipline empruntée par nombre de nos voisins européens. Elle serait alors un gage de renforcement de l'impartialité et du contradictoire de la procédure.

---

465 *Dictionnaire de la langue française, le Robert Plus*, Collaborateur, sens 1.

466 https://www.littre.org/definition/collaborateur

467 *Lexique des termes juridiques*, ss. dir. S. Guinchard et T. Debard, Dalloz, 29e éd., 2021, Collaborateur parlementaire

468 *Ibid.,* Clerc de notaire

469 *Ibid.*, Citoyen sauveteur.

470 C. pénit. art. R. 234-6.

## Section 2. La participation

La légitimation du rôle citoyen de l'assesseur passe également par la garantie d'une participation (§ 1) visible (§ 2), pertinente (§ 3), effective et efficace (§ 4) de l'assesseur extérieur en commission de discipline, et par le renforcement de la pleine appréhension de son rôle par celui-ci (§ 5).

### § 1. La garantie de la participation de l'assesseur extérieur

**Assurer sa présence.** La participation de l'assesseur extérieur doit en premier lieu être garantie par la mise en place d'un système de convocation et de rotation efficace. Il conviendrait ainsi de proposer aux chefs d'établissements un cadre harmonisé commun pour la convocation des assesseurs extérieurs, avec un fonctionnement clair et transparent dans l'établissement du planning et l'ordre de convocation des assesseurs. La rotation devrait s'effectuer avec une périodicité régulière, en prévoyant par exemple un assesseur de permanence hebdomadaire et un assesseur suppléant pour pallier les absences de ce dernier, tout en maintenant un degré élevé de flexibilité permettant les remplacements en urgence. Ainsi, la présence de l'assesseur extérieur serait assurée sans risque de devoir tenir une audience en son absence, ce qui met en péril la validité des décisions adoptées.

**Proposition**. Afin de garantir la représentativité la plus étendue possible des assesseurs extérieurs, il est indispensable d'assurer une répartition équitable et juste de la participation des assesseurs extérieurs aux commissions de discipline en établissant et en respectant, dans la mesure du possible, un tableau de rotation transparent sur des périodes déterminées. Les assesseurs doivent quant à eux s'engager à se rendre disponible, dans la mesure du possible, sur les créneaux auxquels ils sont convoqués, afin d'éviter les absences répétées et le risque d'illégalité de la commission de discipline.

### § 2. La visibilité de la participation de l'assesseur extérieur

**Une participation visible.** Si le placement dans l'espace de l'assesseur extérieur dans la commission de discipline semble ne pas avoir de poids sur la bonne tenue de la commission de discipline, encore faut-il qu'il soit identifié comme un membre de la commission et qu'il puisse prendre part de manière effective aux débats. Il apparaît donc nécessaire de vérifier que la salle accueillant la commission disciplinaire soit d'une dimension suffisante pour permettre d'assurer la sécurité de l'assesseur extérieur sans entraver sa participation aux débats.

En outre, c'est au sens figuré que la place de l'assesseur extérieur devrait être renforcée par une systématisation de sa présentation à l'entrée de chaque détenu. Bien qu'il n'ait à ce jour qu'une voix consultative, sa présence est requise pour la validité de la commission de discipline, ce qui en fait un membre à part entière qui ne doit pas être ignoré. Afin de formaliser la présence de l'assesseur extérieur, il est proposé de compléter l'article R 234-2 du CCode pénitentiaire ainsi : « *La commission de discipline comprend, outre le chef de l'établissement pénitentiaire ou son délégataire, président, deux membres assesseurs, dûment présentés à chaque détenu comparant* ».

### § 3. La pertinence de la participation de l'assesseur extérieur

**Une participation légitimée.** Une fois l'assesseur extérieur présent et présenté, il importe de s'assurer que sa participation à la commission de discipline soit légitimée par une intervention pertinente. Pour ce faire, il est indispensable que l'assesseur extérieur soit correctement informé du contenu du dossier, mais également qu'il puisse participer de manière effective aux débats afin de se faire sa propre idée du dossier. Ceci dépend de plusieurs facteurs.

**Connaissance du dossier.** Parmi ces facteurs figure d'une part la qualité des comptes-rendus d'incidents. Ainsi, le soin apporté à la rédaction du compte-rendu d'incident doit être renforcé pour permettre une meilleure compréhension des faits par l'assesseur extérieur lui permettant de forger un avis éclairé. Une formation complémentaire des agents de l'administration pénitentiaire sur ce point pourrait résoudre cette problématique.

D'autre part, une meilleure connaissance du dossier passe également par un meilleur accès aux éléments de preuve. Ainsi, afin d'assurer une connaissance directe des faits, il apparaît opportun de favoriser, dans la mesure du possible, le recours plus fréquent aux témoignages permettant la manifestation de la vérité et d'en améliorer la qualité en privilégiant les témoignages en personne, en présence du détenu. La circulaire pourrait ainsi prévoir que les assesseurs peuvent, comme cela est prévu pour le détenu, solliciter un témoignage. Ainsi, le point 2.6.3.1 §10 de la circulaire pourrait se voir complété par une troisième phrase ainsi rédigée et insérée avant la dernière phrase du paragraphe : « Les assesseurs peuvent également solliciter l'audition de témoins ».

Dans d'autres circonstances, le visionnage des images de vidéo-protection, lorsqu'elles sont disponibles, semble un moyen de preuve relativement fiable, permettant aux membres de la commission de discipline dont l'assesseur extérieur, de forger leur avis concernant l'incident dont ils ont à connaître. Il apparaît utile à la manifestation de la vérité de proposer leur visionnage pendant l'audience afin d'éviter des interprétations éventuellement divergentes dans la retranscription écrite. S'agissant d'images pouvant s'avérer violentes, le choix de les visionner pourrait être laissé à l'assesseur extérieur. La circulaire du 8 avril 2019 relative au régime disciplinaire des personnes détenues pourrait être complétée en permettant aux assesseurs de demander le visionnage des images de vidéoprotection si le compte-rendu qui en est fait laisse persister certaines interrogations.

A défaut d'images de vidéo protection, enfin, il serait utile de permettre à l'assesseur extérieur de forger son avis à la lumière de photographies permettant de visualiser le contexte et les éléments de l'incident. De la même manière, à défaut de présentation des objets saisis pendant l'audience, des photographies de ces objets permettraient d'éclairer l'avis de l'assesseur. La circulaire relative au régime disciplinaire des personnes détenues pourrait être complétée par une disposition prévoyant la systématisation de l'insertion de photographies relative à l'incident (lieux, objets saisis) dans le dossier servant à éclairer l'avis de l'assesseur extérieur.

**Compréhension du dossier.** Dans un certain nombre de cas, il a été relevé que, faute d'interprète officiel, les échanges avec des détenus ne maîtrisant pas le français se faisaient selon les moyens disponibles sur place, avec l'aide d'un membre du personnel pénitentiaire ou d'un détenu selon les situations. Le CGLPL s'est déjà prononcé sur la nécessité de respecter certaines règles en matière d'interprétariat en commission de discipline, d'autant que ces situations sont susceptibles de peser sur la décision de la commission de discipline. Aussi, afin de permettre les échanges de l'assesseur extérieur avec le détenu étranger ou dans l'impossibilité physique de communiquer, et pour garantir la fiabilité et la confidentialité de ces échanges, il est proposé de supprimer la possibilité de requérir un autre détenu pour faire office d'interprète. Cette faculté prévue en cas d'impossibilité de disposer d'un interprète devrait donc être supprimée de la circulaire du 8 avril 2019 relative au régime disciplinaire des personnes détenues. La possibilité de recourir à un agent de l'administration pénitentiaire devrait être réservée aux cas où l'impossibilité de disposer d'un interprète qualifié et soumis à des règles déontologiques est insurmontable et que la commission de discipline ne peut pas être repoussée.

Enfin l'article R. 234-26 du CCode pénitentiaire pourrait ainsi être complété :

« *(…) Si la personne détenue ne comprend pas la langue française, n'est pas en mesure de s'exprimer dans cette langue ou si elle est dans l'incapacité physique de communiquer, ses explications sont présentées, ~~dans la mesure du possible,~~ par l'intermédiaire d'un interprète professionnel ou non, qualifié, indépendant et respectant la déontologie de son activité, désigné par le chef de l'établissement pénitentiaire en priorité parmi les interprètes du service d'interprétariat conventionné par l'établissement pénitentiaire ou parmi les experts auprès de la Cour d'appel du ressort de l'établissement pénitentiaire. Il pourra être fait appel à des interprètes issus du tissu associatif s'ils présentent les qualités requises.*

*Dans la mesure du possible, l'interprète devra être physiquement présent aux côtés du détenu.*

*En cas d'impossibilité insurmontable de désigner un tel interprète dans les délais requis ou de reporter la commission de discipline, le chef de l'établissement pourra désigner un agent de l'administration pénitentiaire connaissant la langue étrangère ou la langue des signes.*

*Aucun autre détenu ne pourra être désigné pour faire office d'interprète.*

*L'interprète désigné est tenu aux mêmes obligations d'intégrité, de dignité et d'impartialité que les autres membres de la commission de discipline et devra respecter le secret des propos ou documents traduits* ».

**Connaissance des conséquences de la décision prise.** Enfin, afin de permettre une information complète de l'assesseur citoyen et pour assurer l'effectivité du principe de proportionnalité et d'individualisation de la sanction disciplinaire, il est suggéré de demander aux présidents de commission de discipline de délivrer une information quant au risque de retrait de réduction de peine, notamment du crédit de réduction de peine pour les détenus relevant de l'ancien système, ou quant aux conséquences que la sanction disciplinaire peut avoir sur l'octroi des réductions de peine. Cela pourrait être réalisé de manière générale par la remise d'un fascicule d'informations à destination des assesseurs citoyens lors de leur prise de fonction, ou alors faire l'objet d'un rappel par le président de la commission à l'ouverture du délibéré. Dans cette perspective, une réforme de l'article R234-3 du CCode pénitentiaire est envisageable. L'article pourrait ainsi énoncer : « *Le président de la commission de discipline, avant de mettre la décision en délibéré, informe le détenu et les membres de la commission des conséquences possibles de la sanction disciplinaire sur la peine* ».

§ 4. L'effectivité de la participation de l'assesseur extérieur

**La prise de parole à l'audience. Proposition**. L'assesseur extérieur, ainsi mieux informé, doit également se voir assurer une participation effective aux débats de la commission de discipline. Pour cela, il serait tout d'abord opportun de lui garantir la possibilité d'une prise de parole à l'audience. En effet, divers témoignages recueillis démontrent l'utilité des questions posées par l'assesseur extérieur, qui demeurent pourtant à ce jour encore très rares. Ces questions permettent d'assurer tant la véritable collégialité de la commission que le regard extérieur enrichissant la qualité et l'impartialité des décisions rendues. Il apparaît alors que la simple faculté actuelle de donner la parole aux assesseurs extérieurs n'est pas satisfaisante si l'on veut garantir l'utilité de leur présence et ce regard extérieur qu'ils doivent porter sur les faits : ils devraient pouvoir disposer du droit de poser des questions et de s'exprimer, indépendamment de la volonté du président de séance. Ce droit pourrait être inscrit *a minima* dans la circulaire encadrant le régime disciplinaire des personnes détenues. Il serait ainsi possible de modifier la circulaire du 8 avril 2019 de la manière suivante : au point 2.6.3.1, paragraphe 8, au lieu de « *Il peut céder la parole à ses assesseurs* », indiquer : « *Il cède la parole à ses assesseurs* ». Sinon, l'article R. 234-26 du CCode pénitentiaire pourrait être complété par un alinéa qui pourrait être ainsi rédigé : « *Le président pose au détenu ou à son avocat toute* *question permettant la manifestation de la vérité. Il donne ensuite la parole aux assesseurs, qui peuvent à leur tour interroger le détenu ou son avocat* ».

**Une voix délibérative pour l'assesseur citoyen.** Il est également possible de réformer l'article R234-3 du Code pénitentiaire afin de modifier le poids de l'avis de l'assesseur citoyen. En effet, une telle réforme permettrait à l'assesseur d'avoir plus de poids dans les délibérations et imposerait des discussions qui pourraient nourrir une motivation. Afin de préserver les équilibres et sans modifier la composition des commissions de discipline pénitentiaire, il faudrait également accorder plus de poids à l'avis de l'assesseur pénitentiaire sur la décision finale. Dans cette perspective, l'article R243-3 du Code pénitentiaire pourrait énoncer que les voix de ces assesseurs sont délibératives, et non plus consultatives. À défaut d'expliquer le choix de la sanction, cette option renforce l'impartialité de la décision en encadrant le rôle du président de la commission de discipline, ce qui est de nature à assurer une meilleure adhésion à la décision.

### § 5. Une pleine appréhension de son propre rôle par l'assesseur

La pleine appréhension de son propre rôle par l'assesseur extérieur pourrait également passer par la modification du système répressif disciplinaire.

**Motivation spéciale des sanctions d'encellulement disciplinaire.** D'une part, en vue d'assurer l'effectivité des principes de personnalisation et d'individualisation de la sanction disciplinaire, il est suggéré d'ériger les mesures de confinement/d'encellulement disciplinaire en solution *ultima ratio* et d'imposer une motivation spéciale de ces mesures. Cette motivation spéciale devrait démontrer le caractère inadéquat de toute autre sanction au regard des circonstances de la faute disciplinaire ou du comportement de la personne mise en cause, sur le modèle de la peine d'emprisonnement en matière correctionnelle. Cette motivation interdit le recours à des formules stéréotypées. Cela devait contribuer à la promotion d'autres sanctions et devrait renforcer le rôle des assesseurs dans la décision adoptée par la commission de discipline, d'autant que cette proposition vient adossée à celle de l'attribution d'une voix délibérative aux assesseurs.

**Développement de mécanismes d'alternatives aux poursuites disciplinaires.** D'autre part, pour conférer une charge plus solennelle aux audiences devant la commission de discipline et une conscience accrue par les assesseurs de l'importance de leur rôle, une réflexion devait être menée au sein de la DAP pour instituer des mécanismes d'alternatives aux poursuites disciplinaires. Afin de préserver l'importance et l'intérêt de la participation d'un assesseur citoyen, il faudrait réserver la réunion des commissions de discipline à des cas graves. Il semble pertinent de promouvoir d'autres méthodes de réponse aux infractions disciplinaires sans réunir une commission de discipline. En ce sens, une réflexion quant à des procédures de rappel au règlement intérieur pourrait être menée, spécialement pour les fautes les moins graves ou lorsqu'il s'agit d'un premier comportement fautif de la part d'un détenu. À la manière des alternatives aux poursuites connues de la procédure pénale, l'officier ou le surveillant rédacteur du compte rendu d'incident pourrait suggérer la mise en œuvre d'une mesure particulière comme un rappel à la loi probatoire ou une composition pénale qui serait alors à imaginer. Ces mécanismes pourraient accorder plus de place au personnel de surveillance. Cela permettrait également des réunions moins fréquentes des commissions de discipline et donc de conférer une plus grande solennité à cette instance et à ses membres. La fonction d'assesseur citoyen serait ainsi plus importante, au moins symboliquement.

**Connaissance des suites de la décision disciplinaire.** Enfin, il a été relevé qu'en l'état actuel, les assesseurs ne sont pas nécessairement informés du contenu et des suites données à la décision adoptée par la commission de discipline. Afin de permettre une information de l'assesseur citoyen quant à la décision adoptée au terme de la procédure disciplinaire, il est envisageable de réformer l'article R234-27 du Code pénitentiaire. Les rédacteurs suggèrent d'ajouter deux alinéas ainsi rédigés :

« *Une copie de la décision est également notifiée par écrit aux assesseurs qui ont siégé au sein de la commission de discipline pénitentiaire. Les assesseurs sont informés par tout moyen du recours exercé à l'encontre de la décision.*

*Tout défaut ou retard dans la notification de la décision n'est pas de nature à entacher la légalité de la décision* ».

**Support des modifications à apporter.** A titre de conclusion sur la question de la participation de l'assesseur citoyen, il convient de souligner que, de manière générale, les rédacteurs s'accordent sur le point qu'une modification des dispositions normatives à elle seule ne suffirait pas. Certaines réformes apparaissent souhaitables voire nécessaires mais elles devront immanquablement être accompagnées de formations professionnelles ou, *a minima*, d'un guide de bonne application. En effet, dans plusieurs hypothèses, une réforme du Code pénitentiaire n'est pas indispensable et un simple changement dans les pratiques professionnelles pourrait permettre aux assesseurs citoyens d'être mieux intégrés et impliqués dans leurs missions. Mais une autre voie, plus ambitieuse, pourrait consister en une juridictionnalisation de la commission de discipline.

## Chapitre 2. Vers une juridictionnalisation de la commission de discipline ?

Une piste ambitieuse d'évolution peut passer par une modernisation de la procédure disciplinaire. Celle-ci affecterait alors à l'évidence la commission de discipline. Le droit européen pourrait servir de guide (section 1) à une réformation du droit disciplinaire (section 2).

### Section 1. Les influences européennes

Assurément, le droit européen, et plus précisément le droit de la Convention européenne des droits de l'homme, a joué une influence certaine sur le droit disciplinaire pénitentiaire [471] et, partant, sur la composition actuelle de la commission de discipline pénitentiaire. L'intervention d'un membre extérieur en commission de discipline résulte d'un amendement proposé par la commission des lois du Sénat lors de la discussion du projet de loi pénitentiaire [472], qui a été présenté par le rapporteur comme faisant partie des dispositions renforçant les garanties relatives à la procédure disciplinaire [473]. S'il n'est pas fait mention du droit européen, cet amendement a été adopté par les deux chambres dans un contexte particulier : la Cour européenne des droits de l'homme avait été saisie depuis avril 2008 d'une requête, dans l'affaire Payet, pour violation du droit au procès équitable par la commission de discipline

---

471 Cette influence est incontestable concernant la contestation des sanctions disciplinaires et peut s'observer également concernant les droits reconnus au détenu qui comparait devant la commission de discipline. V. J.-P. Céré, *Le contentieux disciplinaire dans les prisons françaises et le droit européen*, L'Harmattan, Coll. Logiques juridiques, 1999, p. 323 s.

472 Loi n° 2009-1436 du 24 nov. 2009. Sur cette loi, v. M. Danti-Juan, « Analyse critique du contenu de la loi dite « pénitentiaire », *RPDP* 2010, p. 79 ; M. Herzog-Evans, « La loi pénitentiaire n° 2009-1436 du 24 novembre 2009. Changement de paradigme pénologique et de toute puissance administrative », *D.* 2010, 31 ; M. Giacopelli, « Le contenu de la loi pénitentiaire : des avancées encore insuffisantes », *RFD adm.* 2010, 25 ; J.-P. Céré, « Virage ou mirage pénitentiaire ? A propos de la loi du 24 novembre 2009 », *JCP G* 2009, 552.

473 J.-R. Lecerf, *Rapport fait au nom de la commission des lois sur le projet de loi pénitentiaire*, Sénat, 2008, p. 212.

pénitentiaire[474], tant et si bien que les députés de l'opposition, invoquant cette affaire, avaient tenté, sans succès, de ne faire intervenir que des membres extérieurs au sein de la commission[475]. Le gouvernement, à cet argument, avait alors répondu que l'échevinage, par l'intervention d'un membre extérieur, allait dans le bon sens, inscrivant par là même cette modification de la composition de la commission de discipline dans les garanties découlant de l'article 6 de la Convention européenne des droits de l'homme[476].

La question n'est pour autant pas aussi évidente qu'il n'y paraît. Au-delà de la Convention européenne des droits de l'homme, les règles pénitentiaires européennes adoptées en 2006[477] et révisées en 2020[478] ne prévoient rien quant à la composition que doit revêtir la commission de discipline. Tout juste est-il prévu que l'autorité compétente doit être déterminée par le droit interne[479], autorité qui doit être informée des violations des règles de discipline[480] et qu'aucun détenu ne peut occuper un poste lui conférant un pouvoir disciplinaire[481]. Cette dernière précision permet d'ores et déjà d'identifier une importante spécificité de la procédure disciplinaire pénitentiaire : tandis que les autres commissions de discipline sont composées, au moins pour partie, de pairs[482], il n'en va pas

---

474 CEDH 20 janv. 2011, *Payet c. France*, n° 19606/08 : la Cour a été saisie le 10 avril 2008 et la requête a été communiquée au gouvernement français le 16 juin 2009.

475 Assemblée nationale, Compte rendu intégral des débats, XIIIe législature, troisième séance du jeudi 17 septembre 2009, *JORF* 18 sept. 2009, p. 7296 : M. le député Noël Mamère invoque l'article 6 de la Convention européenne des droits de l'homme pour affirmer que sans garantie d'indépendance et d'impartialité de l'ensemble des membres de la commission de discipline, la France s'exposerait à une condamnation de la Cour de Strasbourg.

476 La loi pénitentiaire dans son ensemble découle des influences, entre autres, du droit européen des droits de l'homme : v. F. Février, « Nécessité(s) de la loi pénitentiaire », *RFD adm.* 2010, 15.

477 Recommandation (2006)2 du 11 janv. 2006 du Comité des ministres aux États membres sur les règles pénitentiaires européennes.

478 Recommandation (2006)2-rev du 1er juill. 2020.

479 Règle 57.2, d.

480 Règle 58.

481 Règle 62.

482 Par ex., la commission de discipline du baccalauréat est composée, parmi ces six membres, d'un élève inscrit en terminale au titre de l'année au cours de laquelle est

de même de la discipline pénitentiaire, cette possibilité étant expressément exclue par les règles pénitentiaires européennes. Au-delà, le commentaire des règles pénitentiaires européennes soulève que si, dans certains États, les infractions disciplinaires sont examinées par des magistrats, dans d'autres, elles peuvent l'être par la direction de la prison, auquel cas il est important de s'assurer « que ces responsables aient reçu une formation adéquate et n'aient pas eu, préalablement, connaissance de l'affaire qu'ils sont appelés à examiner »[483].

S'agissant de la Convention européenne des droits de l'homme, la situation n'est pas plus claire[484], tant et si bien que la Cour de Strasbourg n'avait pas conclu à l'applicabilité de l'article 6 de la Convention à la procédure tenue devant la commission de discipline dans l'affaire Payet[485]. Cet article réserve les garanties découlant du droit au procès équitable aux procédures relevant de la matière civile ou de la matière pénale, cette dernière permettant l'application de l'ensemble des garanties. Parmi ces garanties, les exigences d'indépendance et d'impartialité sont communes aux matières civile et pénale. Mais ces notions, propres au droit européen, ne s'appliquent pas avec évidence aux procédures disciplinaires. C'est ainsi que la Cour de Strasbourg considère que les procédures disciplinaires françaises ne relèvent pas, en principe, de l'article 6 de la Convention[486]. La Cour européenne des droits de l'homme conserve cependant toujours une approche concrète des notions de matière civile et de matière pénale, conditionnant l'application de l'article 6. À certaines conditions, qui peuvent être réunies pour la commission de discipline pénitentiaire

---

organisée la session (C. éduc., art. D. 334-26) ; plus encore, le conseil de discipline des avocats est uniquement composé d'avocats (loi n° 71-1130 du 31 décembre 1971 portant réforme de certaines professions judiciaires et juridiques, art. 22-1).

483 Commentaire annexé à la Recommandation 2006(2) préc., règle 58.

484 Mais les interrogations sont anciennes : v. J.-P. Céré, « Le nécessaire contrôle du pouvoir disciplinaire dans les prisons françaises », *Rev. Sc. Crim.* 1994, 597 ; v. aussi M. Chavario, « Les principes du procès pénal et leur mise en œuvre dans les procédures disciplinaire »s, *RIDP* 2001, p. 711 ; M. Herzog-Evans, « La réforme du régime disciplinaire dans les établissements pénitentiaires. Un plagiat incomplet du droit pénal », *Rev. Pénit.* 1997, p. 9.

485 CEDH 20 janv. 2011, *Payet c. France*, préc.

486 CEDH 20 janv. 2011, *Payet c. France*, préc. ; CEDH 3 nov. 2011, *Cocaign c. France*, n° 32010/07, §44.

française, l'article 6 est applicable (§ 1), ce qui engendre l'obligation de respecter des garanties en matière de composition de la commission (§ 2).

### § 1. L'applicabilité des garanties du droit au procès équitable à la procédure disciplinaire pénitentiaire

De prime abord, la procédure disciplinaire pénitentiaire n'est pas soumise à l'article 6 de la Convention européenne des droits de l'homme, cet article n'étant applicable qu'à la matière pénale et à la matière civile (A). Cependant, à certaines conditions, qui peuvent être réunies concernant la procédure disciplinaire française, l'article 6 est susceptible de s'y appliquer (B).

#### A. L'inapplicabilité de principe de l'article 6 à la procédure disciplinaire pénitentiaire

L'article 6 de la Convention européenne des droits de l'homme, protégeant le droit au procès équitable, prévoit des garanties générales applicables à la matière civile et à la matière pénale et des garanties plus spécifiques pour cette dernière. Si ces notions sont appréciées de manière concrète, sans s'en tenir aux qualifications nationales, le contentieux disciplinaire est pour une bonne part exclue de ces deux notions.

##### 1. La matière pénale

S'agissant tout d'abord de la matière pénale, celle-ci est définie par la Cour de Strasbourg au travers des critères *Engel* : il s'agit de trois critères, ni tout à fait cumulatifs, ni tout à fait alternatifs[487], développés dans l'arrêt

---

[487] Si la Cour a pu affirmer que le premier critère n'est qu'une indication et que les deux derniers critères sont « alternatifs et non cumulatifs » (CEDH 25 août 1987, *Lutz c. Allemagne*, n° 9912/82, §55), elle a ultérieurement affirmé qu'aucun des trois critères « n'apparaît décisif à lui seul » (CEDH 24 févr. 1994, *Bendenoun c. France*, n° 12547/86).

*Engel*[488] afin de déterminer si une procédure relève de la matière pénale[489]. Le premier critère, qui n'a en réalité qu'assez peu de poids, est la qualification retenue en droit interne. Il va s'agir de déterminer si la mesure est qualifiée en droit interne de pénale. Sur ce premier critère, il consiste à rechercher, s'agissant d'une procédure disciplinaire, si « le texte définissant les infractions litigieuses ressortit, selon la technique juridique nationale, au droit pénal, au droit disciplinaire ou aux deux à la fois »[490]. Les fautes disciplinaires, en droit français, sont définies certes par le CCode de procédure pénale[491], mais dans une section intitulée « de la discipline », au sein d'un chapitre consacré à la discipline et à la sécurité des établissements pénitentiaires et elles sont expressément qualifiées de « fautes disciplinaires ». Il n'en faut pas davantage[492] à la Cour de Strasbourg pour passer aux critères suivants qui appellent davantage d'observations

Le deuxième critère est relatif à la nature de l'infraction. Il s'agit ici de s'intéresser au comportement sanctionné, et plus précisément à la nature de la norme qui le sanctionne. Il s'agit par ce critère d'adopter une approche concrète, allant au-delà des qualifications nationales. Toute une série d'indices permettent de déterminer si l'infraction à une nature pénale. La Cour s'intéresse ainsi aux destinataires de la mesure, qui ne concerne que les détenus en la matière, ce qui n'est pas suffisant pour exclure la nature pénale de l'infraction[493]. Plus encore, la Cour va s'intéresser aux caractères du comportement visé[494] et à la question de savoir si de tels comportements sont habituellement appréhendés par le droit pénal. Or, il apparait que de nombreuses fautes disciplinaires renvoient à des comportements qui peuvent être pénalement qualifiés, tels que les violences, vol, dégradations, menaces, tentative d'évasion, trafic ou

---

488 CEDH 8 juin 1976, *Engel et autres c. Pays-Bas*, n° 5100/71, § 80 s.

489 V. not. F. Sudre, L. Milano, B. Belda et A. Schahmaneche, *Droit européen et international des droits de l'homme*, PUF, 16e éd., 2023, n° 370 s., p. 577 s.

490 CEDH 28 juin 1984, *Campbell et Fell c. Royaume-Uni*, n° 7819/77, §70.

491 C. pénit., art. R. 232-2 et s.

492 V. par ex. CEDH 20 janv. 2011, *Payet c. France*, préc., § 94. Elle va parfois au-delà, par une analyse plus approfondie du droit interne. V. J. Falxa, *Le droit disciplinaire pénitentiaire : une approche européenne*, Mare et Martin, 2016, n° 413, p. 283.

493 CEDH 20 janv. 2011, *Payet c. France*, préc., §95.

494 V. J. Falxa, *Le droit disciplinaire pénitentiaire : une approche européenne*, préc., n° 414, p. 285.

consommation de stupéfiants, etc[495]. Cela ne suffit toujours pas à emporter la qualification de matière pénale, la Cour considérant que de telles infractions sont mixtes [496], tout à la fois revêtant une coloration disciplinaire et pénale.

Le troisième critère, enfin, est relatif à la nature et à la gravité de la sanction. Ce double examen conduit à s'intéresser en premier lieu à la nature de la sanction : une sanction privative de liberté est un indice très fort de sa nature pénale, mais d'autres sanctions peuvent également emporter cette qualification. En droit français, la sanction disciplinaire la plus forte est la mise en cellule disciplinaire[497]. Cette sanction, exécutée durant une peine privative de liberté, ne présente pas en elle-même un caractère pénal pour la Cour de Strasbourg, dans la mesure où, si elle constitue un « élément nouveau », elle ne constitue pas une peine supplémentaire. En second lieu, la Cour s'intéresse à la gravité de la sanction, ce qui conduit à en examiner son quantum et ses conséquences concrètes. Toujours au sujet de la sanction de la mise en cellule disciplinaire, la Cour de Strasbourg considère qu'une telle sanction, exécutée au cours d'une peine privative de liberté, n'allonge en aucune manière la durée de la détention, de sorte qu'elle n'atteint pas un seuil de gravité qui permettrait d'affirmer qu'elle relève de la matière pénale[498]. L'affirmation selon laquelle le placement en cellule disciplinaire ne constitue pas une sanction relevant de la matière pénale a de quoi étonner, compte tenu de ses conséquences, pouvant être qualifiées de graves, sur les conditions de détention, et qui rendent la peine plus sévère[499]. La Cour n'en a pas moins une jurisprudence constante sur ce point, refusant de

---

495 C. pénit., art. R. 232-4

496 CEDH 20 janv. 2011, *Payet c. France*, préc., §97

497 C. pénit., art. R. 233-1.

498 CEDH 20 janv. 2011, *Payet c. France*, préc., n° 98.

499 V. J. Falxa, *Le droit disciplinaire pénitentiaire : une approche européenne*, préc., n° 442, p. 300 ; J.-P. Marguénaud, « L'ineffectivité du recours organisé par l'article D. 250-5 du CCode de procédure pénale contre les sanctions disciplinaires infligées aux détenus », *Rev. Sc. Crim.* 2011, 719. Une partie de la doctrine approuve cependant la position de la CEDH, en ce que la solution contraire « ferait fi des particularités de la discipline pénitentiaire et confronterait à des difficultés supplémentaires » : P. Poncela, « Discipline pénitentiaire, un droit en mouvement », *Rev. Sc. Crim.* 2012, 208.

considérer cette sanction comme relevant en elle-même de la matière pénale. De la sorte, le seul prononcé de sanctions disciplinaires ne permet pas d'emporter la qualification de matière pénale et, partant, les exigences qui en découlent.

2. La matière civile

Reste la matière civile, qui fait l'objet d'une définition non moins autonome. L'article 6 de la Convention européenne des droits de l'homme fait référence à des « contestations sur des droits et obligations de caractère civil ». La Cour européenne des droits de l'homme en a une interprétation assez large[500] : pour être en présence de la matière civile, il faut tout d'abord une contestation, terme entendu dans une acception matérielle, une contestation pouvant porter sur l'existence d'un droit ou son étendue ou ses modalités d'exercice[501]. Il faut ensuite que cette contestation porte sur des droits et obligations, qui doivent être « au moins de manière défendable, reconnu par le droit interne »[502], dès lors qu'ils ont un caractère civil. Sur cette dernière notion, la Cour de Strasbourg en a une interprétation extensive, peu importe « la nature de la loi suivant laquelle la contestation doit être tranchée »[503]. Le caractère patrimonial du droit en cause a pu être considéré comme un « critère décisif »[504]. Appliquée à la procédure disciplinaire, la matière civile serait en cause dès lors qu'une sanction prononcée par cette commission peut apporter une restriction à un droit patrimonial[505]. Il en irait ainsi, par exemple, de mesures qui

---

500 S. Guinchard, JcL Europe, v° Fasc. 6526, Convention européenne des droits de l'homme – Droits garantis – Droit au procès équitable, 2020, n° 25

501 CEDH 23 juin 1981, *Le Compte, Van Leuven et De Meyere*, n° 6878/75.

502 CEDH 21 févr. 1986, *James et autres c. Royaume-Uni*, n° 8793/79, §81.

503 CEDH 16 juill. 1971, *Ringeisen c. Autriche*, n° 2614/65, §94.

504 CEDH 26 mars 1992, *Éditions Périscope c.* France, n° 11760/85, §40 ; V. F. Sudre, *JcL Europe*, v° Fasc. 6526, Convention européenne des droits de l'homme – Droits garantis – Droit au procès équitable, 2020, n° 25

505 En dehors du contentieux disciplinaire pénitentiaire, il en va ainsi, par exemple, des sanctions touchant au droit d'exercer une profession prononcée par un organe disciplinaire : CEDH 22 juill. 2021, *Reczkowicz c. Pologne*, n° 43447/19, § 183 s. V. J. Pralus-Dupuy, « L'applicabilité de l'article 6 de la Convention européenne de sauvegarde des droits de l'homme aux contentieux disciplinaires : état des lieux », *RFD adm.* 2008, 317.

restreindraient les contacts avec la famille ou qui limiteraient les sommes d'argent dont ils pourraient disposer[506]. S'il n'existe pas en soi, en droit français, de mesures qui ont pour objet la restriction des contacts familiaux, la mise en cellule disciplinaire peut avoir un tel effet[507]. D'autres sanctions disciplinaires peuvent avoir pour objet de restreindre les droits patrimoniaux, comme la privation de subsides[508]. Cependant, la Cour européenne des droits de l'homme a reconnu qu'une sanction disciplinaire pénitentiaire pouvait relever de la matière civile[509], mais elle l'a surtout affirmé à propos du placement d'un détenu sous un régime spécial[510], qui restreint davantage les droits de nature civile qu'une sanction disciplinaire. Il faut reconnaître en la matière un nombre bien maigre de décisions et surtout une absence de décision ayant reconnu que la procédure disciplinaire française relève de l'article 6 de la Convention européenne des droits de l'homme. Pour autant, cet article a eu une réelle influence sur l'évolution de la procédure disciplinaire française, car la Cour a admis des exceptions qui pourraient être appliquées à la procédure disciplinaire française.

### B. L'applicabilité par exception de l'article 6 à la procédure disciplinaire pénitentiaire

La Cour européenne des droits de l'homme, à certaines conditions, peut reconnaître l'applicabilité de l'article 6 de la Convention à la procédure disciplinaire pénitentiaire sur le fondement de la matière pénale. Si les deux premiers critères de la matière pénale ne sont pas déterminants, le troisième critère, relatif à la nature et à la gravité de la sanction, peut conduire à reconnaître une nature pénale à la sanction et, partant, exiger le respect de l'article 6 dans le cadre du contentieux disciplinaire. En effet, la Cour de Strasbourg a pu affirmer, en raison de la gravité de la sanction

---

506 CEDH 17 sept. 2009, *Enea c. Italie*, n° 74912/01.

507 J. Falxa, *Le droit disciplinaire pénitentiaire : une approche européenne*, préc., n° 463, p. 314.

508 V. J.-P. Céré, « La procédure disciplinaire pénitentiaire à l'épreuve de la jurisprudence de la Cour européenne des droits de l'homme », *AJ Pénal* 2012, 533.

509 CEDH 20 mai 2008, *Gülmez c. Turquie*, n° 16330/02.

510 V. not. CEDH 17 sept. 2009, *Enea c. Italie*, n° 74912/01 ; J. Falxa, *Le droit disciplinaire pénitentiaire : une approche européenne*, préc., n° 462, p. 313.

disciplinaire, qu'elle devait relever de la matière pénale. Deux situations peuvent être distinguées.

1. Allongement de la durée de la détention

Tout d'abord, la Cour a affirmé que lorsque la sanction disciplinaire allonge la durée de détention, la procédure qui conduit à son prononcé relève de la matière pénale. La Cour a eu l'occasion de l'affirmer à propos de la procédure disciplinaire anglaise[511], concernant la sanction de jours de détention supplémentaires, qui constituent en réalité des pertes de remises de peine[512]. Elle a ainsi affirmé qu'une sanction disciplinaire pénitentiaire revêt un caractère pénal lorsqu'elle a pour effet d'aggraver la durée de la peine à subir. Même si la peine à subir n'a pas dépassé le quantum prononcé par la décision de condamnation, le retrait d'une remise de peine implique « de si lourdes conséquences pour la durée de son emprisonnement qu'il faut les considérer comme pénales aux fins de la Convention »[513]. L'idée est que la détention est prolongée par rapport à la durée à laquelle le détenu pouvait s'attendre compte tenu des remises de peine auxquelles il a droit[514].

Or, le système français connaissait également[515], lorsque la question de l'introduction d'un assesseur extérieur s'est posée, d'un système de crédits

---

511 CEDH 28 juin 1984, *Campbell et Fell c. Royaume-Uni*, n° 7819/77 ; CEDH 9 oct. 2003, *Ezeh et Connors c. Royaume-Uni*, n° 39665/98.

512 Sur ce sujet, v. J. Falxa, *Le droit disciplinaire pénitentiaire : une approche européenne*, préc., n° 218, p. 176 ; v. aussi J.-P. Céré, *Droit disciplinaire pénitentiaire*, L'Harmattan, 2e éd., 2020, p. 179.

513 CEDH 28 juin 1984, *Campbell et Fell c. Royaume-Uni*, préc., §72

514 La question de savoir si la remise de peine est un droit a été discutée par la Cour. Si la remise de peine n'est pas qualifiée de droit mais de privilège au sens du droit anglais, la Cour juge cette distinction non pertinente, dans la mesure où la sanction disciplinaire de jours de détention supplémentaires conduit à une privation de liberté qui va au-delà de la date qu'il pouvait légitimement prévoir compte tenu des remises de peine : CEDH 28 juin 1984, *Campbell et Fell c. Royaume-Uni*, préc., §72.

515 L'art. 11 de la loi n° 2021-1729 du 22 déc. 2021 sur la confiance dans l'institution judiciaire a supprimé les crédits de réduction de peine, qui ont été fusionnés avec les réductions de peine supplémentaires. Désormais, il n'y a plus d'octroi, lors de la mise sous écrou, de crédits de réduction de peine, ni, par conséquent, de retrait de ces crédits de réduction de peine en cas de mauvaise conduite, mais un octroi de réduction de peine

de réduction de peine qui pouvaient être retirés en cas de mauvaise conduite du condamné. À la différence du droit anglais cependant, ce n'est pas la commission de discipline qui décide du retrait des crédits de réduction de peine mais, saisi par le chef d'établissement pénitentiaire, le juge d'application des peines[516], qui présente, à n'en pas douter, toutes les garanties d'indépendance et d'impartialité. Pour autant, une partie de la doctrine, soulevant le caractère quasi-automatique du retrait de crédits de réduction de peine à la suite d'une sanction disciplinaire, affirme que ce retrait est en lien direct avec la sanction prononcée par la commission de discipline[517]. La Cour européenne des droits de l'homme ne l'entend pas ainsi, et n'a pas pris la peine de répondre à l'argument développé par un requérant selon lequel « toute sanction de placement au quartier disciplinaire entraîne une réduction de peine », la Cour se contentant de souligner que l'article 6 « n'est pas applicable à la procédure disciplinaire pénitentiaire »[518]. Juridiquement, l'article 721 du CCode de procédure pénale, dans sa rédaction antérieure à la loi du 22 décembre 2021, n'imposait pas le retrait de crédits de réduction de peine en cas de sanction disciplinaire, mais cette dernière était un des éléments principaux permettant de caractériser la mauvaise conduite permettant un tel retrait. Cependant, la Cour de Strasbourg analyse toujours de manière concrète la situation, comme elle l'a fait pour considérer qu'un retrait d'une remise de peine en droit anglais allongeait la durée de la détention. Or, s'il apparaît qu'en présence d'une sanction disciplinaire, l'appréciation du juge ne porte pas sur la réalité de la mauvaise conduite, mais seulement sur le quantum

---

en cas de bonne conduite. V. M. Giacopelli, « Confiance dans l'institution judiciaire : les principaux volets de la loi en droit de l'exécution des peines », *Procédures* 2022, dossier 5.

516 Sur les difficultés que pose cette dualité, v. M. Herzog-Evans, « Prisons : la France à nouveau condamnée par deux fois par la Cour européenne des droits de l'homme », *AJ Pénal* 2011, 88 ; du même auteur, « Le retrait de crédits de réduction de peine par ricochet d'une sanction disciplinaire et l'article 6 de la Convention européenne des droits de l'homme », *Dalloz actualité*, 13 sept. 2011.

517 V. not. J.-P. Céré, Le procès disciplinaire pénitentiaire sous le prisme de la Convention européenne des droits de l'homme : un respect en trompe-l'œil ?, *D.* 2017, 1720 ; J. Pralus-Dupuy, préc.

518 CEDH 3 nov. 2011, *Cocaign c. France*, n° 32010/07, §43 s.

du retrait[519], il serait possible d'affirmer que la sanction disciplinaire a directement conduit au retrait du crédit de réduction de peine. Même si la Cour ne l'a pour l'heure pas affirmé à l'égard de la procédure disciplinaire française, un risque existait, pour le législateur, d'une telle conclusion, le conduisant à améliorer les garanties du droit au procès équitable dans le cadre de la procédure disciplinaire pénitentiaire.

2. Aggravation des conditions de détention

Ensuite, la Cour de Strasbourg a pu affirmer, dans un arrêt isolé, qu'une sanction disciplinaire serait susceptible de relever de la matière pénale, sur le fondement du critère de la nature et de la gravité de la sanction, en présence de circonstances particulières aggravant sérieusement les conditions de détention »[520]. La Cour affirme ainsi qu'une sanction disciplinaire qui aggraverait sérieusement les conditions de détention tomberait dans le giron de la matière pénale. Mais dans cet arrêt, la sanction en cause, un placement en cellule disciplinaire de sept jours, n'a pas été considéré comme aggravant sérieusement les conditions de détention, car elle constituait une privation de liberté en prison pour une durée limitée. En droit français, la sanction de mise en cellule disciplinaire peut atteindre trente jours[521]. Soit cette mesure aggrave sérieusement les conditions de détention compte tenu de sa durée relativement longue, soit, compte tenu de sa durée limitée, elle ne constitue qu'une sanction disciplinaire ne rentrant pas dans le champ de la matière pénale. Aucune autre décision de la Cour n'a repris la même affirmation à propos d'une sanction disciplinaire. Pour autant, elle a eu l'occasion de dire, à plusieurs reprises, que le placement sous un régime spécial de détention pendant toute la durée de la peine pouvait conduire à restreindre les droits civils et,

---

519 Mais sur ce point, l'appréciation se trouve là encore minimisée par l'existence de barèmes pour faire correspondre le quantum du retrait à la nature et au quantum de la sanction disciplinaire prononcée : v. J.-P. Céré, « La procédure disciplinaire pénitentiaire à l'épreuve de la jurisprudence de la Cour européenne des droits de l'homme », préc.
520 CEDH 8 nov. 2007, *Štitić c. Croatie*, n° 29660/03, § 61: « The sanction imposed on nor did it seriously aggravate the terms of the applicant's prison conditions the applicant for a very serious breach of prison discipline did not extend the applicant's prison term […]».
521 C. pénit., art. R. 235-12, al. 2

partant, à rendre l'article 6 paragraphe 1 applicable sur le fondement de la matière civile[522]. La possible application de l'article 6, tant dans son volet civil que dans son volet pénal, à la procédure disciplinaire pénitentiaire, a joué une influence certaine dans la modification de la composition de la commission de discipline.

### § 2. Les conséquences des garanties du droit au procès équitable sur la procédure disciplinaire pénitentiaire

La possible application de l'article 6 de la Convention européenne des droits de l'homme à la procédure disciplinaire pénitentiaire emporte d'importantes conséquences. Si l'article 6 s'applique sur le fondement de la matière pénale, toute une série de garanties spécifiques doivent être respectées, comme la présomption d'innocence, le droit d'être informé de la nature de l'accusation ou encore le droit à un avocat. Qu'il s'applique dans son volet civil ou dans son volet pénal, des garanties communes doivent en outre être respectées : l'indépendance et l'impartialité du tribunal qui doit être établi par la loi, la publicité de l'audience ou encore l'équité de la procédure. Les réflexions tenant à la composition de la commission de discipline tiennent essentiellement aux exigences d'indépendance et d'impartialité (A). L'ajout d'un assesseur extérieur apparaît nettement insuffisant pour répondre à de telles exigences (B).

#### A. Les garanties exigées en matière de composition de la commission

##### 1. La phase procédurale concernée

Il faut tout d'abord souligner que l'applicabilité de l'article 6 à la procédure disciplinaire pénitentiaire ne signifie pas nécessairement que la commission de discipline doit présenter toutes les garanties requises par l'article 6. En effet, la Cour européenne des droits de l'homme admet, pour la matière civile tout au moins, que l'autorité initiale, la commission de discipline, ne respecte pas toutes les garanties exigées, dès lors que la procédure devant cet organe peut faire l'objet d'un « contrôle ultérieur d'un organe judiciaire de pleine juridiction présentant, lui, les garanties de

522 V. *supra*, partie 3, chap. 2, section 1, § 1, A, 2.

cet article »[523]. Or, les décisions de la commission de discipline sont susceptibles de recours devant les juridictions administratives, qui présentent les garanties de l'article 6 de la Convention. Cela ne résout pour autant pas toutes les difficultés. Tout d'abord, la Cour de Strasbourg ne l'a affirmé en ces termes qu'à propos de la matière civile[524], mais elle admet le même raisonnement en matière pénale : la Cour de Strasbourg a ainsi considéré la procédure de l'amende forfaitaire conforme à l'article 6 de la Convention, dès lors que l'amende infligée, par une autorité ne présentant aucune des garanties de l'article 6, peut faire l'objet d'une contestation devant un tribunal indépendant et impartial. Ainsi a-t-elle affirmé que « dès lors qu'une sanction relève du domaine pénal, elle doit pouvoir être contrôlée par un tribunal répondant aux exigences de l'article 6§1, même si la Convention ne s'oppose pas à ce que les poursuites et les sanctions relatives aux délits mineurs relèvent en premier lieu d'autorités administratives »[525].

Ensuite et surtout, pour qu'il n'y ait pas atteinte au droit au procès équitable, encore faudrait-il que le contrôle par un organe juridictionnel puisse avoir lieu en temps utile, avant que la mesure ait été exécutée. Cela pose une difficulté en matière disciplinaire, puisqu'une sanction telle qu'un placement en cellule disciplinaire peut n'être contrôlé qu'*a posteriori*, après son exécution, par le juge administratif, d'autant qu'un recours hiérarchique préalable obligatoire est requis[526]. Il existe certes le référé-suspension et le référé-liberté, mais il serait difficile d'assimiler de tels recours comme satisfaisant à l'ensemble des garanties de l'article 6, compte tenu de l'exigence d'une atteinte grave et manifestement illégale à une liberté fondamentale[527] et à l'absence de recherche du bien-fondé de la

523 CEDH 6 nov. 2018, *Ramos Nunes de Carvalho e Sá*, n° 55391/13, §132 ; CEDH 26 oct. 2021, *Donev c. Bulgarie*, n° 72437/11, §86.
524 V. J. Falxa, Le droit disciplinaire pénitentiaire : une approche européenne, préc., n° 451, p. 307.
525 CEDH 23 sept. 1998, *Malige c. France*, n° 27812/95.
526 C. pénit., art. R. 234-43 Cette exigence de recours préalable ne porte pas atteinte au droit à un recours effectif pour le Conseil d'État : CE 28 déc. 2012, n° 357494.
527 CJA, art. L. 521-2

mesure[528], restreignant l'utilité du recours en matière de sanctions disciplinaires[529]. En cela, le respect des garanties du droit au procès équitable par la commission de discipline elle-même semble s'imposer.

2. Le contenu des garanties

S'agissant des garanties propres à la composition de la commission, l'article 6 de la Convention exige que le « tribunal » soit indépendant et impartial. Cela a donné lieu à d'importants développements jurisprudentiels de la part de la Cour de Strasbourg[530]. L'indépendance est classiquement décomposée par la Cour comme une indépendance vis-à-vis du pouvoir exécutif et des parties[531]. L'indépendance vis-à-vis du pouvoir exécutif est celle qui est le plus susceptible de poser des difficultés s'agissant de la commission de discipline. La Cour prend en considération toute une série de critères afin de s'assurer de l'indépendance concrète des membres du « tribunal » an sens de l'article 6, tels que le mode de désignation[532] et la protection contre les pressions extérieures[533]. Ces éléments posent indéniablement difficulté : en effet, la commission de discipline est présidée par le chef d'établissement ou son délégataire[534], qui a seul une voix délibérative. Celui-ci ne présente pas de garanties d'indépendance, compte tenu de ses fonctions, de ses modalités de nomination et de ses liens hiérarchiques, au travers de la direction des services pénitentiaires, avec le pouvoir exécutif. Le chef d'établissement pénitentiaire n'est pas à l'abri de pressions extérieures et est fonctionnellement dépendant du ministère de la justice. Les deux autres

---

528 V. J.-P. Céré, Le procès disciplinaire pénitentiaire sous le prisme de la Convention européenne des droits de l'homme ; un respect en trompe-l'œil ?, préc.

529 Cependant, le Conseil d'État a fini par adopter une jurisprudence plus souple, en affirmant que le placement à l'isolement porte, en principe au détenu, « une atteinte grave et immédiate à la situation de la personne détenue, de nature à créer une situation d'urgence : CE 7 juin 2019 », n° 426772, *AJ Pénal* 2019, 459, obs. J. Falxa.

530 V. not. F. Sudre, *J.-Cl. Europe Traité*, Fasc. 6526, Convention européenne des droits de l'homme – Droits garantis – Droit au procès équitable, 2018, n° 159 s.

531 V. par ex. CEDH 18 mai 1999, *Ninn-Hansen c. Danemark*, n° 28972/95

532 *Ibid.*

533 CEDH 10 oct. 2000, *Daktaras c. Lituanie*, n° 42095/98.

534 C. pénit., art. R. 313-15.

membres qui composaient la commission de discipline avant l'introduction du citoyen assesseur, issus du personnel de surveillance, ne remplissaient pas davantage cette exigence d'indépendance, en raison du lien hiérarchique indéniable avec le chef d'établissement pénitentiaire. L'indépendance se mesure aussi à l'aune de l'apparence d'indépendance[535]. Au-delà de l'indépendance concrète, la Cour affirme que l'article 6 exige également que les tribunaux inspirent confiance aux justiciables[536], ce qui suppose de se demander, quelle que soit dans les faits l'indépendance du tribunal, si les craintes sur son indépendance peuvent apparaître justifiées. À ce titre, il existe des raisons objectives de douter de l'indépendance du chef d'établissement pénitentiaire compte tenu de sa mission de maintien de l'ordre au sein de l'établissement, apparaissant difficilement compatible avec l'exercice de fonctions juridictionnelles tendant à sanctionner les troubles causés au sein de ce même lieu.

En outre, le « tribunal » au sens de l'article 6 doit également être impartial. L'impartialité fait l'objet, plus encore que pour l'indépendance, d'une approche duale, la Cour distinguant l'impartialité subjective et l'impartialité objective. L'impartialité subjective, ou personnelle, est une exigence pour le juge de ne pas prendre parti. Cette exigence pose une difficulté très importante, dans la mesure où le président de la commission de discipline est le supérieur hiérarchique des agents qui peuvent avoir été victimes de la faute ou qui ont eu à rédiger un compte rendu d'incident. Il en va de même, de surcroît, si l'auteur du compte rendu d'incident siégeait dans la commission[537]. Toutefois, l'impartialité subjective se présume jusqu'à preuve contraire[538], de sorte qu'en dehors du parti pris clairement affirmé, il sera difficile d'apporter la preuve d'un défaut d'impartialité subjective.

L'impartialité objective est autrement plus problématique pour la commission de discipline. Il s'agit de rechercher si les appréhensions des justiciables sur le manque d'impartialité du tribunal peuvent passer pour

535 CEDH 9 juin 1998, *Incal c. Turquie*, n° 22678/93, §71.

536 CEDH 25 sept. 2001, *Sahiner c. Turquie*, n° 29279/95, §44.

537 V. à ce sujet J. Falxa, Le droit disciplinaire pénitentiaire : une approche européenne, préc., n° 543, p. 359.

538 CEDH 15 déc. 2005, *Kyprianou c. Chypre*, n° 73797/01, §119.

objectivement justifiées[539]. À ce titre, la Cour estime que l'existence d'un lien entre le juge et les autres acteurs de la procédure est un élément défavorable[540]. Or, un tel lien est évident lorsque la victime d'une faute disciplinaire est un membre du personnel pénitentiaire. Mais le problème est bien plus profond s'agissant de la commission de discipline pénitentiaire. L'impartialité objective s'oppose ainsi au cumul de fonctions judiciaires différentes, notamment entre des fonctions de poursuite et de jugement : l'impartialité objective fait défaut lorsqu'un magistrat du siège traite d'une affaire qu'il a eu à connaître en tant que magistrat du parquet[541]. En effet, si d'autres cumuls peuvent être admis lorsqu'ils ne permettent pas d'établir que le juge a un préjugé sur l'affaire en cause, le cumul entre la fonction de poursuite et la fonction de jugement semble exclu[542]. Dans les rares cas où la Cour a admis que l'article 6 s'appliquait à la commission de discipline pénitentiaire, elle n'a pas hésité à considérer que le cumul entre les fonctions de poursuite et celles de jugement méconnaissait l'exigence d'impartialité[543]. Or, on ne peut que constater que le chef d'établissement ou son délégataire est tout à la fois l'autorité de poursuite disciplinaire, qui décide de l'opportunité de poursuivre la procédure[544] et le président de la commission de discipline prononçant la sanction disciplinaire[545]. Ces quelques considérations ont sans doute exercé une influence sur l'introduction de l'assesseur extérieur.

### B. L'effet recherché par l'introduction de l'assesseur extérieur

Du point de vue de la Convention européenne des droits de l'homme, l'introduction de l'assesseur extérieur a joué une influence, quant à la volonté d'introduire un membre de la commission de discipline

---

539 CEDH 26 févr. 1993, *Padovani c. Italie*, n° 13396/87, §27.
540 CEDH 15 oct. 2009, *Micallef c. Malte*, n° 1756/06.
541 CEDH 1er oct. 1982, Piersack c. Belgique, n° 8692/79.
542 V. F. Sudre, *op. cit.*, n° 176.
543 CEDH 12 avr. 2005, *Whitfield et autres c. Royaume-Uni*, n° 46387/99.
544 C. pénit., art. R. 234-14
545 V. J.-P. Céré, « Le procès disciplinaire pénitentiaire sous le prisme de la Convention européenne des droits de l'homme : un respect en trompe-l'œil ? », préc. ;

indépendant et impartial. À cet égard, plusieurs règles visent à assurer l'indépendance et l'impartialité de l'assesseur extérieur [546]. Ainsi, ne peuvent être nommés assesseurs extérieurs, entre autres, les personnels de l'administration pénitentiaire et leurs conjoints, concubins, parents ou alliés ou encore les fonctionnaires des services judiciaires [547]. Surtout, le respect des exigences d'indépendance et d'impartialité passe par le filtre du président du tribunaljudiciaire qui habilite, selon des procédures variables [548], les personnes ayant candidaté à de telles fonctions. Contrairement aux autres membres de la commission de discipline, son indépendance et son impartialité peuvent difficilement être remis en cause, d'autant qu'il est prévu que ne peuvent être désignés pour siéger à la commission de discipline, outre les personnes détenues, les conjoints, partenaires, concubins ou parents d'une personne détenue dans l'établissement ou les personnes titulaires d'un permis de visite afin de rencontrer une personne détenue dans l'établissement [549]. Le remplacement, dans la composition de la commission de discipline, d'un membre de l'administration pénitentiaire par cet assesseur extérieur, va dans le sens d'un renforcement du respect des exigences du droit à un procès équitable.

Ce renforcement apparait bien maigre cependant, pour se conformer à l'article 6 de la Convention. En effet, l'assesseur extérieur peut être aussi indépendant et impartial que possible, la présence de deux autres membres ne respectant pas cette exigence, et notamment le président de la commission de discipline qui continue à cumuler les fonctions de poursuite et de jugement, ne permet pas de satisfaire à l'article 6 de la Convention. De surcroît, l'assesseur extérieur n'a qu'une voix consultative, seul le président de la commission de discipline, le membre qui suscite le plus de difficulté en matière d'indépendance et d'impartialité, a voix délibérative [550]. En somme, si la convention européenne des droits de l'homme a joué une influence certaine, elle n'explique pas à elle seule

---

546 Sur l'impartialité de l'assesseur extérieur, v. *supra*, partie 1, chap. 2, section 2, § 1, A.

547 C. pénit., art. R. 234-7

548 V. *supra* partie 1, chap. 1, section 1, § 1.

549 C. pénit., art. R. 234-5

550 C. pénit., art. R. 234-3

l'introduction de l'assesseur extérieur. Le législateur n'ignorait pas qu'une telle modification de la composition de discipline n'était pas de nature à se conformer à l'article 6 s'il était applicable. Si d'autres aspects de la procédure disciplinaire peuvent plus ou moins se conformer aux exigences de l'article 6[551], le législateur n'a pas voulu aller jusqu'au bout. Misant sur l'absence d'application de l'article 6 à la procédure disciplinaire pénitentiaire française, ou sur la satisfaction de cet article par les recours ouverts aux détenus, le législateur a préféré une évolution en demi-teinte, permettant l'introduction d'un membre indépendant et impartial sans garantir l'indépendance et l'impartialité de la commission.

## Section 2. La nécessaire réformation du droit disciplinaire pénitentiaire

### § 1. Les éléments de clarification

**L'absence de légalité interne**. Comme il a été vu, il est constant que certaines commissions de discipline fonctionnent en toute illégalité en l'absence de membre extérieur. Cette condition impérative qui relève de la loi, confirmée sans équivoque par la jurisprudence impose d'y remédier. Au-delà des aspects strictement juridiques, on ne peut que déplorer que cette absence du membre extérieur soulève, par ailleurs, un problème d'éclairage et d'information du président de la commission qui se trouve privé de l'avis d'une personne indépendante de l'administration pénitentiaire lors du délibéré.

**Le droit à un procès équitable**. Il est certes acquis que les sanctions disciplinaires pénitentiaires, y compris le placement en cellule disciplinaire, ne dépassent pas, en règle générale, le seuil de gravité requis pour atteindre le niveau d'une accusation en matière pénale au sens de l'article 6 de la Convention européenne de sauvegarde des droits de l'homme[552]. La Cour européenne identifie cette sanction comme une simple « aggravation des

---

[551] V. J.-P. Céré, *Droit disciplinaire pénitentiaire*, préc., p. 105 s.

[552] Sans préjudice d'une applicabilité sur le volet civil. Par ex. pour des placements répétés à l'isolement, motivés par de multiples infractions au règlement disciplinaire, CEDH 3 juill. 2012, *Razvyazkin c. Russie*, n° 13579/09. V. J. Falxa, *Le droit disciplinaire pénitentiaire : une approche européenne. Analyse des systèmes anglo-gallois, espagnol et français à la lumière de la jurisprudence de la cour européenne des droits de l'homme*, Ed. Mare et Martin, 2016, p. 308.

conditions de détention »[553]. En revanche, il a été démontré que l'applicabilité de l'article 6 est retenue par la Cour européenne dès lors que la sanction disciplinaire revient à prolonger la durée de la peine encourue par le jeu notamment d'un retrait de réduction de peine. Or, qu'il s'agisse des dispositions relatives au crédit de peine ou de celles applicables depuis le 1er janvier 2023, le lien entre le prononcé d'une sanction disciplinaire et une réduction de peine reste prégnant. Si besoin, l'article 721 du CCode de procédure pénale témoigne de leur importance dans l'attribution des réductions de peine. « Les preuves suffisantes de bonne conduite sont appréciées en tenant compte notamment de l'absence d'incidents en détention, du respect du règlement intérieur de l'établissement ou des instructions de service, de l'implication dans la vie quotidienne ou du comportement avec le personnel pénitentiaire ou exerçant à l'établissement, avec les autres personnes détenues et avec les personnes en mission ou en visite ». Faut-il rappeler encore que, originellement, le législateur n'a pas caché qu'elles devaient contribuer au maintien de l'ordre dans les établissements pénitentiaires[554]. Le comportement du détenu face aux règles régissant la vie en détention est pris en considération. Sans doute, le juge de l'application des peines peut adjoindre d'autres éléments, comme l'assiduité et l'application au travail ou aux études. Mais, en réalité, la réduction de peine n'est pas une faveur mais un acquis que l'on retire au détenu en présence d'une sanction disciplinaire et la disparition récente du crédit de réduction de peine ne change rien. Il s'agit d'un simple retour à la situation antérieure à 2004. D'ailleurs si les réductions de peine correspondaient à une faveur, le détenu aurait son mot à dire. Il n'en est rien. La jurisprudence considère que le refus d'un condamné de bénéficier d'une réduction de peine ne permet pas de la rapporter[555].

---

553 CEDH 20 janv. 2011, *Payet c/ France.*, *D.* 2011, p. 643, note J.P. Céré ; *AJ Pénal* 2011, p. 88, obs. M. Herzog-Evans ; CEDH 3 nov. 2011, *Cocaign c/ France*, n° 32010/07 ; CEDH 10 nov. 2011, *Plathey c/ France*, n° 48337/09, Rev. sc. Crim. 2012, p. 263, obs. J.P. Marguénaud ; *AJ penal* 2011, p. 605, obs. J.P. Céré

554 V. J.M. Coulon, La loi du 29 décembre 1972 et le juge de l'application des peines, *JCP* 1973.II.2563.

555 Il s'agissait d'un condamné qui demandait le retrait des réductions de peine qui lui avaient été octroyées afin de bénéficier du temps nécessaire à la préparation de sa défense car il allait être expulsé du territoire national, Cass. crim. 24 janv. 1984, *Bull. crim.* n° 280,

**Le cumul de sanctions.** Sur le plan des sanctions, le détenu peut très bien cumuler une mise en cellule disciplinaire, le non-octroi ainsi que le retrait des réductions de peine de l'année précédente [556], une peine de prison supplémentaire prononcée par une juridiction répressive, et diverses sanctions administratives, comme l'isolement ou le transfert imposés[557].

**Le cumul de fonctions.** En l'état actuel de la réglementation disciplinaire, le cumul des fonctions du président de la commission de discipline contrevient allègrement aux dispositions de l'article 6 de la Convention européenne des droits de l'homme. Celui-ci est à la fois autorité de poursuite (il a l'opportunité et le monopole des poursuites), d'instruction (il est celui qui place en détention disciplinaire préventive, et, souvent, celui qui réalise l'enquête, lorsqu'au sein de son établissement, le personnel manque pour confier cette tâche à un gradé), de jugement et d'application de la sanction. Au surplus, il participe à la commission de l'application des peines (CAP), dont il est membre de droit, au cours de laquelle sont prises les éventuelles sanctions d'application de la peine faisant suite aux procédures disciplinaires, et notamment le retrait des réductions de peine de l'article 721 du CPP. Certes il n'est pas l'auteur direct de ces mesures, cependant, il est membre de la CAP, et y joue alors *de facto*, le rôle du parquet qui requiert une sanction (ou pas) au titre de la faute disciplinaire[558].

**Le droit de recours.** Le filtre obligatoire du recours hiérarchique préalable[559] a pour effet pervers de soumettre, dans la plupart des cas, l'examen du litige au juge administratif après l'exécution définitive de la sanction. Dans cette hypothèse, le juge administratif n'a bien souvent pas

---

*D.* 1989, somm. p. 173, obs. J. Pradel ; *Rev. sc. crim.* 1989, p. 539, obs. A. Braunschweig ; p. 552, note P. Couvrat.

556 V. C. pr. pén., article 721 alinéa 4.

557 V. M. Herzog-Evans, « Les sanctions pénitentiaires occultes », *in Mélanges P. Couvrat*, P.U.F. 2001, p. 471 et s.

558 Ce que viennent confirmer, si besoin en était, les résultats du questionnaire qui montrent que les présidents de commission de discipline formulent un désidérata auprès du juge de l'application des peines sur le retrait des réductions de peine.

559 C. pénit., Art. R. 234-43. V. aussi Cons. d'Et., avis n° 210147, 29 déc. 1999, *JO* 28 janv. 2000, p. 1482.

d'autres choix que de déclarer la requête sans objet[560]. La seule perspective pourrait venir du juge des référés qui dispose du pouvoir d'ordonner sous 48 heures toutes mesures nécessaires à la sauvegarde d'une liberté fondamentale. Seulement, compte tenu des conditions restrictives d'admissibilité du référé cette issue reste largement hypothétique[561]. Il est donc vain d'y voir un recours effectif d'autant que l'absence d'examen en pratique par le juge des référés permet difficilement d'assimiler cette situation à une décision sur le bien-fondé de la mesure exigée par la Cour européenne. Il est permis en effet de remarquer que le juge des référés ne statue pas sur le fond, dont il n'est pas saisi[562]. La loi pénitentiaire n'a absolument rien modifié à cet égard. Elle s'est contentée de formaliser un recours qui lui préexistait[563]. Il n'est donc guère étonnant dès lors que le juge administratif persiste dans sa jurisprudence de rejet des recours en référé, y compris dans des situations extrêmes[564].

Dans un arrêt rendu contre la France, la Cour européenne a justement considéré qu'une telle procédure de recours n'est pas effective dans la mesure où le requérant ne se trouve plus en cellule disciplinaire quand le juge est amené à statuer sur sa demande[565]. Le respect de la procédure de recours avec l'article 13 de la Convention passe par la nécessité de prévoir un recours juridictionnel apte à prospérer en temps utile, c'est-à-dire que le recours devant le juge doit être suffisamment rapide pour prétendre à un caractère d'effectivité[566]. Si le recours, fut-il juridictionnel, n'aboutit pas à une décision sur le bien-fondé de la mesure, le contrôle exercé est alors

---

560 Par ex. TA Strasbourg, *Rizutti*, 10 juin 1996, cité *in* M. Herzog-Evans et J.P. Céré, La discipline pénitentiaire : naissance d'une jurisprudence, *D.* 1999, Chron. p. 510.

561 Par ex. Cons. d'Et. 10 févr. 2004, n° 264182.

562 CJA, art. L. 511-1.

563 C. pénit., art. L. 231-1

564 V. pour des placements successifs en cellule disciplinaire. CE 22 avr. 2010, n° 338662, *Rev. pénit.* 2010. 931, obs. Péchillon ; *AJDA* 2010. 929 ; AJ pénal 2010. 299, obs. Péchillon ; *Rev. Sc. Crim.* 2010. 645, obs. Poncela ; *D.* 2011. 1308, obs. Péchillon.

565 CEDH 20 janv. 2011, *Payet c. France*, D. 2011, p. 643, note J.P. Céré ; *AJ Pénal* 2011, p. 88, obs. M. Herzog-Evans, *AJDA* 2001, 1997, obs. L. Burgorgue-Larsen.

566 V. pour une violation de l'article 13 à propos d'un recours contre une sanction disciplinaire pénitentiaire intervenu dans un délai de six semaines, CEDH 3 avr. 2001, *Keenan c/ Royaume-Uni*, AJDA 2001. Chron. J.F. Flauss ; Rev. Sc. Crim. 2001, p. 881, obs. F. Tulkens ; D. 2002, p. 118, obs. J.P. Céré.

vidé de sa substance pour le juge européen[567]. Il est à l'inverse considéré comme effectif s'il permet « au détenu de contester aussi bien la forme que le fond, et donc les motifs des modalités d'exécution d'une telle mesure devant une instance juridictionnelle »[568].

Cet affermissement notable du droit de recours des détenus peut ceci étant dépendre de la nature du droit substantiel invoqué. Ainsi, si des allégations de traitements contraires à l'article 3 de la Convention sont en jeu, alors le requérant doit bénéficier d'un « recours suspensif »[569]. Il faut donc convenir que la contestation d'une décision « dont la mise en œuvre est susceptible d'entraîner un traitement inhumain et dégradant, voire une torture, c'est-à-dire un droit de l'homme intangible » nécessite un recours suspensif pour répondre à l'exigence d'effectivité au sens de l'article 13 de la Convention[570]. Tel n'est pas le cas, en revanche, quand les droits invoqués relèvent de la vie privée et familiale, la Cour estimant dans une telle hypothèse que les conséquences de l'ingérence dans les droits garantis par l'article 8 sont en principe réversible »[571].

En dépit donc de ses évolutions récentes, la procédure disciplinaire pénitentiaire conserve des déficiences que l'arrivée des avocats et la présence d'un assesseur extérieur ne parviennent pas à gommer. Il est par conséquent nécessaire de réformer le droit disciplinaire, dans un esprit résolument novateur. Diverses voies pourraient être empruntées.

---

567 Pour une violation de la convention, mais sous l'angle de l'article 6 § 1, au motif qu'un juge de l'application des peines avait statué sur l'imposition d'un régime spécial de détention au-delà du délai qui lui était imparti. Le recours avait été rejeté car la durée de validité de la mesure avait expiré et le détenu n'y était plus soumis, CEDH 17 sept. 2009, *Enea c. Italie*, n° 74912/01.

568 CEDH 20 janv. 2011, Payet, *op. cit.* ; CEDH 10 nov. 2011, *Plathey c. France*, n° 48337/09

569 CEDH 3 nov. 2011, *Cocaign c. France*, n° 32010/07 ; CEDH 10 nov. 2011, *Plathey c. France*, n° 48337/09, Rev. sc. Crim. 2012, p. 263, obs. J.P. Marguénaud ; AJ penal 2011, p. 605, obs. J.P. Céré.

570 En ce sens, J.P. Marguénaud, *Rev. sc. crim. ibid.*

571 CEDH 30 juin 2011, *Souza Ribeiro c. France*, n° 22689/07.

## § 2. Les pistes d'évolutions

### A. La mise en place d'une procédure infra disciplinaire

**Création de procédures infra disciplinaire.** Parmi les pistes d'évolution du contentieux disciplinaire, l'une d'elles est déjà expérimentée par l'administration pénitentiaire : le recours à une procédure infra disciplinaire. Les procédures infra disciplinaires sont des procédures qui permettent d'apporter une réponse autre que disciplinaire à la faute commise[572]. Depuis plus d'une dizaine d'années, certains établissements pénitentiaires expérimentent de telles procédures, avec par exemple le recours à la médiation-réparation ou à la médiation relationnelle[573]. Les procédures infra disciplinaires peuvent prendre la forme de procédures pré-disciplinaires ou de procédures alternatives aux poursuites disciplinaires.

**Procédure pré disciplinaire par le chef d'établissement.** En dehors de la discipline pénitentiaire, il existe nombre de contentieux dans lesquels il est recouru à différentes formes de procédures infra-disciplinaires. Il s'agit souvent de procédures pré-disciplinaires, qui permettent d'apporter une réponse avant la mise en œuvre d'une procédure disciplinaire, sans en empêcher si nécessaire la mise en œuvre. C'est le cas par exemple s'agissant de la discipline des magistrats judiciaires, qui peuvent se voir délivrer, à la suite d'une convocation à un entretien préalable, un avertissement[574]. C'est le cas également des officiers ministériels, qui peuvent recevoir, de l'autorité habilitée, un rappel à l'ordre ou une injonction de mettre fin au manquement[575]. Une telle procédure

---

572 L'infra-disciplinaire peut également faire référence aux réponses apportées aux comportements inadaptés ne constituant pas une faute disciplinaire : v. A. Coquet, E. Perreux et A. Vogelweith, « A la recherche d'une politique disciplinaire », *Délibérée* 2022/2, p. 18.

573 Sur ces expérimentations, v. A. Bousquet, Droit disciplinaire et loi pénitentiaire : le rendez-vous manqué, *APC* 2012, p. 303.

574 Ord. 58-1270 du 22 décembre 1958 portant loi organique relative au statut de la magistrature, art. 44.

575 Loi n° 2021-1729 du 22 décembre 2021 pour la confiance dans l'institution judiciaire, art. 35.

pré disciplinaire pourrait être envisagée en matière pénitentiaire, afin d'octroyer au chef d'établissement le pouvoir d'adresser un avertissement au détenu à l'occasion de la commission de fautes disciplinaires de faible gravité, notamment celles de troisième degré. L'avantage serait d'adresser une réponse à la faute commise, qui serait formalisée, sans recourir à la procédure disciplinaire[576].

**Composition pénitentiaire.** De manière plus innovante et plus intéressante pour impliquer le détenu dans la réponse à la faute commise, une alternative aux poursuites disciplinaires a notamment été expérimentée au centre pénitentiaire Sud-Francilien[577], avant d'être reprise et préconisée plus largement par la direction interrégionale des services pénitentiaires de Paris avec une note du 9 décembre 2021. L'idée centrale autour de cette mesure, dont le nom s'inspire de la composition pénale[578], est, à l'image de cette dernière, d'éviter les poursuites disciplinaires par une mesure alternative dont le principe et le contenu est accepté par le détenu. Elle constitue une troisième voie entre le classement de l'incident et la mise en œuvre de la procédure disciplinaire. Cette proposition, en réalité, n'est pas nouvelle : le projet de décret portant application de la loi pénitentiaire prévoyait une procédure infra-disciplinaire intitulée « alternative aux poursuites disciplinaires », quasiment identique à celle expérimentée puis préconisée par la direction interrégionale des services pénitentiaires de Paris[579]. Cette procédure a cependant été abandonnée et ne figure pas au décret adopté[580]. Aujourd'hui expérimentée, la composition pénitentiaire

576 Cela correspondrait, dans le cadre d'une procédure pénale, aux mesures non extinctives de l'action publique que peut prononcer ou proposer le procureur de la République sur le fondement de l'art. 41-1 du Code de procédure pénale.
577 V. Rapport du CGLPL du centre national d'évaluation du centre pénitentiaire Sud-Francilien de Réau, 3-5 mai 2021, p. 35.
578 C. pr. pén., art. 41-2.
579 Sur la description de la procédure qui était prévue au projet de décret, v. A. Bouquet, « Droit disciplinaire et loi pénitentiaire : le rendez-vous manqué », préc.
580 Décret n° 2010-1634 du 23 décembre 2010 portant application de la loi pénitentiaire et modifiant le Code de procédure pénale.

pourrait avoir pour vocation à intégrer le CCode pénitentiaire[581], afin de mieux maîtriser le contentieux disciplinaire.

**Cas de recours.** En toute hypothèse, le recours à une procédure alternative aux poursuites disciplinaire doit être réservé aux cas dans lesquels il n'apparait pas opportun d'envisager les sanctions disciplinaires les plus lourdes telles que le confinement en cellule individuelle ou la mise en cellule disciplinaire. La procédure doit dès lors être réservée aux fautes disciplinaires les moins graves. La note de la DISP de Paris a toutefois une conception assez large en la matière, puisqu'elle vise les fautes des deuxième et troisième degré, mais aussi certaines fautes de premier degré, à savoir l'introduction d'objets, données ou substances[582], mais aussi, lorsqu'elles ont une ampleur limitée, la participation à une évasion[583], mais uniquement lorsqu'il s'agit de retards mineurs de permission de sortir et l'introduction ou la tentative d'introduction de produits stupéfiants, mais uniquement lorsqu'il s'agit d'au maximum 5mg de cannabis[584]. Le champ d'application quant aux fautes de la composition pénitentiaire est ainsi assez largement défini, puisqu'il va jusqu'à englober des fautes de premier degré. Il apparaît cependant mesuré, en ce qu'il ne vise que des fautes de gravité limitée parmi celles-ci. De surcroît, il est prévu que la composition pénitentiaire ne peut être mise en œuvre, pour la découverte d'objets ou de produits stupéfiants, que pour la première faute constatée sur une période de six mois. S'il apparait nécessaire d'exclure les fautes les plus graves, à l'image de la composition pénale qui exclut les crimes et les délits punis de plus de cinq ans d'emprisonnement[585], le bon fonctionnement de la composition pénitentiaire doit laisser une marge de manœuvre assez large au chef d'établissement pour décider des cas dans lesquels cette mesure est opportune. En tout état de cause, la note prévoit que la composition pénitentiaire vise à apporter une réponse rapide à la faute commise, de sorte que la composition pénitentiaire ne peut pas être mise

581 E. Paillisse, « Entrée en vigueur du Code pénitentiaire : une codification à droit (presque) constant », *Dalloz actualité*, 20 mai 2022.
582 C. pénit., art. R. 232-4, 10°.
583 C. pénit., art. R. 232-4, 8°.
584 C. pénit., art. R. 232-4, 11°.
585 C. pr. pén., art. 41-2, al. 1er.

en œuvre plus de deux mois après la découverte des faits. Si l'objectif de réponse rapide se comprend, cette limitation n'est peut-être pas satisfaisante, la composition pénitentiaire pouvant se révéler plus intéressante qu'une procédure disciplinaire après ce délai, les poursuites disciplinaires pouvant être exercées jusqu'à six mois après la découverte des faits[586].

**Déroulement de la procédure.** La procédure préconisée pour la composition pénitentiaire s'inspire en partie de la composition pénale : la décision de recourir à cette mesure est prise par la direction de l'établissement, sur proposition de l'officier ou du gradé de bâtiment. Ce dernier, si la direction donne son accord, en fait la proposition au détenu reçu en audience. Comme pour la composition pénale[587], la poursuite de la procédure nécessite la reconnaissance par le détenu des faits. Le détenu doit ensuite accepter le principe de la composition pénitentiaire et la mesure proposée par la signature d'un document actant son consentement. En cas de refus de la composition pénitentiaire, les faits donnent lieu à une poursuite disciplinaire. Aucune validation de la composition pénitentiaire n'est prévue, comme c'est par ailleurs le cas de la composition pénale pour les délits les moins graves lorsque la mesure proposée est une peine d'amende ou de confiscation dont la valeur n'excède pas 3000 euros[588]. Cela pose tout de même difficulté en l'absence de regard extérieur pour s'assurer du respect de la procédure, de l'existence de la faute et de la proportionnalité de la mesure.

**Droits de la défense.** Si la mesure est particulièrement intéressante en ce qu'elle permet une réponse rapide de faits reconnus par le détenu, et par le prononcé d'une mesure acceptée par lui, elle semble faire l'impasse sur les droits de la défense. En effet, rien n'est prévu quant au droit pour le détenu d'être assisté par un conseil. Or, compte tenu du caractère punitif des mesures qui peuvent être proposées avec la composition pénitentiaire, il apparaît nécessaire que le détenu soit assisté afin de bien comprendre la portée de la reconnaissance des faits et de l'acceptation de la mesure. Cela

---

586 C. pénit., art. R. 234-14.
587 C. pr. pén., art. 41-2, al. 1er.
588 C. pr. pén., art. 41-2, al. 28.

pourrait prendre la forme d'une assistance par un avocat lorsque le détenu est reçu en audience ou d'un délai de réflexion imposé : le projet de décret portant application de la loi pénitentiaire prévoyait un délai de réflexion de cinq jours permettant au détenu de consulter, s'il le souhaite, un conseil[589]. Cette dernière option n'est peut-être pas la plus adéquate, car elle n'assure pas la possibilité pour le détenu qui n'a pas d'avocat de se faire conseiller.

**Mesures de réparation.** Les mesures proposées dans le cadre de la composition pénitentiaire sont dénommées « mesures de réparation », même si la plupart d'entre elles prennent la forme de mesures punitives et n'ont pas grand-chose de réparatrices. Ainsi, la privation d'appareil loué ou la privation d'activité pour une durée maximale de quinze jours, ou le changement de cellule, ont une coloration punitive indéniable, tandis que la rédaction d'un écrit sur la faute commise et la lettre d'excuses ont une coloration à la fois punitive et éducative. La mesure de ramassage de détritus, rangement, nettoyage ou remise en état, pour une durée maximale de 20 heures, est quant à elle à la fois punitive et réparatrice. Parmi les autres mesures prévues, on peut citer le rappel à la règle, qui est une forme d'avertissement infra-disciplinaire et, plus intéressant, la rencontre médiatisée entre personnes détenues. Ces mesures sont en somme très variées : certaines se rapprochent de sanctions disciplinaires, comme la privation d'un appareil[590] ou d'une activité[591], le ramassage de détritus ou la remise en état[592], tandis que la rédaction d'un écrit, la lettre d'excuses et la rencontre médiatisée sont plus spécifiques à la composition pénitentiaire. Ces mesures ont l'avantage de permettre pour l'essentiel d'entre elles l'implication du détenu et d'aller au-delà de la punition. La diversité de ces mesures est ce qui permettrait d'assurer le succès de la composition pénitentiaire. De plus, la note prévoit la possibilité de proposer plusieurs de ces mesures simultanément, sauf les deux mesures de privation. Cela permet d'adapter et de personnaliser davantage la réponse proposée à la faute commise.

---

589 V. A. Bouquet, « Droit disciplinaire pénitentiaire, : le rendez-vous manqué », préc.

590 C. pénit., art. R. 233-1, 4° : durée maximale d'un mois.

591 C. pénit., art. R. 233-1, 5°, durée maximale d'un mois.

592 Qui s'apparente à un travail d'intérêt collectif : C. pénit., art. R. 233-1, 6°, pour une durée maximale de 40 heures.

**Conséquences de la mesure.** En cas de bonne exécution de la mesure proposée, la composition pénitentiaire doit avoir pour conséquence de mettre fin à « l'action disciplinaire ». Même si cela n'est pas expressément affirmé par la note, tout comme la composition pénale met fin à l'action publique, la composition pénitentiaire doit mettre fin à l'action disciplinaire. En cas d'inexécution ou d'exécution incomplète en revanche, la note précise que l'incident est traité par la voie disciplinaire. Cela semble indiquer une obligation de traiter l'incident par la voie disciplinaire, ce qui exclut un classement de l'incident. C'est également la logique à l'œuvre dans la composition pénale : l'action publique doit être mise en œuvre en cas d'absence d'exécution intégrale de la mesure, sauf élément nouveau[593]. La composition pénitentiaire est en somme un outil intéressant dont il conviendra, en cas de généralisation de la mesure, d'en préciser davantage les contours, afin d'assurer le respect des droits de la personne qui en fait l'objet et l'efficacité de la mesure.

### B. La nécessaire judiciarisation de la commission de discipline-[594]

**Un échevinage repensé.** L'on pourrait décider de conférer une voix délibérative aux autres membres de la commission de discipline, lesquels n'ont actuellement qu'une voie consultative mais ce serait sans compter sur une présence majoritairement pénitentiaire, qui laisserait encore planer une once de partialité de la commission de discipline. Dès lors, il pourrait être concevable d'ouvrir la composition de la commission de discipline à d'autres personnes œuvrant au sein de l'établissement (travailleur social, psychologue, éducateur…)[595]. Cette nouvelle composition contribuerait à

---

593 C. pr. pén., art. 41-2, al. 29.

594 Ces propositions découlent, pour parties, de constats et réflexions antérieures qui, nonobstant les évolutions récentes du droit disciplinaire pénitentiaire, conservent toute pertinence. V. J.P. Céré et M. Herzog-Evans, « Fondements et modalités des différents scenari possibles pour la réforme de la procédure disciplinaire en prison », *Gazette du palais*, 2002, p. 2 ; J.P. Céré, « La procédure disciplinaire pénitentiaire à l'épreuve de la jurisprudence de la cour européenne des droits de l'homme », *AJ Pénal* 2012, pp. 533 ; J. Falxa, *Le droit disciplinaire pénitentiaire : une approche européenne*, Ed. Mare et Martin, 2016, p. 700 et s.

595 Sur cette proposition, V. J. Falxa, *Le droit disciplinaire pénitentiaire : une approche européenne*, Ed. Mare et Martin, 2016, p. 701.

atténuer l'impression d'impartialité de la commission de discipline. Toutefois, une réformation en ce sens ne répondrait pas suffisamment au problème de la séparation des fonctions et de la compatibilité avec l'article 6 de la convention européenne[596].

**Une judiciarisation totale**. Envisager une judiciarisation totale de la procédure disciplinaire passerait sans doute par un nouveau rôle attribué au juge de l'application des peines. Celui-ci, en effet, exerce déjà des compétences importantes en détention. Il connaît bien ses partenaires pénitentiaires. Il sait comment fonctionnent les équilibres entre gestion de la population pénale et diplomatie à l'égard des personnels. Lui-même ne peut, à l'heure actuelle, y être tout à fait indifférent, lorsqu'il prend nombre de ses décisions d'aménagement de la peine. Mais la nature pénale de la plus part des fautes répertoriées comme disciplinaires en prison ne doit pas faire perdre de vue que certaines d'entre elles ont une essence intrinsèquement disciplinaires. Il paraît en outre difficilement concevable d'abandonner tout rôle au chef d'établissement sans que cela n'entrave l'exercice du maintien de l'ordre et de la sécurité des établissements pénitentiaires. La voie d'une judiciarisation partielle semble dès lors plus appropriée.

**Une judiciarisation partielle.** La judiciarisation partielle reviendrait à remettre en cause les règles de compétence de manière limitée. Il s'agirait de ne confier qu'une partie du contentieux au chef d'établissement, tandis qu'une autre serait dévolue à l'autorité judiciaire, laquelle serait choisie parmi plusieurs alternatives possibles, à savoir une compétence exclusive du juge de l'application des peines[597] ou une compétence partagée avec le juge des libertés et de la détention, pour ce qui concerne les prévenus[598].

---

596 V. not. J.-P. Céré, « Le procès disciplinaire pénitentiaire sous le prisme de la Convention européenne des droits de l'homme : un respect en trompe-l'œil ? », *D.* 2017, 1720.

597 Laquelle n'est pas illogique dans la mesure où le JAP peut déjà prendre une décision, il est vrai une fois la condamnation devenue définitive, en ce qui concerne l'octroi des réductions de peine ordinaires, pour couvrir la période passée sous le régime de la détention provisoire sur le fondement de l'article 721 C. pr. pén.

598 Cette compétence partagée existe déjà pour les recours contre des conditions de détention indignes en application des dispositions de l'article 803-8 C. pr. pén.

Cette compétence partagée correspond par ailleurs au modèle retenu dans d'autres pays, avec quelques nuances. Ainsi, par exemple, en Espagne le juge de surveillance pénitentiaire est compétent en appel des sanctions disciplinaires et d'autorisation des sanctions les plus graves [599] ; en Angleterre et au Pays de Galles le juge de district est compétent et il s'agit d'un magistrat de proximité n'appartenant pas à l'ordre judiciaire[600], tandis qu'à Canada une césure est établie entre les infractions mineures relevant de la compétence du directeur de la prison et les infractions majeures soumises au jugement d'un magistrat[601].

Dans l'optique d'une compétence partagée, le juge judiciaire se verrait confier le traitement des deux premiers degrés de faute -qui en réalité correspondent à des infractions pénales de nature pénale- tandis que le chef d'établissement conserverait la compétence pour les fautes de troisième degré qui sont, pour l'essentiel, des atteintes à l'ordre interne de l'établissement, donc de nature pleinement disciplinaires[602]. Si le juge judiciaire s'en tenait à ce qui est effectivement pénal et que le chef d'établissement conservait ce qui est véritablement disciplinaire, chacun resterait dans son rôle naturel. Les directeurs d'établissement ne perdraient pas tout pouvoir en ce qui concerne l'ordre de leurs établissements[603]. Certes, l'on objectera que cette issue séduisante, verrait nécessairement perdurer un double ordre de compétence au stade du recours, seules les juridictions judiciaires pouvant être saisies en appel des décisions du JAP et/ou du JLD tandis que les juridictions administratives, continueraient à connaître des décisions du chef d'établissement. Des risques de contradiction de jurisprudence pourraient apparaître, à moins qu'au regard de la faible gravité des sanctions prononcées par le chef d'établissement le juge administratif continue à se prévaloir de la théorie des mesures d'ordre

---

[599] J. L. De la Cuesta et I. Blanco, « Le système pénitentiaire espagnol » *in* J.P. Céré et C.E. Japiassu (dir.), *Les systèmes pénitentiaires dans le monde*, Dalloz, 3e éd. 2017, p. 152

[600] N. Padfield et N. Louks, « Le système pénitentiaire anglais et gallois » *in* J.P. Céré et C.E. Japiassu (dir.), *Les systèmes pénitentiaires dans le monde*, Dalloz, 3e éd. 2017, p. 38.

[601] M. Vacheret et A. Tschanz, « Le système pénitentiaire canadien » *in* J.P. Céré et C.E. Japiassu (dir.), *Les systèmes pénitentiaires dans le monde*, Dalloz, 3e éd. 2017, p. 109

[602] Une légère redistribution entre certaines qualifications serait simplement nécessaire.

[603] D'autant qu'ils pourraient très bien représenter le ministère public. V. *infra*

intérieur la majeure partie d'entre elles, voire pour la totalité ; ce qu'il est loisible de supputer.

**Les modalités de la judiciarisation.** Si un juge judiciaire devait être chargé des questions disciplinaires, le respect des principes généraux de procédure (contradictoire, défense, comparution, oralité, le cas échéant, « publicité carcérale », etc.) ne devrait plus poser de problème particulier [604], sous réserve d'aménagements concrets quant à la consultation du dossier[605] et à l'enquête[606].

Au lieu de faire intervenir le procureur de la République en tant qu'autorité de poursuite, cette tâche pourrait être confiée au chef d'établissement. Tout en résolvant définitivement la question du cumul de fonctions du chef d'établissement, actuellement autorité de poursuite et de jugement, elle permettrait de laisser néanmoins une voie à ce dernier dans la procédure. Il nous semble aussi qu'elle constituerait une issue pour pouvoir conserver une responsabilité en ce qui concerne l'ordre de son établissement. Il demeure celui qui peut le plus aisément traduire les exigences particulières et éventuellement temporaires, des équilibres internes.

Plus simplement encore, l'on pourrait rompre ce lien entre certaines sanctions disciplinaires et les réductions de peine, en créant une nouvelle sanction disciplinaire autonome de perte de réduction de peine qui deviendrait la sanction à titre disciplinaire la plus sévère.

---

604 Rappelons toutefois que le JAP prend encore actuellement certaines de ses décisions, dites d' « administration judiciaire » dans des conditions qui n'en sont pas respectueuses. Sur ce point v. M. Herzog-Evans, « La loi présomption d'innocence et l'exécution des peines : des avancées sur fond d'aberrations juridique », *Petites affiches*, 24 et 25 août 2000, p. 4.

605 Précisément, la consultation « du » dossier pourrait s'entendre largement : non seulement l'avocat pourrait trouver intéressant de consulter le dossier disciplinaire et le dossier individuel du détenu, mais encore serait-il utile qu'il ait accès au dossier tenu par le greffier du JAP, tel que prévu par l'article D. 116-6 C. pr. pén.

606 Il pourrait être envisagé que le JAP puisse à la fois s'appuyer sur un gradé habilité officiant au sein de la détention, que, en cas de nécessité, et notamment de difficulté quant aux preuves matérielles, faire appel à un officier de police judiciaire ou conférer le statut d'OPJ au gradé.

Quelque que soit l'option choisie, il semble plus que jamais opportun aujourd'hui de réformer la procédure disciplinaire en prison dans la mesure où sa judiciarisation apparaît comme la voie la plus adaptée au respect des garanties du procès équitable[607].

Au final, cette recherche qui voulait questionner le rôle citoyen de l'assesseur en commission de discipline a permis d'apporter de nombreuses réponses. Incontestablement, l'assesseur « extérieur » a trouvé sa place dans le fonctionnement de la commission de discipline pénitentiaire nécessitant de la part de l'administration pénitentiaire des adaptations. Cette transition exigée par la loi pénitentiaire a été plus ou moins bien réussie par cette dernière, comme en atteste les difficultés relatives à la régularité de la composition de la commission de discipline et les pratiques disparates qui ont pu être relevées, du recrutement de l'assesseur jusqu'à la prise de décision par la commission de discipline. S'agissant du rôle de l'assesseur, la recherche a permis d'affirmer une réelle appropriation de son rôle citoyen, par une conscientisation de son engagement comme représentant de la société. L'analyse de son statut montre toutefois qu'il occupe une place particulière malgré la place consolidée par le Code pénitentiaire. Il subsiste une fonction d'assesseur encore largement méconnue du grand public pourvoyeur d'une telle fonction. Par certains aspects, il apparaît encore au milieu du gué.

607 En ce sens déjà, J. Falxa, *Le droit disciplinaire pénitentiaire : une approche européenne*, Ed. Mare et Martin, 2016, p. 703

**Proposition n° 1** (p. 91). Le cadre déontologique de la fonction d'assesseur extérieur en commission de discipline reste un peu flou et pâtit surtout d'une méconnaissance de celui-ci par les assesseurs, ce qui conduit à formuler la proposition de développer la connaissance des assesseurs en matière de déontologie : soit lors de l'entretien par le Président du tribunalJudiciaire (conformément à la circulaire du 11 janvier 2022), soit en consacrant une prestation de serment analogue aux autres formes d'assessorat citoyen, soit lors de la formation dispensée aux assesseurs après leur habilitation.

**Proposition n° 2** (p. 146). Il conviendrait de proposer aux chefs d'établissements un cadre harmonisé commun, avec un fonctionnement clair et transparent dans l'établissement du planning et l'ordre de convocation des assesseurs, une périodicité régulière, la prévision par exemple d'un assesseur de permanence hebdomadaire et d'un assesseur suppléant pour pallier les absences de ce dernier, tout en maintenant un degré élevé de flexibilité permettant les remplacements en urgence.

**Proposition n° 3** (p. 151). Il faut assurer un accès préalable de l'assesseur extérieur au dossier, en prévoyant une convocation anticipée incluant un délai de consultation des dossiers dans un local prévu à cet effet (au greffe, au BGD ou dans la salle de la commission de discipline).

**Proposition n° 4** (p.164). Afin de permettre les échanges de l'assesseur extérieur avec le détenu étranger ou dans l'impossibilité physique de communiquer, et pour garantir la fiabilité et la confidentialité de ces échanges, il est proposé de supprimer la possibilité de requérir un autre détenu pour faire office d'interprète.

La possibilité de faire appel à un autre détenu en cas d'impossibilité de disposer d'un interprète devrait donc être supprimée de la circulaire relative au régime disciplinaire des personnes détenues. La possibilité de recourir à un agent de l'administration pénitentiaire devrait être réservée aux cas où l'impossibilité de disposer d'un interprète professionnel, ou du moins compétent et soumis à des règles déontologiques, est insurmontable et que la commission de discipline ne peut pas être repoussée.

Enfin l'article R 234-26 pourrait ainsi être complété: « (…) Si la personne détenue ne comprend pas la langue française, n'est pas en mesure de s'exprimer dans cette langue ou si elle est dans l'incapacité physique de communiquer, ses explications sont présentées, dans la mesure du possible, par l'intermédiaire d'un interprète professionnel ou non, qualifié, indépendant et respectant la déontologie de son activité, désigné par le chef de l'établissement pénitentiaire en priorité parmi les interprètes du service d'interprétariat conventionné par l'établissement pénitentiaire ou parmi les experts auprès de la Cour d'appel du ressort de l'établissement pénitentiaire. Il pourra être fait appel à des interprètes issus du tissu associatif s'ils présentent les qualités requises.

Dans la mesure du possible, l'interprète devra être physiquement présent aux côtés du détenu. *En cas d'impossibilité insurmontable de désigner un tel interprète dans les délais requis ou de reporter la commission de discipline, le chef de l'établissement pourra désigner un agent de l'administration pénitentiaire connaissant la langue étrangère ou la langue des signes.*

*Aucun autre détenu ne pourra être désigné pour faire office d'interprète.*

L'interprète désigné est tenu aux mêmes obligations d'intégrité, de dignité et d'impartialité que les autres membres de la commission de discipline et devra respecter le secret des propos ou documents traduits. »

**Proposition n° 5** (p. 177). Afin d'éclairer au mieux leur avis, la circulaire du 8 avril 2019 relative au régime disciplinaire des personnes détenues pourrait prévoir de permettre aux assesseurs, comme cela est permis au détenu, de solliciter un témoignage.

Point 2.6.3.1 §10 : une troisième phrase pourrait être ainsi rédigée et insérée avant la dernière phrase du paragraphe : « *Les assesseurs peuvent également solliciter l'audition de témoins au cours des débats devant la commission de discipline.* »

**Proposition n° 6** (p. 178). S'agissant du visionnage des images de vidéoprotection pendant l'audience, la circulaire du 8 avril 2019 relative au régime disciplinaire des personnes détenues pourrait être complétée en permettant aux assesseurs de demander le visionnage de ces images si le compte-rendu d'incident et les débats laissent persister certaines interrogations.

**Proposition nº 7** (p. 179) : La circulaire relative au régime disciplinaire des personnes détenues pourrait être complétée par une disposition prévoyant la systématisation de l'insertion de photographies relative à l'incident (lieux, objets saisis) dans le dossier servant à éclairer l'avis de l'assesseur extérieur.

**Proposition nº 8** (p. 190). Afin d'assurer l'effectivité du principe de personnalisation et d'individualisation de la sanction disciplinaire, plusieurs modifications peuvent être suggérées. Il est possible de suggérer la mise en place d'une obligation de motivation renforcée de la décision administrative laquelle devra expliquer les raisons ayant conduit à l'infliction de cette sanction. Proposition

**Proposition nº 9** (p. 193) : En vue d'une implication plus importante de l'assesseur citoyen au sein des commissions de discipline, il est suggéré une réforme de l'article R. 234-3 du Code pénitentiaire afin de modifier le rôle des assesseurs. Ainsi, il est proposé de modifier la seconde phrase de cette disposition pour qu'elle énonce « *les membres assesseurs ont une voix délibérative* ».

Dans cette perspective, une réforme de l'article R. 234-3 du CCode pénitentiaire est envisageable. L'article pourrait ainsi énoncer : « *Le président de la commission de discipline, avant de mettre la décision en délibéré, informe le détenu et les membres de la commission des conséquences possibles de la sanction disciplinaire sur la peine* ».

**Proposition nº 10** (p. 243). Afin de formaliser la présence de l'assesseur extérieur, il est proposé de compléter la fin de l'article. R 234-2 du CCode pénitentiaire ainsi : « *La commission de discipline comprend, outre le chef de l'établissement pénitentiaire ou son délégataire, président, deux membres assesseurs, dûment présentés à chaque détenu comparant* ».

**Proposition nº 11** (p. 243). Il est nécessaire d'assurer une répartition équitable et juste de la participation des assesseurs extérieurs aux commissions de discipline en établissant et en respectant, dans la mesure du possible, un tableau de rotation transparent sur des périodes déterminées.

**Proposition nº 12** (p. 245) Afin de permettre une information complète de l'assesseur citoyen et pour assurer l'effectivité du principe de proportionnalité et d'individualisation de la sanction disciplinaire, il est suggéré de demander aux présidents de commission de discipline de délivrer une information quant au risque de retrait de réduction de peine, notamment du crédit de réduction de peine, ou quant aux conséquences que la sanction disciplinaire peut avoir sur l'octroi des réductions de peine. Cela pourrait être réalisé de manière générale par la remise d'un fascicule d'informations à destination des assesseurs citoyens lors de leur prise de fonction, ou alors faire l'objet d'un rappel par le président de la commission à l'ouverture du délibéré.

**Proposition n° 13** (p. 246). Il est proposé de compléter l'article R. 234-26 du CCode pénitentiaire par un alinéa qui pourrait être ainsi rédigé : « *Le président pose au détenu ou à son avocat toute question permettant la manifestation de la vérité. Il donne ensuite la parole aux assesseurs qui peuvent à leur tour interroger le détenu ou son avocat.* ».

**Proposition n° 14** (p. 247). Afin de permettre une information de l'assesseur citoyen quant à la décision adoptée au terme de la procédure disciplinaire, il est envisageable de réformer l'article R. 234-27 du Code pénitentiaire. Les rédacteurs suggèrent d'ajouter deux alinéas ainsi rédigés : « *Une copie de la décision est également notifiée par écrit aux assesseurs qui ont siégé au sein de la commission de discipline pénitentiaire. Les assesseurs sont informés par tout moyen du recours exercé à l'encontre de la décision.*

*Tout défaut ou retard dans la notification de la décision n'est pas de nature à entacher la légalité de la décision* ».

**Proposition finale**. La circulaire du 8 avril 2019 citée dans ce rapport est une circulaire non publiée donc non opposable, ce qui demeure problématique au vu de son utilisation par l'ensemble des directions d'établissements consultées à ce sujet. Nous avons fait le choix de nous y référer cependant car elle existe et sert de source de référence pour certains acteurs qui y ont accès. Il serait nécessaire d'adopter une nouvelle circulaire mise à jour et publiée dans les temps, afin de la rendre applicable et opposable. Elle pourrait alors être communiquée aux assesseurs extérieurs également lors de leur prise de fonction. Les suggestions de modifications énoncées dans cette recherche s'insèreraient alors dans cette nouvelle circulaire.

CARPENTIER Yan - Maître de conférences, Université de Corse Pasquale Paoli

CÉRÉ Jean-Paul - Professeur, Université de Pau et des Pays de l'Adour

CISTAC Jules - Attaché Temporaire d'Enseignement et de Recherche, Université Aix Marseille

DOMINATI Margaux - Attachée Temporaire d'Enseignement et de Recherche, Université Aix Marseille

DURAND Corentin - Post-doctorant, Centre de sociologie des organisations (Sciences Po Paris/CNRS)

FALXA Joana - Maître de conférences, Université de Pau et des Pays de l'Adour

FISCHER Bénédicte - Maître de conférences, Université Grenoble Alpes

FUCINI Sébastien - Maître de conférences, Université Aix Marseille

GALLARDO Eudoxie - Maître de conférences, Université Aix Marseille

GALLUT Solène - Attachée Temporaire d'Enseignement et de Recherche, Université de Pau et des Pays de l'Adour

GIACOPELLI Muriel - Professeur, Université Aix Marseille

GINDRE Emmanuelle - Maître de conférences, Université de la Polynésie Française

GRÉGOIRE Ludivine - Maître de conférences, Université de Pau et des Pays de l'Adour

MARGAINE Clément - Professeur, Université de Poitiers

SLIMANI Marie - Doctorante chargée d'enseignement, Université Aix Marseille

Remerciements :

Elisa Fois, Ingénieur de recherche CRJ2P/IFTJ, Université de Pau et des Pays de l'Adour, Célia Salabaraas, Gestionnaire CRJ2P/IFTJ, Université de Pau et des Pays de l'Adour ; Maël Germain, Doctorant CRJ2P/IFTJ, Laura Pignatel, Maître de Conférences Aix-Marseille Université

BIBLIOGRAPHIE

## I. OUVRAGES ET MONOGRAPHIES


BONFILS (P) et GIACOPELLI (M.), *Droit pénal général*, Cujas 3e éd., 2021, 474 p.

BONIS (E.) et PELTIER (V.), *Droit de la peine*, 3e éd., 2019, LexisNexis, 866 p.

BOURDIEU (P.), La distinction – Critique sociale du jugement, *Les Éditions de Minuit,* coll. Le sens commun, 1996, 670 p.

CARBASSE (J.-M), VIELFAURE (P), *Histoire du droit pénal et de la justice criminelle*, 3e éd., 2014, PUF.

CÉRÉ (J.P.), *Le contentieux disciplinaire dans les prisons françaises et le droit européen*, Ed. L'Harmattan, coll. Logiques juridiques, 1999, 400 p.

CÉRÉ (J.P.), *Droit disciplinaire pénitentiaire*, Ed. l'Harmattan, 2e éd. 2020, 207 p.

CÉRÉ (J.P.), *La prison*, 2ème édition, Dalloz, 2016, 176 p.

CÉRÉ (J.P.)et JAPIASSU (CEA) (dir.), *Les systèmes pénitentiaires dans le monde*, Dalloz, 3e éd. 2017, 400 p.

CÉRÉ (J.P.) et GRÉGOIRE (L.), *Dix ans d'application de la Loi pénitentiaire*, l'Harmattan, 2021, 331 p.

CHAPUS (R.), *Droit du contentieux administratif*, 13ème édition, Ed. Montchrestien, 2008, 1540 p.

CORNU (G.) (dir.), *Vocabulaire juridique. Association Henri Capitant*, PUF, Quadrige, 14e éd., 2021, 1106 p.

CUCHE (P.), *Traité de science et de législation pénitentiaire*, LGDJ, 1903, 534 p.

DELARUE (J.M), *En prison*, Dalloz, 877 p.

DONADIN (G.), *Le procès Ranucci : témoignage d'un juré d'assises*, Paris, L'Harmattan, coll. la justice au quotidien, 2016, 102p.

ERALY (A.)., Autorité et légitimité. Le sens du collectif., Érès, coll. « Sociologique clinique », 2015, 256 p.

FALXA (J.), *Le droit disciplinaire pénitentiaire : Une approche européenne*, Ed. Mare et Martin, Coll. Bibliothèque des thèses, 2016, 855 p.

FOUCAULT (M.), *Surveiller et punir*, Ed. Gallimard, 1975, 352 p.

GOFFMAN (E .), Asiles : études sur les conditions sociales des malades mentaux et autres reclus, Ed. de Minuit, 1990, 452 p.

HEDHILI-AZEMA (H.), *Droit disciplinaire pénitentiaire de la belle époque*, l'Harmattan, 2020, 161 p.

HEDHILI-AZEMA (H.), *Sciences et pratiques pénitentiaires en France au XIXe-XXe siècle*, L'Harmattan, 2016, 393 p.

HERZOG-EVANS (M.), *Droit pénitentiaire*, Ed. Dalloz, coll. Dalloz référence, 3e éd. 2019, 1374 p.

HERZOG-EVANS (M.), *Droit pénitentiaire*, Dalloz, 2019, 1374 p.

JELLAB (A.) et GIGLIO (A.), Des citoyens face au crime : les jurés d'assises à l'épreuve de la justice, Toulouse, Presses universitaires du Mirail, *coll. Socio-logiques*, 2012, 421 p.

LE PORS (A.), *La citoyenneté*, PUF, 2011, 128 p.

O'BRIEN (P.), *Correction ou châtiment - Histoire des prisons en France au XIXe siècle*, PUF, 1992, 342 p.

PETIT (J.G.), *Ces peines obscures, la prison pénale en France (1780-1875)*, Fayard, 1990, 752 p.

PRADEL (J.), *Droit pénal général,* Cujas, 22e éd. 2019, 777 p.

PRADEL (J.), VARINARD (A), *Les grands arrêts de la procédure pénale*, Paris, Dalloz, 12e édition, 2021, 900 p.

SIMONET (M.), *Le travail bénévole : Engagement citoyen ou travail gratuit ?,* Paris, La Dispute, coll. « Travail et salariat », 2010, 219 p.

VASSEUR (V.), *Médecin-chef à la prison de la Santé*, Ed. Le Livre de Poche, 2001, 215 p.

## II. ARTICLES


ARTUS (D.), A propos des punitions de cellule et de l'article 6 de la Convention européenne des droits de l'homme, *Petites Affiches*, 5 févr. 1997, n° 16, p. 24.

BIANCHI (V.), La défense en matière disciplinaire, *Actualité Juridique Pénal*, 2005, p. 407.

BICKEL (J.F.), Significations, histoires et renouvellement de la citoyenneté, *Gérontologie et société*, 30/120, 2007, p. 13.

BONIS (E.), L'encouragement à un environnement non carcéral de la peine, Actes du colloque Environnement et peine privative de liberté, ss. dir. Bonis-Garçon E. et Zalbalza A., *in* Travaux de l'Institut de Sciences criminelles et de la Justice, Cujas, t.2, 2013, p.157.

BOUQUET (A.), Droit disciplinaire et loi pénitentiaire : le rendez-vous manqué, *APC*, 2012, p. 303.

BOURGOIN (N.) et GALINDO (C.), La règle et son application : la punition en prison, *Rev. sc. crim.* 2004, p. 323.

BOZON (M.), Sociologie du rituel du mariage, *Population*, vol. 47, n° 2, 1992, pp. 409-433.

BREWER (G.A.), SELDEN (S.C), Whistle Blowers in the Federal Civil Service: New Evidence of the Public Service Ethic, *Journal of Public Administration Research and Theory*, vol. 8, n°3, 1998, p. 413.

BROUSSE (C .), « Travail professionnel, tâches domestiques, temps « libre » : quelques déterminants sociaux de la vie quotidienne », *Économie et statistique*, n°478-479-480, 2015, pp. 119

BUISSON (G.), « Le recensement de la population évolue : de l'état matrimonial légal à la situation conjugale de fait », *InseeAnalyses*, n°35, oct. 2017, p. 1.

BURRICAND (C.), GLEIZES (F.), Trente ans de vie associative, *INSEE PREMIERE*, n°1580, 2016, p. 1

CARDET (C.), Les violences en prison saisies par le droit disciplinaire, *Revue Pénitentiaire et de Droit Pénal*, 2004, p. 533.

CARDET (C.), Les procédures disciplinaires en prison : entre spécialisation des fonctions et spécificité des "juridictions", *Rev. Sc. Crim.*, n° 4, 2006, p. 863-875.

CÉRÉ (J.P.), Le nécessaire contrôle du pouvoir disciplinaire dans les prisons françaises, *Revue de Science criminelle et de Droit pénal comparé*, 1994, p. 597.

CÉRÉ (J.P.), Le décret du 2 avril 1996 et le nouveau régime disciplinaire applicable aux détenus, *Revue Française de Droit Administratif*, 1997, p. 614.

CÉRÉ (J.P.), L'article 6 de la Convention européenne des droits de l'homme et le procès disciplinaire en prison, *JCP*, Ed. G., 2001.I.316.

CÉRÉ (J.P.), L'évolution de la discipline en prison, *Cahier des droits fondamentaux*, 2004, p. 43.

CÉRÉ (J.P.), Virage ou mirage pénitentiaire ? A propos de la loi du 24 novembre 2009, *JCP G* 2009, n° 50, p. 47

CÉRÉ (J.P.), Le nouveau droit pénitentiaire et le respect du droit européen. Esquisse de comparaison, AJ Pénal 2009, p. 476

CÉRÉ (J.P.), Le droit disciplinaire pénitentiaire entre jurisprudence interne et droit européen, *Actualité Juridique Pénal,* 2005, p. 393.

CÉRÉ (J.P.), Feu le nouveau droit disciplinaire pénitentiaire, *Actualité Juridique Pénal,* 2011, pp. 172-175.

CÉRÉ (J.P.), Le droit pénitentiaire rénové. A propos des décrets des 23 et 30 décembre 2010, *JCP G, 2011*, p. 146

CÉRÉ (J.P.), Le procès disciplinaire pénitentiaire sous le prisme de la Convention européenne des droits de l'homme. Un respect en trompe l'œil ?, *D.* 2017, p. 1720.

CÉRÉ (J.P.) et HERZOG-EVANS (M.), Fondements et modalités des différents scenarii possibles pour la réforme de la procédure disciplinaire en prison, *Gaz. Pal.* 9-11 juin 2002.

CHAVARIO (M.), Les principes du procès pénal et leur mise en œuvre dans les procédures disciplinaires, *RIDP* 2001, p. 711

COSTA (D.), La nouvelle frontière entre mesure d'ordre intérieur et acte administratif susceptible de recours, *AJDA*, n° 33, 2008, p. 1827-1830.

COULON (J.M.), La loi du 29 décembre 1972 et le juge de l'application des peines, JCP 1973.II.2563.

COUVRAT (P.), Le régime disciplinaire des détenus depuis le décret du 2 avril 1996, *Revue de Science criminelle et de Droit pénal comparé*, 1996, p. 709.

COUVRAT (P.), L'originalité du droit disciplinaire dans les prisons, *Archives de Politique criminelle*, 2000, n° 22, p. 85.

DAMON (J.), Les classes moyennes : définitions et situations, Études, vol. 416, n° 5, 2012, p. 605.

DANTI-JUAN (M.), Analyse critique du contenu de la loi dite « pénitentiaire », *Rev. Pénit.* 2010, p. 79

DANTI JUAN (M.), Quelques remarques sur les modifications apportées par le décret n° 2010-634 du 23 décembre 2010 au droit disciplinaire pénitentiaire, *Revue Pénitentiaire et de Droit Pénal* 2011, p.181.

DARBÉDA (P.), L'action disciplinaire en détention : un panorama européen, *Revue de Science criminelle et de Droit pénal comparé,* 1993, p. 808.

DE GALEMBERT (C.), La prière qui n'existe pas... Sociologie d'une mise à l'épreuve du droit disciplinaire en maison centrale, *Droit et société*, 2014, n° 87, p. 349.

DEGENNE (A.), LEBAUX (M.O), MARRY (C.), Les usages du temps : cumuls d'activités et rythmes de vie, *Économie et statistique*, n°352-353, 2002, pp. 81

DE GRAËVE (L.), Pour une approche globale de la discipline pénitentiaire, *Revue Pénitentiaire et de Droit Pénal,* 2005, p. 117.

DE LA CUESTA (J.L.) et I. BLANCO (I.), Le système pénitentiaire espagnol in J.P. Céré et C.E. Japiassu (dir.), *Les systèmes pénitentiaires dans le monde*, Dalloz, 3e éd. 2017, p. 152.

DELMAS SAINT-HILAIRE (J.P.), Les principes de la légalité des délits et des peines, réflexion sur la notion de légalité en droit pénal, *Mélanges P. Bouzat*, Ed. Pédone, 1980, p. 149.

DIEU (F.), La disponibilité du gendarme, Revue d'études et d'informations de la gendarmerie, n°176, 01/1995, p. 6.

DIEU (A.M.), Le processus d'engagement volontaire et citoyen : des valeurs, des individus et des associations, *CESEP*, 2011, p. 1

FALXA (J.), La discipline pénitentiaire, une évolution européenne, *in* P. V. Tournier (dir.), Enfermements, 2012, L'Harmattan, p. 327.

FALXA (J.), La place du détenu justiciable dans la procédure disciplinaire, *in* S. Cimamonti, M. Giacopelli et J. B. Perrier (dir.), *Les nouveaux problèmes actuels de sciences criminelles*, vol. 22, 2017, PUAM.

FALXA (J.), Le Code pénitentiaire, une codification à « droit inconstant », *AJ pénal* 2022, 295

FAUGERON (C.), La dérive pénale, *Rev. Esprit*, oct. 1995, p. 142.

FERNANDEZ (F.), « Lorsque la prison (se) rend justice, le traitement contemporain de l'indiscipline carcérale », *Dév. et soc.*, 2015, p. 379.

FÉVRIER (F.), Le droit répressif pénitentiaire, *Revue Pénitentiaire et de Droit Pénal*, 2009, p. 383

FÉVRIER (F.), La discipline en prison, *Revue Pénitentiaire et de Droit Pénal*, 2005, p. 145.

FÉVRIER (F.), Jurisprudence administrative et discipline pénitentiaire : le sillage et le sillon, *Revue Pénitentiaire et de Droit Pénal*, 2007, n° spécial, pp. 13-22.

FIZE (M.), L'impossible contrôle du pouvoir disciplinaire au siècle dernier, *Revue de Science criminelle et de Droit pénal comparé*, 1988, p. 751.

FIZE (M.), La répression disciplinaire dans les prisons françaises métropolitaines au XIXème siècle, *C.N.E.R.P., coll. Arch. pénit., 1982.*

GIACOPELLI (M.), Le contenu de la loi pénitentiaire : des avancées encore insuffisantes, *RFD adm.* 2010, p. 25.

GIACOPELLI (M.), Confiance dans l'institution judiciaire : les principaux volets de la loi en droit de l'exécution des peines, *Procédures* 2022, dossier 5

GIACOPELLI (M.), Code pénitentiaire. La France s'est doté d'un Code pénitentiaire, *Procédures* 2022, étude 10.

GIACOPELLI (M.) et JOSEPH-RATINEAU (Y.), « La résistance à l'oppression dans la discipline pénitentiaire, *in* Les droits fondamentaux des personnes privées de liberté, sous la dir. de M. Giacopelli et E. Putman, 2016, Mare et martin, p. 103.

JOBARD (F.), de MAILLARD (J.), Chapitre 3 - La profession policière, Sociologie de la police. Politiques, organisations, réformes, F. Jobard, J. de Maillard (dir.), Armand Colin, 2015, p. 81.

JOLIVET (A.), Juré en cour d'assises : découverte d'un monde social et expérience de sociabilité au sein d'un groupe restreint, *Droit et société*, 2006, pp.203

JOURNES (C.), Dominique Monjardet, Ce que fait la police. Sociologie de la force publique », *Revue française de science politique*, vol. 47, n° 2, 1997, pp. 232

JOUVE (B.), Prison et sanction : le régime disciplinaire des détenus, *Revue Pénitentiaire et de Droit Pénal,* 1987, p. 121.

LAMOTHE (P.), Loi pénitentiaire et santé des détenus, *Gaz. Pal.* 28 janv. 2010, n° 28, p. 23

LETENEUR (H.), La discipline pénitentiaire, *Revue Pénitentiaire et de Droit Pénal,* 1984, p. 236.

H.-EVANS (M.), Décret du 13 février 2019 sur la discipline pénitentiaire : un raidissement institutionnel et une occasion manquée, *AJ Pénal* 2019, p. 139.

H.-EVANS (M.), Aspects pratiques de la procédure disciplinaire pénitentiaire en France, *AJ pénal* 2013, p. 660.

HERZOG-EVANS (M.), La réforme du régime disciplinaire dans les établissements pénitentiaires, un plagiat incomplet du droit pénal, *Revue Pénitentiaire et de Droit Pénal,* 1997, p. 9.

HERZOG-EVANS (M.), La loi pénitentiaire n° 2009-1436 du 24 novembre 2009. Changement de paradigme pénologique et de toute puissance administrative, *D.* 2010, p. 31.

HERZOG-EVANS (M.), Les sanctions pénitentiaires occultes, *in Mélanges P. Couvrat*, P.U.F. 2001, p. 471.

HERZOG-EVANS (M.) et CÉRÉ (J.P.), La discipline pénitentiaire : naissance d'une jurisprudence, *D.* 2000, Chron., p. 509.

HERZOG-EVANS et PÉCHILLON (E.), L'entrée des avocats en prison et autres conséquences induites par la loi n° 2000-321 du 12 avril 2000, *D.* 2000, Chron. p. 481.

HONDEGHEM (A.), VANDENABEELE (W.), Valeurs et motivations dans le service public. Perspective comparative, *Revue française d'administration publique*, vol. no115, n° 3, 2005, p. 463

LARRALDE (J.M.), La réforme du régime disciplinaire des détenus, *Actualité Juridique de Droit Administratif*, 1996, p. 780.

LINGIBÉ (P.), Avocats : la nouvelle procédure disciplinaire en 14 questions-réponses, Lextenso, 2022, AJU335224.

MAILLOCHON (F.), « De la tradition à la personnalisation : redéfinition des normes du mariage en France de 1960 à nos jours », *Population*, vol. 74, n°, 1-2, 2019, pp. 41.

MARGUENAUD (J.P.), « L'ineffectivité du recours organisé par l'article D. 250-5 du Code de procédure pénale contre les sanctions disciplinaires infligées aux détenus », Rev. Sc. Crim. 2011, 719

MIALARET (G.), Chapitre II. Les facteurs déterminant les situations d'éducation », Gaston Mialaret éd., Les sciences de l'éducation. *Presses Universitaires de France*, 2017, p. 34.

MOLINER-DUBOST (M.), À propos d'une autre « jurisprudence immobile ». Le contentieux des sanctions disciplinaires infligées aux détenus, *AJDA* 2013, p. 1380.

MOREL D'ARLEUX (J.), Politique disciplinaire et gestion de la détention : dépasser la relation duale détenus/personnels, *Actualité Juridique Pénal,* 2005, p. 402.

PADFIELD (N.) et LOUKS (L.), Le système pénitentiaire anglais et gallois in J.P. Céré et C.E. Japiassu (dir.), Les systèmes pénitentiaires dans le monde, Dalloz, 3e éd. 2017, p. 38

PÉCHILLON (E.), Regard d'un administrativiste sur la loi pénitentiaire, *AJ Pénal* 2009, p. 473

PÉLISSIER (P.), Le régime disciplinaire des détenus : un progrès inachevé, *Gazette du Palais*, 1996, n° 18, p. 4.

PITSEY (J.), Démocratie et citoyenneté, *Dossiers du Crisp*, 2017, p. 28.

PLACE (D.) et VINCENT (B.), L'influence des caractéristiques sociodémographiques sur les diplômes et les compétences, *Économie et statistique*, n°424-425, 2010, pp. 125.

PROUTEAU (L.) et WOLFF (F.-C.), Donner son temps : les bénévoles dans la vie associative, Économie et statistique, n°372, 2004, p. 1.

PROUVEZ (J.B.), L'avocat au prétoire : une réforme incidente et toujours inachevée du régime disciplinaire des détenus, *Procédures*, mars 2001, p. 3.

PONCELA (P), La procédure disciplinaire carcérale dans la tourmente, *Rev. sc. crim.* 2001, p. 872.

PONCELA (P.), Discipline pénitentiaire, un droit en mouvement, *Rev. sc. crim* 2012, p. 208.

PONCELA (P.), Droits des détenus et mesures de détention, *Gaz. Pal.* 28 janv. 2010, n° 28, p. 20.

PONGU (R.), « Chapitre 7. Gestion de la ressource-temps et occupation des loisirs », Michel Loriaux éd., La retraite au quotidien. Modes de vie, représentation, espérances, inquiétudes des personnes âgées. *De Boeck Supérieur*, 2005, p. 149.

POINSIGNON (F.), Retrait de crédit de réduction de peine par le JAP : mode(s) d'emploi, *AJ pénal* 2013, p. 28.

PRADEL (J.), Le nouveau régime disciplinaire des détenus. Une révolution en droit pénitentiaire, *D.* 1996, Chron. p. 319.

PRADEL (J.), « La notion européenne de tribunal impartial et indépendant selon le droit français », *Rev. Sc. Crim.* 1990, p. 692 et s.

PRALUS-DUPUY, Les principes du procès pénal et leur mise en œuvre dans les procédures disciplinaires, Revue Internationale de droit pénal, 2003, p. 890.

PRALUS-DUPUY (J.), L'applicabilité de l'article 6 de la Convention européenne de sauvegarde des droits de l'homme aux contentieux disciplinaires : état des lieux, *RFD adm* 2008, 317

RENTZMANN (W.), Pierres angulaires d'une philosophie moderne du traitement : normalisation et responsabilité, bull. info. Parlementaire, Conseil de l'Europe, 1992, n° 16, p. 5.

RICHARD (G.), Être désigné juré d'assises : une analyse des attitudes de citoyens français face à une convocation simulée du tribunal, *Pratiques psychologiques*, 2011, pp.341

RICOEUR (P.), L'acte de juger, *Rev. Esprit*, n° 183, 1992, p. 20.

RICROCH (L.), Les journées des retraités, *Retraite et société*, vol. 65, n° 2, 2013, p. 140

ROBERT (D.), La discipline carcérale. Un processus de production de la justice ordinaire, *Rev. sc. crim.* 2012, p. 982.

ROSTAING (C.) « L'ordre négocié en prison : ouvrir la boîte noire du processus disciplinaire », *Droit et société*, 2014, p. 303.

ROSTAING (C.), Processus de judiciarisation carcérale : le droit en prison, une ressource pour les acteurs?, *Droit et société*, n° 67, 2008, p. 58.

ROUBAUD (S.), Sanctions disciplinaires en prison et rôle des autorités judiciaires, *Actualité Juridique Pénal,* 2005, p. 404.

SAINT-PIERRE (F.) et CORMIER (S.), L'avocat face à la nouvelle loi pénitentiaire, *Rev. Pénit.* 2010, p. 103

SEYLER (M.), La banalisation pénitentiaire ou le vœu d'une réforme impossible, *Déviance et société*, vol. 4, n° 2, 1980, p. 131.

SEYLER (M.), La consommation dans les établissements pénitentiaires, *CESDIP, coll. Déviance et contrôle social*, n° 41, 1985, p. 107.

TIERCELIN (C.), « Le care à la française : vers une nouvelle carte du Tendre ? », *Humanisme*, vol. 330, n° 1, 2021, p. 58.

VACHERET (M.) et A. TSCHANZ (A.), Le système pénitentiaire canadien *in* J.P. Céré et C.E. Japiassu (dir.), Les systèmes pénitentiaires dans le monde, Dalloz, 3e éd. 2017, p. 109.

VERGÈS (E), « La justice pénale citoyenne: derrière une volonté politique, l'élaboration d'une catégorie juridique », *Rev. Sc. Crim.*, 2011, p. 667.

VERMEERSCH (S.), « Entre individualisation et participation : l'engagement associatif bénévole », Revue française de sociologie, vol. 45, n° 4, 2004, pp. 681.

ZILLONIZ (S.), « L'activité rémunérée des étudiants et ses liens avec la réussite des études. Les enseignements des enquêtes Emploi 2013-2015 », *Travail et emploi*, vol. 152, n° 4, 2017, pp. 89.

## I. DICTIONNAIRES ET ENCYCLOPÉDIES

ANGEVIN (H), LE GALL (H.-C), *Cour d'assises : composition – jury*, Encyclopédie du Jurisclasseur, procédure pénale, fasc. 20-20, 10 février 2021.

ANGEVIN (H), *Cour d'assises. – Débats. – Dispositions générales. – Droits et obligations des jurés. Ministère public. Partie civile*, Encyclopédie du Jurisclasseur, procédure pénale, fasc. 50, 2008, actualisé le 25 octobre 2021.

ANGEVIN (H), LE GALL (H.-C), *« COUR D'ASSISES. – Procédure préparatoire aux sessions d'assises. – Actes obligatoires »*, Jurisclasseur Procédure pénale, fasc. 20-10, 2018, actualisé le 17 octobre 2020.

CÉRÉ (J.P.), *Prison (sanctions disciplinaires)*, Encyclopédie Dalloz, Répertoire de Droit pénal et de procédure pénale, 2018, 29 p.

CÉRÉ (J.P.), *Prison (organisation générale)*, Encyclopédie Dalloz, Répertoire de Droit pénal et de procédure pénale, 2015, 72 p.

CORNU (G.), *Vocabulaire juridique*, Association Henri Capitant, coll. Quadrige, 13e éd., PUF, 2020, v. « Impartialité ».

DOURNEAU-JOSETTE (P.), *Convention européenne des droits de l'homme*, Rép. pén. Dalloz.

FAUCHER (P.), LEMOUSSU (P.), *« Juridictions de l'application des peines: composition, compétences »,* Jurisclasseur Procédure pénale, fasc. 20, 2007, actualisé le 7 mai 2021.

REDON (M.)., *« Cour d'assises »,* Répertoire de droit pénal et de procédure pénale, Dalloz, 2018, actualisé en novembre 2021 (not. n° 70-88 et n°431).

## II. THESES

BARRA (S.), *La participation des citoyens à la justice en France*, thèse, Aix-Marseille Université, 2017.

CÉRÉ (J.P.), Le contentieux disciplinaire dans les prisons françaises et le droit européen, thèse Pau, 1999.

DURAND (C.), Les reconfigurations de la relation carcérale, thèse EHESS, 2019.

FALXA (J.), Le droit disciplinaire pénitentiaire : une approche européenne. Analyse des systèmes anglais, gallois, espagnol et français à la lumière du droit européen des droits de l'homme, thèse, Pau, 2016.

HEDHILI-AZÉMA, La discipline pénitentiaire : approche juridique et doctrinale : XIXe et XXe siècles, thèse, Toulouse I, 2009.

OUDOUL (A.), L'impartialité des magistrats dans la procédure pénale française à l'aune du droit de la Convention EDH, thèse, Université d'Auvergne, 2016.

## III. RAPPORTS, ÉTUDES

Association Nationale des Assesseurs Extérieurs en Commission de discipline des établissements pénitentiaires, *Rapport annuel*, 2020, 60 p.

Association Nationale des Assesseurs Extérieurs en Commission de discipline des établissements pénitentiaires, Rapport annuel, Le processus disciplinaire dans les établissements pénitentiaires depuis la mise en œuvre de la loi du 24 novembre 2009, 2020

Association Nationale des Assesseurs Extérieurs en Commission de discipline des établissements pénitentiaires, *Rapport annuel*, 2017, 41p, (https://www.anaec.fr/uploaded/%3E23mai2017/2017-10-2a-rapport-anaec-2017.pdf)

Au dernier barreau de l'échelle sociale : pauvreté et prison, Rapport Emmaüs France et Secours Catholique, oct. 2021, 108 p.

CANIVET (G.) (Dir.), *Amélioration du contrôle extérieur des établissements pénitentiaires*, « Rapports officiels », Doc. Fr. 2000, 229 p.

FIZE (M.), *La répression disciplinaire dans les prisons françaises métropolitaines du XIXe siècle*, CNERP, 1982, 57 p.

FLOCH (J.), Rapport de commission d'enquête parlementaire auprès de l'Assemblée Nationale, *« La France face à ses prisons »*, 28 juin 2000, 328 p.

HYEST (J.J.) CABANEL (G.P.), Rapport de commission d'enquête parlementaire auprès du Sénat, *« Prisons : une humiliation pour la République »*, 29 juin 2000, 223 p.

LECERF (J.R.), Rapport n° 143, 2008 fait au nom de la commission des lois.

TABLE DES MATIERES

## Structures éditoriales du groupe L'Harmattan

**L'Harmattan Italie**
Via degli Artisti, 15
10124 Torino
harmattan.italia@gmail.com

**L'Harmattan Hongrie**
Kossuth l. u. 14-16.
1053 Budapest
harmattan@harmattan.hu

---

**L'Harmattan Sénégal**
10 VDN en face Mermoz
BP 45034 Dakar-Fann
senharmattan@gmail.com

**L'Harmattan Cameroun**
TSINGA/FECAFOOT
BP 11486 Yaoundé
inkoukam@gmail.com

**L'Harmattan Burkina Faso**
Achille Somé – tengnule@hotmail.fr

**L'Harmattan Guinée**
Almamya, rue KA 028 OKB Agency
BP 3470 Conakry
harmattanguinee@yahoo.fr

**L'Harmattan RDC**
185, avenue Nyangwe
Commune de Lingwala – Kinshasa
matangilamusadila@yahoo.fr

**L'Harmattan Congo**
219, avenue Nelson Mandela
BP 2874 Brazzaville
harmattan.congo@yahoo.fr

**L'Harmattan Mali**
ACI 2000 - Immeuble Mgr Jean Marie Cisse
Bureau 10
BP 145 Bamako-Mali
mali@harmattan.fr

**L'Harmattan Togo**
Djidjole – Lomé
Maison Amela
face EPP BATOME
ddamela@aol.com

**L'Harmattan Côte d'Ivoire**
Résidence Karl – Cité des Arts
Abidjan-Cocody
03 BP 1588 Abidjan
espace_harmattan.ci@hotmail.fr

---

## Nos librairies en France

**Librairie internationale**
16, rue des Écoles
75005 Paris
librairie.internationale@harmattan.fr
01 40 46 79 11
www.librairieharmattan.com

**Librairie des savoirs**
21, rue des Écoles
75005 Paris
librairie.sh@harmattan.fr
01 46 34 13 71
www.librairieharmattansh.com

**Librairie Le Lucernaire**
53, rue Notre-Dame-des-Champs
75006 Paris
librairie@lucernaire.fr
01 42 22 67 13

www.ingramcontent.com/pod-product-compliance
Lightning Source LLC
LaVergne TN
LVHW021150061026
849535LV00002B/410
* 9 7 8 2 3 3 6 4 8 1 1 5 9 *